848, 81. WOL

KU-479-607

LE K.

Walker Library
St Paul's School

WITHDRAWN

THIERRY WOLTON

# Le K.G.B.
# en France

GRASSET

*à Stéphane.*

© Éditions Grasset & Fasquelle, 1986.

Le 5 avril 1983, la France expulsait quarante-sept diplomates soviétiques, accusés de se livrer à des activités d'espionnage. C'est cet événement exceptionnel qui est à l'origine de ce livre. Depuis ce jour, j'ai essayé de savoir pourquoi le gouvernement français avait pris une telle mesure, quitte à nuire aux bonnes relations franco-soviétiques. Ni les motifs invoqués au lendemain de ces expulsions, ni les arrestations de quelques « lampistes » français du K.G.B., reproduites par la presse de l'époque, n'apportaient de réponses satisfaisantes. Il devait y avoir une autre raison, dissimulée au public. Un fait suffisamment grave pour provoquer cette soudaine fermeté du gouvernement qui, ne l'oublions pas, comptait alors des ministres communistes.

Il m'a fallu plus de deux ans d'enquête pour aboutir à la vérité. Elle porte un nom : « Farewell », celui d'un dossier ultra-secret dont je révèle, pour la première fois dans ce livre, l'existence et le contenu.

Le dossier « Farewell » est l'aboutissement de la plus importante opération de pénétration jamais entreprise au plus haut niveau du Comité de sécurité de l'État soviétique, plus connu sous le sigle K.G.B.

Le dossier « Farewell » représente une avancée décisive dans la connaissance des visées soviétiques en Occident. Grâce à lui, la France et ses alliés ont pu mesurer avec précision l'ampleur de la guerre secrète

7

que mènent, contre les démocraties, les services de renseignement de l'U.R.S.S. et des autres pays socialistes.

Le dossier « Farewell » constitue donc une victoire spectaculaire du monde occidental contre l'espionnage soviétique.

La Direction de la surveillance du territoire (D.S.T., le contre-espionnage français) ayant été de bout en bout le maître d'œuvre de ce dossier exceptionnel, il était logique que la première et plus importante riposte d'un pays occidental contre les menées subversives de Moscou vienne de Paris. L'expulsion des quarante-sept « diplomates », en avril 1983, apparaît par conséquent comme un acte de légitime défense.

Un acte salutaire, mais de portée symbolique en regard des dégâts considérables perpétrés par l'espionnage soviétique dans ce pays, depuis des décennies. Ce livre en apporte les preuves, également pour la première fois.

Pourtant, lorsqu'on parle d'espionnage en France, c'est presque toujours pour stigmatiser les pratiques douteuses de nos services de renseignement (le S.D.E.C.E. devenu D.G.S.E.) dans l'enlèvement de Ben Barka par exemple, ou plus récemment, lors du sabotage du bateau de Greenpeace en Nouvelle-Zélande.

A première vue, il est vrai, nous n'avons pas connu de grands scandales comparables à la trahison de Kim Philby en Grande-Bretagne ou à l'affaire Guillaume, ce conseiller du chancelier ouest-allemand, Willy Brandt, qui espionnait pour le compte de Berlin-Est.

Pourquoi ?

Un ami, spécialiste du contre-espionnage, à qui j'ai posé la question, m'a répondu par cette litote : « De deux choses l'une : soit la France n'est pas considérée par l'U.R.S.S. comme un objectif important et le K.G.B. ne se donne pas la peine de l'infiltrer ; soit nos services de contre-espionnage sont incompétents et ils n'ont pas réussi à détecter des espions importants, des " taupes " comme on dit couramment. »

Ce livre démontre le contraire : la France est depuis toujours un objectif prioritaire de l'espionnage soviétique, et la D.S.T. est considérée comme l'un des meilleurs services de contre-espionnage occidental.

Dès les années 1920, nous verrons comment les agents de Moscou se sont intéressés à l'industrie française d'armement alors que ce pays dominait l'Europe à l'issue de la Première Guerre mondiale. Après la Libération de 1945, le noyautage et l'infiltration de l'appareil d'Etat par le parti communiste français a favorisé le recrutement d'agents de renseignement haut placés. Par la suite, la volonté d'indépendance affichée par le général de Gaulle a été utilisée par le Kremlin pour insuffler le poison de la « désinformation » et tenter d'affaiblir l'Alliance atlantique. Dans les années 1970, l'U.R.S.S. a profité de la politique de « détente » pour se livrer à un pillage systématique de la technologie française.

Cinquième puissance du monde, la France est aujourd'hui, plus que jamais, une cible de choix pour l'espionnage soviétique. Ses industries de pointe intéressent l'U.R.S.S. qui se débat dans d'inextricables difficultés économiques. Enfin, Moscou espère toujours utiliser le rôle singulier que Paris veut jouer sur la scène internationale (depuis de Gaulle, en fait) pour essayer de diviser le camp occidental.

Quant à la D.S.T., ce livre prouve également son efficacité. On y découvrira, à travers les dizaines d'affaires d'espionnage qui y sont relatées, comment, en dépit de moyens souvent dérisoires, les policiers français peuvent lutter efficacement contre les services soviétiques de renseignement.

Je le dis d'autant plus volontiers que je ne dois rien au contre-espionnage français. Je précise même que pas une seule ligne de ce livre ne contient une information donnée par la D.S.T. Tout ce qui figure ici est néanmoins rigoureusement vrai. Les nombreuses révélations, à commencer par le dossier « Farewell », et les moindres faits ont été soigneusement vérifiés. Je le dois à mon obstination, à la volonté de vouloir comprendre les tenants et les aboutissants de chaque affaire[1].

Tout au long de mon enquête, j'ai bien entendu rencontré des dizaines d'anciens membres du contre-espionnage. Mais ces policiers gardent toujours un sens aigu du devoir de réserve, et du secret d'Etat. A de très rares exceptions près, il est inutile de compter sur eux pour obtenir des informations confidentielles. Ils peuvent, tout au plus, confirmer un fait, apporter une précision. Avec tous ces interlocuteurs j'ai joué à une sorte de jeu de la vérité : « Si j'écris cela, je me trompe ou non ? » Certains s'y sont prêtés de bonne grâce, d'autres ont été plus réticents.

On touche ici un problème de fond. Ecrire un livre sur l'espionnage soviétique en France relève de la gageure. J'ai constamment eu l'impression qu'en m'intéressant au K.G.B. je violais des secrets d'Etat. Comme s'il était éminemment suspect de vouloir informer sur ce qui menace en priorité la sécurité de la France. Aujourd'hui, je reste confondu par ce comportement, même si j'en ai compris les raisons profondes.

Ce qui nous ramène à la question : pourquoi la France n'a-t-elle pas connu de grands scandales, comparables au cas Philby ou Guillaume ? En vérité, de telles affaires d'espionnage ont existé. Mais elles ont été étouffées.

Certains de ces scandales sont révélés dans ce livre et j'explique comment ils ont été cachés à l'opinion publique. Pour une raison simple : le pouvoir, quels que soient ceux qui le détiennent, préfère taire que la France est, au même titre que ses alliés, victime de très graves affaires d'espionnage. Pourquoi ? Au nom du

---

1. Le lecteur trouvera toutes les références à la fin de l'ouvrage.

prestige de ce pays dans le monde et pour ménager diplomatiquement l'U.R.S.S.

A ce sujet, précisons tout de suite qu'aucune force politique n'a le droit de se poser en censeur moral. A des degrés divers, de l'extrême gauche à l'extrême droite, toutes les organisations ont été – ou sont – victimes (et parfois complices) de l'espionnage soviétique. Il existe donc un consensus général pour cacher cette « infamie » comme une maladie honteuse.

Voilà pourquoi il n'est pas aisé d'écrire un livre sur les menées subversives de l'U.R.S.S. en France. Le reproche n'est jamais très loin. Soit on nuit à la bonne image de ce pays, soit on attente aux relations franco-soviétiques, soit encore on livre en pâture au public ce que bien des hommes politiques préfèrent dissimuler.

Quelle erreur! Loin d'atténuer les activités des services soviétiques de renseignement, le silence, même par omission, encourage Moscou à parfaire ses méthodes d'infiltration.

# PREMIÈRE PARTIE

# LA SAINTE FAMILLE

## P.C.F. et K.G.B.

L'HOMME qui doit répondre en ce début juillet 1978, devant la Cour de sûreté de l'Etat, « d'intelligence avec des agents d'une puissance étrangère » n'est pas un accusé ordinaire. « Il est pénible de demander des comptes à un personnage comme vous, avec un tel passé », s'excuse d'emblée le président de la Cour. Héros de la Résistance, officier de la Légion d'honneur, croix de guerre 1939-1945, ancien officier supérieur, Georges Beaufils, soixante-cinq ans, n'a à première vue rien d'un agent soviétique. Avec sa silhouette pataude, ses fines lunettes, ses cheveux blonds très courts, il fait surtout penser à un naïf égaré dans une sombre affaire d'espionnage. Au cours des deux jours d'audience, il jouera de cette apparence candide et de ses titres de gloire pour tenter d'atténuer sa culpabilité.

Comment expliquer la trahison de ce héros, ancien franc-tireur partisan (F.T.P.)? Sous les pseudonymes de « Joseph », « Marceau », « Colonel Drumont », il a courageusement servi la France durant la guerre en assurant, notamment, les liaisons entre Londres et la résistance intérieure. Comment croire qu'un homme qui a défendu son pays au péril de sa vie a pu, par la suite, « nuire à la situation militaire ou diplomatique de la France » comme le spécifie l'acte d'accusation ? « Beaufils n'a pas pu trahir son pays, vient témoigner, ému et indigné, le colonel Rémy, l'un des patrons des "réseaux de l'ombre" durant l'Occupation. Les traîtres, nous avons payé cher d'apprendre à savoir les reconnaître. Mon ami "Joseph", lui, appartient à une race d'hommes sans laquelle la France aurait aujourd'hui une autre figure. »

Le 12 juillet 1978, Georges Beaufils est condamné à huit ans de détention criminelle pour espionnage au profit de l'Union soviétique. Après son élection, François Mitterrand le graciera.

Au procès deux vérités se sont affrontées. Pour la défense, on juge un homme victime, malgré lui, d'un engrenage infernal. Pour l'avocat général et le contre-espionnage français, la D.S.T., qui l'a arrêté neuf mois auparavant, Georges Beaufils est un agent important au service du G.R.U. le service de renseignement militaire soviétique.

Beaufils prétend avoir été contacté par les Soviétiques en 1963, après avoir quitté l'armée. Invité à l'ambassade d'U.R.S.S. pour une réception donnée à l'occasion de l'anniversaire de la Révolution d'octobre, il est approché par un sympathique journaliste de l'agence Tass, Nil Lenski. Les deux hommes se revoient; le journaliste l'interroge sur la vie politique française et lui demande des informations anodines sur l'armée. « Nous avions des relations de Café du Commerce, des discussions sur l'impérialisme américain et les revanchards allemands », se justifie-t-il devant la Cour. Le Soviétique lui demande de plus en plus de renseignements. Beaufils ne se méfie pas. Vladimir Safonov, également de l'agence Tass, remplace Lenski. « C'était un homme moins ouvert, précise l'ancien résistant. Tout de suite il m'a proposé une collaboration journalistique plus étroite. Il voulait que je lui prépare des petits commentaires sur la situation politique en France. Il m'a demandé des renseignements précis sur des officiers. »

Les rencontres avec Safonov se déroulent de

façon quasiment clandestine, dans des arrière-salles de café. Et Beaufils reçoit bientôt des noms de code (« Vercoutre », « Barnier-Bernard »). Il ne semble pas pour autant se poser de questions. Pas davantage lorsque le Soviétique, sous prétexte de vouloir faire un reportage sur la vie militaire en France, lui demande de se procurer certains documents, en particulier le plan de défense de la zone Ouest. « La plupart de ces documents étaient envoyés aux officiers de réserve par la poste à des milliers d'exemplaires. Je n'avais pas l'impression qu'ils étaient secrets », explique-t-il. Ce plan de défense, Beaufils se le procure auprès d'un camarade resté en activité dans l'armée à Nantes.

Il commence à s'interroger, dit-il, quand Safonov lui propose de l'argent pour ses déplacements. Ses soupçons se précisent le jour où le Soviétique veut lui payer un poste de radio ondes courtes pour capter des messages codés envoyés par la centrale du G.R.U. à Moscou. Beaufils refuse l'enveloppe mais achète lui-même le poste. Et le voilà, certains soirs, à l'écoute de sa radio pour recevoir des messages qu'il décode, comme on le lui a appris, à l'aide d'une phrase tirée des *Fleurs du mal* de Baudelaire. « Un jeu de boy-scout. C'est ma femme qui écoutait la radio, assure-t-il. Tout cela n'a jamais servi. » Il n'empêche. Georges Beaufils a basculé. Il est désormais un véritable agent de renseignement.

Il affirme avoir essayé de se désengager de l'emprise des Soviétiques au début des années 1970. Pourtant, il achète ou reçoit d'autres matériels de Safonov : un lecteur de microfilms, un appareil photo sophistiqué, du carbone blanc (pour l'écriture invisible), une bobine d'allumage et un extincteur de voiture évidés pour y dissimuler des messages ou des microfilms. « J'ai peut-être réagi avec retard mais j'ai rompu progressivement », explique-t-il avant de préciser à l'intention du président de la

Cour : « J'ai eu tort, d'accord, mais je n'avais pas le sentiment de faire du renseignement. »

Raymond Nart, commissaire divisionnaire de la D.S.T., présente une tout autre version aux juges. « L'interrogatoire de Beaufils a été difficile, témoigne-t-il. Il discutait pied à pied. Il était retors et rusé. Il s'efforçait de minimiser son rôle et de se maintenir sur une première ligne de défense : des relations de caractère anodin avec des journalistes soviétiques. »

L'ancien officier ignore qu'au moment de son arrestation, en octobre 1977, les policiers en savent déjà long sur lui.

C'est en novembre 1973 que la D.S.T. a été mise sur sa piste. A cette époque le contre-espionnage a la preuve que le G.R.U. est en possession du plan de défense de la zone Ouest. Affolement général : la zone Ouest comprend non seulement les ports de Nantes et de Saint-Nazaire mais surtout les arsenaux de Cherbourg et de Brest, y compris l'île Longue, la base française de sous-marins atomiques. Comment la fuite a-t-elle été possible ? Qui a renseigné les Soviétiques ? Il faut dix-huit mois d'enquête pour remonter à Beaufils. La D.S.T. établit d'abord qu'il existe soixante copies, toutes numérotées, de ce plan confidentiel. Ces copies ont été distribuées à trente-quatre services. Les policiers épluchent la biographie de tous les destinataires et la liste de leurs relations. C'est ainsi qu'ils tombent sur un officier supérieur basé à Nantes, ami d'un nommé Beaufils.

Beaufils ? On consulte les archives. Le nom y figure. Près de vingt-cinq ans auparavant, en 1949 précisément, un certain Georges Beaufils a été interrogé par les policiers dans le cadre d'une affaire d'espionnage en relation avec un secrétaire de l'ambassade d'U.R.S.S. à Paris. Il avait été mis hors de cause mais cette vieille histoire suffit à en faire le suspect numéro un.

Après six jours d'interrogatoire, la D.S.T. sait qu'en plus du plan de défense, Beaufils a livré des biographies détaillées d'officiers supérieurs et d'hommes politiques français. Une mine pour les services soviétiques, toujours désireux de recruter de nouveaux agents. L'ancien officier finit aussi par avouer qu'il a fait un voyage clandestin à Moscou. Il tente, y compris à son procès, de présenter ce séjour comme le fruit du hasard. Mais les policiers connaissent bien le fonctionnement de l'espionnage soviétique. Ils comprennent qu'il s'est rendu en U.R.S.S. afin d'y suivre un stage de formation pour l'écoute et le décodage des messages radio en ondes courtes. « J'allais passer avec ma femme des vacances en Tchécoslovaquie, raconte-t-il. A l'aéroport de Prague, nous avons rencontré, par hasard, Nil Lenski (le journaliste de Tass). " Je vous invite quelques jours dans ma datcha ", nous a-t-il dit. Le lendemain il nous a remis nos papiers. » Curieuse coïncidence. Deux détails importants indiquent qu'il ne s'agit pas d'un simple séjour d'agrément. D'abord Beaufils a soigneusement caché ces « vacances » en U.R.S.S. à ses proches, y compris à ses enfants. Plus grave, le visa que lui a remis Lenski à Prague pour se rendre à Moscou a été établi sur une feuille volante pour ne laisser aucune trace sur son passeport. Les services de renseignement soviétiques agissent toujours ainsi pour leurs agents qui viennent suivre un stage clandestin. D'habitude aussi, le voyage se fait de façon détournée, à partir d'une capitale d'un pays socialiste ami, comme Prague précisément.

Ces aveux, plus le matériel trouvé à son domicile, convainquent la D.S.T. : Beaufils est un agent important du G.R.U. Pourtant, comme l'admet le commissaire Nart au procès, « dans cette affaire la vérité n'a été qu'esquissée. Nous la connaissons à vingt-cinq pour cent ».

Cette phrase n'a pas été prononcée à la légère.

Elle révèle à la fois l'ampleur et la complexité du cas Beaufils, actuellement encore très difficile à débrouiller.

Tout d'abord un fait troublant : l'ancien officier est identifié comme l'auteur des fuites du plan de défense au printemps 1975. Son arrestation date d'octobre 1977. Pourquoi ce délai ?

Première explication : les difficultés de l'enquête. C'est un transfuge, passé à l'Ouest fin 1973, qui a informé la D.S.T. Or, Beaufils prétend avoir interrompu ses relations avec les Soviétiques, de sa propre initiative, au même moment. Cette coïncidence de date laisse penser que le G.R.U. a cessé les contacts pour des raisons de sécurité. Procédé classique : après une défection les Soviétiques gèlent les réseaux et les agents que le transfuge connaît et qu'il risque de livrer aux services occidentaux. Nous pouvons d'ailleurs révéler que cet officier soviétique a également permis à la D.S.T. de démanteler le plus important réseau du G.R.U. jamais découvert en France (voir troisième partie). Ce réseau, dirigé par Serge Fabiew, a lui aussi été mis en sommeil après sa défection. Dans les deux cas le contre-espionnage a commencé son enquête alors que les agents avaient cessé toute activité. L'investigation dure alors plus longtemps. Une fois qu'ils ont identifié l'espion, les policiers le mettent sous surveillance dans l'espoir de le prendre en flagrant délit (remise de documents à un officier soviétique par exemple). Pour Beaufils, après deux ans et demi de filatures et d'écoute téléphonique, la D.S.T. s'est rendu compte qu'il n'avait plus de contact avec le G.R.U. Il ne restait plus qu'à l'arrêter.

C'est une partie de l'explication. Une partie seulement. Car une question s'impose. Quels étaient les rapports de Georges Beaufils avec le parti communiste français ? Il n'est pas évident pour le contre-espionnage d'y répondre.

Officiellement, l'ancien officier a toujours nié son appartenance au P.C.F. Lors du procès, *L'Humanité* insiste sur ce point en reproduisant ses dénégations : « Je ne dépendais pas du parti communiste mais des F.T.P. Je n'ai jamais été un militant communiste depuis 1940. » Disait-il la vérité ? Ou la moitié de la vérité ? Etait-il, depuis l'après-guerre, ce qu'on appelle un militant « hors cadre », c'est-à-dire un communiste qui ne doit pas être inscrit au parti ni jamais faire état de son appartenance pour des raisons de sécurité ? Voilà ce que la D.S.T. a voulu éclaircir avant de l'arrêter.

Le statut de « hors cadre » est généralement réservé aux militants travaillant dans la haute fonction publique ou dans un organisme d'Etat important et sensible. Beaufils, intégré dans l'armée française après la guerre, avait intérêt à ne pas afficher ses opinions communistes. Il se peut aussi qu'il ait caché son adhésion au P.C.F. pour ne pas impliquer le parti dans certaines actions. Si tel est le cas, on touche à travers lui à un domaine particulièrement secret, inconnu, y compris des spécialistes du P.C.F.

Il existe à l'intérieur du parti communiste français (comme dans tous les P.C. qui ne sont pas au pouvoir) trois structures distinctes. La première, la seule visible, représente l'appareil légal : le bureau politique, le comité central, les syndicats et la presse qui se proclame officiellement communiste. La seconde structure regroupe l'appareil financier sans lequel le P.C. ne peut vivre. Grâce notamment aux livres de Jean Montaldo[1] et de Philippe Robrieux[2], on a aujourd'hui une idée relativement précise de la composition et du rôle de cet appareil financier demeuré longtemps secret. Reste enfin l'appareil clandestin, très actif jusqu'aux années 1950, qui est chargé *a*) de se substituer au

---

1. *La France communiste*, Albin Michel, 1978.
2. *Histoire intérieure du parti communiste*, 4 tomes, Fayard.

parti légal s'il est contraint de passer dans la clandestinité (en cas de guerre par exemple); *b*) de mettre en place et d'entretenir des réseaux subversifs qui seront utilisés à l'occasion d'une situation révolutionnaire; *c*) de soutenir le camp socialiste contre les pays capitalistes, notamment en aidant l'espionnage soviétique.

Avec Beaufils, la D.S.T. se demande si elle n'est pas en présence d'un militant « hors cadre » de l'appareil clandestin du parti, dont la tâche serait d'assister le G.R.U. en France.

Son passé peut le laisser croire.

A la veille de la guerre, Georges Beaufils, âgé de vingt-six ans, est déjà un militant communiste rompu aux tâches clandestines. Secrétaire de la section du P.C. dans le XIXᵉ arrondissement de Paris, il gère une petite entreprise d'électricité automobile. C'est une couverture. Il seconde surtout Arthur Dallidet, responsable de la section des cadres au parti. L'homme clef qui connaît tous les adhérents, y compris les « hors cadre ». De lui dépendent les promotions.

Au printemps 1939, Beaufils aide Dallidet à transcrire en code, sur de minuscules carnets, les noms, adresses et biographies de tous les Français qui se sont portés volontaires pour la guerre d'Espagne, trois ans auparavant. Tous ne sont pas membres du parti mais ils peuvent être recrutés si nécessaire.

Mobilisé, Beaufils est fait prisonnier par les Allemands dès le début de la guerre. Il ne tarde pas à s'évader pour retrouver à Paris dans la clandestinité, Dallidet, chargé de reconstituer les structures du P.C. Les deux hommes mettent en place l'Organisation spéciale (O.S.). Exclusivement composée de militants communistes triés sur le volet, l'O.S. doit protéger le parti et ses militants. Par la suite, l'Organisation spéciale s'engage dans la Résistance (surtout après l'invasion de l'U.R.S.S. en juin 1941). Elle est dissoute pour laisser la place aux Francs-tireurs partisans (F.T.P.) en 1942. Georges Beaufils suit cette filière : membre de l'O.S., il fait partie de la direction des F.T.P. dès le début. Il travaille alors aux côtés de Michel Feintuch, *alias* Jean Jérôme, pour s'occuper des explosifs et constituer un réseau radio nécessaire aux liaisons de la Résistance avec l'U.R.S.S.

Jean Jérôme, qui deviendra après la guerre responsable de l'appareil financier du P.C.F., est un cadre très important du Komintern (IIIe Internationale). Il est en rapport constant avec Moscou. Que Beaufils soit, à cette époque, directement sous ses ordres prouve qu'il fait partie des dirigeants F.T.P. qui ont toute la confiance du P.C.F. et des Soviétiques. Il avoue d'ailleurs à des camarades de clandestinité qu'il s'est rendu secrètement en U.R.S.S. avant guerre.

Quand le P.C. décide, en 1942, de constituer sa propre organisation de renseignement (Service B), Georges Beaufils devient responsable des liaisons avec les services secrets gaullistes de Londres. Il rencontre le colonel Rémy (venu, on l'a vu, témoigner à son procès), et organise le rapprochement entre résistances gaulliste et communiste. Il est évident qu'il ne peut tenir ce rôle sans l'accord des plus hautes instances du parti (dirigé alors par Jacques Duclos) et même de Moscou.

La paix revenue, ses brillants états de service lui permettent d'être intégré dans l'armée française avec le grade de commandant. A cette époque, le P.C.F. souhaite qu'un maximum de F.T.P. fassent carrière dans l'armée pour essayer de la « noyauter ». Beaufils parfait ses connaissances militaires en suivant des cours à l'Ecole de guerre avant de servir à l'état-major de la première région militaire. Il est ensuite envoyé en Tunisie pour commander en second le 4e régiment de zouaves.

Avec la guerre froide les autorités militaires commencent à se méfier des officiers ayant appartenu aux F.T.P., même s'ils se gardent d'afficher leurs liens avec le P.C.F. Bon nombre d'entre eux sont envoyés en Indochine. Certains aideront le Viet-minh à combattre l'armée française. Ceux que l'état-major considère comme particulièrement « dangereux » sont affectés à Versailles, exclus de tout commandement. Ils sont quatre-vingts dans ce cas, dont le lieutenant-colonel Georges Beaufils et le colonel Rol-Tanguy. Les deux hommes sont les plus gradés du groupe. Ils vont diriger ces officiers communistes qui, mis au banc de l'armée, ont tout le temps de discuter stratégie et politique.

Versailles sert surtout de « boîte aux lettres » pour les militaires partis en Indochine. Les renseignements qu'ils recueillent sur le terrain transitent par là avant d'être remis au P.C. De même, c'est par Versailles que le parti fait parvenir ses consignes aux militants engagés dans la guerre. De véritables structures clandestines sont mises en place pour aider le Vietminh, sous l'égide de Rol-Tanguy et Beaufils. Les deux hommes ont cependant des conceptions politiques différentes. Ils ne tardent pas à s'affronter : Rol-Tanguy est un militant discipliné du P.C.F. alors que Beaufils est surtout proche de Moscou et des services de renseignement soviétiques. Il va constituer son propre réseau à l'intérieur de l'armée sans que le parti soit apparemment au courant.

Dans un livre fort documenté sur *Le P.C.F. et l'Armée*, Yves Roucaute [1] précise dans quel but Beaufils agit ainsi, aidé par un autre officier communiste que l'auteur désigne par la lettre D. « Après une période durant laquelle les services polonais s'occupaient des militaires communistes, écrit-il, c'est au tour des services secrets soviétiques de prendre la relève. Notamment par Be... [2] et D... Ils font venir à

---

1. PUF, 1983.
2. Il s'agit de Beaufils (*N.d.A*)

eux un grand nombre d'officiers communistes qui les renseignent non seulement sur la structure militaire, mais aussi sur le... P.C.F. Comment se faisait le recrutement? Les officiers acceptant de travailler pour l'U.R.S.S. donnaient à l'ambassade le nom des officiers susceptibles d'en faire autant. C'est alors les Soviétiques qui s'occupaient de contacter le militaire. Ainsi Bi... a été contacté sur les conseils de Be... et de D... par un membre de l'agence Tass au cours d'une réunion techniquement organisée par D... Lors de la première rencontre il lui est demandé des renseignements d'ordre militaire. Bi... explique que même s'il le voulait, ce qu'il ne veut pas, il ne pourrait rien apporter. La personne de Tass reste très sceptique. Une seconde rencontre est organisé. L'envoyé de Nil Lenski et de Vladimir Safonov, les responsables soviétiques à l'ambassade des services secrets militaires, dit en substance : " Que tu ne puisses me renseigner sur l'armée française, je l'admets, mais ne pourrais-tu pas accepter de nous donner des renseignements sur le parti? " Bi..., étonné : " Sur le parti? ". L'envoyé soviétique : " Oui, sur les dirigeants, sur ce qu'ils se disent, sur ce qu'ils pensent, la ligne, les oppositions... et l'on pourrait faire en sorte, si tu nous aides, que tu montes dans le parti. " Bi... : " Vous en avez la possibilité? Vous avez du pouvoir sur la montée des cadres? " L'envoyé soviétique : " Evidemment ". Bi... refuse. Mais il parle de ces entretiens avec Rol-Tanguy et lui remet une lettre dans laquelle il raconte ce qui s'est passé. Ce dernier fait suivre à Raymond Guyot, responsable du personnel militaire au P.C.F., qui lui aussi est surpris. Il fait monter. Quelques jours plus tard, reparlant de cette affaire avec Rol-Tanguy, celui-ci dit qu'il ne veut plus en entendre parler...

« Comment, une fois le recrutement opéré, se fait le contact? poursuit Roucaute. Soit par réunions secrètes, soit par correspondance chiffrée sur un mot codé; correspondance qui passait quelquefois par la Fédération des officiers de réserve républicains (mais rapidement il fallut s'en passer, de crainte d'être découverts par les dirigeants de celle-ci). »

Pour ne pas impliquer le parti dans ces affaires, Rol-Tanguy reste le seul responsable des officiers communistes. Il s'empresse d'isoler ce groupe, qui travaille pour les Soviétiques, des autres militaires membres du P.C.F. Beaufils finit par quitter l'armée en 1963 pour entrer au service du B.E.R.I.M., puis de la C.I.F.A.L., deux entreprises du vaste secteur commercial et financier du P.C.F. dirigé par Jean Jérôme.

Voilà ce que l'enquête a permis d'établir. Il fallait à partir de là découvrir les autres membres du réseau et voir dans quelle mesure le P.C.F. a réellement ignoré ces activités. Finalement, huit autres personnes ont été appréhendées en même temps que Beaufils. Quatre sont tout de suite relâchées. Les quatre autres ont bénéficié d'un non-lieu (trois officiers à la retraite et un inspecteur principal des communications). C'est cet échec qui a fait dire au commissaire Nart qu'on connaît seulement vingt-cinq pour cent de la vérité dans cette affaire. Pour plusieurs raisons.

D'abord, il est juridiquement impossible de poursuivre des personnes pour des faits antérieurs à dix ans. Or, Georges Beaufils a constitué son réseau dans les années 1950. Aucune preuve n'a permis d'affirmer s'il était encore en activité à la fin des années 60, date à laquelle ses membres pouvaient encore tomber sous le coup de la loi.

Ensuite, grâce à l'action préventive de Rol-Tanguy (isoler du reste des officiers communistes les membres du groupe Beaufils) le P.C.F. n'a pu être mis en cause lors de son arrestation en 1977. Il semble que seul un secrétaire du comité central ait été au courant. Il a couvert ses activités mais il s'est bien gardé d'intervenir en sa faveur.

Enfin, le parti communiste aurait été averti de l'enquête sur Beaufils grâce à un informateur à l'intérieur du contre-espionnage français. Peu avant l'arrestation, le P.C. aurait réussi à mettre en sécurité un réseau de radios clandestines que le parti entretient illégalement depuis 1945. Réseau que pouvait connaître Beaufils puisque, comme nous l'avons vu, il avait été chargé par Jean Jérôme de le mettre en place pour communiquer avec l'U.R.S.S. pendant la guerre.

Même si elle reste en partie obscure, cette affaire illustre parfaitement la complexité des rapports entre le P.C.F. et les services de renseignement soviétiques. En apparence, il n'existe aucun lien entre les deux; et rares ont été les militants du P.C. impliqués dans des affaires d'espionnage depuis une quarantaine d'années. Pourtant, il n'est pas possible de s'intéresser aux activités subversives du K.G.B. et du G.R.U. en France sans regarder de plus près le soutien que peuvent leur apporter les communistes. Cela fait partie du contrat, idéologique et politique, passé entre tous les P.C. et le « grand-frère » soviétique.

Lénine considérait que « tout bon communiste doit être un bon tchékiste » c'est-à-dire un informateur de la Tchéka, l'ancêtre du K.G.B. La consigne s'adressait aussi bien aux bolcheviks qu'aux militants des partis membres de la IIIe Internationale. Dans la pratique, ce mot d'ordre s'est révélé difficile à appliquer. D'abord, tout en acceptant les directives et les fonds de Moscou, chaque parti doit pouvoir se prétendre indépendant, soucieux seulement des intérêts de ses membres et de la classe ouvrière de son pays. Les impliquer dans des affaires d'espionnage au profit de l'U.R.S.S. risque de ruiner leur crédit politique. Et puis surtout, même si beaucoup de communistes considèrent l'Union soviétique comme la patrie du socialisme, même s'ils sont prêts à se battre politiquement et idéologiquement pour elle, ils répugnent, par réflexe patriotique, à se livrer à des opérations d'espionnage. En France, avant guerre, nombre d'affaires impliquant Moscou ont été découvertes par la police grâce à des militants communistes refusant de trahir leur pays. Il y a là une contradiction de taille : Moscou a besoin des partis communistes pour l'aider, notamment à se procurer des secrets militaires dans les pays occidentaux. Mais il n'est ni politiquement judicieux ni fiable de s'en remettre aux militants communistes locaux. C'est Léon Trotski qui a trouvé la solution.

En 1924, il décide qu'un membre de la direction de chaque grand parti communiste sera chargé des « services spéciaux » avec pour tâche de collaborer avec les agents soviétiques et de choisir le personnel. Nommé en accord avec les Soviétiques, il est prévu que ce responsable n'aura de comptes à rendre à aucun de ses collègues du parti et qu'il doit mettre en place des structures parfaitement étanches pour ne pas compromettre le reste de l'organisation.

Dans une lettre adressée au procureur de la République mexicaine le 30 mai 1940, peu avant son assassinat par un agent de Staline, Trotski précise comment fonctionne cette organisation dont il a été l'initiateur : « Au comité central de chaque parti communiste se trouve un chef responsable de la Guépéou [1] pour le pays en question. Généralement, sa qualité de représentant du Guépéou n'est connu que du secrétaire du parti et d'un ou deux membres du comité central. En sa qualité de membre du comité central, le représentant de la Guépéou a la possibilité d'approcher tous les mem-

---

1. G.P.U. : Direction politique d'Etat, nouvelle dénomination de la Tchéka à partir de 1921.

bres du parti, d'étudier leur caractère, de les choisir en vue de certaines tâches déterminées, et peu à peu de les gagner au travail d'espionnage et de terrorisme en en appelant à leur sentiment du devoir envers le parti ou tout simplement en les subornant. »

Il suffit aujourd'hui de remplacer Guépéou par K.G.B. pour se faire une idée des liens entre le P.C.F. et le renseignement soviétique. Avec le temps, cette structure s'est révélée efficace, surtout depuis la Seconde Guerre mondiale, en évitant à l'appareil légal du parti d'être compromis dans des affaires d'espionnage.

Avant que ce système cloisonné ne soit parfaitement opérationnel, les communistes français se sont retrouvés maintes fois sur le banc des accusés. En témoignent, dans les années 1920-1930, plusieurs scandales éclairant d'un jour nouveau l'image que les Français pouvaient se faire du jeune régime soviétique.

### L'affaire Tommasi

Lebedev, Bulgare d'origine, connu sous le nom de Stepanov au Komintern, a été le premier « Résident » envoyé en France par Moscou pour organiser et diriger l'espionnage soviétique. Arrivé à Paris fin 1920, il prend le nom de Chavaroche. Il ne tarde pas à recruter Tommasi, membre du comité directeur (appelé plus tard comité central) du parti et surtout l'un des responsables syndicaux des ouvriers de l'aéronautique. Les nombreuses relations de Tommasi à Bourges et dans d'autres centres de l'aviation française peuvent être utiles aux Soviétiques. Comme fonctionnaire syndical il possède une couverture idéale. Il travaille pour Lebedev, sans que le parti soit au courant de ses activités clandestines, jusqu'en 1924, date à laquelle il est contraint de se réfugier en U.R.S.S. : les services de contre-espionnage du ministère de la Guerre s'apprêtaient à l'arrêter. A Moscou, il continue à travailler pour les services de renseignement comme expert de la France. Vivant à l'hôtel du Komintern, le Lux, Tommasi meurt brusquement, une nuit de 1926, dans sa chambre. Enterré quasi clandestinement dans un cimetière de Moscou il a été, selon toute vraisemblance, « liquidé » par la Guépéou pour des raisons politiques et parce qu'il en savait trop sur les activités soviétiques en France.

*Les réseaux Crémet*

Dès la mise en place des structures clandestines souhaitées par Trotski à l'intérieur des grands partis communistes, Jean Crémet en a été le premier responsable à l'intérieur du P.C.F., jusqu'en 1927. Membre du comité central, puis du bureau politique (c'est Staline qui a ordonné au P.C.F. cette promotion), il constitue un vaste réseau de renseignement dans les arsenaux, les chantiers militaires, les ports et les industries de guerre. Ancien dirigeant des jeunesses communistes de Loire-Atlantique, puis secrétaire du syndicat de la construction navale et des métallos, il utilise aussi sa couverture syndicale pour faire du renseignement. A cette époque, l'espionnage soviétique est déjà bien organisé. L'établissement des relations diplomatiques entre la France et l'U.R.S.S. en octobre 1924 facilite considérablement le travail des agents de Moscou. Avec l'installation d'une ambassade, il n'est plus nécessaire d'avoir recours à des courriers spéciaux pour faire parvenir les renseignements en U.R.S.S.

Le nouveau Résident, qui se fait appeler Bernstein, exerce la profession d'artiste peintre. Sa femme travaille à l'ambassade et à la mission commerciale soviétique. Il a donc de bons motifs pour s'y rendre fréquemment. De son vrai nom Oujdanski-Ielenski, Bernstein est à quarante-cinq ans un vétéran des services secrets. Un an avant son arrivée à Paris, le gouvernement polonais l'a expulsé de Varsovie. Il s'est replié à Vienne, en Autriche, pour contrôler les opérations de renseignement dans les Balkans.

Avec lui, l'espionnage soviétique en France prend une tournure presque scientifique, qui n'est pas sans rappeler les méthodes utilisées aujourd'hui par le K.G.B. et le G.R.U. Par l'intermédiaire de Stephan Grodnicki, un « étudiant » lituanien, Bernstein remet à l'appareil clandestin français, dirigé par Crémet, un véritable plan de renseignements (ce que reçoit également de nos jours chaque Résident comme nous le verrons) élaboré à Moscou par les ingénieurs et les experts de l'industrie militaire soviétique. Ce plan est établi sous forme de questions très précises auxquelles le réseau doit répondre : nouvelles formules de production de poudre à canon; caractéristiques des chars, des canons, des obus; renseignements sur les masques à gaz, les avions, les chantiers navals, les mouvements de troupes, etc. Dans le vocabulaire de l'époque on appelle cela le « questionnaire ».

Avec l'aide de son organisation, Jean Crémet remplit le « questionnaire ». C'est efficace mais peu sûr. Pour répondre à ces questions techniques, l'organisation clandestine doit contacter des experts, principalement des syndicalistes, dans chaque branche industrielle. En définitive, beaucoup de monde est au courant. Des fuites vont se produire dès octobre 1925.

Contacté par un adjoint de Crémet, un mécanicien, employé à l'arsenal de Versailles et secrétaire du syndicat communiste de cette ville, s'étonne des détails qu'on lui demande. Les renseignements n'ont rien à voir avec le syndicalisme bien que son interlocuteur prétende œuvrer pour la « défense des travailleurs ». Le mécanicien en rend compte à la direction de l'arsenal qui avertit la police. Par son intermédiaire, le contre-espionnage militaire peut pendant plusieurs mois livrer de fausses informations aux réseaux Crémet et aux Soviétiques.

En février 1927, la police décide de porter un coup décisif à l'espionnage soviétique en France. Elle arrête une centaine de personnes, dont Bernstein et son adjoint Grodnicki, condamnés à trois et cinq ans de prison. Avec sa compagne et complice Louise Clarac, Jean Crémet réussit à échapper à la justice en se réfugiant à Moscou. Condamné par défaut à cinq ans de prison et cinq mille francs d'amende il ne remettra jamais les pieds en France.

Comme son prédécesseur Tommasi, il a connu une fin tragique. Officiellement employé à la « section coopérative » du Komintern, Crémet a continué à servir l'espionnage militaire, section française, jusqu'à sa liquidation en 1929. Envoyé en mission secrète dans l'Extrême-Orient il a disparu mystérieusement en tombant, dit-on, par-dessus bord du bateau qui l'emmenait.

Sa compagne, Louise Clarac, a quitté Moscou en 1934. Elle a vécu longtemps clandestinement en France. Certains membres de son réseau, comme Pierre Provost par exemple, sont réapparus après la Seconde Guerre mondiale à des postes importants de l'appareil soviétique.

*Le « général » Muraille*

L'homme qui succède à Bernstein à la tête de l'espionnage soviétique en France est également un professionnel du renseignement. Bolchevik de la vieille garde léniniste, Paul Muraille (il se fait parfois appeler Henri, Albaret ou Boissonas) a connu, avant la révolution, l'exil en Sibérie et séjourné plusieurs années en Suisse. Après 1917, il effectue de nombreuses missions secrètes, notamment en Chine, pour le compte du nouveau pouvoir communiste. Commissaire politique pendant la guerre polono-soviétique de 1920, il passe ensuite au service de l'espionnage militaire. Pour inspirer respect et confiance, il s'affuble du grade de général, qui n'existe pas à cette époque dans l'Armée Rouge. Ayant séjourné plusieurs fois en France il parle couramment notre langue avec un léger accent du Sud.

Véritable aventurier, Paul Muraille estime que l'Histoire se fait sur les champs de bataille, ou par la subversion, mais certainement pas en suivant des voies légales. Partisan de la lutte clandestine il est devenu maître dans l'art de travailler dans l'illégalité. Recherché pendant plusieurs années par la police française il réussit à lui échapper très souvent. S'il finit par se faire arrêter en 1931 c'est, comme pour les réseaux Crémet, suite à la trahison d'un communiste français plus patriote qu'internationaliste.

Après le démantèlement des réseaux Crémet, les consignes de Moscou sont formelles : le parti communiste français ne doit plus être mêlé aux opérations illégales. Muraille constitue pourtant une nouvelle organisation qui fait encore appel aux syndicalistes communistes pour obtenir des informations. L'U.R.S.S. s'intéresse alors à l'industrie aéronautique et aux forces aériennes françaises, aux derniers modèles de mitrailleuses et d'armes automatiques et enfin à la marine (par ses informateurs dans les ports de Marseille, Toulon, Saint-Nazaire, Muraille peut obtenir des renseignements sur les torpilles et les sous-marins).

A Lyon, par exemple, ses agents réussissent à subtiliser les plans d'un nouvel avion qu'ils restituent après en avoir fait une copie. Le vol découvert, un seul membre du réseau est arrêté. Pour obtenir des informations dans certains ports, Muraille y installe ses propres agents. Il envoie à Nantes Louis Monnereau, un ouvrier métallurgiste de Paris, avec des fonds suffisants pour monter une affaire de poissonnerie. Une enseigne portant « *Ar-*

*rivages directs* » orne la nouvelle boutique. Pour acheter son poisson, Monnereau se rend dans les ports de la mer du Nord. Il en revient avec des rapports.

A son procès, où il écope de trois ans de prison, Paul Muraille prétend qu'il a amassé des renseignements pour écrire un livre sur la France. Il invoque aussi des « raisons sentimentales » pour ne pas révéler certains détails au tribunal. Il purge sa peine à la prison de Poissy avant d'être expulsé de France à sa libération en 1934. Reparti en U.R.S.S., il y disparaît. En 1938, en pleine purge stalinienne, des communistes français affirment qu'il a perdu la raison. Selon d'autres sources, il aurait simulé la folie pour éviter d'être liquidé.

### Les « rabcors »

Parallèlement à son propre réseau et en dépit des consignes de Moscou, Muraille a aussi eu l'idée, à partir de 1929, d'utiliser le P.C.F. pour couvrir l'espionnage soviétique. Il a mis en place des « correspondants ouvriers », appelés dans le jargon communiste « rabcors », contraction de l'expression russe « *rabotchi correspondent* » Officiellement, les « rabcors » doivent informer *L'Humanité* des luttes sociales en France et aider à dénoncer les préparatifs de guerre du « grand capital contre la patrie du socialisme », entendez l'U.R.S.S. L'organe du parti incite chaque militant, à l'intérieur de son usine, à lui envoyer des renseignements sur l'organisation de la production, les déplacements de personnel ou encore sur les rapports de forces patronat-syndicats. Fiers de participer à l'élaboration du journal, nombre d'adhérents deviennent « correspondants ouvriers ». Ils ne savent pas qu'ils sont en réalité des informateurs du renseignement soviétique.

A *L'Humanité*, un bureau spécial centralise ce vaste réseau de bénévoles pour publier ce qui mérite de l'être. Ce bureau a surtout pour fonction de trier les informations susceptibles d'intéresser l'U.R.S.S. Si nécessaire, un camarade part interroger le « correspondant » pour obtenir davantage de renseignements. Cet envoyé est un spécialiste de l'espionnage, muni le plus souvent du fameux questionnaire déjà utilisé à l'époque de Crémet.

Les « rabcors » dépendent directement d'un certain Philippe, de son vrai nom Claude Liogier, un ancien métallo de la Loire, auteur d'un roman intitulé *L'Acier*. Philippe est en relation directe avec Izaja Bir, Polonais d'origine, qui sous le nom de « Fantomas » sert d'intermédiaire entre le P.C.F. et l'attaché militaire soviétique. Mais le vrai patron des « rabcors » à partir de 1931 c'est Jacques Duclos.

Celui qui deviendra plus tard le numéro deux du parti et sa figure la plus populaire dirige alors l'appareil clandestin du P.C.F. après la disgrâce d'Henri Barbé au début des années 30. Ayant travaillé pour le Komintern à partir de 1928 ou 1929, Jacques Duclos n'a en fait jamais cessé d'entretenir, jusqu'à sa mort en 1975, des rapports directs avec Moscou, chapeautant, pour le compte des Soviétiques, l'ensemble des activités illégales du parti. On entrevoit son rôle dans toutes les affaires d'espionnage impliquant le P.C.F. après la Seconde Guerre mondiale.

En 1931, Duclos vient d'être nommé au Bureau politique et au secrétariat du P.C.F. pour s'occuper de l'organisation du parti. C'est sous son autorité et sa caution politique que Bir, *alias* Fantomas, envoie ses agents en province. Ils interrogent les correspondants ouvriers qui intéressent l'espionnage soviétique. Dénoncés une fois encore par un militant communiste patriote, les rabcors doivent se mettre en sommeil après l'arrestation, en 1932, de Fantomas, de Philippe et d'un certain nombre d'autres responsables du P.C.F. tels que Maurice Gandcoing et André Coitou. La police trouve sur Bir et à son domicile des documents secrets intéressant la Défense nationale. Le 5 décembre 1932, Fantomas est condamné à trois ans de prison.

Mis en cause lors de l'enquête, Jacques Duclos échappe à la justice en s'enfuyant à Berlin où, sous le pseudonyme de Lauer, il travaille quelques mois au Bureau d'Europe occidentale du Komintern aux côtés du célèbre Dimitrov. Bénéficiant d'un non-lieu le 4 novembre 1932, il rentre en France pour s'occuper plus particulièrement de la « chasse aux traîtres », c'est-à-dire de l'élimination de tous les militants du P.C.F. soupçonnés d'antistalinisme. Il faut croire qu'il s'acquitte fort bien de sa tâche car c'est à lui qu'échoue – sur ordre de Moscou – le redoutable honneur de diriger le parti dans la clandestinité durant l'Occupation. Maurice Thorez, son secrétaire général en titre, s'est réfugié en U.R.S.S.

De Tommasi aux « rabcors », la France a été la cible principale de l'espionnage soviétique dans les années 1920. L'intérêt de Moscou est double : s'informer sur la politique de la nation la plus importante du continent (la France est sortie de la Première Guerre mondiale comme la grande puissance de l'Europe); et obtenir des renseignements sur les nouvelles techniques de l'industrie d'armement française alors à la pointe de l'innovation.

A partir de 1933-1934, Moscou s'intéresse davantage aux armes allemandes et américaines. La France n'est plus une priorité. Les agents du N.K.V.D. (nouvelle appellation de la Guépéou depuis 1934) se préoccupent davantage de l'élimination des opposants à Staline que des secrets militaires français comme en témoignent l'enlèvement du général Miller (un ancien général blanc) en plein Paris, le meurtre de Dimitri Navatchine (un banquier russe blanc) et l'étrange décès du fils de Trotski dans une clinique du XVIe arrondissement. L'assassinat à Lausanne, en 1937, d'un transfuge de la Guépéou, Ignace Reiss, a aussi été l'œuvre de deux agents soviétiques venus de France. Quand la Sûreté suisse identifie les coupables, elle découvre avec surprise que le gouvernement français les a volontairement laissé filer. Inquiet de la montée du nazisme, Paris préfère fermer les yeux sur l'activité des agents soviétiques : il ne faut pas envenimer ses relations avec l'allié soviétique.

Du côté du P.C.F. on assiste également à un changement de cap. Le VIIᵉ Congrès de l'Internationale communiste qui se tient à Moscou en juillet-août 1935 préconise la stratégie d'union de la gauche aux P.C. Les communistes français deviennent les champions de l'alliance avec les socialistes. L'avènement du Front populaire en 1936 oblige le P.C.F. à mettre en sourdine ses relations avec les agents soviétiques pour ne pas perdre le bénéfice politique de son soutien au gouvernement. Le cloisonnement entre activités illégales et légales, souhaité par Trotski, est rigoureusement appliqué. A partir de cette époque il devient difficile de prouver que le P.C.F. reste l'un des principaux soutiens de l'espionnage soviétique en France. Il faut attendre la fin de la Seconde Guerre mondiale pour trouver le parti impliqué dans plusieurs affaires. Son influence sur la vie politique lui assure alors une quasi-impunité.


## NOYAUTAGE ET INFILTRATION


Quatre cents C.R.S. et gendarmes mobiles, soixante véhicules, deux chars F.T. Renault : c'est une véritable petite armée qu'a rassemblée en cet après-midi du 14 novembre 1947 Roger Wybot, fondateur et patron incontesté de la D.S.T. Un ordre écrit du ministre de la Défense, Pierre-Henri Teitgen, lui donne les pleins pouvoirs, y compris celui d'ouvrir le feu si nécessaire.

La décision d'investir le camp de Beauregard a été prise quelques heures auparavant, en plein Conseil des ministres. Le contre-espionnage a enfin trouvé un prétexte pour agir. Un rapport d'écoute a signalé la présence dans ce camp de trois jeunes enfants, Marie, Zénobie et Olga, subtilisées à leur père qui en a obtenu la charge après son divorce. Ce drame de famille banal va servir de cadre à la première grave crise diplomatique entre Paris et Moscou depuis la fin de la guerre.

Le père, Dimitri Spetchinski, d'origine russe, réfugié en France depuis 1922, a déposé une plainte en bonne et due forme pour « enlèvement d'enfants ». Son ex-femme, Sophie Sobboutine, également Russe, a disparu avec les trois filles depuis le 6 octobre. Quelques jours plus tard, elle s'est présentée en leur compagnie dans un convoi soviétique au poste frontière de Sarrebourg. Elle a été refoulée, et la police a perdu sa trace jusqu'à ce 12 novembre à Beauregard.

Quelle aubaine! Les autorités françaises s'intéressent depuis longtemps à ce camp de plusieurs hectares situé entre Vaucresson et La Celle-Saint-Cloud, en Seine-et-Oise. Dans les quelques baraques en demi-dur, aux toits goudronnés, s'entassent les ressortissants soviétiques désireux de « regagner leur pays ». C'est la version que donne l'ambassade d'U.R.S.S. à Paris.

Le camp a été mis à la disposition de l'armée soviétique en 1944. La paix instaurée, il s'est transformé en « camp de rapatriement », ne bénéficiant pas du statut diplomatique d'exterritorialité. Les autorités françaises n'y exercent aucun contrôle. Beauregard est devenu une véritable petite enclave soviétique en France. Et il s'y passe de drôles de choses. L'année précédente, en septembre 1946, une soixantaine de Français rassemblés dans le camp ont été acheminés en U.R.S.S. à l'insu de Paris.

La mission de rapatriement soviétique applique à la lettre la décision de Staline : le retour, y compris de force, des citoyens soviétiques qui se trouvent en France à la fin de la guerre, soit parce qu'ils ont été faits prisonniers par les Allemands, soit parce qu'ils ont appartenu à l'armée Vlassov (du nom de ce général de l'Armée Rouge qui a combattu aux côtés de l'Allemagne). Certains rapatriés sont aussi des Russes blancs qui, après avoir fui la Révolution d'Octobre, ont obtenu la nationalité française. Inutile de préciser qu'en U.R.S.S. aucun d'eux n'est accueilli en héros. La plupart vont grossir les rangs de l'innombrable armée des zeks qui peuplent le Goulag.

Le gouvernement français a longtemps fermé les yeux au nom de la réciprocité. Parmi les accords signés à Moscou par de Gaulle en 1944 figurait l'instauration d'une mission de rapatriement en U.R.S.S. pour les ressortissants français que la guerre a entraînés jusque sur le territoire soviétique (notamment les « Malgré nous »). Il est vite apparu que la mission se heurte au refus des Soviétiques. Fort peu de Français sont revenus, comme l'a démontré Pierre Rigoulot dans un livre récent [1].

Le contre-espionnage français a de plus acquis la certitude que Beauregard sert de base à des officiers de renseignement du N.K.V.D. Chargé des liaisons avec les Soviétiques il y a bien un officier français à l'intérieur du camp mais, membre du P.C.F., il se garde d'informer la D.S.T. sur ce qui s'y passe.

« Investissez Beauregard, éliminez l'abcès! » ordonne le président du Conseil, Paul Ramadier, lorsque Roger Wybot lui apporte la preuve que les trois enfants s'y trouvent. Les petites filles sont françaises. Au regard de la loi l'opération est parfaitement légale.

1. *Des Français au Goulag*, Fayard, 1984.

Mais la « bataille de Beauregard » n'aura pas lieu. Impressionnés par le dispositif mis en place – Wybot a installé un char en batterie devant la porte du camp, prêt à tirer – les Soviétiques ont été contraints de céder. La perquisition est décevante. On trouve les trois petites filles plus deux caisses d'armes remplies de mitrailleuses, de fusils mitrailleurs et de grenades. C'est peu pour présenter le camp comme un centre de subversion. Dans les jours qui suivent, le gouvernement prend pourtant des mesures radicales : fermeture de Beauregard et expulsion de dix-neuf ressortissants soviétiques soupçonnés d'atteinte à la sûreté de l'Etat.

« Révoltante provocation contre l'U.R.S.S., amie et alliée » titre sur toute sa une *L'Humanité*. « Scandaleuse expédition », reprend Radio Moscou. « Il est évident que tout ceci prend place dans un plan général antisoviétique qui se développe à l'échelle mondiale et dont la France est la première victime », explique à la radio soviétique le colonel Marquié, responsable de la mission française de rapatriement à Moscou. Il a obtenu ce poste sur recommandation de Jacques Duclos. Pour ces « déclarations contraires à la vérité et injurieuses pour son pays », il est sévèrement sanctionné par le ministre des Anciens combattants et des victimes de la guerre, François Mitterrand. Promu au grade de colonel pour occuper ce poste à Moscou, Marquié, qui est en réalité sergent-chef, est devenu ensuite secrétaire national à la propagande de l'association France-U.R.S.S. Il a été promu officier de la Légion d'honneur en juillet 1985.

Que le gouvernement français ait attendu novembre 1947 pour sa première offensive contre les Soviétiques n'est pas fortuit. Le monde glisse vers la guerre froide. L'U.R.S.S., l'alliée d'hier, se retranche derrière son glacis. A la fin juin, Staline a refusé l'aide américaine de reconstruction (plan Marshall); en septembre à la conférence de Szklarska-Poreba, en Pologne, tous les partis communistes ont été sommés par Moscou de passer à l'offensive. Le Kominform est né, nouvel avatar du Komintern, dissous en 1943 pour satisfaire les alliés occidentaux de l'Union soviétique.

En France même, la situation politique se dégrade sérieusement. Les communistes, exclus du pouvoir le 4 mai 1947, appliquent à la lettre les consignes du Kominform. A l'appel de la C.G.T. les grèves se multiplient dans les services publics, les mines, les ports. On est au bord d'une situation insurrectionnelle.

Une page est tournée. Pendant près de trois ans, du premier cabinet de Gaulle en septembre 1944 à celui de Paul Ramadier en février 1947, les communistes ont essayé de mettre à profit leur participation au gouvernement pour placer des hommes dans l'appareil d'Etat afin d'influencer durablement la politique française.

Cette tactique de noyautage a commencé en fait dès 1943. C'est à Alger que se sont noués dans l'entourage du général de Gaulle des liens entre communistes français et Soviétiques, hommes politiques et résistants proches de l'homme du 18 juin. Emmanuel d'Astier de La Vigerie, futur ministre de l'Intérieur du gouvernement provisoire de 1944, fait partie de ces hommes favorables au camp socialiste. On retrouvera son nom dans certaines affaires impliquant le parti et l'U.R.S.S. sous la IVe République.

A l'époque, Moscou représente pour les gaullistes un allié de poids face à la Grande-Bretagne et aux Etats-Unis qui se méfient des ambitions de De Gaulle, jugé trop nationaliste. L'U.R.S.S. a été la première puissance à reconnaître le Comité français de libération nationale (C.F.L.N.), créé en juin 1943, et a dépêché à Alger Alexandre Bogomolov, son ancien ambassadeur à Vichy. Quant aux communistes français, ils se sont apparemment placés sous l'autorité du général. Le 4 avril 1944, Fernand Grenier et François Billoux sont entrés au C.F.L.N. On peut les considérer comme les premiers ministres communistes de l'histoire du parti.

Dans ce climat d'union nationale et de bonne entente franco-soviétique la méfiance n'est pas de mise. Pourtant, le N.K.V.D. prépare déjà l'avenir en recrutant des agents. Le plus connu d'entre eux – Georges Pâques – sera arrêté en 1963 (voir troisième partie).

En France, à travers le Front national, constitué au printemps 1941, le P.C.F. est sorti de l'isolement et attire dans sa mouvance des personnalités *a priori* éloignées de son idéologie. Nombre d'entre elles deviendront après guerre des compagnons de route. Profitant de leur rôle prépondérant dans la Résistance les communistes tentent aussi de contrôler les futures institutions du pays, notamment l'armée, les services de renseignement et la police.

Depuis mai 1943, la Résistance est théoriquement unifiée sous l'égide d'un Conseil national C.N.R. avec un état-major et un organe de commandement suprême, le Comac, dirigé par trois hommes dont deux communistes : Maurice Kriegel-Valrimont pour la zone Sud et Pierre Villon pour le Front national (Pierre Villon a travaillé avant guerre pour les services spéciaux du Komintern, sous le couvert de l'Internationale syndicale des marins). Jusqu'à la campagne de libération des rivalités subsistent entre les différentes tendances. L'Organisation de résistance de l'armée O.R.A., composée de militaires de carrière, refuse d'obéir aux ordres du Comac et de l'Etat-Major des Forces françaises de l'Intérieur (F.F.I.), créées en février 1944.

La bataille pour le contrôle de l'armée commence presque immédiatement après le débarquement allié. Le P.C.F. pèse de tout son poids pour que la future armée reste sous le contrôle de la Résistance.

Les officiers de carrière, soutenus par les forces alliées, s'opposent à cette exigence. Le 29 août, de Gaulle finit par trancher : les organismes de commandement F.F.I. (dominés par les communistes) sont dissous. Le 22 septembre un décret contraint les résistants à un engagement individuel pour la durée de la guerre s'ils veulent intégrer l'armée. Le P.C.F. a perdu. Maurice Thorez, revenu de Moscou, impose même au parti la dissolution de tous les groupes armés. Cela fait partie de l'accord passé avec de Gaulle pour qu'il puisse rentrer en France.

Au total, le P.C.F. réussit à sauvegarder entre deux et trois mille communistes dans l'armée. C'est peu au regard de son importance politique (avec 25 p. 100 des voix aux élections d'octobre 1945 il est devenu le premier parti de France). A l'Etat-Major, malgré les sympathies communistes des généraux Petit, Tubert, Plagne et de l'amiral Muselier, l'influence du parti est quasiment nulle. Parmi les officiers supérieurs il dispose d'hommes comme Rol-Tanguy et Georges Beaufils. Ils sont rapidement mis sur une voie de garage. Au niveau des officiers subalternes et du contingent la situation est bien meilleure. Des bataillons entiers sont dirigés par des communistes et le parti incite les jeunes à s'engager pour « combattre les forces anti-démocratiques ».

Tous ces militaires reçoivent pour consigne de cacher leur appartenance politique. Dès 1945, ils mettent en place une hiérarchie clandestine (placée sous la responsabilité d'officiers « politiques ») et des réseaux de communication entre eux et le parti. Ces structures se révéleront efficaces lorsque le P.C.F., suivant les ordres de Moscou, viendra en aide à Hô Chi Minh dans la guerre d'Indochine. Mais les communistes ont globalement échoué dans leur tentative de noyautage de l'armée.

Ils ne sont guère plus chanceux avec les services

de renseignement. Faute de pouvoir réellement contrôler de l'intérieur ce secteur sensible (seule une vingtaine de communistes réussiront à faire carrière dans les services spéciaux), ils vont essayer d'entraver son fonctionnement, surtout après la reprise en main de la D.G.E.R. (Direction générale des études et recherches, rebaptisée S.D.E.C.E. en décembre 1945) par le colonel Passy en avril 1945. De son vrai nom Dewavrin, Passy a été responsable des services de renseignement gaullistes à Londres. C'est la bête noire du P.C.

Lorsqu'il succède à Jacques Soustelle à la tête de la D.G.E.R., il y trouve une incroyable gabegie. Le service ne compte pas moins de 10 123 employés, 1 400 voitures, 123 immeubles ou appartements. « A la faveur du désordre général, un flot de combinards, de provocateurs ou d'agents plus que douteux avait envahi la D.G.E.R. », témoignera plus tard Passy dans un article à *Paris-Presse* (20 juin 1947). Parmi ces agents, des communistes. Leur mission : infiltrer les services secrets. Le nouveau patron donne un grand coup de balai : 8 323 personnes sont licenciées. Le P.C.F. ne lui pardonnera pas.

« D.G.E.R. = Direction générale des ennemis de la République », insinue André Wurmser dans *L'Humanité* au lendemain des licenciements. Toute la presse communiste se déchaîne contre cette « super-police au service des trusts ». Elle stigmatise cet « organisme bâti sur le modèle de la Gestapo », comme le proclame Jacques Duclos lors d'un meeting à la Mutualité. Harcelé, Passy a juste le temps d'entreprendre quelques réformes avant de s'en aller peu après la démission du général de Gaulle, le 21 janvier 1946. Il n'est pas quitte pour autant. Le voici accusé par la nouvelle direction, proche des socialistes, d'avoir détourné de l'argent durant la guerre pour son usage personnel et pour alimenter un « fonds secret » destiné à des opérations occultes du mouvement gaulliste. A travers cette affaire, attisée par les communistes, c'est aussi de Gaulle qu'on vise. En définitive, aucune poursuite judiciaire n'est engagée mais Passy fait tout de même quatre mois de détention préventive.

Cette cabale a considérablement affaibli les services secrets. De plus, la présence des ministres communistes au gouvernement ne favorise pas la recherche du renseignement. Le P.C. a souhaité – et obtenu – qu'un comité interministériel comprenant les ministres responsables de la Défense et de l'ordre public soit chargé de contrôler l'activité du S.D.E.C.E., de la D.S.T. et des Renseignements généraux. Jusqu'en mai 1947 le parti est donc informé de tout ce qui se passe dans les services de renseignement grâce à ses ministres de l'Air, de l'Armement ou de la Défense nationale. Pierre Daix, secrétaire de Charles Tillon aux ministères de l'Air et de l'Armement, confirme qu'il a eu à cette époque connaissance des synthèses de ces services.

« Le S.D.E.C.E. était paralysé, témoigne l'un de ses anciens responsables. Plutôt que de courir le risque de voir leurs agents découverts, les chefs de division préféraient mettre leurs réseaux en veilleuse en attendant des temps meilleurs. D'une façon générale, chacun se donnait l'air occupé, mais veillait à être aussi inefficace que possible. »

Les Soviétiques profitent de cette paralysie pour installer des « illégaux », des agents qui, sous une fausse identité française, restent des officiers du K.G.B. ou du G.R.U. Leur infiltration est facilitée par le noyautage communiste dans la police. Sandor Rado, un important agent soviétique responsable à Genève pendant la guerre d'un réseau de renseignement lié à « l'Orchestre rouge » de Leopold Trepper, raconte par exemple comment il a bénéficié avec sa femme de la complicité du P.C. Grâce aux communistes, il obtient au début de l'été 1944 des papiers en règle alors qu'il vient de s'évader de Suisse. « Pour arriver jusqu'à Paris, écrit-il dans ses

Mémoires[1], nous avions besoin de papiers français sans quoi nous risquions d'être arrêtés. Le haut commissaire de Lyon, Yves Farge, nous établit un passeport attestant que nous étions des habitants de Lorraine. »

Rado n'est resté que quelques mois en France mais combien d'autres agents soviétiques s'y sont-ils installés ? Aujourd'hui encore il est impossible de répondre à cette question. On sait, par exemple, qu'un transfuge du K.G.B. a informé la D.S.T., dans les années 60, de l'existence d'un « illégal » soviétique établi dans le Sud-Ouest de la France depuis l'après-guerre. L'agent a obtenu des faux papiers avec la complicité des communistes locaux. Selon le transfuge il s'est si bien intégré qu'il est devenu maire de sa ville. Avec ces quelques indications, le contre-espionnage a cherché, des années durant. En vain.

A Toulouse, à Limoges comme à Lyon, le parti a la haute main sur la préfecture dès la Libération. A Paris, en automne 1944, « *le chef de la police était un communiste* », affirme Rado dans ses Mémoires. En 1945, sur les vingt-deux mille policiers parisiens, trois mille sont membres du P.C.F. Un tel noyautage permet d'obtenir sans difficulté de fausses pièces d'identité.

L'épuration des collaborateurs favorise aussi l'infiltration communiste dans la fonction publique et dans les milieux industriels. Grâce aux archives de l'occupant récupérées par les F.T.P. dans les villes libérées, le P.C. a connaissance de dossiers compromettants. Il en fait disparaître un certain nombre pour mieux tenir ceux qui se sont liés avec l'ennemi. Par ce biais, d'importantes opérations de manipulation ont été mises en place.

Roger Caudou est un ancien de la guerre d'Espagne qui a quitté le P.C. en 1956. Il raconte dans ses

1. *Sous le pseudonyme Dora*, Julliard, 1972.

46

Mémoires[1] dans quelles circonstances il a découvert l'une de ces manipulations. Chargé des questions sociales dans les usines d'aviation au cabinet de Charles Tillon, ministre de l'Air de septembre 1944 à novembre 1945, Caudou a bien failli à cette occasion y laisser sa place.

André Desprez est alors P.-D.G. de la Société nationale de constructions aéronautiques du Sud-Est, un poste qui intéresse vivement les communistes. Membre du P.C.F., Desprez a un passé de résistant irréprochable. Il était colonel dans les F.F.I. Belle façade. Elle s'écroule le jour où Caudou apprend par le plus grand des hasards qu'il a été un informateur de la Gestapo. Une photo de Desprez, en uniforme de colonel aux côtés de Charles Tillon, parue à la une de *L'Humanité*, a déclenché sa perte. Plusieurs militants communistes avertissent le ministère du véritable passé du P.-D.G. Chargé d'une enquête discrète, Caudou établit sans peine que Desprez a été membre du Parti populaire français (P.P.F.) de Jacques Doriot et l'un des fondateurs du S.P.A.C., la police anticommuniste de Vichy. Il rédige un rapport accablant à l'intention du parti et du ministre de l'Air. Quelques jours plus tard, on lui fait savoir que Charles Tillon va le licencier. Il réclame en plus son exclusion du parti. D'un seul coup, les anciens camarades de Caudou l'ignorent. Convoqué par le ministre, il est sommé de faire son autocritique devant le personnel rassemblé. On l'accuse d'être un trotskiste chargé de désorganiser l'industrie aéronautique et de porter atteinte à l'honneur du ministère. Mis au ban du parti, pour lequel il a sacrifié toute sa jeunesse, Caudou voit son univers s'effondrer. Heureusement pour lui, l'affaire se dénoue aussi brusquement qu'elle a éclaté. Un dimanche, alors qu'il se trouve à son bureau pour y ranger ses affaires, un pli confiden-

1. *Le Cabochard*, Maspero, 1982.

tiel envoyé par la direction du parti arrive au ministère. Un informateur à la D.S.T. avertit le P.C. que la police va engager des poursuites contre Desprez pour collaboration. Tillon a ordre de prendre des mesures d'urgence pour se débarrasser de ce P.-D.G., soudain encombrant. Ce qu'il fait dans les vingt-quatre heures. Par la même occasion, le ministre magnanime passe l'éponge sur l'excès de zèle de son honnête employé. Roger Caudou est réintégré dans toutes ses fonctions mais il n'a plus le feu sacré.

Pierre Guay et Alexandre Volodine (aucun d'eux n'ayant été poursuivi, il s'agit de pseudonymes) ont été plus chanceux que le faux colonel F.F.I. Collaborateurs pendant la guerre, ils ont l'un et l'autre poursuivi leur carrière après avoir été « blanchis » par le P.C. moyennant quelques avantages.

La D.S.T. s'est intéressée à Pierre Guay dans les années 70. Haut fonctionnaire, il venait de faire nommer un personnage suspect à un poste « sensible » pour la sécurité nationale. L'homme en question, ancien du Service B durant la guerre (le service de renseignement des F.T.P.) avait été exclu de la police à la fin des années 1940 pour ses rapports avec le P.C. et les Soviétiques. Le contre-espionnage décide de faire une enquête pour comprendre les raisons de cette étrange promotion. Les policiers vont découvrir une incroyable histoire.

Dans sa biographie officielle, qui figure actuellement au *Who's who*, Pierre Guay est officier de la Légion d'honneur et médaillé de la croix de guerre 1939-1945, distinctions qui attestent d'une attitude courageuse durant l'Occupation. Fait prisonnier par les Allemands, il a également reçu la médaille des évadés pour s'être échappé du train qui l'emmenait en déportation.

Ce qu'apprend la D.S.T. dans sa région d'origine ne cadre pas avec ce passé glorieux. Les responsables de la Résistance locale se souviennent bien de lui. Sa réputation est celle d'un dangereux collaborateur. Affecté au cabinet de l'intendant de police d'une grande préfecture du Sud-Ouest, Pierre Guay a été en relation suivie et amicale avec deux officiers de la Gestapo : Schweitzer et Stubbe. Le groupe de Résistance Virat a même reçu l'ordre de Londres de l'abattre. Dans les archives du B.C.R.A. (service de renseignement gaulliste durant la guerre) les policiers trouvent son nom sur une liste de suspects avec la mention : « collaborationniste prononcé ». Au S.D.E.C.E., Pierre Guay est également signalé comme « collaborateur actif ». Enfin, dans l'un de ses livres, le colonel Passy le cite comme un homme de la Gestapo.

Qui a gommé ce passé encombrant ? Quelle main, quelle organisation a fait de Guay un résistant émérite ? Les attestations remontent à 1953. Elles sont signées par deux personnes. La première affirme qu'il a appartenu au réseau de résistance Taillandier-Morhange. Aucun ancien du réseau ne s'en souvient. La seconde attestation provient de l'homme que Guay a précisément fait nommer à un poste « sensible ». Tout s'éclaire. Il paie, près de vingt ans après, son tribut. Les rapports qu'entretient son « bienfaiteur » avec le P.C.F. permettent de penser qu'il a agi sur ordre. En clair, Pierre Guay doit son passé de résistant aux communistes qui lui ont constitué un bon dossier, y compris son évasion d'un train de déportation. Le but de la manœuvre : obtenir une décoration prestigieuse, appréciée pour une carrière administrative. De la Sûreté nationale au ministère de l'Intérieur en passant par le corps préfectoral, Guay a rapidement grimpé les échelons pour se retrouver à un poste particulièrement intéressant, surtout pour ceux qui le tiennent.

Les plus hautes instances du pouvoir ont eu connaissance des résultats de l'enquête. Contre toute attente, Pierre Guay n'a subi aucune sanction.

On lui a simplement retiré son accréditation « secret défense », réservée aux seuls hauts fonctionnaires sûrs. Franc-maçon, il a bénéficié de l'appui de sa confrérie, très influente dans le monde politique, pour qu'on oublie son authentique biographie.

Le cas d'Alexandre Volodine est plus complexe. Né au début du siècle en Russie, fils d'un ancien fonctionnaire tsariste, Volodine est arrivé en France au lendemain de la Première Guerre mondiale. Après des études supérieures à Paris, il obtient sa naturalisation dans les années 30 et entre au secrétariat de Marcel Déat, alors ministre de l'Air. Mobilisé en 1939 il se retrouve à Vichy. Dans l'entourage de Laval et Déat, il collabore activement avec les services secrets allemands. Appréhendé par la sécurité militaire à la Libération, un officier de la D.G.E.R., membre du P.C., le dédouane et le fait entrer dans les services de renseignement. Il y émarge pendant plus d'un an, jusqu'à ce que le colonel Passy mette bon ordre dans la maison. Il est par la suite employé au ministère du Ravitaillement puis à l'Institut de l'énergie atomique avant d'entreprendre une carrière administrative dans une grande entreprise nationale. En excellents termes avec Antoine Pinay, à l'époque où il est président du Conseil (1952), Volodine vient souvent prendre le petit déjeuner à Matignon.

Proche ensuite des milieux gaullistes, il fréquente assidûment les allées du pouvoir après le retour du général de Gaulle à la tête de l'Etat en 1958. Pour cette raison, le contre-espionnage commence à s'intéresser à lui. L'homme a un étrange passé. La D.S.T. découvre une enquête déjà ancienne des Renseignements généraux révélant qu'il a adhéré au Rassemblement national populaire de Marcel Déat en 1941 (carte nº 421 824) tout en continuant d'entretenir des rapports suivis avec les Soviétiques avec qui il était en contact depuis 1936.

A Vichy, Volodine a rencontré fréquemment

Alexandre Bogomolov, le représentant de Moscou auprès du régime de Pétain. Ce qui ne l'empêchait pas de collaborer avec les services secrets allemands. A la Libération, le même Bogomolov, resté ambassadeur d'Union soviétique en France, a fait souvent appel à lui pour avoir des informations. En 1946, les Soviétiques le considéraient comme leur meilleure source sur les dessous de la politique française. Deux ans plus tard, les Renseignements généraux précisent qu'il est manipulé par un certain Godounov, premier secrétaire de l'ambassade, responsable du Kominform en France. Volodine a également des rapports avec Alexeiev, chef du Bureau d'information soviétique à Paris.

Tous ces faits, vieux de plus de dix ans, sont couverts par la prescription lorsque la D.S.T. en prend connaissance. Aucune poursuite ne peut être entreprise. En 1958, Volodine paraît s'être « assagi ». En revanche, l'enquête des Renseignements généraux, datant de la fin des années 1940, n'a débouché sur aucune inculpation. A l'époque, Volodine était pourtant un agent soviétique actif. Le rapport des R.G. prétend qu'il était alors en relation avec de hauts dirigeants communistes. Ce qui explique peut-être pourquoi il n'a jamais été inquiété.


## JEAN JÉRÔME ET COMPAGNIES

Il aura fallu attendre le 27 mai 1983 pour que l'homme le plus secret du parti communiste français apparaisse en public sans pour autant dévoiler son véritable rôle. Ce jour-là, sur le plateau de l'émission *Apostrophes*, Jean Jérôme, venu présenter son livre, *La Part des hommes*[1], adopte un profil bas. Il se décrit comme un simple militant du P.C.F., un rouage parmi d'autres de la machine communiste. Souriant, affable même, il réussit, en professionnel

1. Editions Acropole, 1983.

du double jeu, à esquiver les attaques de ses contradicteurs.

De son vrai nom Michel Feintuch, Jean Jérôme a été en réalité pendant près de quarante ans le personnage clef de l'appareil clandestin du P.C.F., ayant à la fois la haute main sur les finances du parti et la promotion des « cadres ». En rapport étroit avec Moscou, sa vie militante se confond avec les objectifs poursuivis par les Soviétiques en France. A travers lui, on aborde le monde particulièrement secret des rapports entre le P.C.F. et l'U.R.S.S., y compris dans le domaine spécifique de l'espionnage.

Pendant l'Occupation, nous avons vu Jean Jérôme charger Georges Beaufils de la mise en place d'un réseau radio pour faciliter les communications de la Résistance communiste avec Moscou. Il est à cette époque le « grand argentier » des F.T.P., poste qu'il conservera après la Libération auprès du P.C.F. Il a acquis de l'expérience dans ce domaine lors de la guerre d'Espagne où il a été chargé, comme agent du Komintern, du soutien matériel aux Brigades internationales. Au-delà de ces activités, il semble que Jean Jérôme ait eu dès le début de sa vie militante des liens étroits avec le renseignement soviétique. Peu après son arrivée en France en 1929 (originaire de Pologne, il s'installe d'abord en Belgique, plaque tournante du Komintern, avant d'en être expulsé), il est en contact à Paris avec un nommé Redens, haut responsable du N.K.D.V. A partir de cette époque, son histoire ressemble étrangement à celle d'un des plus célèbres espions soviétiques, Leopold Trepper, responsable de « l'Orchestre Rouge » durant la guerre. Jusqu'en 1945, les deux hommes vont en effet connaître des destins similaires.

Jérôme et Trepper sont arrivés la même année en France. On sait grâce aux Mémoires de ce dernier[1]

---

1. Leopold Trepper, *Le Grand Jeu*, Albin Michel, 1975.

que le futur chef de l'Orchestre rouge a suivi par la suite, à Moscou, des cours d'espionnage pour le renseignement militaire soviétique. L'autobiographie de Jean Jérôme comporte en revanche de curieux « trous » après son rôle dans la livraison d'armes aux Brigades internationales. Il peut avoir effectué un stage dans la capitale soviétique dans les années 1938-1939.

Bien que fiché par la police française depuis le milieu des années 30 comme activiste communiste, Jérôme a réussi à se faire embaucher, peu après la déclaration de guerre, dans une fabrique d'armes travaillant pour l'armée française. A la même époque, Leopold Trepper installe en France son réseau de renseignement pour l'Armée Rouge. Les deux hommes sont-ils en contact? Jérôme fournit-il des informations à Trepper? Autant de questions auxquelles on ne peut toujours pas répondre aujourd'hui.

Au printemps 1941, ils ont tous deux averti Moscou de l'imminence de l'attaque allemande par des voies différentes. Trepper utilise ses radios clandestines; Jérôme fait passer le message par Jacques Duclos. Le chef de l'Orchestre rouge a été informé par le baron Vassili de Maximovitch, un Russe blanc d'origine, en relation avec des officiers allemands à Paris. On ignore la source de Jean Jérôme. Ce détail a son importance : qu'il s'agisse également de Maximovitch ou d'un autre informateur, cela prouve au moins que Jérôme avait des rapports avec des personnes proches du haut Etat-Major allemand, capables de connaître les plans secrets de Hitler.

Pour couvrir ses activités d'espionnage, Trepper crée à Paris, fin 1941, une société commerciale, la Simex. Cette entreprise est chargée de travailler avec l'organisation nazie Todt (qui construit le « Mur de l'Atlantique ») tout en l'infiltrant pour obtenir des renseignements sur la défense allemande. Jérôme, lui, est devenu le financier de la Résistance communiste, active depuis la rupture du pacte germano-soviétique. On n'a jamais su comment il a obtenu l'argent nécessaire à l'entretien des multiples réseaux F.T.P.

Arrêté en avril 1943, inculpé d'« usage de faux papiers », Jean Jérôme passe seize mois dans les prisons de la Santé et des Tourelles, sans être davantage inquiété. Il est finalement élargi en août 1944, à la Libération de Paris.

« Sortir vivant de cette aventure frisait le miracle et, cependant, je ne bénéficiais de la protection d'aucune sainte, que je sache, du moins », écrit-il dans ses Mémoires, sans autre explication. Comment ce membre de l'appareil clandestin du P.C.F., polonais d'origine, juif par surcroît, n'a-t-il été ni interrogé, ni torturé, ni déporté ?

Il a sans doute bénéficié de puissantes protections pour échapper à un sort funeste. Protection dont il faut peut-être chercher l'origine du côté d'un personnage extraordinaire, qui a défrayé la chronique après guerre : Joseph Joanovici, un chiffonnier devenu milliardaire grâce à la collaboration avec les nazis.

*A priori*, Jean Jérôme, cadre du Komintern, et Joseph Joanovici, vulgaire trafiquant, n'ont rien de commun. Pourtant, tout laisse croire que les deux hommes étaient déjà en contact avant la guerre. Comment s'en étonner si l'on sait que le « chiffonnier-milliardaire », mort à Paris en 1965, a également travaillé pour le mouvement communiste international.

Né en 1905 à Kichinev, en Bessarabie, Joseph Joanovici était un juif russe d'origine, du moins jusqu'au rattachement de cette région à la Roumanie en 1920 (de nos jours la Bessarabie est intégrée à l'U.R.S.S.) Lorsqu'il arrive en France, en 1925, il se prétend donc Roumain. Sa légende veut qu'il gagne ses premiers francs en faisant les poubelles. Puis, grâce à son sens des affaires, il ne tarde pas à devenir riche en faisant de la récupération en tout genre (chiffonnier). Lorsque éclate la guerre il est déjà millionnaire. Contre une substantielle enveloppe, il obtient des autorités de Vichy qu'on oublie son origine juive et se lance dans le trafic de métaux pour le compte des nazis. A l'occasion, il est aussi informateur de l'Abwehr (services secrets allemands) et de la Gestapo. Sentant le vent tourner en 1943, Joanovici commence à fournir de l'argent à la Résistance, notamment à une organisation clandestine de la préfecture, « Honneur et police ». Il livre aussi des armes, tout en continuant à servir la Gestapo. Devenu agent double, il est difficile de savoir pour qui il travaille vraiment. La Résistance ou l'occupant? Toujours est-il qu'il se retrouve milliardaire à la Libération. De nombreuses personnalités (dont le futur ministre Edgard Pisani) attestent qu'il a servi contre les nazis. Très introduit auprès de la police, il bénéficie pendant plusieurs années d'une totale impunité, même lorsque des poursuites judiciaires sont engagées contre lui pour collaboration économique avec l'ennemi. Après bien des rebondissements épiques qui font les délices de la presse de l'époque, il est finalement jugé, emprisonné puis mis en résidence surveillée en Lozère. Vers la fin de sa vie, il essaiera de se réfugier en Israël. Il est mort en France, presque ruiné.

Derrière cette carrière déjà peu banale se cache une autre vie, au service du Komintern, qui permet d'expliquer ses liens avec Jean Jérôme. Selon d'anciens communistes qui ont participé à la guerre d'Espagne dans les Brigades internationales, c'est à cette époque que les deux hommes auraient commencé à travailler ensemble pour livrer aux républicains des métaux, ce qui était parfaitement dans les cordes du ferrailleur Joanovici. Au début de la guerre le trafiquant est d'ailleurs en excellents termes avec les Soviétiques. Le 15 avril 1941, il devient citoyen d'U.R.S.S. et reçoit ses papiers d'Alexandre Bogomolov, ambassadeur de Moscou auprès du régime de Vichy. Soviétique, juif, Joanovici n'en continue pas moins à collaborer avec l'occupant, y compris après la rupture du pacte Hitler-Staline. L'agent double est en fait triple : il travaille à la fois pour les nazis, la Résistance et Moscou. Il est probable qu'en collaborant avec les Allemands il a alimenté les caisses de Jean Jérôme, « grand argentier », de la Résistance communiste.

Lorsque ce dernier a été arrêté en avril 1943, Joseph Joanovici serait donc intervenu pour protéger son « client ». Il n'a pas été le seul.

En toute logique, Jean Jérôme aurait dû être éminemment suspect après sa libération, en 1944. Pourquoi les nazis l'ont-ils épargné? Moscou est en droit de se poser des questions sur son comportement en prison. De nombreux agents du Komintern ont été liquidés après guerre pour bien moins que ça. Leopold Trepper, par exemple, a été condamné en 1947 à quinze ans « d'isolement » en U.R.S.S. (il a été réhabilité après la mort de Staline). Au contraire, Jérôme est réintégré dans toutes ses fonctions et il continuera à jouer un rôle capital pour l'Internationale communiste en France jusque dans les années 1970. Il n'y a qu'une explication à cette exceptionnelle confiance de Moscou : la protection dont il a bénéficié durant son emprisonnement avait la caution des Soviétiques. L'homme ou les hommes qui l'ont sauvé d'un sort tragique travaillaient donc aussi pour l'U.R.S.S. C'est ce que laisse entendre Auguste Lecœur dans un article de la revue *Est-Ouest* (juillet 1985). « Jean Jérôme n'a jamais fait mystère de ses liaisons avec les Soviétiques, écrit celui qui a été pendant l'Occupation secrétaire à l'organisation du P.C. clandestin. Les couvertures intelligentes qui masquaient son travail lui en donnaient la facilité. À la Libération, nous eûmes connaissance du rapport de police concernant son arrestation et sa détention (*rapport qui fut remis à l'ambassade soviétique*). Rien ne pouvait être retenu contre lui. *Les protections dont il avait bénéficié furent considérées comme ayant été correctes[1].* »

Des « protections correctes » ? Pendant la guerre, Jean Jérôme recevait directement ses ordres de Moscou via le « collectif soviétique » installé clandestinement en France. Ce « collectif » composé d'illégaux, vivant sous une fausse identité, disposait d'agents, sans doute doubles, proches des responsables nazis dans la capitale. Jérôme était en contact avec certains d'entre eux comme l'ont prouvé ses renseignements sur l'invasion de l'U.R.S.S. au printemps 1941. Après son arrestation ces personnes seraient intervenues pour le protéger. Pour Moscou, elles ne pouvaient être suspectes. Leur protection est donc jugée correcte. Il en est de même pour Joanovici, à la fois informateur de la Gestapo et du Komintern.

Jérôme est libéré de prison le 19 août 1944. Le P.C.F. se charge de lui refaire un passé sur mesure. C'est d'autant plus facile que le parti réussit à récupérer son dossier (d'arrestation et de détention) à la préfecture de police. Auguste Lecœur le confirme : « Les rapports des Brigades spéciales ont disparu. La première razzia fut le fait des policiers compromis. La seconde d'un collaborateur de Robert Ballanger qui, dans le coffre d'une Juva 4, apporta au siège du parti six gros cartons pleins de rapports, dont celui de Jean Jérôme. »

Blanchi, il reste à lui forger une légende de résistant exemplaire. Grâce à l'influence du parti à la Libération c'est un jeu d'enfant. Promu commandant F.F.I., il reçoit en prime la croix de guerre avec deux citations (ce qui témoigne d'ordinaire d'une

1. Souligné par l'auteur.

courageuse attitude au combat). Il n'a pourtant jamais participé à une action armée...

Malheureusement pour lui, on retrouve dans un vieux placard de la préfecture de police un arrêté d'expulsion de 1931 l'accusant d'être un agent du Komintern. En dépit de ces – nouveaux – titres de gloire dans la Résistance française, Jérôme demeure polonais et risque toujours d'être expulsé. Il faut au plus vite le faire naturaliser, surtout pour tenir le rôle auquel le destine Moscou en France. Le P.C.F. y remédie. Dans un premier temps, il se mobilise pour annuler l'arrêté d'expulsion. C'est fait en février 1945 non sans la complicité d'André Blumel, à l'époque directeur de cabinet du ministre de l'Intérieur. Avocat de formation, membre de la S.F.I.O., André Blumel se dévoilera, par la suite, comme un actif compagnon de route du P.C.F. Membre de la direction de France-U.R.S.S., il sera élu au conseil municipal de Paris comme apparenté communiste. Ce premier danger écarté, le parti joue de son influence au gouvernement pour obtenir à Jérôme sa nationalité française. Deux mois avant l'exclusion des ministres communistes, le 5 mars 1947, c'est chose faite. Il va enfin pouvoir donner pleine mesure de ses talents.

« Jean Jérôme est devenu un haut fonctionnaire de l'appareil international pendant la guerre, estime Philippe Robrieux, affecté après la fin de celle-ci à la direction du P.C.F. et ne rendant par conséquent tous ses comptes qu'au Centre (Moscou). Si cette hypothèse est la bonne, il est possible qu'il ne tienne alors au courant – probablement séparément – que deux hommes en France : Maurice Thorez pour les questions à incidence politique et Jacques Duclos pour tout ce qui relève de la collaboration avec les services de renseignement soviétiques[1]. »

1. *Histoire intérieure du parti communiste*, tome 4, Fayard, 1984.

Devenu à la fois l'homme fort et l'éminence grise du parti, Jérôme en supervise l'appareil financier et l'appareil clandestin jusque dans les années 1970. Aujourd'hui il est toujours difficile de saisir l'ampleur de ses activités secrètes. Les seules indications dont on dispose viennent d'anciens communistes qui ont, à un moment donné, côtoyé l'univers clos dans lequel il a évolué.

C'est le cas de Roger Pannequin qui a appartenu au début des années 50 au secrétariat personnel de Jacques Duclos pour traiter des questions de cadres et de sécurité. A ce titre, il a eu de fréquents contacts avec les représentations diplomatiques des pays socialistes. Il y découvre un Jean Jérôme traitant d'égal à égal avec les ambassadeurs, ou des émissaires spéciaux, pour les déplacements de part et d'autre du rideau de fer de cadres communistes (ou d'officiers de renseignement?).

Roger Caudou qui a travaillé après guerre – sur recommandation du P.C.F. – pour une entreprise de fret polonaise, Botrans, s'est également frotté à certaines de ses activités douteuses en direction de l'Est : fausses factures, envoi de matériel d'occasion vendu pour neuf, etc. Autant de moyens détournés pour alimenter les caisses du parti grâce à l'argent des pays socialistes. En échange, le « grand argentier » se charge de leur obtenir des matériaux stratégiques au nez et à la barbe du Cocom, l'organisme de contrôle des exportations occidentales vers l'Est. Il met sur pied plusieurs entreprises d'import-export (le Berim, la Cifal, la Sorice pour ne citer qu'elles) dont certaines sont aujourd'hui encore très actives.

Ce réseau commercial ne suffit pas à financer l'énorme appareil du parti. Dès le début des années 1950, le P.C.F. connaît des difficultés financières. Depuis l'exclusion de ses ministres du gouvernement, il ne peut plus compter sur les ressources publiques pour subvenir à ses besoins et même s'il revendique un million d'adhérents (chiffre sans doute exagéré) les cotisations ne permettent pas de faire tourner l'énorme appareil. De surcroît, le tirage de la presse communiste baisse : *L'Humanité* passe par exemple de cinq cent mille exemplaires en 1947 à cent quatre-vingt-dix mille en 1952. La direction est contrainte de faire des choix. Elle envisage de vendre l'un des fleurons de son appareil commercial, la compagnie France-Navigation, symbole du passé révolutionnaire du parti.

Créée en 1937 avec l'aide de la Banque commerciale pour l'Europe du Nord (B.C.E.N., la banque soviétique installée à Paris depuis 1924), France-Navigation était à l'origine destinée à venir en aide aux républicains espagnols. Ses bateaux (la compagnie en a compté jusqu'à vingt-quatre) ont notamment servi aux transports d'armes que supervisait Jean Jérôme sur ordre du Komintern. Confisqués par les Allemands pendant l'Occupation, la plupart des bâtiments de France-Navigation ont été coulés lors du conflit. A la Libération, le P.C.F. a obtenu, au nom des dommages de guerre, des subventions gouvernementales pour reconstituer sa flotte. France-Navigation a été intégrée à l'appareil commercial du parti dirigé par Jérôme.

Quand la Surveillance du territoire apprend que le P.C. cherche à vendre ses bateaux pour renflouer ses caisses, elle contacte discrètement les éventuels acheteurs pour empêcher l'opération. La vente de France-Navigation rapporte néanmoins la coquette somme de trois milliards de francs au P.C.F. La transaction est finalement passée par l'intermédiaire d'un homme qui intéressait depuis longtemps la D.S.T. et le S.D.E.C.E., convaincus tous deux qu'il travaille pour les Soviétiques. Pourtant, ce personnage occulte, au passé mystérieux, aux relations et aux complicités multiples dans tous les milieux politiques, n'a jamais été vraiment inquiété par les services français.

Le cas d'Albert Igoin reste l'un des plus étranges. Son rôle auprès du P.C.F. ressemble à bien des égards à celui qu'y a joué Jean Jérôme. Mais si, grâce aux témoignages des anciens du parti, on peut cerner les activités de ce dernier, Igoin est un homme des coulisses, poursuivant une ascension sociale exemplaire qui lui a permis de côtoyer les grands de la finance et de la politique, et d'en devenir le protégé.

Albert Igoin est entré au conseil d'administration de France-Navigation en 1952. Quelques mois plus tard, il s'est porté acquéreur de la majorité des actions. Nommé président de la compagnie le 23 janvier 1953, il l'a liquidée en vendant ses bateaux unité par unité, détournant ainsi le discret embargo de la Sûreté. Décidément doué pour les affaires, il a pris par la suite le contrôle de la Société parisienne de banque puis du Consortium du Nord, et a acquis des intérêts dans des compagnies d'assurances, de taxis, et dans une société immobilière. En 1955, il est milliardaire.

C'est à cette époque que la D.S.T. l'arrête. Pour la première fois, l'homme sort un peu de l'ombre. Son nom apparaît à la une des journaux. On parle d'espionnage puis d'usurpation d'identité. Deux ans plus tard, la justice lui donne raison. Albert Igoin peut poursuivre ses affaires mais au contre-espionnage son dossier reste ouvert. Le public n'entendra plus jamais parler de lui. Les policiers de la Sûreté demeurent cependant persuadés qu'il s'agit d'un personnage très important de l'appareil communiste international.

Essayons d'y voir clair.

Albert Igoin, de son vrai nom Haïm David Jaller, a usé dans sa jeunesse de plusieurs identités. Originaire de Tragul-Frumof, en Roumanie, où il est né le 3 février 1915, il arrive en France en 1933. Deux ans plus tard, il suit les cours d'une école spéciale de travaux publics. En 1937 il fait un stage dans les services techniques de la Préfecture de la Seine. La même année il aurait participé à une mission soviétique en Espagne, en voyageant sur un bateau de France-Navigation (*le Guilvinec*). Il obtient sa naturalisation française, sous le nom de Jaller, le 24 décembre 1938. Mobilisé, il reste dans l'armée jusqu'au 6 août 1940. Il en sort avec le grade de sergent. Jusque-là, sa biographie est limpide. Puis, les pistes se brouillent.

Jaller disparaît pendant deux ans. On retrouve sa trace en Tunisie dans une compagnie du génie de l'armée avec le grade d'aspirant. Il se fait alors appeler Daniel Jallez, né le 10 février 1915 à Volckerinckhove dans le Nord de la France. Pourquoi ce changement d'identité? Qu'a-t-il fait pendant ces deux années? Le mystère reste entier. Il est curieux de constater que sa vie prend à partir de là une tout autre orientation. Il réussit à se faire muter dans l'armée de l'Air et rejoint l'entourage de Fernand Grenier à Alger, alors représentant du P.C.F. auprès du général de Gaulle. Très proche des Soviétiques, Grenier est nommé commissaire de l'Air en avril 1944 dans le Comité français de libération nationale qu'a constitué le général. Haïm David Jaller, *alias* Jallez, fait partie du cabinet Grenier. Il débarque avec lui dans Paris libéré et est affecté en septembre 1944 au ministère de l'Air de Charles Tillon. Il restera aux côtés de l'ancien responsable des F.T.P. jusqu'à l'exclusion des communistes du gouvernement (Tillon sera successivement ministre de l'Air, de l'Armement, de la Reconstruction et de l'Urbanisme).

Personne ne connaît très bien les activités de Jaller/Jallez à cette époque. Pierre Daix, qui a été le secrétaire de Charles Tillon, explique que comme tous les communistes ayant appartenu à l'entourage de Fernand Grenier à Alger, il devait davantage rendre compte de ses activités aux Soviétiques qu'au P.C.F. Roger Caudou, qui a également appartenu au cabinet Tillon, se souvient que Jaller/Jallez, versé aux services techniques, se déplaçait dans toute la France pour visiter les bases aériennes de l'armée. A partir de là, on peut tout imaginer...

En octobre 1945, notre homme change une nouvelle fois d'identité, prétextant que Jallez est un pseudonyme de la Résistance. Il déclare s'appeler Albert Igoin, né en 1917 sur le paquebot français *Latouche-Tréville*, en route vers Buenos Aires. Né de père inconnu, il affirme qu'il porte le nom de sa mère. Trois personnes certifient sur l'honneur que Daniel Jallez et Albert Igoin sont bien la même personne : un capitaine de l'armée (membre du P.C.F.), un secrétaire de la fédération des métaux C.G.T. et un ancien F.T.P. Il se fait établir des papiers d'identité à ce nouveau nom avec la complicité d'un sous-directeur du ministère de la Reconstruction (dirigé par François Billoux) et d'un journaliste communiste, venus témoigner pour lui à la préfecture.

Pas plus qu'en 1942, on ne sait pour quelle raison Haïm David Jaller a changé de nom à cette époque-là. Des années plus tard, l'enquête de police permettra d'établir qu'il y a eu deux Albert Igoin. Le premier est mort à l'âge de trois semaines; le second, membre des Brigades internationales, a été tué pendant la guerre d'Espagne. Jaller le savait-il ?

C'est sous sa nouvelle identité qu'il va attirer l'attention des services français. Après l'exclusion des ministres communistes, il prend la gérance de la Société européenne pour l'industrie et le commerce. La S.E.P.I.C. qui appartient pour moitié à un Polonais, Aronowicz, et au directeur du Crédit franco-roumain, Tchounovski, est soupçonnée par le S.D.E.C.E. de servir de façade à des transferts illégaux de marchandises vers l'Est. Pour surveiller la société, les services secrets y introduisent un agent dont voici le témoignage : « Pour cette première affaire d'infiltration d'un réseau soviétique, Henri Ribière, mon ancien chef de Résistance – désormais patron du S.D.E.C.E. – me dit : " Tu nous donnes ta démission ". J'étais furieux. Mais c'était nécessaire, car il me demandait d'entrer dans ce réseau, non pour le détruire au départ, mais simplement pour le surveiller et savoir s'il se livrait à un trafic de matériel de guerre. En deux mots, nous recevions d'une prétendue association technique, dite Importateur du charbon polonais, les bénéfices supposés de la vente de ce charbon qui étaient versés à une caisse spéciale. A la demande de Varsovie, nous achetions des machines-outils pour l'industrie lourde et légère. Destination Pologne – du moins en théorie. En fait, nous avons expédié des bases de géodésie, des cartes, en Pologne, en U.R.S.S., en Yougoslavie, en Chine... Tout transitait par l'intermédiaire de notre bureau. Tant qu'il s'agissait de matériel civil, aucun problème, mais bientôt sont arrivées les commandes militaires : on m'a adressé un bon pour des torpilles 550. Nous avons donc été obligés, au S.D.E.C.E., d'envisager la liquidation du réseau. » Plusieurs Polonais sont expulsés de France, dont Aronowicz co-propriétaire de la S.E.P.I.C. Albert Igoin passe à travers les mailles du filet. A l'époque, il est certain qu'il travaille en relation avec Jean Jérôme pour alimenter les caisses du P.C.F. « J'étais venu à la S.E.P.I.C. pour régler les modalités d'un transport particulièrement délicat, destiné à la Pologne, raconte Roger Caudou. La porte du salon, où je me trouvais, étant ouverte, j'aperçois au fond du couloir Jallez. C'est ainsi qu'on continuait à l'appeler au parti. Lui aussi me voit. Il vient immédiatement à moi pour me dire : " Ici, on ne se connaît pas et on ne se tutoie pas. Je suis là pour ramasser du fric. " »

Quand la D.S.T. l'arrête, le 16 mai 1955, les policiers veulent officiellement élucider sa véritable identité. Déjà propriétaire de plusieurs entreprises, on le soupçonne surtout de faire de l'espionnage économique pour les Soviétiques à travers ses sociétés. La tâche est ardue. Rien n'interdit à un homme d'affaires de communiquer à qui bon lui semble des informations concernant directement ou indirectement ses intérêts. La D.S.T. échoue dans son enquête. Reste le problème de l'identité. Jaller réussit à faire preuve de sa bonne foi. Le 8 octobre 1957, la justice l'innocente en lui donnant le droit de se faire appeler officiellement Albert Igoin.

En dix ans, depuis l'exclusion des ministres communistes, l'homme a fait du chemin. L'influence qu'il a acquise dans les milieux financiers et politiques explique peut-être son impunité. Igoin a commencé sa carrière, en 1947, sous la tutelle de Charles Hilsum, P.-D.G. de la B.C.E.N. (la banque soviétique), mais il s'en est par la suite émancipé. Il doit ses milliards à son génie des affaires tout en sachant s'abriter derrière de puissants personnages.

En 1954, tout en revendant les bateaux de France-Navigation. Albert Igoin se porte acquéreur de la Société parisienne de banque (S.P.B.). Pour cet achat, il sollicite l'autorisation de la Commission de contrôle des banques et demande aux pouvoirs publics et au Conseil national de crédit l'agrément afin de transformer la S.P.B. en banque d'affaires. Pour ces deux démarches il est patronné par Pierre Lebon, président de l'Union des banques de Paris et député gaulliste des Deux-Sèvres. A cette époque, Lebon a déjà entrepris plusieurs voyages derrière le rideau de fer et plaide en faveur d'une amélioration des relations économiques Est-Ouest. Quelques mois plus tard, en mars 1955, le député participera à un meeting du P.C.F. au Vélodrome d'Hiver aux côtés de Laurent Casanova, membre du bureau politique.

A la tête de la Société parisienne de banque, Igoin sauve en 1954 de la faillite un jeune directeur de presse qui va devenir très puissant : Robert Hersant. Propriétaire de l'*Auto-Journal*, Hersant s'est aliéné la firme automobile Citroën en publiant les plans secrets du moteur de la future DS 19 et des photos du nouveau véhicule, prises clandestinement. A la suite de ces publications, Citroën réclame cent cinquante millions de francs de dommages et intérêts à la revue (qu'elle n'obtient pas) et fait pression sur toutes les banques pour qu'elles suppriment leurs crédits à l'*Auto-Journal*. Au bord de l'asphyxie financière, Hersant est maintenu à flot par la S.P.B. jusqu'en mai 1956, date à laquelle Igoin revend sa banque à Simca. Au-delà de leurs relations d'affaires, les deux hommes ont entretenu d'excellents rapports personnels. Quand l'élection de Robert Hersant comme député radical de l'Oise est invalidée (le 18 avril 1956) par l'Assemblée nationale en raison de son passé de collaborateur, Igoin agit discrètement auprès de son principal accusateur, Jean Legendre, maire de Compiègne, pour qu'il cesse sa campagne. Le directeur de l'*Auto-Journal* est finalement brillamment réélu quelques semaines plus tard.

Parmi ses relations, Albert Igoin a également compté le général Chevrance-Bertin, ancien membre de l'Assemblée consultative d'Alger, conseiller général de l'Oise; et Edouard Corniglion-Molinier, député U.N.R. des Alpes-Maritimes, ancien ministre et vice-président du Conseil (en 1957 et 1958). Cet homme politique, qui a été à la fin de sa vie vice-président de la Gaumont, a activement participé à la livraison d'armes aux Brigades internationales lors de la guerre d'Espagne. Il était à cette époque membre d'une compagnie d'aviation appartenant au Komintern, dont Michel Feintuch, alias Jean Jérôme, était l'un des principaux « actionnaires ». Selon un ancien haut responsable du P.C.F., Corniglion-Molinier a continué à rendre des services au parti – « avec beaucoup d'enthousiasme »

– au moins jusque dans les années 1950. Enfin, quand Igoin prend le contrôle du Consortium du Nord qui a des intérêts dans plusieurs entreprises, il place à sa vice-présidence Joseph Lanet, sénateur et ancien secrétaire d'Etat sous le cabinet Mendès France (1954-1955). Plus tard, Lanet deviendra l'un des principaux animateurs des clubs « Pour un nouveau contrat social » que fonde Edgar Faure.

A la différence de Jean Jérôme, il semble qu'Igoin ait pris ses distances avec le parti à la fin des années 50, lors de la déstalinisation. Il aurait appartenu à une branche du mouvement communiste international tombée en disgrâce à ce moment-là. C'est une hypothèse. En tout cas, le contre-espionnage, qui a peut-être cessé de l'avoir à l'œil, n'a plus rien trouvé à lui reprocher. Dans les années 1960-1970, il a dirigé un holding au capital de vingt-cinq millions de francs, la Cofrapar, détenant des participations dans huit sociétés françaises de premier plan, dont Air liquide. Son mystérieux passé oublié, Albert Igoin se serait mué en businessman respectable.

Le flambeau a été repris par un autre homme d'affaires qui, lui, ne cache pas ses liens avec le P.C.F. : Jean-Baptiste Doumeng. Personnage haut en couleur, qui cultive volontiers le paradoxe d'être à la fois milliardaire et communiste (ce qui n'a rien d'incompatible), l'itinéraire de Doumeng est trop connu pour que nous nous y attardions. Rappelons pour mémoire que, comme Igoin, il doit le début de sa fortune à Charles Hilsum, le P.-D.G. de la B.C.E.N. Spécialiste des échanges agricoles, Doumeng a rapidement compris le bénéfice qu'il pourrait tirer de la surproduction que connaît la Communauté économique européenne. L'idée est simple : pour vendre ses produits, la C.E.E. est obligée d'aligner ses prix sur les cours mondiaux, beaucoup plus bas. La différence est payée aux producteurs européens par le budget de la Communauté. C'est sur cette marge, appelée « restitution », que Doumeng s'est enrichi, tout en fournissant aux pays socialistes le blé et le beurre qui leur font cruellement défaut. Toujours grâce aux deniers publics (crédits garantis par l'Etat français ou les grandes organisations internationales), il a commencé à investir dans les années 70 dans les pays africains, principalement « progressistes », suivant presque pas à pas la pénétration soviétique sur le continent noir.

A la faveur de la détente Est-Ouest, qui a culminé avec la signature des accords d'Helsinki en 1975, Doumeng est devenu l'interlocuteur privilégié du dialogue entre l'U.R.S.S. et l'Occident, développant le « lobby soviétique » en France. Pour Moscou, le rôle politique qu'il joue alors auprès du pouvoir est aussi important que les affaires qu'il peut faire pour son compte, celui du P.C.F. ou de l'Union soviétique.

Valéry Giscard d'Estaing, adepte de la théorie des « armes de la paix », qui prétend favoriser une convergence d'intérêts entre l'Est et l'Ouest par le biais du commerce, sera très réceptif aux idées du « milliardaire rouge ». Il est introduit dans le cercle des conseillers du président par un vieux routier de la politique, Edgar Faure. Les deux hommes se sont connus (et estimés) quand ce dernier a été ministre de l'Agriculture du général de Gaulle, de 1966 à 1968. Faure présente Doumeng à Jean François-Poncet, lorsqu'il est secrétaire général de l'Elysée. De là, le « milliardaire rouge » sympathise avec le secrétaire général adjoint, François Polge de Combret, René Journiac, l'« éminence grise » du président pour l'Afrique et surtout Michel Poniatowski, ami et ministre de Valéry Giscard d'Estaing.

« Le premier contact de Doumeng avec la famille Poniatowski remonte à l'année 1977, précise Jacques Lamalle dans la biographie qu'il a consacrée à l'homme d'affaires[1]. Fin octobre, Jean-Baptiste, qui

1. *Le Milliardaire rouge*, Lattès, 1980.

détient depuis sa création 95 p. 100 de la société Jacques Esterel, décide d'en céder 45 p. 100 à Benoît Bartherotte et Alexandre Poniatowski, neveu de l'ex-ministre de l'Intérieur. » Devenu ambassadeur itinérant (et conseiller influent) du président, Michel Poniatowski a rencontré plusieurs fois Jean-Baptiste Doumeng, spécialement pour préparer le voyage en U.R.S.S. de Valéry Giscard d'Estaing en avril 1979. Voyage au cours duquel il lui a beaucoup été reproché d'avoir déposé une gerbe devant le mausolée de Lénine.

L'influence de Doumeng sur le pouvoir a été particulièrement manifeste après l'invasion soviétique de l'Afghanistan. C'est sous son égide qu'a été arrangé le fameux sommet Brejnev-Giscard de Varsovie, le 19 mai 1980. Le « milliardaire rouge » a mis gracieusement son avion privé à la disposition de Michel Poniatowski pour aller préparer la rencontre dans la capitale polonaise. On se souvient que ce sommet vaudra au candidat Giscard les railleries de son adversaire, François Mitterrand, pendant la campagne présidentielle de 1981 (« le petit télégraphiste de Varsovie »).

Homme d'affaires du mouvement communiste international, Jean-Baptiste Doumeng est aussi un agent d'influence. Sa mission est moins occulte que celle qu'avait Jean Jérôme jusqu'au début des années 70. Sur d'autres plans elle est tout aussi essentielle pour les Soviétiques. Convaincu que « le communisme est le futur de l'humanité », il œuvre, avec constance, pour en précipiter l'avènement.


## LE RETOUR DES « RABCORS »

« Une nouvelle affaire d'espionnage vient d'être découverte par les services de la surveillance du territoire. Un commandant intégré dans l'armée active comme ancien F.T.P., et membre du parti communiste, actionnaire du journal *France d'abord*, a reconnu avoir remis à un attaché militaire étranger de nombreux documents qu'il avait pu réunir à l'occasion de ses fonctions dans les cabinets des ministres de l'Armement et de la Défense nationale. »

Ce communiqué est publié par le ministère de l'Intérieur le 28 février 1949. *L'Humanité* y réplique immédiatement : « Personne ne prendra au sérieux cette provocation de Jules Moch[1] qui a l'habitude de baptiser " document intéressant la Défense nationale " ce qui concerne la lutte contre la guerre ».

Une protestation qui cache mal l'embarras du parti. Car l'affaire qui vient d'éclater est compromettante.

Trois jours auparavant, le 25 février, la D.S.T. a arrêté à la sortie des usines d'aviation nationalisées S.N.C.A.S.O., à Billancourt, un reporter de *Regards*, hebdomadaire communiste illustré. Dans sa serviette, les policiers ont découvert des documents sur la production et les caractéristiques de plusieurs armes aériennes. « C'est pour ma documentation », tente de justifier le journaliste. Dès le lendemain, plusieurs perquisitions sont ordonnées : dans les locaux de *Regards*, au siège des Editions sociales (appartenant au P.C.), à l'Union des syndicats C.G.T. de la région parisienne, et à la revue *France d'abord*, organe des anciens F.T.P. Au total, vingt-six personnes sont appréhendées : le plus vaste coup de filet entrepris par la D.S.T. contre les communistes depuis la fin de la guerre.

Cette offensive, souhaitée par le gouvernement, intervient dans un contexte politique bien particulier. Les propos tenus une semaine auparavant par Maurice Thorez, devant le comité central du parti, avaient scandalisé la classe politique. « Si notre

---

1. Ministre de l'Intérieur (*N.d.A*).

peuple était entraîné malgré sa volonté dans une guerre antisoviétique, a déclaré le secrétaire général, et si, dans ces conditions l'armée soviétique, défendant la cause du socialisme, était amenée à pourchasser l'agresseur jusque sur notre sol, les travailleurs, le peuple de France pourrait-il se comporter envers l'armée soviétique autrement que les travailleurs, les peuples de Pologne, de Roumanie, de Yougoslavie...? »

Thorez a donc appelé les Français à collaborer avec les Soviétiques en cas de conflit. Le secrétaire général a aussi demandé aux militants de dénoncer partout où ils le peuvent les préparatifs de guerre de l'impérialisme.

La perquisition à l'hebdomadaire *Regards* permet de découvrir d'autres dossiers sur l'armement. A *France d'abord* la police trouve des lettres d'officiers prêts à communiquer des renseignements militaires au journal, plus des règlements internes à l'armée et des manuels d'enseignement tactique pour les troupes aéroportées. Autant de documents qui sans être vraiment secrets peuvent vivement intéresser les Soviétiques.

Le P.C.F. place tout de suite l'affaire sur un terrain politique. Après avoir accusé Jules Moch de s'en prendre à la liberté de la presse, *L'Humanité* proclame au lendemain des perquisitions : « Le fait que des journalistes dénoncent et démontent les préparatifs de guerre de nos gouvernants met ceux-ci dans une rage folle... »

Cette ligne de défense se révèle efficace. De relâches en non-lieux, il ne reste plus, quelques semaines plus tard, qu'un seul inculpé devant la justice : André Teulery, trente-sept ans, accusé de « transmission de renseignements à une puissance étrangère ». Le P.C.F. a fait une excellente opération. Non seulement il est innocenté mais en plus il se débarrasse d'un militant devenu gênant.

Pour avoir été trop fidèle à ses idéaux, André

Teulery fait en effet figure de dindon de la farce dans cette affaire. Non seulement son parti le lâche dès son arrestation, mais la direction communiste va même charger son dossier d'inculpation en renseignant la police, que celle-ci en ait été consciente ou non.

Militant du P.C. depuis 1937, Teulery est entré dans les F.T.P., section technique, en 1942. Sous le nom de guerre de « Viguié » il a vite appris à faire de faux papiers, à installer des planques et à préparer des explosifs. Remarqué début 1944 par Georges Beyer, alors responsable des services de renseignement F.T.P., le « Service B », il y est muté. A la Libération de Paris, lorsque le « Service B » apparaît au grand jour, Teulery en est officiellement le patron. Dans le cadre de l'unification des organisations de la Résistance, il collabore avec le 2e Bureau (renseignement) des Forces françaises de l'Intérieur (F.F.I.). Quand le 2e Bureau F.F.I. est intégré à l'Etat-Major général, « Viguié » suit le mouvement. Il est incorporé dans l'armée avec le grade de commandant.

Charles Tillon fait appel à lui pour s'occuper du service de Sécurité au ministère de l'Armement à partir de novembre 1945. Il est chargé de protéger les « points sensibles » : usines d'armement, aérodromes, bases navales. Dès cette époque, Teulery s'appuie largement sur les syndicalistes C.G.T. à l'intérieur des usines pour l'aider dans sa tâche. Il est évident que les informations qu'il recueille profitent aussi au P.C.F. dont il reste un militant dévoué. Quant à ce réseau de syndicalistes, il sera utile lorsqu'il commencera à travailler pour le compte d'une « puissance étrangère ».

En 1946, le contre-espionnage français apprend que l'attaché militaire yougoslave à Paris se livre à des activités de renseignement pour le compte de son pays et de l'U.R.S.S. Sa surveillance va permettre aux policiers d'être témoins d'une curieuse rencontre. Un jour, sur les grands boulevards, le Yougoslave aborde un homme porteur d'un porte-documents volumineux. Ils entrent tous les deux dans un café. Une demi-heure plus tard, l'attaché militaire ressort avec le porte-documents. Son contact est rapidement identifié : André Teulery, responsable de la sécurité au ministère de l'Armement. Dans le contexte politique de l'époque, il est intouchable. L'affaire est classée. Après son arrestation, en février 1949, Teulery avouera que ce jour-là il a remis les plans de sécurité des principales usines françaises d'armement.

Après l'exclusion des ministres communistes, Teulery a réintégré l'armée. Ancien officier F.T.P., il fait partie des « suspects » qui, comme Rol-Tanguy et Georges Beaufils, sont mutés à Versailles sans affectation précise. Il dispose de tout son temps pour travailler à la rédaction de *France d'abord*, l'organe des anciens F.T.P. C'est au journal qu'il est contacté par un certain « Louis ».

*France d'abord*, fondée clandestinement sous l'Occupation par Charles Tillon, en septembre 1941, a commencé à paraître officiellement peu après la Libération de Paris sous la responsabilité politique et financière de Jean Jérôme. Dirigé par Roger Roucaute et Yves Moreau (qui deviendra plus tard rédacteur en chef de *L'Humanité*), le journal se veut un lien entre les anciens résistants communistes. En fait, comme l'a démontré la perquisition de février 1949, il sert aussi de « boîte aux lettres » afin de récolter des informations militaires pour le compte du P.C., et peut-être des Soviétiques.

« Louis » est un militant de légende du mouvement communiste. Ancien des Brigades internationales d'Espagne il a travaillé avant guerre avec Pierre Villon, à Paris, pour les services secrets du Komintern. Pendant l'Occupation il a été un brillant chef militaire de la M.O.I. en France (Main-d'œuvre immigrée, regroupant les résistants étrangers sous l'égide des F.T.P.) dont il a assuré le commandement en zone Nord.

Lorsqu'il rencontre Teulery, « Louis », de son vrai nom Ljubomir Ilitch, est devenu général de l'armée yougoslave (son pays d'origine). Il vient de remplacer l'attaché militaire que connaissait le Français à l'ambassade de Yougoslavie. Pour un communiste convaincu comme Teulery, Ilitch est avant tout un « camarade » et non le représentant d'une puissance étrangère. A ses yeux, il est citoyen d'un pays prestigieux qui a accédé au socialisme à la force des armes. Un pays qu'il a d'ailleurs déjà aidé lorsqu'il occupait un haut poste de sécurité au gouvernement.

Après deux ou trois rencontres dans l'arrière-salle du café Ruc, place du Palais-Royal, l'attaché militaire commence à lui soutirer des informations sur la politique française et le moral de l'armée. Rien qui prête vraiment à conséquence. Cette fois, Teulery accepte d'autant plus volontiers de le renseigner qu'Ilitch est aussi en rapport étroit avec la direction du P.C.F. Aidé par le Tchèque Otto Katz (plus connu sous le nom d'André Simone, exécuté en 1952 dans le cadre du procès Slansky), l'attaché militaire prépare une invasion de l'Espagne franquiste : cent mille communistes espagnols réfugiés dans le Sud-Ouest de la France doivent participer à l'expédition. Le parti français au courant du projet a promis de faire appel à deux cent mille volontaires pour soutenir cette nouvelle armée de partisans. Il est probable que Teulery a eu l'accord de son parti pour ses contacts avec Ilitch bien qu'il ait prétendu, après son arrestation, avoir agi de sa propre initiative.

La rupture entre Moscou et Belgrade, en juin 1948, marque un tournant dans le mouvement communiste international. La Yougoslavie mise au ban du Kominform devient l'ennemi numéro un. La chasse aux « titistes » est ouverte dans tous les partis communistes. A cet effet, le P.C.F. constitue une cellule spéciale dirigée par Jacques Duclos, avec pour principal investigateur Jules Decaux, un redoutable militant. Il a été le représentant du parti au Komintern, avant guerre à Moscou.

Pour Teulery, complètement engagé dans l'espionnage au profit des Yougoslaves, ce tournant va le conduire à sa perte. Ilitch a été remplacé par Barjac Jarevitch avec qui il continue de collaborer malgré la brouille entre Tito et le « grand frère » soviétique. Le voilà pour le coup suspect aux yeux du P.C.F., entièrement aligné sur Moscou.

Quand Teulery est arrêté à la faveur du coup de filet de février 1949, la D.S.T. est sur sa piste depuis plusieurs mois grâce aux indications fournies par la cellule « antititiste » de Duclos. Le parti a choisi de sacrifier ce militant indiscipliné pour l'exemple. Peu après son arrestation, le dossier d'accusation s'alourdit sensiblement. Et les preuves qui s'accumulent ne sont pas toutes dues au flair des policiers. Jules Decaux, l'investigateur de la cellule « antititiste » aurait été en rapport avec deux inspecteurs de la D.S.T., membres du P.C., infiltrés dans le contre-espionnage après guerre. Par ce biais, le parti aide discrètement la police à charger l'accusé.

Le jour du procès d'André Teulery devant le tribunal militaire de Paris, le 13 mars 1950, *France d'abord* publie le communiqué suivant : « L'arrestation du commandant Teulery n'a absolument aucun rapport avec les perquisitions opérées à *France d'abord* en février 1949, ainsi que le prouve le fait que *France d'abord* n'est nullement en cause dans l'affaire jugée aujourd'hui. » Le lendemain, *L'Humanité* annonce discrètement le verdict, sans protester : cinq ans de travaux forcés et dégradation militaire.

Malgré ce magistral lâchage, Teulery tente, une fois sa peine purgée, de renouer avec le parti.

Toutes les portes se ferment devant lui. Agé alors de quarante ans, il refait sa vie comme chauffeur de taxi.

Le cas Teulery permet au P.C.F. d'occulter une partie de ses activités clandestines, telles que la police les a entrevues lors des perquisitions de février 1949. Les dossiers trouvés dans les différents organes de presse communistes prouvent l'existence de réseaux d'informateurs à l'intérieur des usines, même les plus « sensibles » pour la sécurité nationale. Cela rappelle fâcheusement les « rabcors » qui ont défrayé la chronique dans les années 1930. En demandant aux militants communistes de dénoncer partout où ils le peuvent les préparatifs de guerre de l'impérialisme, Maurice Thorez a d'ailleurs utilisé les mêmes arguments qu'à l'époque où le « général » Muraille s'abritait derrière les « correspondants ouvriers » pour faire de l'espionnage.

Les « rabcors » n'ont en fait jamais cessé leurs activités. Le parti les a simplement mis en sommeil. Le 13 novembre 1951, à la tribune de la Mutualité, Etienne Fajon, membre du Bureau politique et délégué français au Kominform, bat solennellement leur rappel. « Il est indispensable que *L'Humanité*, que tous nos journaux reçoivent chaque jour des dizaines et des dizaines de lettres, déclare-t-il dans son discours d'ouverture au " mois de la presse " organisé par le parti. Certes, ces lettres ne pourront pas toutes être publiées. Mais les rédacteurs disposeront grâce à elles d'une agence de presse unique, leur fournissant des informations exclusives, précises et rapides. » Quelques jours plus tard, dans les colonnes de *L'Humanité*, André Marty renchérit : « Trouver toujours plus de correspondants est une question décisive pour la défense des travailleurs, pour la défense du peuple. Il faut que, dans toutes les usines et si possible dans tous les ateliers, des travailleurs deviennent les correspondants de *L'Humanité* et des journaux communistes locaux. »

L'histoire se répète : Octave Rabaté, chef du service social à *L'Humanité*, chargé du dépouillement des lettres envoyées par les « rabcors », a travaillé dans les réseaux Crémet à la fin des années 20. En 1928 son nom a même été cité dans une affaire d'espionnage où des documents secrets de l'Ecole d'application aéronautique et du ministère de la Guerre ont été livrés à un agent soviétique.

Comme avant guerre, ces « correspondants ouvriers » ne servent pas seulement à informer le parti sur les luttes sociales. C'est ce que découvre la police, à Toulon, début juin 1952, en perquisitionnant chez un ajusteur, par ailleurs président de la fédération F.T.P. du Var. L'homme a caché dans son poulailler de bien curieux documents acquis avec la complicité de syndicalistes C.G.T. travaillant au port et dans les entreprises d'armement de la région. Une autre perquisition à la bourse du travail de Toulon révèle l'existence d'un véritable réseau qui, au fil des ans, s'est procuré un plan complet des arsenaux maritimes, le plan de défense du port, la liste des centrales électriques de la région, les croquis des rampes de lancement de fusées V 2 dans l'île du Levant, un rapport sur les activités d'un centre de recherches scientifiques utilisé par la marine (installé au Brusc), une notice sur un détecteur de bruits sous-marins, etc. Rien à voir avec la lutte syndicale. Au total, seize personnes sont arrêtées dont un ancien lieutenant-colonel F.T.P., le secrétaire C.G.T. du port de Toulon, le secrétaire des syndicats de cheminots du Var, un secrétaire départemental C.G.T., un secrétaire fédéral du P.C.F.

« L'affaire de Toulon est curieuse et instructive, commente l'ancien président du Conseil Paul Ramadier dans *Le Populaire*, organe de la S.F.I.O. Nous y voyons des communistes recherchant, accumulant, des documents sur notre Défense nationale. Ce ne sont pas, comme dans d'autres cas, des isolés ou des militaires de carrière; ce sont des militants syndicalistes, des membres du parti communiste, agissant sur ordre de leurs cellules. »

Le 17 novembre 1953, le juge d'instruction du tribunal de première instance de Toulon prononce pourtant seize non-lieux. L'affaire de Toulon a fait long feu. Une fois encore le P.C. s'est tiré d'un mauvais pas grâce, à la fois, à une campagne savamment orchestrée et au désir des pouvoirs publics d'étouffer le scandale.

La presse communiste est à l'époque très puissante (seize quotidiens, quatre-vingt-deux hebdomadaires et vingt-huit revues et périodiques). Elle fait front pour dénoncer cette « nouvelle provocation » et attaquer violemment le juge d'instruction militaire Roth, qui est dessaisi de l'affaire. Après ce premier succès, le parti mobilise ses médias selon une tactique qui a déjà fait ses preuves dans de précédentes affaires d'espionnage et qu'il utilisera avec bonheur pendant des années : la dévalorisation du secret. Le P.C. demande d'abord aux avocats des inculpés de faire traîner la procédure. Pendant ce temps, le parti fait publier, petit à petit, dans ses différents journaux, les éléments d'information contenus dans les dossiers secrets que ses militants sont accusés d'avoir dérobés. Chaque article, pris isolément, est rédigé de manière à ne pas tomber sous le coup de la loi; mais l'ensemble des informations, publiées dans divers journaux qui n'ont apparemment aucun lien entre eux, aboutit finalement à une divulgation complète des dossiers. La défense n'a plus qu'à démontrer, en s'appuyant sur ces publications, que l'inculpation n'a plus aucune raison d'être : les « secrets » sont passés dans le domaine public. Et les poursuites sont abandonnées.

C'est exactement ce qui se passe dans l'affaire de Toulon. Pour justifier son ordonnance de non-lieu, le juge d'instruction précise que les dossiers découverts n'ont rien de confidentiel. Il est vrai que le ministre de la Défense a dès le début plaidé en ce sens au grand dam de son collègue de l'Intérieur. On assiste même à une polémique publique entre les deux ministères, ce qui réjouit la *Pravda*, à Moscou, qui titre : « La fable des espions communistes de Toulon a fait long feu ».

Dès le début, le ministère de la Défense a voulu minimiser l'affaire pour ne pas inquiéter les alliés de la France. On retrouve ce comportement dans nombre d'affaires d'espionnage, ces quarante dernières années, quel que soit le gouvernement en place.

Lors des perquisitions menées à Toulon, la police a trouvé un rapport, rédigé sous forme de tableau, décrivant en détail les convois en partance pour l'Indochine : effectifs, armements, munitions... Son auteur, secrétaire du syndicat C.G.T. des cheminots du Var, reconnaît avoir récolté ces informations sur ordre de son chef syndical. Ce dossier inquiète particulièrement les autorités. Il apporte la preuve que le P.C.F. mobilise son appareil contre la guerre d'Indochine, pas forcément au nom de l'anticolonialisme. Les scandales politiques qui ont agité la IVe République jusqu'au milieu des années 50 vont le démontrer.


## A CHACUN SON CAMP


Blême, le visage défait, Jacques Duclos écoute sans broncher les graves attaques que porte Edouard Kardelj contre le P.C.F. : « Déviation vers l'opportunisme et le parlementarisme ». Lui succédant, Milovan Djilas renchérit en accusant les communistes français d'être « devenus de piètres représentants de la politique de l'Union soviétique. Ils ont été victimes de la machine électorale en laquelle ils ont cru aveuglément. » Ironic de l'histoire : procureur d'un jour, Kardelj et Djilas, qui représentent le P.C. yougoslave à cette conférence communiste de Szklarska-Poreba, en septembre 1947, seront dénoncés un an plus tard comme des traîtres, aux côtés de leur maître à penser Josip Broz Tito, par tout le mouvement communiste international.

Moscou les a choisis pour porter l'estocade à un Jacques Duclos tombé de haut. Délégué du parti français (avec Etienne Fajon) à cette réunion secrète de l'Internationale communiste, qui se tient dans une demeure seigneuriale perdue au cœur de la forêt polonaise, le numéro deux du P.C.F. n'a pas senti le vent tourner. La veille, il a prononcé un discours reflétant fidèlement les résolutions du comité central du parti qui vient d'avoir lieu à Paris. Malgré l'exclusion des ministres communistes, a-t-il déclaré en substance, le P.C.F. reste un grand parti de gouvernement, porté par un fort courant de l'opinion publique française qui souhaite son retour aux affaires.

Mais pour Staline, la politique de « collaboration de classe » est révolue. Ouvrant cette conférence, Andreï Jdanov, le délégué soviétique, a été très clair. Désormais, le monde se divise en deux, d'un côté le camp impérialiste, regroupé derrière les Etats-Unis, de l'autre le camp socialiste qui, sous la bannière de l'Union soviétique, doit « lutter contre la menace de nouvelles guerres et d'expansion impérialiste, pour l'affermissement de la démocratie et pour l'extirpation des restes du fascisme ». Dans le cadre de cette nouvelle politique, les partis communistes doivent prendre « la tête de la résistance dans tous les domaines » et ne plus faire de concession à ceux qui se comportent « comme des agents des cercles impérialistes des Etats-Unis », c'est-à-dire « la plus grande partie des dirigeants des partis socialistes ».

Contraint de faire son autocritique, Jacques

Duclos promet que le P.C.F. apportera son soutien déterminé à la « politique démocratique et de paix de Moscou ». Le lendemain, Jdanov informe les délégués que Staline a été satisfait de la déclaration de Duclos. Les communistes français sont pardonnés. A eux de justifier la confiance que leur porte à nouveau le « guide suprême ».

Cette conférence de Szklarska-Poreba qui a abouti à la création du Kominform (Bureau d'information), successeur du Komintern dissous en 1943, représente un tournant capital dans l'histoire du P.C.F. Le parti va virer de cap à 180 degrés et durcir ses positions dès octobre 1947. Les dirigeants socialistes sont accusés d'avoir livré le pays à l'impérialisme américain; il n'est plus question de négocier un retour au gouvernement. Les communistes doivent maintenant se battre pour « assurer l'existence même de la France comme nation souveraine et indépendante » (sous-entendu contre les Etats-Unis), déclare Maurice Thorez lors d'un meeting au Vél'd'hiv. Dans la pratique, le P.C.F. va s'opposer à tout ce qui peut renforcer le camp occidental face au camp socialiste, notamment en faisant campagne contre l'armée européenne et la force de frappe. Quelques mois plus tard la propagande du parti proclame haut et fort que jamais les communistes ne s'attaqueront à l'Armée Rouge en cas de conflit Est-Ouest.

C'est dans ce contexte que le P.C.F. va prendre position contre la présence française en Indochine. Surtout à partir de 1950, quand les Américains décident de supporter la moitié des efforts de la guerre menée par l'armée française contre le Viet-minh depuis 1946. Le conflit indochinois prend place dans le cadre de la théorie des deux camps : par impérialisme français interposé, la guerre fait partie de l'affrontement entre les Etats-Unis et le mouvement communiste international.

Jusqu'à la fin du conflit, en 1954, l'offensive des communistes français va suivre plusieurs axes.

Dans le cadre de la légalité, ils s'opposent aux votes des crédits de guerre à l'Assemblée nationale et refusent les pleins pouvoirs lorsqu'ils sont demandés. Ils réclament aussi l'ouverture de négociations avec Hô Chi Minh, seul représentant qualifié du Vietnam selon eux. Enfin, la presse communiste dénonce sans cesse les atrocités dont se rendrait coupable le corps expéditionnaire français « composé de S.S. embrigadés ».

Parallèlement, le P.C. engage ses militants à lutter par tous les moyens contre cette « sale guerre ». La C.G.T. mobilise ses adhérents dans les ports pour empêcher le chargement du matériel militaire. Prétextant que les « milliards dépensés dans le conflit pourraient satisfaire les revendications légitimes de la classe ouvrière », le syndicat appelle à la grève dans les industries d'armement en février 1950. Le mouvement est peu suivi. Le gouvernement riposte par une loi menaçant de poursuites tous ceux qui sont soupçonnés de malfaçon volontaire, de destruction ou de détérioration du matériel destiné à la Défense nationale. Deviennent également justiciables les actes qui entravent la circulation du matériel ou les personnes qui se livrent à des entreprises de démoralisation de l'armée. Contraint d'abandonner ce terrain, le P.C. trouve opportunément, en la personne d'Henri Martin, un moyen de mobiliser l'opinion publique contre la guerre. Ce militant communiste, d'abord accusé d'avoir saboté un navire de guerre, le *Dixmude*, en rade de Toulon (il sera finalement acquitté faute de preuve), est condamné en octobre 1950 à cinq ans de réclusion pour diffusion de tracts contre la guerre. Meetings, brochures, pétitions se succèdent; des poèmes, des pièces de théâtre sont spécialement écrits pour louer ce « martyr ». La campagne rencontre un large écho, bien au-delà des cercles communistes (par exemple, plusieurs personnalités protestantes et catholiques se mobilisent pour exiger sa libération). Deux ans plus tard, en août 1952, Henri Martin est relaxé.

Enfin, le P.C.F. met son appareil clandestin au service du Vietminh, comme le souhaite Moscou. C'est à ce niveau que l'on peut saisir à quel point le noyautage et l'infiltration de l'armée et de la haute fonction publique, à la Libération, ont pu être utiles aux communistes.

Bien que l'action des officiers soupçonnés d'être membres du parti soit étroitement surveillée par l'Etat-Major (qui a muté à Versailles les militaires les plus marqués politiquement, comme nous l'avons vu), des réseaux d'aide au Vietminh réussissent à se mettre en place entre Paris et l'Indochine. Chaque officier du P.C. engagé dans le conflit dispose à Versailles d'un « correspondant » militaire à qui il transmet par lettre codée des informations sur l'état d'esprit du corps expéditionnaire et sur les missions de l'armée. Ces informations sont ensuite transmises à la section des « cadres » du parti et vraisemblablement aux représentants clandestins du Vietminh en France.

Sur le terrain, certains officiers communistes renseignent directement les dirigeants vietnamiens sur l'armée française et leur livrent des armes comme le précise Yves Roucaute dans son livre sur *Le P.C.F. et l'armée*[1]. « Fournir des armes, c'est ce qu'a fait B... affecté au bataillon colonial (Saigon-Cholon), écrit-il. Il a en effet obtenu des contacts avec le Vietminh par des intermédiaires mandatés qui l'informent régulièrement de leurs besoins en armes, munitions et médicaments. Il signe des bons de sortie pour les munitions et fournit des renseignements sur les opérations militaires (surtout sur les opérations de police). Il fait évader, tout comme le lieutenant

1. Op. Cité.

Gomez, rapatrié disciplinaire pour cela en 1951, les prisonniers Vietminh. C'est ce que font aussi les officiers de la " rafale ". Ce train blindé, qui faisait la liaison entre Saigon et Nhatrong, était un enjeu des saboteurs des hommes de Giap[1] et un point crucial pour le transport des troupes françaises du génie et de l'infanterie. Au commandement de ce train il y a beaucoup de communistes et de sympathisants (tels les lieutenants André Faulle, Jean Carbonne, Lucien Contini, etc). Par ce train, ils font sortir eux aussi des armes et des médicaments jusqu'en 1951. »

A Paris, le parti n'apprécie pas forcément ce genre d'activités clandestines mais il laisse faire, allant jusqu'à les couvrir si nécessaire. Il adopte la même attitude vis-à-vis des déserteurs qui passent à l'ennemi. Sept cas ont été recensés. C'est peu mais suffisant pour porter des coups fatals au corps expéditionnaire français. Les deux plus célèbres déserteurs sont connus sous les pseudonymes de « Cassius » et « Ribera ». Le premier, ancien sous-officier F.T.P., a travaillé au service de renseignement de l'armée. Lié à une Indochinoise, il fait passer par son intermédiaire des informations au Vietminh. Sur le point d'être découvert, il déserte. Grâce à ses renseignements les troupes du général Giap ont pu prendre Cao Bang, en octobre 1950, infligeant à l'armée française de lourdes pertes. Par la suite, Cassius a parlé quotidiennement à *La Voix du Vietnam*, pour appeler ses compatriotes à refuser le combat; puis il a participé activement aux interrogatoires des prisonniers français. Quand le P.C.F. envoie clandestinement au Vietnam l'un de ses cadres, « André » (sa véritable identité n'est pas connue), pour expliquer au Vietminh la position du parti et lui transmettre des renseignements, il rencontre Cassius. Loin de le dissuader de poursuivre

1. Commandant en chef des forces Vietminh (*N.d.A*).

sa collaboration avec les forces vietnamiennes, « André » lui prodigue des conseils.

Le capitaine Ribera a joué de son côté un rôle essentiel auprès des troupes du général Giap lors de la chute de Diên Biên Phu qui a marqué la fin de la guerre d'Indochine. Spécialiste de l'artillerie, il a déserté en février 1952, faisant croire à l'Etat-Major qu'il a été tué par le Vietminh au cours d'une opération montée de toutes pièces. Marchant à la tête de sa compagnie, il s'est mis d'accord avec les Vietnamiens pour qu'ils tirent quand le début de la colonne sera passé. Porté disparu, la sécurité militaire le croit mort dans l'affrontement – qui a coûté la vie à plusieurs de ses hommes – jusqu'au jour où il s'exprime à la radio vietnamienne pour défendre les thèses vietminh. Dans son livre consacré aux *Soldats blancs d'Hô Chi Minh*[1], Jacques Doyon décrit précisément le rôle de Ribera dans les services de renseignement du général Giap à la veille de la bataille de Diên Biên Phu : « Il passe prisonniers et ralliés au gril de l'interrogatoire. Il leur demande les renseignements les plus infimes, les plus anodins. "A quelle heure se lève-t-on dans ton poste ? Et le jus, combien de temps après ? La sieste ? A quel moment exact ? Les types sont-ils aux aguets, anxieux ? Combien de gardiens sur le côté ouest, la nuit ?... " » Par recoupements, le Vietminh a pu ainsi connaître les moindres détails du dispositif de défense français. Les qualités de Ribera sont tellement appréciées qu'un jour le général Giap lance, à ses agents incapables de le renseigner, cette boutade : « Allez donc demander cette information à Ribera, lui vous la donnera, au moins! ». La guerre terminée, Ribera se réfugie en Tchécoslovaquie. Pendant son exil, le P.C.F. demandera à l'Association nationale des anciens combattants de la Résistance française (A.N.A.C.R.) de subvenir aux besoins

1. Editions Fayard, 1973.

de sa femme et de ses quatre enfants restés en France.

Mais c'est surtout à Paris que les communistes s'activent pour saboter cette « sale guerre impérialiste contre le mouvement communiste international » comme le répète sans cesse la propagande du parti. Dans cet affrontement entre les « deux camps » il est aussi important d'affaiblir le pouvoir politique – déjà fragile – de la IVe République que d'agir contre le corps expéditionnaire français en Indochine. Voilà pourquoi on retrouve le P.C.F. impliqué dans les deux plus graves scandales qui ont agité la France à cette époque, précipitant la défaite sur le terrain.

*L'affaire des généraux.*

Elle commence sur la plate-forme d'un autobus, près de la gare de Lyon, le 18 septembre 1949, lorsque la police intervient pour séparer deux hommes qui se bagarrent. Emmenés au poste, on découvre dans la serviette de l'un d'eux la copie d'un document classé « Très secret » : un rapport sur la situation militaire en Indochine, signé du chef d'Etat-Major de l'armée, le général Revers. La D.S.T. alertée interroge le possesseur du rapport secret, un nommé Do Dai Phuoc, président de l'Association des étudiants vietnamiens en France. Les policiers du contre-espionnage établissent rapidement que Do Dai est sympathisant d'Hô Chi Minh, qu'il a été arrêté deux fois par l'armée française en Indochine, qu'il a été délégué au congrès mondial des Partisans de la paix à Paris (organisé par le Kominform) et au congrès de la Fédération mondiale de la jeunesse démocratique (F.M.J.D.), au printemps 1949 à Budapest. En bon militant révolutionnaire, il refuse d'indiquer comment il est entré en possession du rapport Revers. Pour trouver la fuite, Roger Wybot, le patron de la D.S.T., décide de perquisitionner tous azimuts dans la communauté vietnamienne de

Paris, aussi bien chez les partisans d'Hô Chi Minh que chez ceux de l'empereur Bao Dai, allié officiel de la France.

La seconde piste se révèle la plus fructueuse. C'est elle qui conduira à ce qu'on a appelé « l'affaire des généraux ». Au siège de la légation du Vietnam, le contre-espionnage découvre trente-huit copies ronéotées du rapport secret. Au domicile du chef de la légation, Van Co, qui est également conseiller de l'empereur Bao Dai, les policiers trouvent deux autres copies. Van Co avoue sans peine qu'il a obtenu le rapport d'un certain Roger Peyré. Interpellé à son tour, Peyré affirme que c'est le général Mast qui le lui a remis. Directeur de l'Institut des hautes études de Défense nationale (I.H.E.D.N.), Mast avait obtenu un exemplaire du rapport des mains du général Revers, à titre amical et personnel. Dans son interrogatoire, Roger Peyré précise que le général Mast aurait reçu en échange un million de francs pour l'aider à faire campagne afin de devenir haut-commissaire en Indochine. Dans l'entourage de l'empereur Bao Dai, certains intriguent en effet pour remplacer le haut-commissaire Pignon par le général Mast, à leurs yeux plus malléable. Le général Revers aurait été partisan de cette solution. Roger Peyré précise même que c'est à lui qu'il a remis le million de francs pour son ami Mast. L'affaire des généraux se réduit vite à une sombre intrigue politicienne. Le pouvoir réussit dans un premier temps à étouffer le scandale pour ne pas nuire à l'image de la France, surtout auprès des alliés. Une ordonnance de non-lieu est prononcée. Libéré, Roger Peyré s'embarque pour l'Amérique latine où il restera jusqu'à la fin de ses jours, tandis que les généraux Revers et Mast sont discrètement mis à la retraite. L'affaire éclatera pourtant quelques semaines plus tard, suite aux révélations du magazine américain *Time*. Une commission d'enquête parlementaire est constituée. On y apprendra que Peyré travaillait pour le S.D.E.C.E. et qu'il a été couvert par certains de ses supérieurs. En fin de compte, les services secrets français seront épurés et le pouvoir politique sortira très affaibli de l'épreuve.

Tout cela n'explique pas comment un exemplaire du rapport Revers se trouvait dans la serviette d'un membre de la communauté vietnamienne, Do Dai Phuoc, fiché comme agent communiste, le jour d'une altercation sur une plate-forme d'autobus. C'est l'aspect le plus intéressant de cette affaire, mais il est passé à l'époque totalement à l'arrière-plan. Les perquisitions menées le lendemain de l'interpellation de Do Dai parmi les sympathisants du Vietminh à Paris ont permis de remonter jusqu'au délégué d'Hô Chi Minh en France, Trang Ngoc Dan. Il a opportunément quitté le territoire français en août, soit près d'un mois avant que n'éclate l'affaire. Coïncidence, la radio vietminh diffuse depuis la mi-août des extraits du rapport Revers, que l'on dit secret. Il est évident qu'Hanoi s'en est procuré une copie par l'intermédiaire de son représentant à Paris Trang Ngoc Dan. Comment? A cette question, qui n'a jamais été élucidée par la police française, il est possible aujourd'hui de répondre.

Le général Revers a effectué sa mission en Indo-chine à la demande du gouvernement Queuille, inquiet de la situation, courant juin 1949. De retour à Paris le 21 juin, il dépose son rapport le 29 juin à l'imprimerie de l'armée qui en tire exactement cinquante exemplaires, tous numérotés, destinés aux plus hauts personnages de l'Etat. Malgré ces précautions, un exemplaire arrive jusqu'au délégué d'Hô Chi Minh à Paris qui le transmet à Hanoi grâce à un intermédiaire jusque-là totalement ignoré : le parti communiste français.

Le P.C.F. a pu se procurer le rapport Revers par

une incroyable indiscrétion d'un de ses membres, André Mercier, député communiste.

Cela s'est passé courant juillet 1949, à l'Assemblée nationale. Dans l'une des salles réservées aux députés, André Mercier travaille lorsque entre Paul Reynaud. L'ancien président du Conseil est à cette époque simple député du Nord. Fin août, il sera nommé président de la commission des Affaires économiques au Conseil de l'Europe. Ami personnel du président du Conseil d'alors, Henri Queuille, on lui a remis un exemplaire du rapport secret du général Revers. Reynaud s'intéresse de très près à la situation en Indochine depuis le début du conflit, en 1946. Le rapport, ce jour-là, se trouve dans sa serviette. Il s'installe non loin d'André Mercier. Les deux hommes sont seuls dans la salle. Un huissier entre pour avertir Paul Reynaud qu'il est demandé dans le couloir. Le député, confiant, quitte la salle en laissant sa serviette. André Mercier profite du moment pour l'ouvrir. Geste naturel pour lui : Reynaud est un vieil « ennemi de classe » du P.C.F. Il ne savait sans doute pas qu'il y trouverait un document classé « Très secret ». L'occasion est trop belle. Il subtilise le rapport.

A partir de là, le document va suivre un chemin « classique ». Mercier remet le rapport à la direction du parti qui le transmet à son tour à l'ambassade soviétique à Paris. De là, il aboutit à Trang Ngoc Dan qui cumule les fonctions de représentant d'Hô Chi Minh en France et d'agent du N.K.V.D. Des années auparavant, il a suivi une formation d'espion en U.R.S.S. sous le nom de Blokov.

Grâce au P.C.F., Moscou et Hanoi ont donc pu connaître en détail les faiblesses de l'armée française en Indochine, les moyens envisagés pour y remédier et l'ensemble des recommandations de l'Etat-Major sur la conduite de la guerre. Dans cette affaire, le Vietminh a gagné sur tous les tableaux :

militairement en obtenant des informations de première main; politiquement en minant à la fois le pouvoir politique et la confiance de l'opinion publique dans l'armée après les révélations de l'hebdomadaire *Time* sur les intrigues des généraux Mast et Revers.

*L'affaire des fuites.*

Des micros à l'Elysée! C'est sur cette fausse piste qu'à commencé, en juin 1954, l'enquête sur « l'affaire des fuites » qui empoisonna la vie politique française pendant plus de deux ans. En toute logique, seule une « sonorisation » de la salle du Conseil des ministres permettait d'expliquer comment les délibérations du Conseil supérieur de la Défense nationale se retrouvaient régulièrement sur le bureau de Jacques Duclos, au siège du parti communiste français. Les services du commissaire Jean Dides, chargés à la préfecture de police d'espionner le P.C.F., étaient convaincus de détenir là l'explication des fuites dont bénéficiait le parti. Le préfet de police Baylot et le ministre de l'Intérieur Martinaud-Deplat, qui avaient entièrement confiance en Dides, étaient du même avis. L'un et l'autre se trompaient lourdement. Ils ont fait perdre un temps précieux à une enquête capitale pour la sécurité de l'Etat.

Chargé de débattre des grands problèmes de défense, de stratégie, d'armement, de la conduite des opérations en Indochine, et de la protection civile en cas de conflit, le Comité de la Défense nationale, qui se réunit environ tous les mois à l'Elysée, est l'un des organismes les plus secrets de la IVᵉ République. Tous ceux qui y assistent sont des hommes sûrs, au-dessus de tout soupçon : le président de la République, le président du Conseil (premier ministre), le ministre de la Défense, les secrétaires d'Etat aux trois armes, le ministre de l'Intérieur, les ministres intéressés par les questions débattues (Finances, Affaires étrangères), le chef d'Etat-Major général, les chefs d'Etat-Major des trois armes, le secrétaire général du gouvernement et enfin le secrétaire général de la Défense nationale, chargé du secrétariat permanent du Comité. C'est lui qui prépare les réunions et établit le procès-verbal, strictement réservé aux membres du Comité.

Grâce à un informateur au P.C.F., le commissaire Dides a pourtant appris que le bureau politique a eu connaissance du contenu de ces procès-verbaux, notamment de celui du Comité réuni le 26 mai 1954. Ce jour-là, ses membres ont discuté de la situation catastrophique en Indochine. Après la chute de Diên Biên Phu, ils envisagent de faire appel au contingent pour tenir le delta du Tonkin et éviter une défaite totale.

Si le P.C.F. connaît cette décision, nul doute que le Vietminh est également au courant. Il obtient ainsi un avantage stratégique certain. il devient donc urgent et vital de détecter l'origine des fuites.

Rarement gouvernement français s'est trouvé devant une situation aussi dramatique.

Le sondage des murs de la salle du Conseil des ministres, à l'Elysée, ne révèle pas le moindre petit micro clandestin. Il faut se rendre à l'évidence : un membre du Comité trahit. Une véritable épidémie d'espionnite s'empare du gouvernement qui, entre-temps, vient de changer de président. Investi par l'Assemblée nationale le 17 juin 1954, Pierre Mendès France a promis de mettre rapidement fin au conflit indochinois. Mais pour aboutir à une paix juste et équitable encore faut-il que la partie adverse, le Vietminh, ne connaisse pas à l'avance les intentions du gouvernement. Or, les services du commissaire Dides apprennent que le P.C.F. a encore obtenu le procès-verbal du Comité réuni le

28 juin (au moment où se tiennent les négociations de Genève) puis celui du 10 septembre.

Mendès France charge finalement la D.S.T. de l'enquête. Ce que vont découvrir les policiers est stupéfiant : l'existence dans les rouages de l'Etat d'un réseau du P.C.F., protégé par de très hautes personnalités. Toutefois, lorsque l'affaire sera jugée en mars 1956, seuls deux « lampistes » seront condamnés.

Il a fallu dix-huit mois d'investigation pour y voir à peu près clair dans une affaire dont il subsiste aujourd'hui encore bien des zones d'ombre. Voici brièvement ce qu'il a été possible d'établir.

L'origine des fuites se situe au secrétariat général de la Défense nationale dans le bureau de Jean Mons, secrétaire permanent du Comité, l'homme chargé de préparer les réunions et d'en rédiger les procès-verbaux. Par négligence, Jean Mons laisse traîner sur sa table de travail les notes, prises au Comité, qu'il utilise pour son procès-verbal. Ces notes secrètes auraient dû être enfermées dans son coffre personnel. En son absence, son secrétaire et ami, René Turpin, prend connaissance des documents et en recopie l'essentiel. Pour quel motif? Socialiste, il agit par idéal, parce qu'il est contre la guerre d'Indochine. Dans quel but? Pour alerter l'opinion publique et précipiter la fin du conflit, se justifie-t-il au procès. Il remet la copie des notes à son collègue, Roger Labrusse, chef de service au secrétariat général de la Défense nationale. Ce drôle de personnage prétend lui aussi agir par idéal politique. Membre de l'Union progressiste, un parti proche du P.C.F., Labrusse est le mentor de Turpin. Ce dernier sait qu'il a des accointances avec le quotidien de gauche *Libération* auquel Labrusse participe de temps à autre. Le directeur du journal (qui n'a rien à voir avec le *Libération* d'aujourd'hui) est Emmanuel d'Astier de La Vigerie, dirigeant de l'Union progressiste. Par l'intermédiaire de Labrusse, Turpin espère donc alerter l'opinion publique via *Libération* pour infléchir la politique du gouvernement. C'est à ce niveau qu'intervient un troisième personnage particulièrement trouble, André Baranès.

Pigiste à *Libération*, Baranès a déjà un passé chargé quand éclate l'affaire. Pied-noir d'Algérie, âgé de trente-six ans, il a écrit ses premiers articles pendant la guerre, à Tunis, dans un bulletin d'obédience communiste, *Victoire*. Monté à Paris à la Libération, il collabore au *Petit Marocain* et à *Tunis-Soir*. Vers 1950, il s'oriente vers le journalisme parlementaire et fournit des échos à l'hebdomadaire *Action*, financé par le P.C.F. Par la suite, c'est également comme échotier qu'il travaille pour *Libération*.

Derrière cette façade de journaliste engagé se cachent deux autres Baranès. Le premier est membre du parti communiste français, militant après guerre dans une cellule du 9e arrondissement de Paris. « Tout en travaillant pour le *Petit Marocain*, il occupait les fonctions de secrétaire d'André Tollet qui était chargé des questions coloniales à la C.G.T. », précise Pierre Hervé, ancien membre du P.C.F., dans son livre *Dieu et César sont-ils communistes*[1]? Lorsqu'il vient travailler pour l'hebdomadaire *Action* en 1951, il semble avoir pour tâche essentielle de renseigner la direction du parti sur les dirigeants du journal, soupçonnés de ne pas être d'inconditionnels prosoviétiques (*Action*, organe officiel du « Mouvement de la Paix » sera liquidé en mai 1952 par le P.C.F.). A *Libération*, Baranès a été surpris en train de fouiller les corbeilles à papier et les sacs à main. Pour beaucoup de membres de la rédaction, il est l'« œil du parti » dans le journal. Son comportement permet de penser qu'il n'est pas un simple militant. Il travaille sans doute pour la

1. Editions de la Table ronde, 1956.

section des « cadres » qui a la haute main sur les promotions à l'intérieur de l'appareil communiste.

Le second Baranès est indicateur de police. Il a été présenté en 1951 au chef de la Sûreté, Pierre Bertaux. Trois ans après, il est devenu la principale source de renseignements sur le P.C.F. à la préfecture de police. Il est récupéré par les services du commissaire Dides. Les policiers ont une confiance absolue dans ses informations. Il est vrai qu'elles se révèlent parfois exactes car un bon agent double doit devenir crédible pour pouvoir être efficace. C'est le cas de Baranès dont le véritable jeu sera dévoilé dans cette affaire.

Ce personnage trouble se trouve au centre de l'intrigue. Il est à la fois celui qui a informé la préfecture de police des fuites dont a bénéficié le P.C.F. et l'homme à qui Labrusse remet la copie des notes de Mons, établie par Turpin, pour qu'elle soit transmise à *Libération*. A son domicile, les policiers découvrent d'ailleurs ces notes habillées de déclarations fictives de dirigeants communistes (entre autres Jacques Duclos) pour faire croire qu'il les a obtenues au siège du parti, qu'il s'agit du compte rendu d'une réunion du bureau politique portant sur les fuites au Comité de la Défense nationale.

La manœuvre est diabolique. En faisant croire au commissaire Dides qu'il a obtenu ces notes au P.C.F., Baranès mène une magistrale opération d'intoxication à trois niveaux.

Premier niveau : affaiblir le gouvernement français face au Vietminh. Dans ses Mémoires, écrits par Philippe Bernert, *La Bataille pour la D.S.T.*[1], Roger Wybot qui a mené toute l'enquête explique fort bien l'objectif poursuivi : « Peut-être les pièces ont-elles été communiquées à l'ennemi, c'est fort possible, mais ce n'est pas le but de l'opération. Il s'agissait en réalité de mettre le gouvernement de

1. Presses de la Cité, 1975.

94

Paris, négociateur à Genève, dans ses petits souliers. Avant même qu'il ne se rende à la table de conférence, on lui fait comprendre qu'il ne pourra discuter qu'en position de faiblesse. Tous vos plans de bataille sont connus, lui laisse entendre l'ennemi. Nous savons que vos réserves sont insuffisantes pour tenir le delta du Tonkin. Vous pouvez toujours essayer de mobiliser le contingent. Une mesure qui sera très impopulaire et que vous préférerez éviter. Dans la partie que nous jouons, ici à Genève, les cartes maîtresses vous échappent. Convenez de votre impuissance, inclinez-vous... »

Deuxième niveau : paralyser le pouvoir en suscitant une vague d'espionnite. Pendant trois mois, une fois établi qu'il n'y a pas de micros à l'Elysée, tous ceux qui assistent au Comité sont soupçonnés d'être les auteurs des fuites. Lors de la séance du 10 septembre, Mendès France passe son temps à observer les participants, à les dévisager, à faire attention si l'un d'eux prend des notes, dans l'espoir de découvrir le « traître ». De son côté, Baranès, à qui le commissaire Dides demande son opinion sur l'auteur probable des fuites, ne se prive pas de suggérer quelques noms. Il avance celui d'Edgar Faure, ministre des Finances sous les cabinets Laniel et Mendès France; et celui de François Mitterrand, ministre de l'Intérieur. Tous deux assistent au Comité de la Défense nationale.

Troisième niveau : discréditer la France. Dès le début de l'affaire, les Etats-Unis sont au courant des fuites par l'intermédiaire du commissaire Dides qui entretient d'excellents rapports avec l'ambassade américaine à Paris. Anti-communiste convaincu, le policier pense qu'il est de son devoir d'informer le grand allié sur l'existence d'un ou de plusieurs agents du P.C.F. dans les plus hautes sphères du pouvoir. Sans s'en rendre compte, il porte un mauvais coup à l'entente entre les deux pays au moment où le gouvernement français sollicite l'aide américaine pour sortir du bourbier indochinois.

Après son arrestation, Baranès confie au policier qui l'accompagne au siège de la D.S.T. qu'il n'a livré ses renseignements au commissaire Dides qu'avec l'accord du P.C.F. Au procès, il dément et réussit à faire croire qu'il a uniquement agi pour le compte de la préfecture de police. Il est acquitté. Seuls Roger Labrusse et André Turpin sont condamnés, respectivement à six et quatre ans de prison.

Il est certain, dans cette affaire, qu'on n'a pas été au fond des choses, De peur sans doute de découvrir un abîme de complicité entre une partie du personnel politique, l'administration et le P.C.F. Aujourd'hui on peut encore s'interroger sur au moins trois énigmes que ni l'enquête ni le procès n'ont résolues.

La première concerne le rôle exact de Jean Mons. Nous avons vu qu'il avait été particulièrement négligent en laissant traîner sur son bureau les notes prises au Comité, ce qui a permis à Turpin de les recopier. Il a d'abord soutenu aux enquêteurs qu'il enfermait toujours ses notes dans son coffre personnel, dont lui seul avait la combinaison. Il a été contraint de reconnaître sa faute quand Turpin a avoué. D'autre part, lorsque les policiers lui ont demandé la liste des employés du secrétariat général de la Défense nationale, qu'il dirigeait, il a passé sous silence deux noms : Turpin et Labrusse. Pourquoi? Les explications qu'il a données (oubli, confiance en eux) ne sont pas satisfaisantes. Le tribunal ne lui en a pas tenu rigueur. Jean Mons a été acquitté. Il a continué par la suite une carrière dans la haute administration.

La seconde énigme concerne un homme dont l'ombre a constamment plané sur toute l'affaire : Emmanuel d'Astier de la Vigerie. Toutes les pistes mènent à lui. Directeur du quotidien *Libération* financé par le P.C.F. (jusqu'à sa disparition en 1964), député apparenté communiste, il est l'employeur occasionnel de Labrusse et Baranès, tous deux pigistes de son journal. Lors de son interrogatoire, Baranès reconnaît qu'il a fourni à d'Astier des documents officiels dès le début des années 1950. De son côté, Labrusse lui doit sa carrière administrative, tout au moins au départ. Cela remonte à 1943, à Alger, quand il était chef de service au commissariat à l'Intérieur dans le Comité français de libération nationale (C.F.L.N.) constitué par de Gaulle. Son patron s'appelait alors d'Astier, commissaire à l'Intérieur du C.F.L.N. Par la suite, sous le pseudonyme de Diorac, Labrusse adhère à l'Union progressiste qu'il dirige. C'est toujours d'Astier qu'on retrouve à l'origine de la carrière de Jean Mons. « A la Libération, savez-vous dans quelles conditions, brûlant toutes les étapes, j'ai été nommé préfet de 1re classe? confie-t-il au directeur de la D.S.T. lors de leur première rencontre, juste au début de l'affaire. C'est une histoire amusante. Flouret était préfet de la Seine et d'Astier de La Vigerie, qui dirigeait l'Intérieur[1], n'avait pas en lui une confiance à toute épreuve. D'Astier choisit donc de flanquer Flouret d'un secrétaire général qui veillerait au grain. Et c'est ainsi qu'il m'a fait désigner à ce poste et à ce grade. » Lors du procès des fuites, le nom de d'Astier est fréquemment prononcé. Protégé par l'immunité parlementaire, il n'a pas été inquiété. Pour Wybot il reste l'homme qui a tiré les ficelles de toute l'affaire. Il est vrai que son itinéraire politique permet d'alimenter tous les soupçons. D'extrême droite avant guerre, il devient très proche du P.C.F. et des Soviétiques pendant la Résistance. Après guerre, il doit son siège de député aux voix communistes. Il s'engage ensuite à fond dans le Mouvement de la Paix, créé à l'initiative du

1. Au gouvernement provisoire de de Gaulle à partir de septembre 1944 (*N.d.A*).

Kominform. En 1957, il reçoit le prix Lénine « pour la consolidation de la paix » en récompense de ses loyaux services. Il se rend fréquemment en U.R.S.S., toujours bien reçu par les plus hautes autorités. Il est d'ailleurs marié à une Russe, fille d'un ancien ambassadeur soviétique, Leonid Krassine. Quel qu'ait pu être son rôle exact dans l'affaire des fuites on voit bien en revanche que d'Astier appartient à cette catégorie d'hommes politiques français dont la carrière est à la jonction entre le P.C.F. et les Soviétiques, avec toutes les ambiguïtés qu'une telle situation peut signifier.

Enfin, le « mystère des filatures » n'a jamais été élucidé. Au début de l'enquête il avait été décidé de placer André Baranès sous surveillance. L'ordre est si bien exécuté qu'un soir les policiers de la D.S.T. se heurtent à ceux de la préfecture de police. Le lendemain, il est convenu au ministère de l'Intérieur que la filature de Baranès sera désormais faite par la préfecture. Wybot retire ses hommes. La surveillance du suspect numéro un ne donne rien. En fait, au procès, on apprend que les policiers ont interrompu presque immédiatement leur filature. A cause de cette négligence, l'enquête va connaître plusieurs jours de retard. Une surveillance assidue de Baranès aurait permis d'établir qu'il y a eu un contact avec Labrusse une semaine après le Comité du 10 septembre 1954. C'est à ce moment-là qu'il a reçu les notes de Mons, recopiées par Turpin. Le rapport entre les deux hommes pouvait donc être prouvé dès la mi-septembre. Il n'était pas nécessaire d'attendre début octobre les aveux de Turpin, puis ceux de Labrusse pour reconstituer la chaîne des complicités. Survient alors le coup de théâtre. Interrogé au procès, le commissaire chargé de la surveillance de Baranès sort miraculeusement de sa serviette un rapport retraçant cette rencontre avec Labrusse. Rapport qui n'existait pas aux archives de la préfecture de police. De deux choses l'une : ou le commissaire l'a écrit *a posteriori* pour couvrir sa négligence, ou le rapport a été subtilisé pour retarder l'enquête. C'est vraisemblablement la seconde solution qui est la bonne.

« On a fait disparaître, j'en ai la conviction, je le dis gravement, on a fait disparaître sciemment la trace de la rencontre Baranès-Labrusse », affirme François Mitterrand cité comme témoin au procès. Parce qu'il a été ministre de l'Intérieur au moment des faits ses adversaires politiques cherchent à faire croire qu'il est responsable de cette disparition.

« Le commissaire n'est que l'instrument visible d'une main invisible, commente pour sa part Roger Wybot. Au-dessus de lui, un personnage haut placé, puissant, s'est efforcé de bloquer l'enquête sur les fuites. Il ne voulait pas que l'on sût que Labrusse avait rencontré Baranès. »

Qui est ce personnage puissant ? On ne l'a jamais découvert.

Au lieu de rechercher un seul responsable, on peut sans doute expliquer ce mystère en se rappelant que le P.C.F. a réussi, plus que dans toute autre administration, à infiltrer ses hommes à l'intérieur de la préfecture de police après la Libération. Or seul le parti a vraiment intérêt à retarder l'enquête sur les fuites, à cacher les contacts entre son « agent » Baranès et Labrusse. On touche là du doigt l'appareil clandestin du P.C.F. mais comme toujours on n'entrevoit que la partie visible de l'iceberg.


## NOM DE CODE : « SAMO »

Le renseignement est parvenu au contre-espionnage français courant 1969, de trois sources différentes avec une foule de détails : les services secrets tchèques ont un informateur à un très haut niveau au cœur de la préfecture de police de Paris.

En clair, Prague a introduit un agent dans le plus important dispositif policier français. La chasse, immédiatement ouverte, débouche près de deux ans plus tard sur l'arrestation du coupable. Quatre jours après, l'affaire est classée. La consigne des autorités est impérative : il faut taire ce cas d'infiltration, peut-être l'un des plus graves que la France ait connu depuis l'après-guerre. A la peur du scandale s'ajoutent les pressions de tous ordres pour imposer le silence, jusqu'à aujourd'hui. Il est ici pour la première fois rompu.

A l'origine de l'affaire, trois officiers du S.T.B. tchèque, passés à l'Ouest dans un pays allié de la France. Ce sont eux qui révèlent l'existence d'un agent dans la haute hiérarchie de la préfecture de police à Paris au cours d'un long « debriefing » (interrogatoire), mené séparément. Alertée, la D.S.T. dépêche sur place deux inspecteurs. Ils entendent longuement les trois transfuges. La précision des renseignements ne laisse aucun doute sur l'authenticité de leurs témoignages.

L'agent dont ils ignorent l'identité est connu au S.T.B. sous le nom de code « Samo ». Il a été recruté en 1959 par Antonin Tyc, secrétaire à l'ambassade de Tchécoslovaquie à Paris. Ses officiers traitants ont été par la suite Zdenek Micke, troisième secrétaire à l'ambassade, puis Kadlek. Officiellement membre du P.S. français, Samo est en réalité un « hors cadre » du P.C.F., chargé d'infiltrer les socialistes pour le compte du parti. Son recrutement par le S.T.B. s'est fait sur des bases idéologiques, sur recommandation du parti communiste français. Il ne dédaigne pas pour autant l'argent. En échange de ses renseignements il a reçu jusqu'à cinq mille francs par livraison. Or Samo est très rentable. « Tous les documents qu'il a fournis remplissent deux coffres entiers à Prague, précisent les trois défecteurs. Il les remet par liasses entières, jusqu'à deux cents pages chaque fois. Il puise vraisemblablement ses informations dans différents services. Il a donné des notes sur la communauté tchèque en France, sur les Renseignements généraux, le contre-espionnage et le S.D.E.C.E. Il doit occuper une fonction comparable à celle d'un membre de la direction de la police à Prague. » Les trois officiers ajoutent que Samo est marié, que sa femme a parfois servi de courrier pour les contacts, et qu'il a deux enfants.

C'est à la fois vague et suffisamment précis pour commencer l'enquête. Le niveau de responsabilité de l'agent à peu près défini (direction de la préfecture), la D.S.T. se penche sur la biographie des hauts fonctionnaires de la police parisienne. Un travail plus fastidieux qu'il n'y paraît. Après plusieurs mois une première liste de coupables potentiels est établie.

Un dossier totalement (et volontairement) oublié, dans les archives des Renseignements généraux, permet en fin de compte de mettre un nom, un visage sur l'énigmatique Samo.

L'histoire de Georges Hébon (il s'agit bien sûr d'un pseudonyme) est à bien des égards exemplaire.

Jeune inspecteur des Renseignements généraux dans une ville de l'Est de la France, Hébon a été recruté par le P.C.F. au début des années 1950 par Pierre Lareppe, député communiste des Ardennes, au hasard d'une rencontre dans le train.

Installés dans le même compartiment, les deux hommes conversent aimablement. On promet de se revoir. Après les approches d'usage, Hébon accepte sans difficulté de renseigner le P.C.F. Excellente recrue. Quelques mois plus tard il est muté à Paris, à la section des R.G. chargée... des communistes. Dès lors, le parti va disposer avec lui d'un informateur de choix. Zélé, le jeune homme fournit tous les renseignements qu'on lui demande. D'abord en photocopiant les dossiers qui lui tombent sous la main, puis, par précaution, en enregistrant sur magnétophone les pièces qui intéressent plus particulièrement le P.C.F. Il porte lui-même les bobines dans une épicerie du 14e arrondissement de Paris tenue par un membre du parti. C'est ce qu'on appelle en termes d'espionnage une « boîte aux lettres vivante ». Notons au passage qu'il s'agit d'une vieille pratique du P.C.F. Pendant la guerre, le service de renseignement des F.T.P. (Service B) utilisait également des magasins comme « boîtes aux lettres ». Ce sont des lieux anodins, fréquentés par beaucoup de gens.

« Il a rendu de grands services au P.C.F. », précise aujourd'hui l'un des plus hauts dirigeants du parti dans les années 50. Exclu en 1955, comme la plupart des responsables qui avaient joué un rôle de premier plan dans la Résistance, cet ancien cadre de l'appareil communiste a averti dès cette année-là les Renseignements généraux du double jeu de Hébon. Seulement, notre homme était déjà bien protégé. Il le sera davantage plus tard. Entré à la S.F.I.O. sur ordre du P.C.F., pour l'espionner, Hébon est très proche de certaines personnalités socialistes. Il est quasiment intouchable. Le directeur des R.G. réussit tout juste à l'écarter de la section « communiste » en le mutant à la section « sociale », chargée de la surveillance des syndicats. Un an plus tard, il passe au cabinet du secrétaire d'Etat à l'Intérieur, avant d'être nommé au cabinet du préfet de police de Paris à la fin des années 50. Il y fera le reste de sa carrière, jusqu'à son arrestation par la D.S.T. en février 1971.

Pendant plus de dix ans, Hébon va bénéficier d'une incroyable impunité. Lorsqu'il est entré au cabinet du préfet de police, la direction des Renseignements généraux a personnellement adressé au préfet un dossier sur ses liens avec le P.C.F. Le dossier n'est jamais arrivé. Quelqu'un l'a intercepté en route. Est-ce la « main invisible » qu'ont dénoncée François Mitterrand et Roger Wybot au procès de l'affaire des fuites?

Il est probable qu'un ou plusieurs hauts fonctionnaires de police ont agi en coulisse pour protéger Hébon et même pour l'aider à gravir rapidement les échelons hiérarchiques. Sinon, comment expliquer que les avertissements des R.G. n'ont pas été entendus et qu'il a été nommé à des postes extrêmement sensibles, notamment comme responsable des écoutes téléphoniques?... Cette question, le contre-espionnage se l'est posée sans arriver à y répondre clairement. Un homme, il est vrai, paraît suspect même si rien de concret n'a pu être retenu contre lui en dépit de ses liens étroits avec Hébon. Ce fonctionnaire qui occupe actuellement un très haut poste administratif peut avoir agi en sa faveur par solidarité maçonnique. Tous deux sont en effet membres de la même loge. A moins qu'il n'existe également un lien entre lui et le P.C.F.

Dans le cadre de l'enquête menée pour ce livre, l'auteur a eu connaissance d'une anecdote (ignorée du contre-espionnage) concernant ce haut fonctionnaire, qui pourrait éclairer son rôle dans l'affaire Hébon. L'histoire remonte au début des années 1950. X. – appelons-le ainsi – occupait déjà une fonction importante à la préfecture, lorsqu'il eut une liaison amoureuse avec une jeune femme travaillant au ministère de l'Intérieur. Cette maîtresse (X. est marié) était la cousine d'un ami intime d'un important responsable du P.C.F. Le parti, toujours à l'affût de renseignements, a profité de la situation pour monter une opération fructueuse. Par l'intermédiaire de la femme, les communistes ont réussi à se procurer les clefs du cabinet du préfet, dont X. détenait un jeu. La nuit, des membres du parti ont pénétré à l'intérieur de la préfecture, dans le bureau du préfet, et se sont emparés de nombreux documents intéressants. Dans cette affaire, X. a été utilisé à son insu. Après, le P.C.F. peut très bien l'avoir fait chanter, sur sa liaison amoureuse, sur sa complicité, même si elle est demeurée involontaire. C'est en tout cas une pratique courante du parti. Depuis, il se peut que X. soit tenu par les communistes. Cela reste une hypothèse. Elle permet toutefois de comprendre bien des choses.

Une fois « Samo » identifié par la D.S.T., son dossier a été directement porté au ministre de l'Intérieur. Le cas est grave. Faut-il arrêter immédiatement Georges Hébon ou attendre de le prendre en flagrant délit, en train de remettre des documents à un officier du S.T.B. tchèque ? La première solution a l'avantage d'être discrète mais elle comporte un inconvénient de taille : il faut des aveux pour obtenir la culpabilité. Sinon, on risque d'en rester au procès d'intention, bien souvent injustifiable. Les dénonciations de transfuges ne sont, en effet, jamais suffisantes. Ils peuvent fort bien intoxiquer les services adverses en désignant de faux agents. Dans la « guerre de l'ombre » que mènent les services secrets de l'Est contre les pays occidentaux cela arrive quelquefois. La seconde solution, l'arrestation en flagrant délit, évite ces écueils mais implique, la plupart du temps, qu'on rende public le cas de trahison. Or que va penser l'opinion de sa police lorsqu'elle apprendra qu'un haut responsable de la préfecture travaille pour le compte des Tchèques ? Généralement, le pouvoir politique préfère éviter ce genre de situation, « au nom de l'intérêt national ».

Contre toute attente, le ministre décide d'attendre un flagrant délit. La D.S.T. s'en félicite, bien qu'elle craigne des fuites. Une surveillance ne peut être efficace que si le suspect l'ignore totalement. *A priori*, dans cette affaire, toutes les précautions ont été prises. Cinq personnes seulement sont au courant du cas Hébon.

Deux semaines après que le ministre eut pris sa décision, l'hebdomadaire *Minute* publie un bref écho, ainsi rédigé : « La Direction de la surveillance du territoire s'intéresse actuellement de très près à un proche collaborateur du préfet de police. » D'où et de qui est venue la fuite? Impossible de l'établir. Parmi les cinq personnes informées de l'enquête en cours, figurait X., le haut fonctionnaire dont nous avons parlé.

A la suite de cette indiscrétion, la D.S.T. est contrainte d'agir. Hébon est arrêté. Pour obtenir ses aveux, le contre-espionnage dispose de six jours de garde à vue (depuis 1981, ce délai à été réduit à quarante-huit heures). Rares sont ceux qui résistent jusqu'au bout au feu croisé d'un interrogatoire méthodique. Les policiers du contre-espionnage sont des spécialistes du genre. Pourtant, Hébon est coriace. Il a compris, au vu des preuves qui lui sont présentées, qu'il ne peut nier ses liens avec le P.C.F. Sa ligne de défense est simple : c'est de l'histoire ancienne et, de toute façon, il a rendu compte à la direction des Renseignements généraux. Faux, répliquent les policiers. Il n'y a aucune trace de ses rapports avec les communistes dans les dossiers des R.G. Il n'en démord pas. Quant aux Tchèques, il prétend être victime d'une manœuvre d'intoxication pour desservir la police française.

Malheureusement pour lui, on découvre dans son coffre à la préfecture des fiches personnelles sur des hauts fonctionnaires, des personnalités politiques, des diplomates. Exactement le type de renseignement biographique qu'un service secret comme le S.T.B. peut demander à un agent pour trouver d'éventuelles recrues. En enquêtant sur son entourage, les policiers apprennent aussi ses liens avec trois membres du S.D.E.C.E., ce qui permet de comprendre comment « Samo » a pu renseigner les Tchèques sur le service d'espionnage français. Circonstance aggravante : sa femme reconnaît avoir servi de courrier entre son mari et les officiers du S.T.B. Les contacts avaient lieu dans l'arrière-salle d'un café, le Royal Péreire dans le XVIIᵉ arrondissement. On lui demande de décrire précisément l'endroit. Les policiers l'y emmènent. Tout concorde parfaitement.

A cause de ce témoignage, Hébon peut être confondu quand brusquement, mise en sa présence, sa femme comprend que sa déposition va terriblement lui nuire. Elle se rétracte.

Quatre jours de garde à vue sont déjà passés lorsqu'un ordre du ministre de l'Intérieur exige sa relaxe. La D.S.T. est obligée de s'exécuter. Il n'y aura pas d'affaire « Samo », pas de scandale. L'honneur de la police est sauf. Ainsi l'a voulu le ministre, poussé par son entourage, dont le bien étrange X. George Hébon n'est même pas renvoyé de l'administration. Le contre-espionnage obtient simplement qu'on l'écarte des postes sensibles (il a failli être nommé à l'inspection générale de la préfecture de police). Il dirige actuellement un service administratif non loin de Paris.

Le cas Samo n'est pas unique. Plus récemment, au début des années 80, une autre affaire compromettante pour le P.C.F. a encore été étouffée. Elle a commencé par une lettre anonyme, écrite dans un français approximatif, parvenue au siège de la D.S.T. « Méfiez-vous de Youri Bykov », disait-elle en substance. Premier secrétaire de l'ambassade d'U.R.S.S., Bykov venait tout juste de prendre ses fonctions. L'avertissement émanait vraisemblablement d'un collègue soviétique qui n'a pas apprécié sa promotion dans la capitale française. Fort du renseignement, le contre-espionnage a surveillé discrètement le premier secrétaire. Au bout de quelques mois, les policiers ont découvert qu'il fréquente assidûment trois permanents du P.C.F. dans la banlieue parisienne. Les recherches ont aussi permis d'établir que Bykov est un officier du K.G.B. de la Première direction principale, responsable pour la France de la « ligne N », chargée des « illégaux ». Quel type de renseignements peut-il demander aux trois permanents communistes? Après leur arrestation la D.S.T. a appris qu'ils devaient fournir des « biographies » de Français disparus (et sans famille) pour permettre au K.G.B. d'introduire sur le territoire des agents sous fausse identité (des « illégaux » justement).

Le nom de Youri Bykov figure parmi les quarante-sept « diplomates » soviétiques expulsés de France en avril 1983. C'est la seule sanction qui a été prise. Sur ordre supérieur, l'affaire a été classée pour ne pas embarrasser le P.C.F. et le gouvernement au moment où il comptait quatre ministres communistes.

En participant pour la seconde fois de son histoire au pouvoir, le parti communiste a d'ailleurs profité de cette période pour mettre en place des hommes et des structures dont on mesurera le rôle et l'importance dans les années à venir. Il en a été ainsi dans les ministères dirigés par les communistes durant trente-trois mois après la guerre. Rien ne permet d'infirmer qu'il n'en a pas été de même de juin 1981 à juillet 1984, malgré les précautions qu'ont pu prendre les socialistes (en rognant par exemple les attributions de Charles Fiterman au ministère des Transports, le plus sensible de tous).

Un exemple de cette nouvelle infiltration. A la veille du voyage de François Mitterrand au Cameroun, en juin 1983, les policiers du contre-espionnage, qui enquêtaient sur un réseau terroriste à Paris, tombent par hasard sur un bien curieux diplomate. En s'intéressant de près à une femme d'origine arabe, ils découvrent qu'elle est mariée à un fonctionnaire appartenant à une direction importante du Quai d'Orsay. Peu après, les écoutes téléphoniques révèlent que si le diplomate n'a aucun lien avec le terrorisme international il a en revanche des contacts fréquents avec Maxime Gremetz, responsable au P.C.F. de la Section centrale de politique extérieure, la Polex, véritable ministère des Affaires étrangères du parti. Le diplomate établit régulièrement des notes pour Gremetz sur la situation en Afrique francophone, notamment le Cameroun où le président doit se rendre. Pour éviter le scandale, les autorités décident de le muter discrètement à un poste moins sensible.

Le poids actuel du P.C.F. n'est certes pas comparable à celui qui a été le sien à la Libération. Mais ce n'est pas tant l'aspect quantitatif que qualitatif qui prime en pareil cas. Il suffit de quelques hommes bien placés pour contrôler des administrations. Dans son livre, *Le P.C. dans la maison*[1], Denis Jeambar recense aussi précisément que possible ce travail occulte du parti sous le gouvernement d'union de la gauche de Pierre Mauroy, notamment à travers son appareil syndical, la C.G.T. « Les troupes de Georges Marchais et d'Henri Krasucki peuvent mettre, dans l'avenir, la France en très grande difficulté, estime-t-il. Ces armes – armes de déstabilisation ou de perturbation – peuvent être autant de bombes à retardement placées dans la société française pour le jour où l'histoire irait dans le sens du parti communiste. » Procès d'intention ? Interrogé par les journalistes de TF1, le 24 février 1985, sur le déclin électoral du P.C.F., Jean-Baptiste Doumeng n'a pas dit autre chose : « Que vaut-il mieux ? Avoir 18 p. 100 de voix ou être maître de la S.N.C.F., d'Electricité de France et des ports ? » Avec son cynisme habituel, le « milliardaire rouge » a vendu la mèche.

Aujourd'hui encore, Moscou demande au P.C.F. d'assumer sa tâche pour obtenir la victoire – inéluctable – du socialisme sur le capitalisme. Depuis des décennies, le but n'a pas changé. Seules les modali-

1. Editions Calmann-Lévy, 1984.

tés ont pu fluctuer au gré des intérêts diplomatiques de l'U.R.S.S. (guerre froide, détente, coexistence pacifique) ou des avantages politiques que pouvait espérer recueillir le P.C.F. en affichant une relative indépendance.

# DEUXIÈME PARTIE

# LES PETITS FRÈRES

Les services secrets de l'Est en France

Jovial, le regard naïf, l'air bon vivant, Bohumil Pavlicek inspire confiance. Tout à fait le genre d'homme qui donne envie de se confier, surtout après quelques-uns de ces délicieux cocktails dont il a le secret. Au bout de quelques semaines, Jean-Marie n'y résiste pas. Seul à Prague, en cette année 1959, où il est venu installer la représentation d'Air France, il s'ennuie. En attendant le logement que lui ont promis les autorités tchèques il loge, faute de mieux, à l'hôtel Palace. Le soir, il se retrouve généralement au bar, royaume du charmant Pavlicek. La solitude, le manque de distraction aidant, Jean-Marie finit par s'épancher auprès de cet homme, attentif et compatissant.

Quelques jours plus tard, le barman lui présente une jolie jeune femme, Aléna. Mince, élégant, la moustache avenante, Jean-Marie n'a aucun mal à faire sa conquête. D'ailleurs, elle ne demande qu'à tomber dans ses bras. Agent du S.T.B., les services secrets tchèques, complice de Pavlicek, Aléna a même pour mission de séduire ce célibataire de trente-sept ans à la recherche de quelque plaisir pour égayer son long séjour praguois.

« Il a de drôles de mœurs, le Français », confie-t-elle à Pavlicek au lendemain de la première nuit.

Le S.T.B. a le renseignement qu'il recherche : le

représentant d'Air France a des tendances homosexuelles.

C'est alors qu'entre en scène René Plock, la trentaine. Il se prétend professeur de français. Une nouvelle fois, Pavlicek sert d'entremetteur. Jean-Marie sympathise rapidement avec ce beau Tchèque qui ne cache pas son opposition au régime communiste. Les deux hommes se revoient plusieurs fois au bar de l'hôtel Palace. Le piège se referme. Un soir, Plock propose un dernier verre chez lui, dans le petit studio où il vit seul.

Une table, deux chaises, un divan-lit installé face à une armoire munie de rayonnages et d'une grande glace, le logement est des plus modestes. Mais Jean-Marie s'y plaît au point d'y passer bientôt toutes ses soirées. Plein de prévenance pour son nouvel ami, René Plock ne tarde pas à inviter chez lui d'autres homosexuels. Des jeunes surtout.

Cinq mois après son arrivée à Prague, Jean-Marie reçoit enfin le logement promis. Quelques travaux de réfection de dernière minute – pose de micros et de caméras compris – et il emménage enfin chez lui. Son premier geste est d'inviter Plock et ses jeunes amis pour pendre la crémaillère. Désormais, les soirées se feront dans son appartement, bien plus vaste et confortable que le petit studio du « professeur ». Prague n'est plus aussi triste.

Cela dure presque un an. Jean-Marie ne se doute de rien. Jusqu'à ce matin d'hiver où Plock débarque chez lui, à l'improviste, complètement livide.

« C'est affreux, balbutie-t-il. Un chantage, un terrible chantage ! »

Jean-Marie tente de le calmer. Le « professeur » finit par tout avouer. La veille, dans une soirée, un homme l'a abordé discrètement. « Il avait des photos, de moi, de toi, de tous nos jeunes amis... Compromettantes, très compromettantes. C'est un maître chanteur ! Il veut dix mille couronnes en échange de tout ce qu'il possède ».

Plock lui tend quelques photos.

Sans vraiment se rendre compte qu'il est le jouet d'une machination, le Français comprend en revanche qu'il se retrouve dans de beaux draps. Sortant de son portefeuille mille couronnes, il les tend à Plock :

« Voici un acompte. Dis-lui qu'il aura le reste en échange des négatifs. »

Le « professeur » n'insiste pas. Il quitte rapidement l'appartement. Jean-Marie ne le reverra jamais.

Une semaine plus tard, en début de soirée, on sonne. Jean-Marie a à peine ouvert qu'un homme l'écarte d'un geste décidé :

« Police! Vous permettez... »

D'autorité, le policier s'installe dans le salon et prend dans sa serviette une chemise en carton qu'il ouvre devant lui, sur une petite table basse. Le dossier contient quelques feuilles dactylographiées et des photos.

« Nous venons d'arrêter une bande de maîtres chanteurs, commence le policier. Vous êtes apparemment l'une de leurs victimes. Mais rassurez-vous, vous ne risquez plus rien maintenant. Tout ce petit monde est sous les verrous. »

Jean-Marie découvre, horrifié, les photos que Plock lui avait montrées.

« Une sale histoire quand même, poursuit le policier. En tant que représentant d'Air France vous ne bénéficiez pas de l'immunité diplomatique. Ici, comme chez vous, les relations sexuelles avec des mineurs sont passibles de la prison. Et puis, songez au déshonneur. En pareil cas, votre ambassade ne vous défendra pas. Elle risque même d'être éclaboussée par le scandale. »

Jean-Marie comprend, enfin. Le petit studio de Plock, l'armoire avec la glace : les photos qui s'étalent sous ses yeux ne laissent aucun doute. Il a bel et bien été piégé.

« Bien sûr, on peut toujours s'arranger, continue le policier. Si vous savez vous montrer coopératif, nous pourrons oublier ces photos. Quelques renseignements, juste sur ce qui se passe dans votre ambassade et sur les Français à Prague pourraient faire l'affaire. »

C'est ainsi que Jean-Marie, représentant d'Air France en Tchécoslovaquie, devient un agent du S.T.B.

Tous les deux mois, le policier revient. Son nom : Milan, inspecteur Milan. Après plusieurs rencontres, les deux hommes ont fini par sympathiser et leurs discussions ne portent plus seulement sur les potins de l'ambassade de France ou les activités des membres de la mission militaire. Dix-huit mois durant, l'inspecteur Milan sera l'officier traitant de Jean-Marie. Puis un jour il lui annonce son départ pour l'étranger.

« L'un de mes collègues prendra contact avec vous », précise le policier.

Un certain Joseph prend la relève et Jean-Marie continue à espionner ses compatriotes pour le compte du S.T.B. près d'un an encore. Il part ensuite pour Bucarest où il prend en charge la représentation d'Air France dans les Balkans. Au bout de quelques mois, Joseph se rappelle à son bon souvenir. Un homme l'accompagne.

« Voici mon ami Stefanescu, dit-il. C'est avec lui que vous traiterez désormais. Il a votre dossier. »

C'est ainsi que pendant trois ans, Jean-Marie travaillera pour les services roumains. Puis, il est muté au Cambodge. La délivrance, pense-t-il. A Phnom Penh il retrouve une ancienne secrétaire de l'ambassade de France à Bucarest qu'il épouse. Tout semble devoir rentrer dans l'ordre. Mais quelques semaines après son arrivée, à l'occasion d'une réception à l'ambassade de Yougoslavie, le cauchemar reprend.

« Prague 1959 », chuchote quelqu'un à côté de lui.

C'est l'attaché de presse de l'ambassade d'U.R.S.S. Le dossier de Jean-Marie était arrivé au K.G.B. Renseignements économiques et militaires : les Soviétiques se montrent très pressants. Un peu trop sans doute puisque l'antenne des services secrets français (le S.D.E.C.E.) au Cambodge commence à se douter de quelque chose. Sous un prétexte quelconque, Jean-Marie est finalement rappelé à Paris. A peine débarqué, il est entendu par la D.S.T. Au bout de trois jours d'interrogatoire, il avoue tout.

En 1966, la Cour de sûreté de l'Etat condamnera Jean-Marie à sept ans de détention criminelle.

Le hasard voudra que cette année-là, Bohumil Pavlicek, le barman de l'hôtel Palace de Prague, effectue un stage au George-V à Paris. La D.S.T. l'arrêtera également. Il reconnaîtra être un agent du S.T.B. depuis 1959. Son travail consistait à recueillir des renseignements sur les clients de son bar, à Paris comme à Prague. Le jour même où elle scellait le sort de Jean-Marie, la Cour de sûreté condamnait Pavlicek à trois ans de prison.


La mésaventure arrivée au représentant d'Air France illustre de façon exemplaire l'étroite collaboration des services de renseignement de l'Est avec le K.G.B. Tout comme les pays socialistes d'Europe centrale dépendent politiquement du Kremlin, leurs S.R. sont aux ordres de Moscou. « Au début des années 50, les Soviétiques mirent sur pied une vaste organisation, Evaluation, Vérification et Naturalisation », précise Ion Pacepa, directeur adjoint du contre-espionnage roumain et conseiller personnel du président Ceaucescu jusqu'à son passage à l'Ouest en 1978. « Cette organisation continue de dresser la liste des besoins du

K.G.B. et des services secrets des autres pays du pacte de Varsovie. Elle reçoit des informations technologiques et technico militaires et transforme celles qu'elle juge utiles en " projets soviétiques ".

C'est la 11e section de la Première direction principale du K.G.B. qui s'occupe de la liaison avec les services de renseignement des pays satellites. Des officiers de cette section sont en poste dans chaque quartier général des S.R. de l'Est pour en suivre les opérations, canaliser leurs actions selon les directives du K.G.B. et pour recueillir les renseignements qui intéressent Moscou. Une double surveillance est effectuée par des officiers autochtones qui travaillent pour le K.G.B. ou le G.R.U. sans que leurs collègues, ou leur centrale de renseignement le sachent. Ces officiers ont été généralement recrutés lors de stages effectués en U.R.S.S. dans les écoles spécialisées.

Pour l'espionnage scientifique et technologique, qui dépend de la Direction T du K.G.B., à la Première direction principale, les Soviétiques ont mis en place la section D. Son objectif : centraliser tous les renseignements recueillis dans ce domaine par les services de l'Est. En dernier ressort, les agents de pays satellites travaillent donc toujours pour le « grand frère » soviétique.

Moscou ne traite pas tous les S.R. de l'Est de la même manière. Pour l'Europe centrale, ce sont les Bulgares et les Allemands de l'Est qui ont sa confiance. Les premiers sont particulièrement appréciés pour les opérations clandestines – trafics d'armes ou de drogues – et les assassinats, comme on l'a entrevu à l'occasion de l'attentat manqué contre le pape Jean-Paul II. Les seconds ont fait leurs preuves dans la pénétration de l'Allemagne de l'Ouest et en Afrique où les officiers de renseignement de Berlin-Est se sont révélés plus efficaces que les Soviétiques.

Tout en gardant la haute main sur les S.R. de

l'Est, le K.G.B. a également introduit une « division socialiste » du travail. Chaque service s'est vu attribuer des pays « cibles » en fonction de ses compétences et des liens historiques, politiques, culturels que les Etats socialistes ont continué d'entretenir avec telle ou telle capitale occidentale malgré le rideau de fer. Par exemple, c'est sans doute au nom de la traditionnelle amitié franco-polonaise que les agents de Varsovie ont été, jusqu'au début des années 1970, particulièrement actifs en France.

Depuis une quinzaine d'années les activités du Z II (renseignements militaires) et du M.S.W. polonais (service de sécurité de l'Etat) se sont toutefois ralenties. Ils concentrent aujourd'hui leurs actions sur le front intérieur, comme l'a montré le rappel précipité à Varsovie, en janvier 1985, de Stanislaw Janczak, officiellement chargé du protocole à l'ambassade polonaise de Paris.

Le « diplomate », en réalité officier du M.S.W., cherchait à se procurer certains documents du « comité de coordination de Solidarité » en France qui soutient matériellement et financièrement le syndicat dissous de Lech Walesa. Pris en flagrant délit dans une rue de Paris, alors qu'il se faisait remettre par un immigré polonais des éléments comptables du comité, Stanislaw Janczak agissait sur ordre de Varsovie pour nuire à l'opposition polonaise. Plus particulièrement au responsable de ce comité, Seweryn Blumsztajn, qui avait décidé de rentrer en Pologne le 5 février 1985, après avoir été contraint à l'exil en France à la suite de l'état de siège décrété le 13 décembre 1981. Par l'intermédiaire de Janczak, le S.R. polonais souhaitait, le jour venu, accueillir Blumzstajn à sa façon : avec un dossier qui devait prouver qu'il s'était livré à des malversations, ou pis encore qu'il avait été financé par la C.I.A. américaine. La falsification de la comptabilité récupérée par Stanislaw Janczak aurait sans doute permis de monter un procès truqué, une spécialité des pays socialistes. La manœuvre ayant échoué, les autorités polonaises ont finalement refusé à Blumsztajn le droit de retourner dans son pays.

Jusqu'en 1966, date du retrait de la France de l'O.T.A.N., le territoire français était devenu une véritable succursale de tous les S.R. de l'Est. Paris, qui abritait le siège de l'organisation atlantique, grouillait d'agents qui cherchaient par tous les moyens à infiltrer le système de défense occidentale. Cet intérêt spécifique s'est maintenant reporté sur Bruxelles, la nouvelle « capitale » de l'O.T.A.N.

Pour sa part, la France est aujourd'hui la chasse gardée de quatre services de renseignements.

Tout d'abord, la « maison mère », c'est-à-dire le K.G.B. Les Soviétiques s'intéressent de près à la technologie française comme nous le verrons. La France leur sert également de base opérationnelle pour l'ensemble de l'Europe. C'est à partir de Paris que leurs agents opèrent le plus souvent dans les pays voisins, dont la Belgique.

Vient ensuite le S.T.B. tchèque, spécialiste du renseignement militaire et de la « désinformation ». Les performances technologiques de l'armement français passionnent les agents de Prague. Quant à la désinformation, elle a pour but d'accentuer les différends entre la France et les autres pays de l'O.T.A.N.

Si la première cible du S.R. est-allemand reste le « frère ennemi » de l'Ouest (la République fédérale), les agents de R.D.A. ne négligent pas pour autant la France. L'axe Paris-Bonn au sein de la Communauté économique européenne (espionnage politique) et les multiples projets d'armements communs aux deux pays (espionnage militaire et technologique) les intéressent particulièrement. Les agents est-allemands doivent aussi s'occuper des pays du Benelux. Pour ces opérations, Paris leur sert souvent de « point d'appui » et de « base de repli » comme l'a prouvé le cas du général Zorn, l'une des dernières affaires où le S.R. de R.D.A. a été impliqué en France.

Heinz Bernhart Zorn, soixante-huit ans, ancien chef d'état-major de l'armée de l'air d'Allemagne de l'Est, a été arrêté à Lille le 19 août 1980. La presse française de l'époque l'a décrit comme un vieil espion maladroit que Berlin-Est avait sorti de sa retraite pour une mission spécifique en Belgique et en France. Erreur. Jusqu'à son arrestation, le vieux général était responsable de l'espionnage militaire dans son pays. Atteint par la limite d'âge, il avait certes quitté le service actif en 1977 mais pour prendre un poste à l'Institut d'histoire militaire qui sert de couverture aux instructeurs du S.R. est-allemand. C'est dans ce cadre qu'il rencontre, en 1979, un officier supérieur français, lui aussi à la retraite, venu se documenter pour écrire un livre sur l'armée en R.D.A. Entre militaires on se comprend. Les deux hommes sympathisent et Zorn lui fait part de son intention d'aller en France pour revoir quelques lieux de sa jeunesse (il avait été durant la Seconde Guerre mondiale pilote de bombardier à la base de Mouvaux, près de Lille).

Son dessein est clair : en professionnel du renseignement, le général a tout de suite réalisé qu'il peut utiliser ce nouvel ami pour rencontrer d'autres officiers, même à la retraite, et glaner ainsi des informations utiles. Il tente effectivement de le faire lors d'un premier séjour en France. Sa curiosité finit par éveiller les soupçons de l'officier français qui préfère rompre toute relation. Trop tard. Heinz Bernhart Zorn s'est introduit grâce à lui dans certains cercles proches de l'O.T.A.N. Il va exploiter à fond cette filière.

Pour justifier ses fréquents déplacements en France et en Belgique, là où se trouvent ses « correspondants », le vieux général se fait nommer vice-président de l'association R.D.A.-France. Une excellente couverture pour venir, soi-disant, promouvoir le rapprochement entre les deux peuples... Sa soudaine promotion attire l'attention de la D.S.T. qui suit de près ces associations « amicales » entre pays socialistes et occidentaux. Que vient faire un ancien général, connu pour avoir appartenu au S.R. militaire de son pays, à la tête de R.D.A.-France? Pour en avoir le cœur net, le contre-espionnage décide de suivre Zorn lors de ses séjours en France et en Belgique, avec l'aide de la Sûreté belge. Une surveillance de plusieurs mois permet de découvrir ses contacts. L'un à l'O.T.A.N. à Bruxelles, l'autre à Paris, dans une bibliothèque dépendant du ministère de la Défense. Grâce à ces deux agents, le général obtient de nombreux documents confidentiels.

Lorsqu'elle l'arrête, le 19 août 1980, près d'une station d'autobus, devant la gare de Lille, la D.S.T. sait que Zorn doit recevoir de nouveaux documents (sur les chars et les armes antichars) du bibliothécaire de Paris. Interrogé une dizaine de jours auparavant rue des Saussaies (siège du contre-espionnage jusqu'en juillet 1985), le Français avait avoué sa trahison et précisé le lieu et l'heure exacte de sa prochaine rencontre avec Zorn. Restait à cueillir le général, ce qui ne s'est pas fait sans peur. En voyant surgir les policiers, le vieil homme faillit avoir une attaque cardiaque.

Deux ans plus tard, le 23 juillet 1982, un communiqué du Quai d'Orsay annonce que Heinz Bernhart Zorn a été libéré. Inculpé d'intelligences avec des agents d'une puissance étrangère, le général n'a jamais été jugé. Il a servi de monnaie d'échange pour permettre au gouvernement ouest-allemand de récupérer quelques-uns de ses ressortissants détenus par Berlin-Est. Dans ce cas, l'axe Paris-Bonn, qui intéresse tant le S.R. est-allemand, a fonctionné pour la bonne cause.

Quatrième pays à travailler activement en France : la Roumanie. « Traditionnellement, le réseau roumain le plus puissant était basé en France », affirme Ion Pacepa, l'ex-numéro deux du contre-espionnage, passé à l'Ouest en 1978. Du point de vue communiste, la France présente un intérêt majeur, à cause de son prestige culturel, de son influence, de son rôle dans la politique internationale, de son niveau technologique, particulièrement dans le domaine du nucléaire et de la micro-informatique. Il y a aussi d'autres raisons, liées aux relations culturelles entre les deux pays (on appelle Bucarest le Petit Paris), de nombreux Roumains parlent français, il y a à Paris une communauté roumaine importante, influente, d'un bon niveau intellectuel... » Tous les ingrédients sont là pour faire de la France une base importante de la Securitate roumaine. Bucarest entretient plusieurs agents d'influence pour la « désinformation » et place régulièrement de « faux émigrés » dans les industries de pointe.

Les autres pays socialistes ne se désintéressent pas pour autant de la France. Si l'occasion se présente, leurs S.R. recrutent, infiltrent, espionnent, toujours pour le compte des Soviétiques.

Depuis 1945, la France a connu soixante-quatorze affaires d'espionnage dans lesquelles plusieurs officiers de renseignement des pays de l'Est ont été chaque fois mêlés. Vingt-huit affaires ont impliqué la Tchécoslovaquie, dix-sept la Pologne, quatorze la R.D.A., huit la Roumanie, cinq la Bulgarie, deux la Hongrie.

Dans sa lutte contre les S.R. des pays socialistes, le contre-espionnage français est contraint de surveiller à la fois les Soviétiques et tous les ressortissants des pays satellites pour tenter de découvrir qui, derrière une couverture diplomatique, commerciale, journalistique ou autre, fait du renseignement. Un travail gigantesque si l'on sait qu'une vingtaine de policiers sont nécessaires pour filer toute une journée un officier de renseignement aguerri, sans risque d'être repéré. Or, à ce jour, si l'on tient compte du personnel des ambassades, des consulats, des missions commerciales et militaires, des agences de presse, des représentations auprès de l'U.N.E.S.C.O., des sociétés mixtes et des agences de tourisme, il y a en France :

    780 Soviétiques
    150 Est-Allemands
    130 Polonais
    100 Tchécoslovaques
     75 Roumains
     75 Hongrois

Soit au total : 1 310 représentants des pays socialistes. Parmi eux, on sait qu'un bon tiers se livre à des missions de renseignement, ce qui fait *au minimum quatre cent cinquante espions* à surveiller vingt-quatre heures sur vingt-quatre, trois cent soixante-cinq jours par an. Pour ce faire, la D.S.T. devrait compter près de neuf mille policiers, soit sept fois plus que ses effectifs actuels. Et l'on ne tient pas compte ici des « touristes » et autres membres de « délégations » qui se rendent chaque année en France et qui doivent rester à la disposition des services secrets de leur pays si on le leur demande. Bref, la mission est impossible. On peut donc s'étonner qu'en dépit de l'immensité de la tâche et de la faiblesse de ses moyens, le contre-espionnage français réussisse à marquer des points dans cette implacable guerre de l'ombre où, grâce aux « petits frères », le K.G.B. fonctionne comme une multinationale et représente la plus importante centrale de renseignements du monde.

# L'HOMME QUI EN SAVAIT TROP

Le cadavre était encore chaud et le sang sur la blessure mortelle était à peine coagulé. Du travail de professionnel : la balle de 7,65, tirée à bout portant, juste sous l'oreille droite, avait fracassé la boîte crânienne de la victime.

Il est 20 h 20, ce jeudi 27 octobre 1960, quand Paul Prudhon fait cette macabre découverte. Il avait été intrigué, quelques minutes auparavant, par le curieux manège d'une 403 verte stoppée sur le terrain vague, face à sa villa. Au volant de sa Dauphine, Paul Prudhon rentrait chez lui, à Argenteuil. « J'ai cru qu'il s'agissait encore d'automobilistes venus jeter des ordures tout à côté de ma maison », témoignera-t-il plus tard. Furieux, il fonce sur la 403. Quand ils l'aperçoivent, deux hommes montent précipitamment à bord et démarrent en trombe. Prudhon fait demi-tour et se lance à leur poursuite. En vain. Gêné par un autre automobiliste, il finit par perdre de vue les fuyards, sur la nationale 311, en direction d'Enghien. Revenu sur le terrain vague, il découvre le cadavre.

La victime, un homme d'une trentaine d'années, n'a sur lui que six francs, quelques lettres et des factures attestant qu'il s'occupait de photos, de publicité et de cinéma. Maigres indications mais les policiers d'Argenteuil trouvent aussi un journal polonais, *Narodowiec*. Est-ce ce détail ou un autre indice qui les incite à prendre contact avec la première brigade mobile, puis avec la D.S.T.? Toujours est-il que dès le lendemain de l'assassinat, le contre-espionnage prend l'affaire en main.

Wladyslaw Mroz trente-quatre ans, photographe de profession, père de trois enfants, demeurant 37, rue de Dunkerque à Epinay-sur-Seine, n'était pas un inconnu pour la D.S.T.

Ce Polonais, arrivé deux ans auparavant en

France avec son épouse, d'origine française, menait apparemment une vie exemplaire. Tous les matins, à 8 h 10, Mroz prenait l'autobus pour la gare d'Argenteuil. De là, il montait dans le train de 8 h 30, pour Saint-Lazare. A 9 heures, il était à son travail. Employé d'un magasin de photos, dans le quartier de Réaumur, à Paris, il allait invariablement déjeuner à 12 h 30 dans un snack-bar tout proche. Sa journée se finissait à 19 h 30. A 20 h 15, il était chez lui.

En réalité, derrière cette existence réglée comme du papier à musique, Wladyslaw Mroz avait, depuis son arrivée en France, une vie compliquée d'agent double, à la fois comme capitaine du M.S.W. polonais et comme informateur du contre-espionnage français. Ce qui allait lui coûter la vie.

C'est la 7e section de la préfecture de police – un service aujourd'hui disparu – qui a découvert Mroz en France, suite à une grossière erreur du S.R. polonais. Quelques années auparavant, un officier du M.S.W. passé aux Etats-Unis avait donné son nom, parmi d'autres, en précisant que Mroz travaillait pour la Sécurité de l'Etat sous couverture diplomatique. A l'époque, Wladyslaw servait régulièrement de courrier entre Varsovie et les ambassades polonaises de Tel-Aviv et de Londres, pour le compte du ministère des Affaires étrangères de son pays. En tant qu'officier du M.S.W., il profitait de ses voyages pour donner des instructions et ramener dans la valise diplomatique les renseignements recueillis par les réseaux d'espionnage polonais en Israël et en Grande-Bretagne. Quand le transfuge fit ces révélations à la C.I.A., Mroz cessa ces déplacements à l'étranger, par mesure de sécurité. Procédure classique comme nous l'avons déjà vu dans le cadre de l'affaire Beaufils : après une défection, le S.R. concerné, en l'occurrence le M.S.W., établit la liste des agents et officiers que le « traître » peut donner aux « services ennemis ». Il met en sommeil tous ceux qui risquent d'être découverts à cause de ses révélations. C'est ce qui était arrivé avec Mroz qui trouva un nouvel emploi à Varsovie, au M.S.W.

La C.I.A. signala néanmoins son nom à tous les services de contre-espionnage occidentaux. Il figurait donc au fichier, non pas de la D.S.T., mais curieusement de la 7e section de la P.P. qui s'occupait aussi (jusqu'à la fin des années 1950) de certaines affaires de contre-espionnage.

Début 1959, la préfecture de police reçoit une demande d'asile politique en France d'un certain Wladyslaw Mroz, marié à une Française d'origine, ancien courrier diplomatique, qui affirme avoir fui la Pologne après avoir été injustement accusé de trafic de devises. Le même nom, la même situation de famille, la même profession : c'est trop beau. Les policiers de la 7e section de la P.P. lui rendent immédiatement visite. Ils le confondent sans peine mais Mroz se cabre en répétant sans cesse :

« Je ne parlerai qu'au patron de votre contre-espionnage. »

Son dossier est transmis à la D.S.T.

Pour des raisons évidentes de sécurité, il n'est pas question qu'il rencontre tout de suite le directeur de la Surveillance du territoire comme il le réclame. On monte alors à son intention un subterfuge en faisant passer le commissaire responsable de la section polonaise pour le vrai patron de la D.S.T. Crédule, il ne s'aperçoit de rien quand il se présente pour la première fois rue des Saussaies.

« Capitaine Wladyslaw Mroz, de la 1re section du M.S.W.! » déclame-t-il au garde-à-vous, claquant des talons, en entrant dans le bureau du commissaire.

Cet étrange comportement signifiait qu'il était prêt à collaborer. Il n'avait d'ailleurs pas le choix.

Entré sous un faux prétexte en France – il n'a jamais fait de trafic de devises – dans le but de se livrer à des activités d'espionnage, Wladyslaw Mroz est un « illégal » qu'aucune couverture diplomatique ne peut protéger. Une lourde condamnation l'attend. Entre la prison et le rôle d'agent double, la porte est étroite. Malgré les risques il préfère rester libre et trahir sa centrale.

De plus, l'homme qui se présente à la D.S.T. n'a plus le feu sacré de l'espion professionnel. Il a tout fait pour obtenir cette mission d'illégal en France dans l'espoir de demander l'asile politique. A Varsovie, il a lui-même postulé pour ce « poste », allant jusqu'à tricher sur son état de santé pour être choisi. Souffrant de difficultés pulmonaires, Mroz s'est arrangé avec l'un de ses collègues pour qu'il passe une radiographie à sa place. Personne ne s'en est aperçu. Il a été jugé apte pour la mission. Ses intentions sont bien arrêtées : suivre les instructions du M.S.W., s'installer en France, trouver une bonne couverture, c'est-à-dire un métier – ce qui doit lui prendre deux ans – avant d'entrer en activité. Sachant qu'un illégal reste rarement plus de dix ans dans le même pays, il souhaite attendre qu'on le rappelle pour demander l'asile.

Sa découverte par la préfecture de police bouleverse son plan. Il est vrai que le S.R. polonais a facilité la tâche des policiers en commettant l'erreur de l'avoir fait entrer en France sous sa véritable identité, contrairement aux règles en usage pour les illégaux.

Pris au piège, il accepte de collaborer avec la D.S.T. mais il faut le dissuader de faire défection. Pour le contre-espionnage, il est bien plus utile s'il continue à jouer le jeu vis-à-vis du M.S.W. Mroz finit par accepter le rôle d'agent double.

C'est une recrue de choix. A Varsovie, il avait été secrétaire du patron de la Sécurité de l'Etat. Il connaissait le fonctionnement et l'identité des principaux responsables du M.S.W. Quand il travaillait comme courrier diplomatique en Israël et en Grande-Bretagne il avait été en contact avec de nombreux agents polonais dont il livre les noms. La D.S.T. s'empresse de les communiquer aux services de contre-espionnage concernés. Pour ne pas griller Mroz, les Israéliens et les Anglais se gardent de procéder à des arrestations mais ils surveillent étroitement les réseaux identifiés grâce à lui.

Pour la D.S.T., son assassinat est signé. Malgré les précautions prises, le M.S.W. avait fini par découvrir sa trahison. On n'a jamais su comment. Une imprudence, de sa part ou des policiers français chargés de le manipuler (les contacts avec Mroz avaient lieu tous les quinze jours environ)? Une fuite? Quelques années plus tard, lorsque Kim Philby, le célèbre agent soviétique infiltré dans le contre-espionnage britannique (M.I. 5), a été découvert et qu'il se réfugia à Moscou, les Français se demandèrent s'il n'avait pas été à l'origine de sa perte. Philby aurait en effet pu connaître l'existence de Mroz au M.I. 5, prévenir le K.G.B. qui en informa les Polonais. Et les tueurs du M.S.W. éliminèrent cet homme qui en savait trop.

Dans les jours suivant l'assassinat, le contre-espionnage lance un vaste coup de filet. Pas moins d'une vingtaine de personnes, françaises et polonaises, sont appréhendées. Mroz les avait identifiées comme agents du M.S.W. en France. Parmi eux, des techniciens, deux chefs d'entreprise, une libraire, un commerçant, un secrétaire du comité central du P.C.F. et le maire communiste d'une petite ville du Nord. Du menu fretin. Avant le meurtre, le S.R. polonais avait prévenu et éloigné ses agents les plus importants.

Le tribunal qui a jugé, quatre ans plus tard, les personnes arrêtées, n'a prononcé que quatre condamnations. Les autres ont été acquittées ou ont bénéficié de non-lieux. Le retournement de Wladyslaw Mroz se soldait apparemment par un échec pour la D.S.T. Pourtant, grâce aux informations qu'il avait fournies, le contre-espionnage apprit à mieux connaître le S.R. polonais, ses manières de travailler, ses objectifs.

Le petit photographe reste l'un des meilleurs agents doubles jamais recrutés en France. De cette époque datent d'ailleurs les coups les plus sévères portés par la D.S.T. au M.S.W. et au Z II. Notamment avec l'arrestation de deux très importants agents polonais, « M. Armand » et « Béatrice ».

Une vieille histoire que celle de « M. Armand ». Le contre-espionnage essayait de le coincer depuis des années. En vain. La 7e section de la préfecture de police avait cette fois encore mis la D.S.T. sur sa piste, dès 1954. Lors d'une surveillance de routine d'un diplomate polonais en poste à Paris, les policiers de la P.P. l'avaient vu prendre contact en pleine rue avec un agent non identifié. Une enquête minutieuse aboutit finalement à un certain Hermann Bertelé, propriétaire d'une librairie-papeterie, à Fontenay-sous-Bois. Le suspect fut immédiatement mis sous surveillance par la D.S.T. Cinq ans après, le contre-espionnage ne disposait d'aucune preuve contre lui. Bertelé quittait fréquemment sa librairie pour se rendre à Paris mais il réussissait toujours à déjouer les filatures. Il était impossible de le surprendre une nouvelle fois avec un diplomate polonais. Il fallait pourtant un flagrant délit pour procéder à son arrestation même si la D.S.T. était convaincue, au vu de sa biographie, que le libraire était en réalité un illégal du S.R. polonais.

Né à Vienne (Autriche) en 1902, Hermann Bertelé s'était engagé en 1936 dans les Brigades internationales en Espagne. Après la victoire de Franco, il s'était réfugié en France. Pour ce communiste, l'Autriche qui avait été annexée par Hitler était devenue trop dangereuse. A ce passé de militant s'ajoutait une circonstance aggravante. Durant la guerre, Bertelé avait été membre d'un réseau de F.T.P., dans l'Isère, surnommé « Carmagnole-Liberté », bien connu des services de la rue des Saussaies. Un certain nombre d'agents de l'Est identifiés dans les années d'après-guerre y avaient appartenu.

Hermann Bertelé avait demandé la naturalisation française en 1948. Il l'avait obtenue sans difficulté et s'était marié. Dans son commerce, qui jouxtait une institution religieuse, il vendait en plus des livres, des reliques et des images pieuses. L'enquête de « moralité » menée discrètement par la D.S.T. auprès des voisins le présentait comme « affable et courtois ». Un citoyen sans histoire, en somme. De guerre lasse, fin 1958, le contre-espionnage avait fini par abandonner sa surveillance non sans espérer le confondre un jour.

Un transfuge polonais, réfugié au Japon, apporta la preuve qui manquait en révélant que le Z II avait en France un important agent dont le nom de code était « M. Armand ». Le transfuge ignorait sa véritable identité mais ses indications persuadèrent la D.S.T. que « M. Armand » et Hermann Bertelé étaient une seule et même personne, responsable pour le S.R. militaire polonais d'un réseau d'espionnage de l'O.T.A.N., à l'époque installée à Paris.

Le 30 avril 1959, aux premières heures de la matinée, une équipe de la D.S.T., dûment mandatée, commence une perquisition, 23 rue Mauconseil, à Fontenay-sous-Bois, au domicile du libraire, juste au-dessus de son magasin. Les policiers ne cherchent pas longtemps. Dans une armoire, entre deux piles de linge, ils trouvent la comptabilité complète de son réseau, les codes de chiffrement et de déchiffrement des messages, les plan d'écoute en ondes courtes de Radio Varsovie, diverses consignes de sécurité, les emplacements de « boîtes aux lettres mortes » dans plusieurs cafés parisiens et, bien sûr, la liste de ses « correspondants ». Une fort belle prise.

Surpris, Hermann Bertelé perd de sa courtoisie. Mais en espion confirmé – il était au service du Z II depuis 1946 – il ne craque pas. Mis dans l'impossibilité de nier, il se contente d'admettre qu'il est un « agent de liaison pour un organisme dépendant du Pacte de Varsovie ». Il reconnaît également qu'il lui arrive de servir de « boîte aux lettres » pour certains diplomates polonais. C'est tout. Heureusement, le matériel trouvé chez lui est autrement plus éloquent. Entre autres, parmi les consignes de sécurité, toutes les indications pour une procédure d'urgence à n'utiliser qu'en cas de danger. Pour la D.S.T. c'est une piste précieuse.

Si Bertelé se sentait menacé, il fallait qu'il puisse contacter rapidement son officier traitant. Le S.R. polonais avait prévu deux méthodes. Chaque deuxième mardi du mois, avant 10 heures du matin, l'agent devait tracer à la craie un D sur le pilier d'une balustrade surplombant le parc des Buttes-Chaumont, juste en face du 48 de la rue Botzaris dans le 19e arrondissement. L'officier traitant comprenait alors que Bertelé demandait un contact pour le lendemain, à un endroit évidemment prévu de longue date. Pour le cas extrême, c'est-à-dire une fuite à l'étranger, Bertelé devait souligner le D. Dix jours plus tard, à 17 heures exactement, un rendez-vous de repêchage était prévu en Italie, dans un bar de Rome, le Métropole, par un représentant de Z II. Un livre sur la table et une cravate à rayures bleu et rouge devaient servir de signes de reconnaissance.

Il était tentant pour la D.S.T. d'appliquer la procédure, de tendre un piège. Surtout que l'arrestation de Bertelé était restée discrète et son réseau n'avait pas encore été inquiété. Le deuxième mardi du mois était proche.

Le jour dit, à 9 h 50 du matin, un policier du contre-espionnage trace donc le D fatidique sur le pilier prévu. Il prend même le soin de le souligner. Deux précautions valent mieux qu'une. La D.S.T. pense en effet que si l'agent de Z II lui échappe à

Paris, elle peut toujours, grâce à la complicité des collègues italiens, piéger celui de Rome.

La planque ne dure pas longtemps. A 10 h 10, un homme s'accoude à la balustrade, tout près du pilier. Visiblement inquiet, l'agent commet une grave faute. Au lieu de repartir comme si de rien n'était, comme l'aurait fait un simple badaud, il sort un mouchoir de sa poche, crache dedans, et essuie le D. Il signe de la sorte son forfait.

La D.S.T. comprend pourquoi quelques instants plus tard, lorsqu'elle l'appréhende. Kasimierz Dopiérala, secrétaire de l'attaché militaire polonais à Paris, était un jeune « diplomate », novice en matière d'espionnage. Il a paniqué.

N'étant pas couvert par l'immunité diplomatique, Kasimierz Dopiérala est emprisonné à la prison de la Santé, malgré les vertueuses protestations de l'ambassade polonaise. Finalement expulsé, il ne comparaît pas devant le tribunal permanent des forces armées qui juge, en juillet 1961, les membres du réseau Bertelé. Au banc des accusés on trouve un Français, employé à l'état-major de la I$^{re}$ région militaire, un Italien, naturalisé français, qui travaillait dans un laboratoire de recherche de la marine, près de Toulon, et un réfugié polonais. Un autre Français, ingénieur, avait réussi à prendre la fuite. Il fut jugé par contumace et condamné à dix ans de détention. Quant à Hermann Bertelé, il fut déchu de sa nationalité française et écopa lui aussi de dix ans de prison, qu'il passa en grande partie à la maison d'arrêt d'Evreux. Son réseau, totalement démantelé, avait permis à Varsovie, donc à Moscou, d'obtenir pendant une dizaine d'années des renseignements très importants sur les recherches militaires les plus performantes. Libéré par anticipation, en 1967, il fut expulsé avec sa femme vers la Pologne.

Le 16 décembre 1961, c'est au tour d'un ingénieur de l'Omnium technique des transports par pipe-lines (O.T.P.), d'être arrêté à la sortie même de l'ambassade de Pologne, à Paris. Georges de Kobor, quarante-quatre ans, Hongrois naturalisé français, vient d'y remettre le tracé secret des pipe-lines d'Hassi Messaoud et de Bougie et les plans de la base aérienne française de Meknès. Condamné à dix ans de détention en octobre 1963 par la Cour de sûreté de l'Etat, il a trahi par besoin d'argent et, affirme-t-il lors du procès, par chantage. Le S.R. polonais lui aurait fait comprendre que sa mère restée en Hongrie pourrait pâtir de son manque de coopération. Grâce à la parfaite collaboration entre les services d'espionnage de l'Est, ce genre de menace peut effectivement être mis à exécution.

L'homme qui comparaît devant les juges en janvier 1964 n'a en revanche aucune excuse. Sûr de lui, il nie s'être livré à des activités d'espionnage et reconnaît tout au plus que les contacts qu'il a pu avoir avec l'ambassade de Pologne relèvent des relations normales que doit entretenir un responsable de parti avec la représentation diplomatique de son pays. Joseph Bitonski, membre du Parti paysan polonais en exil (P.S.L.), prétend en effet vouloir rapprocher les centaines de milliers d'émigrés polonais en France du gouvernement de Varsovie. A ce titre, il est, selon lui, logique de correspondre fréquemment avec les autorités communistes et même d'en recevoir de l'argent. Ce système de défense n'a convaincu la Cour de sûreté qu'à moitié. Il est condamné à quatre ans de prison.

C'est peu cher payé. Car pendant dix ans, Joseph Bitonski a fidèlement servi la 5e section du M.S.W. sous le nom de code « Béatrice ».

Plusieurs transfuges avaient signalé qu'un leader du Parti paysan en exil (P.S.L.) appartenait en réalité au S.R. polonais. Il informait Varsovie sur l'émigration et sur la politique de différents pays européens, dont la France. Après bien des recoupements la D.S.T., dès 1960, soupçonna Joseph

Bitonski d'être cet agent. Les filatures et les écoutes ne donnant aucun résultat, on l'interrogea. Les policiers français n'avaient que des présomptions, ce qui, face à cet homme intelligent et sûr de lui, se révéla insuffisant. Joseph Bitonski sortit libre des locaux de la rue des Saussaies. Pour peu de temps.

A la fin de 1962, le contre-espionnage reçoit des informations plus précises. Joseph Bitonski a pour nom de code « Béatrice ». Recruté, en 1953, par l'officier du M.S.W. Stanislas Klos, attaché de presse à l'ambassade de Pologne à Paris, il a fait un stage de « formation » à Londres en 1956. Sa mission : espionner les milieux de l'émigration polonaise en France et fournir des analyses politiques. Pas n'importe lesquelles. D'après les renseignements obtenus par la D.S.T., « Béatrice » a envoyé à Varsovie des informations de grande valeur sur les rapports franco-allemands, le problème de la frontière Oder-Neisse, et les relations Est-Ouest. Grâce à ses bonnes relations dans les milieux politiques, Bitonski est une excellente source de renseignements.

Arrivé en France en 1939, après la campagne de Pologne, il avait combattu avec l'armée française jusqu'à sa défaite. Blessé et fait prisonnier, il est rapatrié sanitaire. Il entre alors dans la Résistance polonaise en France. On l'arrête, mais il réussit à s'évader. Il continue la lutte dans la clandestinité jusqu'à la Libération. Ces faits de guerre lui vaudront d'ailleurs la Légion d'honneur. Démobilisé en 1948, il décide de rester en France (sans renoncer à sa nationalité polonaise), et de militer pour le Parti paysan polonais en exil (P.S.L.), que dirige de Londres M. Mikolajczyk. Mais lorsque le P.S.L. se prononce ouvertement contre la politique du numéro un polonais, Wladyslaw Gomulka, Bitonski fait scission et crée le Parti paysan populaire. Il obéit en réalité aux ordres de Varsovie qui cherche à rallier l'émigration à sa cause. En tant que chef de parti et comme journaliste – il écrit pour un journal polonais à Londres et pour un quotidien suisse – il a un accès facile auprès de certaines personnalités politiques française.

Le 15 janvier 1963, la D.S.T. arrête « Béatrice ». Cette fois, les preuves sont trop précises pour qu'il s'en sorte. Accablé par les renseignements dont dispose le contre-espionnage, il finit par avouer avec un luxe de détails qui étonne les policiers français. Tout d'abord ses contacts. Ils avaient principalement lieu à l'étranger, en Autriche et en Suisse où le M.S.W. lui a acheté, à Lausanne, un petit appartement. Varsovie n'a d'ailleurs jamais lésiné sur les moyens pour entretenir « Béatrice ». Preuve de son importance. En dix ans, son S.R. lui a versé près de cinq cent mille francs en échange d'informations et pour lui permettre de mener une vie digne d'un responsable de parti. Avec cet argent il a acheté, en partie, un grand appartement rue de Grenelle, dans le VII$^e$ arrondissement de Paris – le quartier des ambassades – et une parfumerie pour sa femme, Stanislawa, rue Lecourbe dans le XV$^e$.

En perquisitionnant au domicile du couple, les policiers font d'intéressantes découvertes. Outre un appareil perfectionné permettant de photographier des documents, ils saisissent un bloc-notes de carbone blanc (pour l'écriture invisible) fort instructif. « Je m'étais aperçu que mon courrier avait été ouvert à plusieurs reprises, prétend Bitonski à son procès. C'est pour protéger ma correspondance que j'utilisais du carbone blanc ». L'étude chimique du bloc-notes indique pourtant que les lettres envoyées par ce procédé n'avaient rien d'innocent : rapports sur la diplomatie française, jugements sur tel ou tel homme politique, analyses des frictions au sein des émigrés polonais avec des conseils pour les manipuler. Ces lettres, indétectables sans révélateurs spéciaux, parvenaient régulièrement au S.R. polonais par courrier normal. Lorsque les matériaux étaient trop volumineux, « Béatrice » les remettait directement soit à l'étranger soit à Paris, dans la parfumerie de sa femme, sa complice. Toujours grâce au carbone blanc, Bitonski envoyait une banale carte postale à un officier traitant parisien pour lui fixer rendez-vous. Un code de sécurité avait été mis au point. En cas de danger, Mme Bitonski devait éteindre l'enseigne lumineuse de son magasin pour prévenir l'officier de ne pas entrer.

Dans cette affaire, la D.S.T. a, une fois de plus, de la chance. L'analyse du bloc-notes révèle que la prochaine « livraison » doit avoir lieu quelques jours plus tard. Une souricière est promptement installée dans la parfumerie non sans la complicité de Mme Bitonski à qui on fait comprendre que la justice saura tenir compte de sa coopération. Le plan est simple. Un policier doit rester caché dans l'arrière-boutique jusqu'à ce que Mme Bitonski dénonce l'officier traitant en coupant immédiatement la radio qui fonctionne en permanence dans le magasin. Il n'y aura plus, alors, qu'à procéder à l'arrestation. Ainsi fut fait.

Jan Klaput, employé au consulat polonais de Paris, a sans doute connu la frayeur de sa vie en voyant brusquement surgir devant lui un homme, pistolet au poing, au moment où, en échange des documents que lui remet Mme Bitonski, il dépose sur le comptoir quinze mille francs et un bien curieux tube de dentifrice. En partie évidé, le tube cache, protégées par de la cellophane, des instructions pour « Béatrice ».

En dépit de ces preuves accablantes, Joseph Bitonski plaide non coupable devant la Cour de sûreté de l'Etat :

« Je n'ai rien fait de préjudiciable à la France, se défend-il. Le prétendu réseau de renseignement dont parle l'acte d'accusation était uniquement mon parti politique siégeant en France et je voulais le rapprocher du parti frère demeuré en Pologne. »

Ce système de défense n'était pas innocent. Le gouvernement français venait d'entamer une politique d'ouverture à l'Est. Une lourde condamnation aurait pu nuire à cette nouvelle diplomatie. Joseph Bitonski bénéficiait aussi de précieux appuis dans les milieux gaullistes... C'est en prévenu libre qu'il a comparu devant ses juges. Mis en liberté provisoire quatre mois avant le procès, il a tout de même été emprisonné à Fresnes, sept mois après le verdict.

Libéré par anticipation au début de 1965, « Béatrice » est parti avec sa femme – acquittée lors du procès pour « bonne conduite » – vers le pays de son choix : la Pologne. Sa carrière d'espion terminée il n'en restera pas moins au service de l'Etat polonais. Il deviendra l'un des responsables de la censure postale pour tout le courrier provenant d'Europe occidentale. Et puis, il finira par se consacrer à sa véritable carrière politique. En 1975, Joseph Bitonski figurait parmi les dirigeants du Z.S.L., le parti paysan officiel qui sert d'alibi au P.O.U.P. (P.C.) pour faire croire que la Pologne est un pays pluraliste.


## AU NOM DE LA MÈRE

Il aurait fallu un cœur de pierre pour rester insensible à pareille lettre. Un vrai cri d'angoisse. Le consul de France à Prague n'y résista pas. En marge, il écrivit « avis favorable » sans savoir, bien sûr, qu'il mettait en route une diabolique opération du S.R. tchèque, le S.T.B., contre la France.

La lettre est arrivée le 4 mai 1957 au consulat, simple et émouvante jusque dans ses maladresses. Son auteur a fait preuve de courage pour oser l'écrire et l'envoyer. Une telle requête peut lui valoir des années de prison si les autorités en prennent connaissance. « Ma mère était française par nationalité et a décédé en 1939, précise-t-il dans un français hésitant. Depuis mon enfance, j'ai été élevé par des gens étrangers. J'ai étudié jusqu'à mes vingt et un ans, c'est-à-dire huit ans d'école (gymnasium) et trois ans (d'école) de la faculté de droit à Prague. Après cela j'ai travaillé dans divers chantiers qui ne me plaisaient pas du tout et qui ne répondaient pas à mon éducation. Depuis mon enfance, je n'ai reçu aucune nationalité. Les bureaux tchécoslovaques me traitent comme étranger et d'après cela j'ai beaucoup de difficultés. A présent je suis devant deux questions, et c'est ou recevoir la nationalité tchèque ou bien demander chez vous la nationalité française. Je suis français d'après ma mère, ma sympathie est plus grande envers la France qu'envers la Tchécoslovaquie parce qu'ici je ne me sens pas chez moi. Mon désir c'est de vivre d'une vie libre. C'est pour cela que je viens auprès de vous pour vous prier de m'aider ou de me donner des conseils. »

Né le 9 novembre 1929, à Krnov, en Tchécoslovaquie, l'auteur de ces lignes prétend s'appeler Pierre Cardot. Un nom, il est vrai, bien français. Pour appuyer sa démarche, il a joint quelques éléments biographiques apparemment indiscutables. Enfant illégitime d'une certaine Thérèse Cardot, de nationalité française, morte en 1939 à Krnov, il dispose, dit-il, d'un livret d'apatride, source de tous ses malheurs avec les autorités tchécoslovaques. Si le consulat le souhaite, il est prêt à fournir toutes les pièces justificatives.

C'est un homme timide qui se présente, quelques semaines plus tard, aux services consulaires français de Prague. Son regard bleu de myope, perdu derrière des lunettes à monture métallique, et un large front bombé qu'accentue une calvitie avancée, lui donnent un air d'intellectuel paumé. Pierre Cardot a apporté, comme promis, les preuves de sa bonne foi. Son certificat de naissance, signé par le curé de Krnov, celui de sa mère née à Bila-Voda, dans les Sudètes, en 1908, elle-même fille de Marie Cardot, née en France en 1872. La filiation semble incontestable. Reste à la vérifier. Un problème ardu car Thérèse Cardot, comme son fils Pierre, n'a pas été reconnue par son père. Dans les deux cas, on a donc affaire à des enfants « illégitimes ». Ce qui explique que ni la naissance de Thérèse, ni celle de Pierre n'ont été enregistrées à l'époque sur les registres consulaires de l'ambassade de France en Tchécoslovaquie. En pareil cas, Paris doit trancher. Six mois plus tard, le dossier Cardot revient à Prague. Pierre est reconnu officiellement français. Le consul lui remet, en même temps que son passeport, une attestation de nationalité signée du ministère de la Justice. La première étape du plan élaboré par le S.T.B. a parfaitement fonctionné.

Le montage était impeccable. D'un fait divers réel, le S.R. tchèque avait fabriqué une légende sans faille pour introduire en France un « illégal ». Les recherches entreprises par Paris ont bien révélé l'existence d'une Marie Cardot – la « grand-mère » de Pierre – née dans un petit village de la Haute-Saône, et qui mena une vie assez « agitée ». En 1895, la jeune Marie Cardot avait eu un fils, de père inconnu. Elle le fit légitimer, en 1897, en épousant un certain Guyot. Un an plus tard, elle donna naissance à une fille. Mais le couple ne s'entendait pas. En 1900, Marie Cardot abandonna mari et enfants puis disparut. Direction l'Autriche-Hongrie où elle vécut, semble-t-il, comme bonne à tout faire. C'était tout ce qu'avait retrouvé le ministère français de la Justice. Cela corroborait les éléments apportés par Pierre Cardot. En partie seulement puisqu'il n'y avait nulle trace de l'existence de Thérèse, la « fille » de Marie et la « mère » de Pierre. Mais après les deux guerres mondiales nombre de registres d'état civil avaient disparu. On pouvait comprendre que l'histoire de la famille Cardot connût quelques trous. Les seules preuves de l'existence d'un lien de parenté entre Marie, Thérèse et Pierre étaient donc celles qu'avait fournies Cardot au consulat de France à Prague avec son acte de naissance et celui de sa « mère ». Deux magnifiques faux établis par le S.T.B.

La véritable identité de Pierre Cardot n'a jamais été connue. On sait simplement qu'il venait de finir un stage de formation dans une école spéciale du S.R. tchèque, pour le préparer à sa vie d'illégal en France, lorsqu'il envoya sa lettre au consulat en 1957. Les maladresses et les fautes qui y figuraient étaient voulues par le S.T.B. pour attendrir les Français. Les Tchèques savaient que leur « dossier », même bien ficelé, souffrait de quelques faiblesses. Il fallait donc jouer sur la corde sensible. C'était le rôle que devait tenir Pierre. Il parut si désemparé, si malheureux de vivre forcé dans ce pays d'adoption que les Français allaient se faire un devoir de le sortir de là. D'autant qu'à l'époque, en pleine guerre froide, la Tchécoslovaquie, comme tous les pays socialistes, n'était pas bien vue dans les démocraties occidentales. C'est dans ce contexte politique que la France, sans y regarder de trop près, reconnut l'un des siens.

Pierre Cardot franchit la frontière française, par train, au poste de Kehl, le 5 mai 1958. Sa véritable mission commence. Les directives que lui a données le S.T.B. sont simples : se fondre dans la masse, se faire oublier, attendre les opportunités qui se présenteront pour occuper des postes intéressant son service. En revanche, les consignes qu'il a reçues avant de partir sont strictes : écrire régulièrement à sa vieille amie « Milada », à Prague (sa boîte aux lettres); acheter un poste de radio pouvant capter les ondes courtes pour entendre les messages que lui enverra tous les deux mois la centrale; se procurer chez un photographe un liquide réactif pour pouvoir lire les messages secrets qu'il recevra, à l'encre invisible, sur d'innocentes cartes postales; aller reconnaître deux cafés parisiens, sur les grands boulevards, l'un pour les rencontres avec son officier traitant et l'autre pour la « boîte aux lettres morte » que le S.T.B. y a aménagée dans les toilettes.

Avec deux comptes bancaires différents, bien approvisionnés, l'« illégal » Cardot n'a pas besoin de trouver un emploi tout de suite. Installé dans une chambre de bonne, au sixième étage d'un immeuble bourgeois de la rue Camou (VIIe arrondissement), il s'inscrit à la faculté de droit pour obtenir une équivalence de son diplôme tchèque. Deux ans après, il devient démarcheur dans une compagnie d'assurances. Il est sérieux, ponctuel, et même zélé. Ses supérieurs l'apprécient. Rapidement, il gagne bien sa vie.

Fier d'être français, Pierre Cardot n'a pas oublié de se mettre en règle avec les autorités pour remplir ses obligations militaires. En avril 1961, il est appelé sous les drapeaux. Il attendait cette occasion pour commencer à devenir opérationnel. En raison de son âge, presque trente-deux ans, il échappe à l'Algérie, alors en pleine guerre. Ses connaissances du russe et du tchèque peuvent servir ailleurs. Trois mois de classes et le voici affecté dans une base de l'armée de l'air en Allemagne fédérale, au centre d'écoute radio-technique des communications d'Europe de l'Est. Là encore, ses supérieurs sont pleinement satisfaits de lui. Son commandant insiste même pour qu'il se rengage. Il refuse. Une carrière militaire offre peu de perspectives. Le commandant, décidément prévenant, lui fait une lettre de recommandation qu'il envoie boulevard Mortier, dans le 20e arrondissement, à la direction du S.D.E.C.E., le service d'espionnage.

La carrière d'espion de Pierre Cardot prend forme. Libéré du service militaire le 15 août 1962, il contacte immédiatement son officier traitant, à Paris. Dans le plan élaboré à Prague par le S.T.B., l' « illégal » Cardot devait entrer à l'O.C.D.E., un organisme international détenant des informations importantes sur la coopération entre les pays occidentaux. Mais introduire un agent au cœur du service d'espionnage français s'avère autrement plus intéressant. Sa centrale donne le feu vert non sans prendre des risques. Le S.R. tchèque ne peut ignorer que son agent va être soumis à une « enquête de sécurité » avant d'être accepté. Sa « légende » pourrait ne pas résister à des recherches poussées.

Le 15 septembre 1962, Pierre Cardot entre au S.D.E.C.E. comme expert analyste. Six semaines plus tard, il signe son contrat. L'espion est dans la place. Du beau travail de professionnel si l'on songe qu'il lui a fallu à peine quatre ans et demi pour s'infiltrer dans le saint des saints.

L'erreur, le grain de sable qui bloqua en fin de compte cette belle « opération de pénétration », c'est le S.T.B. qui, par excès de confiance peut-être, l'a commise. L'implantation de l'« illégal » Cardot en France parut sans doute trop facile au S.R. tchèque. A la même époque, d'autres agents sont introduits dans divers pays occidentaux, notamment en Suisse. Le contre-espionnage helvétique découvre le pot aux roses. Le 2 mai 1962, le Département fédéral de la justice et de la police suisse annonce l'arrestation d'un agent du S.T.B. à Bâle. « Ce ressortissant tchécoslovaque, précise le communiqué, avait subi une longue période d'instruction comme espion dans un service secret de Prague puis, grâce à de faux documents, il se fit passer pour le fils illégitime d'une Suissesse décédée en Tchécoslovaquie et prit un emploi dans une maison bâloise, prétendument comme Suisse rapatrié. Conformément aux instructions reçues, il se procura un poste récepteur de radio à ondes courtes qu'il fit munir d'un interrupteur de haut-parleur et d'un casque d'écoute, ce qui lui permettait de capter en toute tranquillité des émissions télégraphiques tchèques ».

Cette affaire éveille les soupçons de tous les services de contre-espionnage occidentaux. Peu après son entrée au S.D.E.C.E., le dossier Cardot est donc réexaminé d'un autre œil, particulièrement sa demande de nationalité française. Un officier des services spéciaux français ne tarde pas à découvrir une anomalie dans son acte de naissance. Il devient suspect. L'affaire relevant du territoire français, la D.S.T. en est saisie. Filatures, écoutes, enquêtes de voisinage, elle met en branle le grand jeu, sans résultat. Le contre-espionnage ne dispose d'aucune preuve matérielle de sa trahison, condition *sine qua non* pour procéder à une arrestation et à une neutralisation.

Le 14 novembre 1962, la D.S.T. se décide faute de mieux à perquisitionner le petit logement de Pierre Cardot.

« Je n'ai rien à cacher », affirme-t-il aux trois inspecteurs qui viennent d'entrer chez lui.

La fouille commence, minutieuse, devant un homme apparemment impassible. Mais quand les inspecteurs s'intéressent au poste de radio, il perd contenance. Assis près du lavabo, il se retourne contre le mur et pleure.

Emmené rue des Saussaies, Pierre Cardot se révèle coriace. Il s'est ressaisi et répète inlassablement sa « légende » : sa mère, sa grand-mère, son amour pour la France... Il entame même une grève de la faim pour clamer son innocence. Bien mal lui en prend. Au sixième jour d'interrogatoire, il craque physiquement. Tombé en syncope, on le transporte d'urgence à l'Hôtel-Dieu, dans la salle Cusco réservée aux détenus. Là, c'est le choc psychologique. Craint-il qu'on ne le soumette à un traitement chimiothérapique comme on le ferait sans doute là-bas dans son pays? Remis de son malaise, il se Montre en tout cas plus coopératif.

Pierre Cardot avoue son appartenance au S.T.B. et sa mission en France. Mais il continue à prétendre qu'il est le fils d'une Française, Thérèse Cardot, née en 1908 à Bila-Voda, etc.

Quant aux preuves, l'examen approfondi du matériel trouvé à son domicile suffit à le confondre. Sur le poste de radio trafiqué, le haut-parleur avait été déconnecté pour permettre l'utilisation d'un écouteur d'oreille. Sur des bouts de carton, les inspecteurs découvrent une liste de coordonnées correspondant aux vacations de Radio Prague, en ondes courtes, pour ses instructions. Dans une vieille grammaire russe certaines pages recollées sont des carbones blancs pour écriture invisible. Enfin, sur un sous-main, des traces de foulages provoquées par l'utilisation de stylos à bille font apparaître des messages codés.

La carrière de l'« illégal » Cardot s'achève là. Transféré devant un juge d'instruction, le 28 novembre 1962, il est accusé d'avoir, « dans l'intention de les livrer à une puissance étrangère, rassemblé des renseignements dont la réunion et l'exploitation étaient de nature à nuire à la Défense nationale » (article 74 du Code pénal). Peine maximale prévue : la détention à perpétuité. Car même si la pénétration de cet agent du S.T.B. dans les services d'espionnage français a été stoppée à temps, il a durant quatre ans envoyé beaucoup de messages et livré nombre de renseignements à sa centrale. C'est en fonction des fantastiques dégâts qu'il aurait pu commettre, en restant en place, que la justice doit aussi le juger. Pour dissuader le S.R. tchèque de récidiver.

Pierre Cardot ne fera que quelques mois de détention préventive. En mai 1963, il est échangé contre un jeune Français qui s'est soi-disant livré à des actes d'espionnage en Tchécoslovaquie. Une affaire montée de toutes pièces par Prague pour récupérer son agent. La France s'est volontiers prêtée à la tractation. Le jeune Français, en réalité impliqué dans une affaire de droit commun, avait la chance d'être le neveu d'un ministre en place...

La D.S.T. n'entendra plus jamais parler de Pierre Cardot dont elle continue d'ignorer la véritable identité.


## BRUNO ET ÉRIC

Pour une fois, les juges ont eu la main lourde. Le verdict que prononce, le 27 avril 1967, la Cour de sûreté de l'Etat est particulièrement sévère :

– Peter Kranick : vingt ans de détention criminelle.

– Renée Levin (épouse Kranick) : quatorze ans de détention criminelle.

– Hans Bammler : dix-huit ans de détention criminelle.

– Marianne Muhle (épouse Bammler) : douze ans de détention criminelle.

Dans sa conclusion, l'avocat général, Maître Richard, a été formel : « Ce sont des professionnels chevronnés qui, pour nuire à l'O.T.A.N. n'ont pas hésité à nuire à la France en livrant à l'Allemagne de l'Est les mouvements des troupes françaises à Berlin, les conversations du ministre plénipotentiaire français dans l'ancienne capitale du Reich (captées grâce à un micro clandestin), puis les positions françaises sur l'O.T.A.N., les divergences politiques entre Paris et Bonn à ce sujet... » Pendant une heure, il a rappelé en détail le fonctionnement du réseau, ses activités, l'importance des renseignements transmis et les sommes touchées par les deux couples. Une extraordinaire histoire qui montre à quel point les S.R. des pays socialistes sont prêts à tout pour obtenir ce qui les intéresse.

Tout a commencé plus de dix ans auparavant, un jour de juin 1955 précisément. Peter Kranick, alors âgé de vingt-quatre ans, a profité d'un congé pour aller rendre visite à sa mère, à Berlin-Est. Le « mur » n'étant pas encore édifié, le passage entre les deux secteurs de la ville se fait sans problème. Insouciant, le jeune homme file donc dans les rues de Berlin-Est sur un vélomoteur. Il ne prête guère attention au trafic, de toute façon fluide.

Brusquement, à une intersection, une voiture lui coupe la route. Incapable de l'éviter, Peter la prend de plein fouet. Cet accident, apparemment banal, va bouleverser sa vie.

Projeté sur la chaussée, le jeune homme se relève sans une égratignure. Il a eu plus peur que mal. Il réalise soudain qu'il vient de heurter une auto-école de la police est-allemande.

« Papiers! »

L'ordre est impératif. Immédiatement embarqué, Peter Kranick se retrouve dans un bureau du M.F.S., le service d'espionnage et de contre-espionnage est-allemand. Le policier qui conduisait la voiture compte profiter de l'incident. La profession du jeune homme l'intéresse tout particulièrement : archiviste des services de presse du gouvernement militaire français de Berlin-Ouest.

L'interrogatoire commence. Né le 21 octobre 1930 à Berlin, Peter a été, à la fin de la Seconde Guerre mondiale, membre des jeunesses hitlériennes. La défaite du nazisme qu'il avait appris à vénérer puis, quelques années plus tard, le divorce de ses parents, en 1949, l'ont déboussolé. Sa mère possédait quelques immeubles en zone d'occupation soviétique, et elle avait préféré demeurer dans le secteur Est de l'ancienne capitale. Prudente, elle avait pourtant incité son fils à rester du côté occidental. Quasiment seul et sans doute pour réaliser les faits d'armes dont il avait rêvé dans sa jeunesse, Peter s'était engagé dans la Légion étrangère à l'âge de vingt et un ans. D'abord l'Algérie, puis la guerre d'Indochine, comblent ses vœux.

Blessé à Diên Biên Phu, il est démobilisé en novembre 1954 avec le grade de sergent et une pension d'invalidité à 85 p. 100. Sa conduite courageuse lui vaut d'être décoré de la croix de guerre des T.O.E. (Théâtre d'opérations extérieures), avec deux citations.

De tels états de service lui permettent de trouver sans mal un emploi auprès du commandement militaire français à Berlin dès son retour. D'abord comme planton et enfin au service de presse. Peter n'est pas pour autant satisfait de son poste.

Le policier du M.F.S. qui l'interroge le sent. Il en profite.

« Les Français vous méprisent, insinue-t-il. Ils vous ont offert un emploi subalterne malgré le sang que vous avez versé pour eux. »

Peter veut protester mais au fond de lui-même il éprouve du ressentiment.

« C'est votre faute, poursuit le policier. Au lieu de choisir l'Allemagne vous vous êtes tourné vers l'occupant. Pour lui vous resterez toujours un vaincu, ou un dominé si vous préférez. »

Le jeune homme est sensible à cet argument. Le policier insiste, sur le ton de la confidence, en prétendant que son pays a besoin de lui, qu'il doit croire en l'avenir d'une Allemagne réunifiée sous la bannière du socialisme.

« Nous pourrions vous aider à avoir un poste digne de vos capacités, suggère-t-il. Avec de bons avantages financiers. Songez aussi à votre mère qui vit ici. Vous pourriez lui faciliter la vie. »

Le chantage est à peine voilé. Peter cède. Il devient agent du M.F.S.

Il entre vraiment en activité en 1957. Auparavant, sous prétexte de rendre visite à sa mère, il passe chaque semaine à Berlin-Est. Il en profite pour suivre des cours dans une école d'espionnage, pour apprendre les méthodes de correspondance secrète (carbone blanc, boîtes aux lettres mortes, etc). Six mois après l'accident, il adhère secrètement au Parti socialiste unifié (S.E.D.), le P.C. est-allemand. Non par opportunisme mais convaincu que l'avenir de son pays passe effectivement par le socialisme.

Le service de presse dans lequel travaille Kranick se trouve dans le même bâtiment que la « section politique » du commandement militaire français à Berlin. Voilà ce qui intéresse le S.R. d'Allemagne de l'Est. Pour sa part, Peter s'avère un agent efficace. Il montre d'autant plus de zèle qu'il est à la fois satisfait de se venger des Français, qui l'ont négligé, et flatté de jouer un rôle secret et important, enfin digne de lui. Suivant les ordres du M.F.S. il réussit à placer un micro dans la salle de réunion des officiers français. La R.D.A. peut ainsi prendre connaissance pendant cinq ans, de 1957 à 1962, des positions françaises sur Berlin, des rapports de Paris avec les Britanniques et les Américains, de la volonté des Occidentaux de résister aux pressions soviétiques sur l'ex-capitale, notamment lors des crises de 1959 et 1961. Parallèlement, Peter fait passer à l'Est des copies de rapports confidentiels envoyés par le commandement militaire à Paris. Bref, pour le M.F.S., le voilà devenu une source de renseignements de premier ordre. Il est promu lieutenant.

L'édification du mur en août 1961 et les restrictions de circulation imposées par les Allemands de l'Est entre les deux secteurs de la ville compliquent la tâche de Kranick. Il lui est presque impossible de passer de l'autre côté, de livrer ses renseignements à la centrale, sans risque de se faire remarquer par les Occidentaux. Le M.F.S. contourne la difficulté en lui envoyant un « agent de liaison », un homme de toute confiance avec qui Peter travaillera jusqu'à son arrestation le 25 mai 1966.

Hans Joachim Bammler, âgé à cette époque-là de trente-six ans, a été recruté par le M.F.S. en 1960. Parce qu'il est membre du P.C. (S.E.D.) dès 1956, le

S.R. lui a d'abord demandé de « surveiller » le milieu artistique qu'il fréquente comme agent de publicité du théâtre Maxime Gorki à Berlin-Est. Il a accepté ce rôle, par atavisme peut-être. Son père, qui était alors directeur de l'école d'artillerie d'assaut à Potsdam, commandait avant guerre la section III (contre-espionnage) de l'Abwehr. Capturé par les Soviétiques en 1945, il s'était mis au service du socialisme et Hans, dont la mère était morte dans un camp de concentration nazi, l'avait suivi. Il s'était bien acquitté de sa première tâche. Alors, le M.F.S. lui confia le rôle de « courrier » vers Berlin-Ouest, pour Kranick.

Fin 1962, la section politique du gouvernement militaire déménage, hors de portée de Peter, toujours employé au service de presse. Il devient moins intéressant pour sa centrale. Le M.F.S. entreprend sa « reconversion » avec un luxe de moyens étonnant, à la mesure de la volonté des pays socialistes de pénétrer certaines organisations occidentales. L'O.T.A.N., dont le siège se trouve, à l'époque, à Paris, devient son futur objectif. Il faut plus d'un an au M.F.S. pour mettre au point l'opération, pour constituer le réseau « Eric » et « Bruno ».

La filière? Renée Levin, vingt-trois ans. Peter a connu cette belle blonde aux yeux bleus lorsqu'elle travaillait comme dactylo-rédactrice des services français à Berlin. Elle était devenue sa maîtresse alors qu'il était marié. Pour elle, il quitta finalement sa femme en 1959. Mais deux ans plus tard, la jeune femme partait s'installer à Paris, avec ses parents. Grâce à leurs relations, elle réussit à entrer au service de l'ambassade d'Allemagne fédérale, pour s'occuper des dossiers d'indemnisation des juifs. Un problème qu'elle connaît bien. Elle-même, enfant juive, avait été déportée par les nazis. A ce titre, elle recevait une pension du gouvernement de Bonn.

A Berlin, Peter se morfond. Le M.F.S. lui fait savoir qu'il peut l'aider à rejoindre sa maîtresse en

France. D'abord, en finançant son divorce d'avec sa première femme. Ensuite, en facilitant son installation à Paris. A une condition toutefois : que Renée réussisse à trouver un emploi au siège de l'O.T.A.N. Le S.R. est-allemand sait que les parents de la jeune fille connaissent un haut fonctionnaire de Bonn, membre de la section politique de l'organisation atlantique.

Durant l'année 1963, Kranick fait plusieurs fois l'aller et retour Berlin-Paris pour voir sa maîtresse. A l'occasion d'un séjour, il lui avoue qu'il travaille pour le M.F.S. Loin d'être choquée, la jeune fille accepte de repartir avec lui pour être présentée à son officier traitant. Le S.R. est-allemand lui ordonne à ce moment-là d'entrer à l'O.T.A.N.

Quand il part définitivement pour Paris, fin 1963, Peter Kranick a été nommé lieutenant-colonel par le M.F.S. Sa carte de résident privilégié en France, due à ses états de service militaire, favorise son installation. Muni par sa centrale de dix millions d'anciens francs pour monter une petite entreprise qui lui permettra de justifier ses revenus, il loue un pavillon à Antony, dans la banlieue parisienne. Renée Levin ne tarde pas à l'y rejoindre. Le M.F.S. a tenu promesse, le couple est enfin réuni, ils vont pouvoir se marier. Entre-temps, elle avait obéi aux ordres en postulant un emploi de dactylo à l'O.T.A.N. Les relations de ses parents lui ont servi une nouvelle fois.

Début 1964, Renée est engagée. L'enquête de sécurité n'a rien révélé. Intelligente, consciencieuse, toujours bien notée par ses précédents patrons, un passé irréprochable : tout a joué en sa faveur. Quelques mois après son engagement, elle est nommée secrétaire à la section information, sous les ordres du comte René Adleman, directeur du secrétariat général de l'organisation. Grâce à ses capacités et à son travail, Renée Levin est devenue un agent de choix pour le M.F.S. Dans le partage des tâches, Peter – nom de code « Bruno » – fait parvenir à la centrale les renseignements qu'elle récolte. D'abord des biographies de fonctionnaires que Renée fréquente. Puis, lorsqu'elle monte en grade dans l'organisation, des documents de plus en plus confidentiels. C'est à cette époque qu'« Eric » entre en scène.

Au moment où Renée Levin est engagée à l'O.T.A.N., un certain Georg Wegner s'installe à Mulhouse. Cet Autrichien d'une quarantaine d'années, célibataire, vient d'y ouvrir une boutique d'objets d'art, spécialisée dans les poupées gigognes en provenance d'Europe du Nord. Aimable mais réservé, le commerçant ne se lie pas facilement avec les Mulhousiens. Quelques mois après son arrivée, il épouse une jeune Suissesse, Marianne Schneidewind, qu'il vient tout juste de rencontrer. Le coup de foudre, sans doute.

La jeune femme s'appelle en réalité Marianne Muhle. C'est la seconde fois que Wegner se marie avec elle. Cela fait partie du plan qu'a élaboré le M.F.S. pour implanter en France ce couple « illégal » dans le but d'aider « Bruno », *alias* Kranick.

Vingt-deux mois ont été nécessaires au S.R. est-allemand pour parachever cette opération d'infiltration. Vingt-deux mois durant lesquels Georg Wegner, qui n'est autre que Hans Bammler, l'agent de liaison de Peter à Berlin, et sa femme Marianne Muhle, ont suivi un entraînement intensif pour devenir deux parfaits « illégaux ». Ils ont appris à recevoir par radio des messages codés, à chiffrer, déchiffrer des correspondances secrètes, à réduire une lettre par micropoint (un centimètre et demi sur deux pouvant être camouflé sous un timbre, par exemple), à faire un « parcours de sécurité » et enfin, à connaître par cœur leur « légende » pour leur infiltration en France. Bammler est ainsi devenu Wegner, un authentique Autrichien qui s'était réfugié des années auparavant en R.D.A. A l'occasion d'un séjour en Autriche, il a reconnu les lieux où la vraie famille Wegner a vécu. On l'a également envoyé trois semaines en Egypte où l'authentique Wegner avait séjourné plusieurs fois. De son côté, selon les mêmes procédés, Marianne Muhle a appris à devenir Schneidewind, du nom d'une famille suisse dont on l'oblige à connaître l'histoire, au moins jusqu'à deux générations.

Après leur mariage à Mulhouse, le couple Wegner – nom de code « Eric » – s'installe dans la banlieue parisienne, à Noisy-le-Sec, pour se rapprocher de la source, de « Bruno ». Par souci de sécurité, il change encore deux fois de domicile : cap sur Neuilly-Plaisance, puis rue Poulet à Paris, où la D.S.T. les arrête le 25 mai 1966.

Durant deux ans, ils avaient parfaitement rempli leur mission. Tous les quinze jours, au jardin du Luxembourg ou à Denfert-Rochereau, Kranick remettait à Bammler les documents que sa maîtresse avait subtilisés à l'O.T.A.N. Le couple « Eric » les réduisait en micropoint et les collait sous le timbre d'une enveloppe envoyée à une « boîte aux lettres » en Europe. Pour certaines livraisons importantes, l'envoi était doublé avec des microfilms expédiés à l'aide de poupées gigognes, évidées pour y aménager une cache. Depuis son arrivée dans la région parisienne, Georg Wegner avait abandonné le commerce d'objets d'art pour trouver un emploi dans une imprimerie de Pantin mais il avait conservé une partie de son stock de poupées dans ce but.

Un message radio les avertissait que la centrale avait bien reçu la « livraison ». Pour le couple Kranick, les émissions avaient lieu le dimanche soir à 22 heures. Pour le couple Bammler, c'était le jeudi, à 22 h 30. La centrale de Berlin-Est émettait un indicatif musical ou en morse sur une longueur d'ondes et avec un type de modulation propres à être reçus sur un récepteur radio courant. Ce type d'émission était destiné à tous les agents illégaux installés en France. Après l'indicatif, une voix annonçait trois chiffres. D'après leur code, les Bammler savaient ainsi si le message, ce soir-là, les concernait ou s'il s'adressait à d'autres agents. Les instructions étaient diffusées en quelques secondes.

Cette méthode est aujourd'hui fréquemment utilisée par tous les S.R. de l'Est et le K.G.B. pour communiquer avec leurs « illégaux ». Le message en morse, préalablement enregistré sur une bande perforée ou sur un fil magnétique, passe à très grande vitesse dans l'émetteur, en dix à vingt secondes. Ces « émissions brèves » peuvent, pour une oreille insuffisamment exercée, ressembler à un simple parasite. Il faut être en alerte permanente pour pouvoir les capter et les enregistrer. Tous les services de contre-espionnage occidentaux ont un centre d'écoute exclusivement chargé d'inspecter ces « bruits ». Il faut ensuite traiter les enregistrements pour rendre le message lisible, c'est-à-dire trouver la bonne vitesse de défilement utilisé par l'émetteur, pour obtenir des signes clairs. Bien entendu, tous les messages sont codés et pratiquement inviolables car les techniques modernes de codage permettent un nombre infini de combinaisons. Les messages enregistrés sont néanmoins précieusement conservés par les services de contre-espionnage dans l'espoir qu'un jour, à l'occasion de l'arrestation d'un agent, ils obtiendront un code de déchiffrement.

C'est ce qui arrive avec le réseau « Eric » et « Bruno ». Lors de la perquisition au domicile des Bammler, la D.S.T. a pu mettre la main sur leur code de déchiffrement. Le premier jeudi après leur arrestation, le S.R. est-allemand, qui l'ignore, émet comme d'habitude une « émission brève » qui leur est destinée. La D.S.T. a pu la décrypter grâce au code trouvé dans le manche évidé d'un tournevis.

On découvre aussi aux domiciles des deux couples une véritable panoplie d'espions professionnels. Les poupées gigognes de Bammler servaient à dissimuler le matériel nécessaire au micropoint, dont un appareil photo Minox. En plus du code pour les émissions radio, le tournevis cachait les adresses des différentes « boîtes aux lettres » où les documents de l'O.T.A.N. fournis par Renée Levin étaient envoyés.

La D.S.T. qui surveillait depuis plusieurs semaines les deux couples avait placé des micros dans l'appartement des Bammler, rue Poulet. Les écoutes avaient permis de savoir qu'ils possédaient un poste émetteur, vraisemblablement dissimulé derrière une tapisserie d'après les bruits enregistrés lorsqu'ils le sortaient de sa cachette avant de l'utiliser. Pourtant, malgré une fouille minutieuse, l'émetteur est resté introuvable. « Eric », sentant qu'il était surveillé, l'avait-il détruit juste avant son arrestation ? Pour le retrouver, il aurait fallu démonter pierre par pierre l'appartement. La D.S.T. disposait d'assez de preuves pour établir la culpabilité du couple. Elle ne jugea pas utile de faire cette recherche approfondie.

Dans le pavillon qu'occupait, à Antony, le couple Kranick, les policiers ont découvert des carbones blancs, une poudre dissolvante capable de détruire des papiers sans laisser de trace, et un poste émetteur. Par fierté sans doute, « Bruno » avait conservé un message de félicitations que lui avait adressé le M.F.S. Pour leur « excellent travail » le couple venait de recevoir la plus haute décoration du gouvernement est-allemand.

« Je n'étais qu'un rouage », tenta de plaider Kranick devant la Cour de sûreté de l'Etat.

L'avocat du couple essaya de son côté d'attendrir les juges en racontant en détail les terribles épreuves subies durant la guerre par Renée Levin, jeune juive persécutée par les nazis. En la condamnant à quatorze ans de prison, la Cour estima que le passé n'excusait pas le présent.

La guerre, la barbarie nazie, la détresse d'un enfant victime malgré lui de l'horreur du monde adulte : ce sont les arguments qu'ont également essayé de développer les avocats Joë Nordmann et Daniel Soulez-Larivière, trois ans plus tard, devant la même Cour de sûreté, pour disculper leur client.

Dans le box des accusés, Hans Voelkner, quarante-deux ans, malingre, le visage triste, le regard battu, faisait il est vrai plutôt figure de victime que de coupable. Derrière cette apparence se cachait toutefois un important agent de renseignement, lieutenant-colonel de la H.V.A. (littéralement : Direction pour l'information), une branche du M.F.S.

« Les parents de Voelkner ont rendu d'immenses services à la cause alliée, expliqua l'écrivain Gilles Perrault, cité par la défense. En tant que Français, je pense que nous avons une dette envers eux. Nous avons peut-être, ici, un moyen de nous en acquitter... »

L'auteur de *L'Orchestre rouge* parlait en expert. La mère de Hans Voelkner, Kathe, qui fut danseuse, et son père Johan Podsialto, acrobate, avaient tous deux travaillé à Paris, pendant la Seconde Guerre mondiale, pour le réseau d'espionnage soviétique que dirigeait Leopold Trepper, *Die Rote Kapelle* (« l'Orchestre rouge ») comme l'appelaient les Allemands.

Agent soviétique bien avant guerre, Kathe Voelkner est une employée disciplinée. Sur les ordres de Moscou, elle s'installe en France, dès 1937, avec son ami Johan. Leur fils, Hans, a neuf ans. En 1940, dans Paris occupé, Kathe réussit à se faire embaucher comme secrétaire du directeur (allemand) de l' « Organisation Sauckel », le Service du travail chargé de mobiliser la main-d'œuvre au service du Reich. Pendant près de trois ans, avec l'aide de Johan, elle communiqua au réseau Trepper des renseignements essentiels sur les contingents de travailleurs fixés pour chaque pays, leur affectation en Allemagne et les industries considérées comme prioritaires par les nazis. Arrêté début 1943, le couple est condamné à la décapitation par un tribunal militaire de la Luftwaffe.

« Je suis heureuse d'avoir pu faire quelque chose pour le communisme », se serait écriée Kathe Voelkner en apprenant le verdict.

Voilà en substance ce que Gilles Perrault rappelle devant la Cour de sûreté. Au nom du souvenir, l'écrivain, qui semble avoir découvert les vertus du communisme à mesure que les intellectuels français en mesuraient toute l'horreur, demande purement et simplement l'acquittement de Hans Voelkner.

Le 12 février 1970, le lieutenant-colonel de la H.V.A. est condamné à douze ans de détention. Cette fois encore, la Cour a estimé que le passé n'excusait pas le présent.

Quel étrange destin pourtant que celui de cet homme! Envoyé après l'exécution de ses parents dans une maison de « rééducation » du parti nazi, à Berlin, Hans avait été enrôlé, en 1945, à l'âge de dix-sept ans, sur le front Est. L'échec d'une tentative de désertion lui fait d'abord connaître les prisons du Reich. Après guerre, il regagne la France, pays dont il se sentait le plus proche pour y avoir passé son adolescence. Communiste, comme ses parents, il ne tarde pas à s'engager politiquement aux côtés du P.C.F. Interpellé à l'occasion d'une manifestation politique, en 1946, les autorités l'expulsent. Conformément à ses idées, il choisit de regagner la zone d'occupation soviétique en Allemagne. A peine arrivé, il est arrêté comme « espion français »! Cinq ans de camp de concentration ne le feront pas pour autant désespérer de « l'avenir radieux » du socialisme.

Libéré en 1950, il est recruté par la section française du S.R. de la toute jeune République démocratique allemande. Sa connaissance de la France et du français pourrait toujours servir. Pendant plusieurs années il s'occupe plus particulièrement, pour le compte de la H.V.A., de l' « accueil » des hommes d'affaires français qui fréquentent la foire commerciale de Leipzig. C'est là qu'il recrute Jacques L., agent import/export. Un personnage vénal, sans grande envergure, à qui il fait miroiter des marchés intéressants en R.D.A. en échange de quelques informations.

Hans Voelkner se rend plusieurs fois en France pour prendre connaissance des renseignements récoltés par le réseau de Jacques L. L'homme d'affaires français, qui collabore aussi à un journal parisien, assiste fréquemment aux conférences de presse de l'O.T.A.N. et du Quai d'Orsay. Il y rencontre des fonctionnaires, des journalistes. Il avait fait la connaissance d'une secrétaire du ministère des Affaires étrangères. La sœur de Jacques L., Simone, servait d'agent de liaison entre cette secrétaire et Voelkner.

Mais les séjours de l'officier du S.R. est-allemand à Paris commencèrent à attirer l'attention de la D.S.T. En 1964, il doit quitter précipitamment la France sans que le contre-espionnage ait pu identifier son réseau. Son dossier restera ouvert rue des Saussaies, en attendant des jours meilleurs...

L'occasion se présente début avril 1969 avec le décès de Jacques L. La D.S.T. s'intéressait depuis plusieurs mois à cet homme d'affaires qui voyageait fréquemment à l'étranger. A partir de lui, les policiers étaient remontés à sa sœur, puis à la secrétaire du Quai d'Orsay. Sa mort va précipiter les événements. Le contre-espionnage décide d'interroger les deux femmes. C'est ce – mauvais – moment que choisit Hans Voelkner pour revenir en France, sous le faux nom de Hans Richter, dans le but de réactiver le réseau de son agent décédé. Il s'empresse de contacter les deux femmes. Et la secrétaire, fort coopérative, le dénoncera aux policiers français.

La D.S.T. apprendra avec intérêt que pour cette dernière mission, l'officier de la H.V.A. souhaitait se procurer du papier à en-tête du ministère des Affaires étrangères, des cachets officiels et des exemplaires de signatures de certains hauts fonctionnaires du Quai d'Orsay. Les policiers en concluront que le S.R. est-allemand voulait fabriquer des faux documents officiels sans doute pour alimenter une campagne de « désinformation ».

Arrêté le 21 avril 1969, en pleine rue, près de son hôtel dans le quartier de l'Opéra, Hans Voelkner n'a opposé aucune résistance. Il savait qu'on n'exécute plus les espions – en tout cas dans les pays démocratiques – et qu'il ne subirait pas le sort tragique de ses parents, décapités vingt-six ans plus tôt.

## LE RÉSEAU CARAMAN

« Cette affaire est, en France, depuis la Seconde Guerre mondiale, l'une de celles où se manifestent le plus évidemment la détermination d'un service de renseignement étranger, la sûreté de ses moyens et l'ampleur de son plan de recherche. En ce sens, elle forme un " tout ". Les objectifs poursuivis sont complémentaires et les méthodes utilisées identiques. » Cette appréciation d'un spécialiste, Jean-Paul Mauriat, ancien commissaire divisionnaire à la D.S.T. sur le « réseau Caraman », souligne l'importance de cette affaire devenue un « cas d'école » pour nombre de services occidentaux de contre-espionnage. « Toutes les personnes impliquées, poursuivit l'ex-commissaire, qu'elles soient ou non devenues des agents par la suite, furent " sélectionnées " en fonction des postes qu'elles occupaient et des possibilités qu'elles offraient – selon les résultats des enquêtes préalables – sur le plan du recrutement. Chacun des officiers de renseignement savait donc avec qui il devait entrer en relation et dans quel but. » Un véritable travail d'orfèvre.

Le cerveau de ce réseau qui porte son nom, Mihaï Caraman, était officiellement premier secrétaire et conseiller commercial à l'ambassade de Roumanie à Paris. Une simple « couverture » pour masquer sa vraie fonction : chef d'antenne des services spéciaux roumains (la Securitate) en France. C'était son premier poste à l'étranger. Il y fit preuve d'une redoutable efficacité.

Cultivé et charmeur, Mihaï Caraman avait été recruté par les services spéciaux roumains à l'âge de vingt-quatre ans. Bon étudiant et surtout membre actif des Jeunesses communistes, il accepta sans hésiter d'entrer à l'école d'espionnage de la Securitate. Après six ans de formation poussée, il fut jugé apte pour le service opérationnel. Sa connaissance de notre langue le désignait logiquement pour un poste à Paris. Il y débarque en décembre 1958, avec sa femme Maria, une jolie brune de neuf ans sa cadette.

Leur arrivée passe inaperçue. En pleine lutte contre le F.L.N. algérien, la D.S.T. a d'autres priorités que de pointer les nouveaux diplomates venus de l'Est. Pendant ses deux premières années en France, Caraman reste de toute façon à peu près inactif. S'il s'occupe peu d'affaires économiques, comme il le devrait, il n'obtient guère de succès dans le domaine du renseignement. Les dizaines d'enquêtes et de dossiers qu'il a constitués pour trouver et tenter de recruter des « informateurs » n'ont rien donné. Le jeune chef d'antenne commence à se faire du souci pour sa carrière. Son S.R., comme tous ceux de l'Est, juge la valeur de ses agents sur leur rendement. Le sien est faible, pour ne pas dire nul.

Le hasard est souvent un facteur important en matière d'espionnage. Fin décembre 1960, la « recrue » que Caraman a vainement cherchée pendant des mois va se présenter à lui presque par accident.

La réception bat déjà son plein lorsque la représentation roumaine arrive dans la salle des fêtes de l'Hôtel de Ville de Paris où le Conseil municipal a réuni le corps diplomatique pour célébrer cette fin d'année. Son Excellence, l'ambassadeur de Roumanie en France, N. Nicutza, a demandé à son premier secrétaire de l'accompagner. Sachant qu'en pareille circonstance on peut faire des rencontres intéressantes, Caraman a volontiers accepté l'invitation.

Près du buffet, entouré d'un groupe de diplomates sud-américains, un petit homme d'une trentaine d'années, fluet et volubile, attire son attention. Caraman se mêle à la conversation. Le petit homme, un Français, semble connaître le Tout-Paris. Pour ce cercle d'étrangers dans lequel il paraît si heureux de pavoiser, il dresse avec humour le portrait des personnalités présentes. Caraman déploie tout son charme pour attirer sa sympathie. A la fin de la réception, les deux hommes échangent leur carte de visite, avec promesse de se revoir. Le « contact » était pris.

L'enquête de Caraman sur Robert B. va durer plus de trois mois. A la mi-janvier, il l'appelle chez lui pour l'inviter à déjeuner, un samedi, dans un grand restaurant près de la Madeleine.

Par la suite, leurs rencontres deviennent hebdomadaires. Le Français est flatté d'avoir pour ami un diplomate roumain. De son côté, l'officier de renseignement en profite pour sonder psychologiquement sa « proie ». L'homme lui paraît intelligent mais paresseux et instable; misogyne et, peut-être, homosexuel; antimilitariste, voire pacifiste.

Prudent, Robert B. n'avoue qu'après plusieurs semaines qu'il travaille à l'O.T.A.N. Caraman feint la surprise alors qu'il savait depuis le lendemain de leur première rencontre que le Français était documentaliste au « Bureau d'ordre » de l'organisation atlantique. Chargé de préparer la documentation pour les pays membres de l'Alliance avant chaque séance de travail, il a accès aux dossiers secrets, très secrets et même « cosmics » (les plus confidentiels).

L'agent roumain qui détient enfin une source de renseignements de premier ordre ne doit commettre aucune erreur de manipulation. En bon professionnel, il n'en fera pas. A chaque rencontre, il distillera peu à peu son « message » pour amener sa « recrue » à coopérer.

« Le plus grave danger que court le monde aujourd'hui, c'est l'expansionnisme, dit-il en substance. A l'Est avec l'U.R.S.S., à l'Ouest avec les Etats-Unis. Il est certain que les deux Grands veulent se partager le monde, ce qui amènera la guerre. Après, il n'y aura plus place pour les petites nations. Quelle que soit l'idéologie dont on se réclame il devient donc urgent de sauvegarder l'indépendance des Etats avant qu'il ne soit trop tard. La France peut jouer un rôle historique en se rapprochant, au-delà des blocs, d'autres nations qui aspirent à secouer leur joug. Comme la Roumanie, par exemple. C'est le seul moyen d'éviter l'affrontement et d'œuvrer pour la paix. »

Robert B. est sensible à ces arguments. Ajouté à cela quelques soucis d'argent – fils d'une famille riche, il a en grande partie dilapidé sa fortune – et Caraman peut abattre son jeu. « L'O.T.A.N. est une machine de guerre au service des Américains. Si mon pays pouvait savoir ce qui s'y trame nous pourrions déjouer leur plan, confie-t-il un jour. Quelques documents suffiraient. Ceux qui vous tombent sous la main. Bien sûr, je vous dédommagerai pour votre peine : un million d'anciens francs, en trois ou quatre versements, par exemple. »

Le Français accepte.

Durant cinq mois, il livre à Caraman une soixantaine de dossiers, dont seize classés « cosmic » : les budgets militaires des pays membres de l'Alliance, le système d'alarme de l'O.T.A.N., la logistique de l'organisation en temps de paix et de guerre... Sans toujours s'en rendre compte, Robert B. commet des dégâts considérables pour les pays occidentaux.

En septembre 1961, il réalise enfin l'ampleur de sa trahison. Il choisit de démissionner de l'O.T.A.N. pour entrer dans une entreprise privée. Pour Caraman, il n'est plus intéressant. Du jour au lendemain, le Roumain cesse les contacts.

Par deux fois, néanmoins, l'agent de la Securitate se rappelle à son bon souvenir dans le courant de l'année 1962. La première pour lui dire combien il regrette son départ de l'organisation atlantique. La seconde, en octobre, dans un café près de la Madeleine, pour se plaindre des difficultés qu'il éprouve pour trouver des fonctionnaires de l'O.T.A.N. aussi coopératifs que lui. Au nom du passé, et avec une nuance de chantage dans la voix, il lui demande de l'aider.

Le Français cède à nouveau. Il lui ouvre son carnet d'adresses.

Grâce à Robert B., le « Réseau Caraman » allait vraiment se mettre en place.

La première « cible » est l'une de ses anciennes collègues, travaillant au « Bureau d'ordre » de l'organisation. Mme C. veut vendre un tableau d'une certaine valeur. L'agent roumain se présente chez elle comme un acheteur potentiel. Il revient plusieurs fois pour revoir l'œuvre mais surtout pour tenter de séduire cette femme d'une quarantaine d'années. Bel homme, il parvient sans mal à ses fins et finit même par acheter le tableau. La première phase, celle du contact, a réussi. Rester à « ferrer » la prise.

Fin psychologue – il a étudié longuement tous les ressorts humains à l'école d'espionnage de Bucarest – Caraman se doute qu'il sera difficile d'amener Mme C. à trahir. Il charge Robert B. de l'approche. Il doit lui faire comprendre qu'elle peut gagner encore beaucoup d'argent si elle accepte de travailler pour la paix, pour la Roumanie. Sur le coup, la femme ne paraît pas choquée par la proposition. Le lendemain, elle avertit le service de sécurité de l'O.T.A.N. qu'elle a été « approchée » pour le compte d'une puissance étrangère de l'Est. L'O.T.A.N. prévient la D.S.T. qui ouvre une enquête sur Robert B.

De la mi-décembre 1962 à la mi-janvier 1963, l'ancien documentaliste de l'organisation atlantique a été étroitement surveillé mais les policiers en restent pour leurs frais. Flairant peut-être le danger, Caraman se garde de contacter celui qui est devenu son conseiller-recruteur. Le 16 janvier, le contre-espionnage choisit d'interpeller Robert B. Un long interrogatoire, une confrontation avec Mme C. n'ont pas raison de lui. Faute de preuve, la D.S.T. doit le relâcher, sans pour autant cesser l'enquête.

La patience est une vertu essentielle du contre-espionnage. Quinze jours après avoir quitté les locaux de la rue des Saussaies, Robert B. rencontre enfin Caraman, dans un café de Saint-Germain-des-Prés. Les policiers, qui ne l'ont pas lâché d'une semelle, sont les témoins privilégiés du contact. Le Français raconte en détail son interrogatoire et les questions qu'on lui a posées. Ils laissent filer le Roumain (protégé par l'immunité diplomatique) mais interpellent son ami, cette fois pour de bon.

Au nom de l'article 79, paragraphe 6, du code pénal, « divulgation de secrets intéressant la protection de l'Etat », Robert B. est condamné en mars 1964 à un an de prison avec sursis. Il s'en sort bien si l'on tient compte des documents qu'il a transmis quand il travaillait à l'O.T.A.N. Mais à l'époque, la D.S.T. l'ignore. Aux yeux des policiers, comme de la justice, Robert B. est simplement coupable d'avoir communiqué à un « diplomate » étranger le contenu de son interrogatoire par les services du contre-espionnage.

Mihaï Caraman a subi un échec. En apparence seulement car, dans l'ombre, son réseau se met inexorablement en place et commence à lui donner entière satisfaction.

La deuxième « cible » choisie n'a pas eu les scrupules de Mme C. Après neuf mois d'approche, l'agent roumain a enfin trouvé une nouvelle source, à la documentation de l'O.T.A.N.

« Bonsoir. Excusez-moi de vous déranger à une heure si tardive. Je m'appelle Michel. Notre ami commun, Robert B. vous a sans doute parlé de moi?

– Il m'a annoncé votre visite, en effet. »

Il est 19 h 30, un soir de décembre 1962, lorsque Caraman sonne à la porte de cet appartement de la rue Villedo, derrière les jardins du Palais-Royal. L'homme qui lui ouvre est très imposant, à la limite de l'obésité. Agé de trente-trois ans, il paraît plus vieux à cause de sa calvitie naissante et de la grosse moustache qui lui barre le visage. Avant même de le contacter, l'agent roumain savait tout de lui.

Marié, père de trois enfants, Francis D. travaille depuis dix ans à l'O.T.A.N. Il y est entré, comme Robert B., en 1952. D'abord comme « attaché au service de sécurité », c'est-à-dire simple surveillant puis, en 1956, comme gardien-chef. Il doit sa promotion à sa conscience professionnelle. Il a permis l'arrestation d'un journaliste italien qui fabriquait, pour le compte du S.R. tchèque, de faux documents et de faux cachets de l'organisation atlantique. A la faveur d'un concours interne, en 1958, il a été muté dans les bureaux. Dans un premier temps « réviseur des stencils », et enfin documentaliste.

L'agent roumain connaît également le rêve secret de Francis D. : retrouver la terre de ses parents, le Quercy, y acheter un petit commerce, s'y faire construire une maison et y finir ses vieux jours. Il accumule sou après sou dans ce but, arrondissant ses fins de mois en vendant à ses collègues de travail des blocs de foie gras artisanal qu'il achète dans le Lot.

Le foie gras. Voilà la faille que veut exploiter Caraman. Ce soir-là, il prétend s'appeler Michel, homme d'affaires grec travaillant dans l'import-export et désireux de vendre du foie gras dans son pays. Il fait miroiter un beau marché à Francis D. qui se voit déjà millionnaire et propriétaire dans le Quercy.

« Monsieur Michel » tient promesse. Il revient plusieurs fois revoir son fournisseur de foie gras. Un jour, il lui passe même une commande de dix mille francs. Avec les 30 p. 100 de marge qu'il lui laisse, Francis D. commence à apprécier ce généreux client. Un détail le chagrine pourtant. Il ne comprend pas les précautions qu'il faut prendre pour leurs rencontres. Chaque fois, « monsieur Michel » insiste pour qu'ils se voient dans des arrière-salles de café. Un jour, n'y tenant plus, il le questionne.

« Je ne vous ai pas dit la vérité, avoue Caraman. Je suis Roumain. J'avais peur que vous refusiez de me vendre votre foie gras si vous l'appreniez. Je savais par Robert B. que vous travaillez à l'O.T.A.N. Quand on est dans une organisation pareille, il n'est pas recommandé de fréquenter des gens de l'Est. J'espère que cela ne remet pas en cause notre marché. »

Naïf, Francis D. est flatté par son accent de sincérité.

En lui révélant une partie de la vérité (il continue

à se faire appeler « monsieur Michel »), Caraman a estimé qu'il ne courait aucun risque. Son fournisseur est maintenant trop intéressé par l'argent qu'il peut gagner pour s'embarrasser de tels détails. La situation clarifiée, l'officier de la Securitate va pouvoir passer aux choses sérieuses. Il lui suffit d'attendre l'occasion propice.

Elle vient un soir d'août 1963. Francis D. se retrouve célibataire, comme beaucoup de pères de famille en période estivale. Pour le distraire, le Roumain l'invite, un soir, dans un restaurant de renom. Le dîner passé, arrosé de grands vins, il passe à l'offensive.

« Je suis bien ennuyé, dit-il d'un ton soudain grave. On vient de me demander de faire un rapport sur la conservation des aliments et je n'y connais rien. Si au moins je pouvais trouver de la documentation. Mais je ne sais même pas où m'adresser. »

Comme par hasard, Francis D. vient de voir passer un rapport sur ce sujet dans son service. Il se fera un plaisir de le lui communiquer.

« Je ne voudrais pas vous créer d'ennuis », proteste Caraman.

Le Français insiste. Il lui remettra le rapport le lendemain même. Ce qu'il fait sans réaliser dans quel piège il vient de tomber.

Une semaine plus tard, en lui rendant le dossier, l'agent de la Securitate lui glisse deux cent cinquante francs. Francis D. veut refuser.

« C'est ce qu'on m'a donné pour acheter la documentation nécessaire à mon rapport, explique Caraman. Grâce à vous je n'en ai pas eu besoin. Ne soyez pas stupide, acceptez. Sinon vous me vexeriez. »

Il empoche l'argent. Le piège vient de se refermer sur lui.

L'été passe sans que le Roumain se manifeste. Expert en manipulation, il ne veut pas donner l'impression de presser sa recrue. Il reprend contact en octobre, jugeant le documentaliste maintenant mûr pour trahir. Cette fois, il prétend qu'on lui a demandé une étude sur l'attitude occidentale au cas où la Roumanie déciderait de s'émanciper du bloc soviétique.

« Nous aimerions savoir, précise-t-il, si l'Alliance atlantique serait prête â nous aider ou si elle se croiserait les bras comme pour la Hongrie en 1956. »

C'est autre chose que la conservation des aliments. En acceptant, Francis D. entre de plain-pied dans l'espionnage. Le dossier existe. Quelques jours plus tard, il le sort de l'O.T.A.N. dans sa serviette. Ancien gardien-chef, il sait que la sécurité ne fouille jamais les employés de l'organisation à la sortie, pour ne pas froisser leur susceptibilité...

Vingt ans plus tard, en 1984, Francis D. expliquera sa trahison en ces termes : « Les services étrangers sont d'une redoutable efficacité, ils connaissent parfaitement l'entourage et la vie de l'agent qu'ils veulent prendre. Ils frappent exactement quand il faut, au moment qu'ils choisissent, après un conditionnement parfait de l'agent qui ne peut leur échapper. C'est très pénible. Et quand, soudain, l'agent réalise ce qu'il est en train de faire, il est trop tard, car il est broyé par l'étau. »

L'étau pour lui se referme en août 1969 quand la D.S.T. l'arrête. Mais pendant six ans il a livré une somme considérable de documents aux services spéciaux roumains. Des textes anodins concernant des réunions du personnel ou la gestion de la cantine. Des fiches biographiques sur de hauts responsables de l'organisation. Des comptes rendus secrets des réunions du comité militaire de l'Alliance. Des bilans très secrets sur le fonctionnement des bases de l'O.T.A.N. Des prévisions ultra-secrètes (« cosmic ») sur la défense de l'Europe jusqu'en 1975. Mihaï Caraman est comblé.

Pour plus d'efficacité, il lui a fourni, dès 1964, un

petit appareil photo Minox préréglé pour microfilmer les documents. Inconscient du danger, Francis D. se cache derrière la pile de livres de son bureau pour photographier tout ce qui lui tombe sous la main. Une fois par mois environ il rencontre le Roumain à la station de métro Quatre-Septembre, vers 19 heures, pour lui remettre les microfilms. En échange, il reçoit de quatre cents à cinq cents francs par livraison, dont les trois quarts en pièces d'or. De foie gras, il n'est plus question mais le Français préfère ignorer ce que « monsieur Michel » fait des documents. Il pratique, en quelque sorte, la « politique de l'autruche ».

Lorsque, le 16 décembre 1967, les services de l'O.T.A.N. déménagent à Bruxelles après la décision du général de Gaulle de quitter l'organisation, Francis D. suit le mouvement en laissant sa famille à Paris. Quand il revient, le week-end, il continue ses livraisons.

Un jour de décembre 1968, dans un café de l'avenue de l'Opéra, Caraman lui annonce soudain une mauvaise nouvelle :

« Je suis obligé de rentrer dans mon pays. Nous allons cesser de nous voir mais quelqu'un va me remplacer. »

L'agent roumain fait un geste. Un homme assis quelques tables plus loin vient les rejoindre :

« Je vous présente monsieur Jean, dit Caraman. C'est avec lui désormais que vous traiterez de nos petites affaires. »

Le chef d'antenne de la Securitate à Paris a pris cette décision après l'arrestation, quelques semaines auparavant, d'un haut fonctionnaire turc de l'O.T.A.N. à Bruxelles qu'il manipulait également. Contrairement à ce qu'il annonce, il ne rentre pas en Roumanie mais par prudence il préfère céder sa place à l'un de ses adjoints, de son vrai nom Ion Tomescu, officiellement deuxième secrétaire à l'Unesco.

Pour Francis D. le charme est rompu. Une complicité le liait avec son premier officier traitant. « Michel était un ami, déclara-t-il après son arrestation. Jean ne cherchait que la quantité. Il exigeait sans cesse davantage. »

En six mois, il livre ainsi une trentaine de microfilms à Tomescu moyennant environ vingt mille francs. Le nouvel officier traitant, sachant qu'il ne peut faire oublier son prédécesseur, s'attache au rendement. Il a déjà utilisé cette méthode un peu brutale avec un autre manipulé qu'il a récupéré, un an auparavant, et qui fait maintenant partie du « réseau Caraman »

Esprit brillant mais caractère faible, Pierre E. s'est fait bêtement piéger par la Securitate roumaine, en 1965, quand il était secrétaire à l'ambassade de France à Washington.

Arrivé deux ans auparavant dans la capitale américaine, tout frais émoulu de l'Ecole nationale d'administration (E.N.A.), il a été victime à la fois de ses bons sentiments et de la politique de rapprochement avec l'Est que souhaitait le général de Gaulle. Comme beaucoup de jeunes diplomates, il s'est mis à fréquenter un club où venaient de nombreux collègues étrangers. C'est là qu'il se lie d'amitié avec le deuxième secrétaire de l'ambassade roumaine, Victor Dorobantu, par ailleurs lieutenant de la Securitate. Pierre E. l'ignore, bien entendu. Pour lui, ces contacts amicaux sont presque le prolongement de sa mission diplomatique. La Roumanie n'est-elle pas l'un de ces pays de l'Est que les gaullistes, au nom de l'utopique « Europe de l'Atlantique à l'Oural », voient déjà sortir du giron soviétique? Pour Dorobantu, plus réaliste, toute relation avec un diplomate occidental peut déboucher sur une bonne récolte de renseignements. Il suffit de savoir attendre.

Un jour, effectivement, Pierre E. vient se confier à lui, anxieux. Son amie, Eva, une jeune femme de couleur, mère de quatre enfants, qu'il a rencontrée dans une boîte de jazz où il va parfois jouer de la trompette, est enceinte. Il veut bien l'épouser mais on lui a fait comprendre que le moment n'est pas bien choisi. La perspective d'un mariage entre un diplomate français et une Américaine, noire de surcroît, à une époque où les relations de la France avec les Etats-Unis sont en froid, a carrément déplu au Quai d'Orsay. Or Pierre E., qui vient tout juste d'être nommé secrétaire d'ambassade, ne souhaite pas briser là sa carrière. Une seule solution : faire avorter Eva. Oui, mais avec quel argent ? Voilà ce qu'il est venu confier à son ami Dorobantu qui l'écoute, compatissant.

Le cœur sur la main, le Roumain se fait un plaisir de lui avancer les trois cents dollars dont il a besoin. Et comme entre amis on ne se gêne pas, il lui demande, en échange, de signer un reçu, une simple reconnaissance de dette. Dorobantu jubile. Il a piégé le diplomate français selon un procédé aussi vieux, peut-être, que l'histoire du renseignement.

Dans cette affaire, Pierre E. a davantage été une victime consentante qu'un naïf abusé. Dans sa jeunesse, il avait été inspecteur de police aux renseignements généraux en Tunisie (alors colonie française). Pour son mémoire à l'E.N.A. il avait choisi comme sujet « le renseignement ». Il ne pouvait ignorer que le Roumain cherchait à le « tenir ». Ses ennuis d'argent persistant, il fait d'ailleurs de nouveau appel à lui. Dorobantu, toujours aussi généreux, le dépanne contre, chaque fois, un reçu.

Ce qui devait arriver arriva. Le Roumain lui parle un jour de « coopération », sans manquer au devoir et sans se mettre dans une situation déshonorante ». En clair, le moment est venu de payer les dettes. Pierre E. s'exécute, il devient un informateur de la Securitate. Pendant deux ans, il livre des documents, camouflés dans des revues ou de la main à la main lors de déjeuners en tête-à-tête, contre de l'argent. En tout pour huit cents dollars, plus les prêts non remboursés, et une prime de cent dollars lorsqu'il quitte les Etats-Unis. Certes, il ne dévoile pas de grands secrets – quelques copies de dépêches échangées entre son ambassade et le Quai d'Orsay, des rapports sur les relations commerciales franco-américaines, des synthèses sur la diplomatie gaulliste – mais le S.R. roumain investit pour l'avenir. Dans sa carrière, Pierre E. va sans doute être appelé à de plus hautes fonctions.

Eva se trouve de nouveau enceinte au printemps 1967. Il décide de garder l'enfant et de l'épouser. Il sait que cette décision provoquera son rappel à Paris. Il espère ainsi échapper à la tutelle de la Securitate. Il rentre en France, avec sa femme, accompagnée de ses quatre enfants, en août. A sa demande, le Quai d'Orsay le détache au service de la Banque mondiale. A peine installé dans ses nouvelles fonctions, il reçoit un coup de téléphone d'un « ami de Dorobantu ». Le S.R. roumain a repris le contact. Son nouvel officier traitant s'appelle Ion Tomescu, le même qui va récupérer un peu plus tard Francis D. Jusqu'à son arrestation, le 5 août 1969, Pierre E. fait tout ce qui est en son pouvoir pour éviter Tomescu et refuse de lui livrer des documents. C'était sa forme de résistance à lui, pour tenter d'oublier le passé.

A cette époque, le « réseau Caraman » fonctionne à plein rendement. Le chef d'antenne de la Securitate à Paris a tissé une véritable toile d'araignée du renseignement, avec une habileté diabolique. Parmi ses manipulés figurent :

● Un secrétaire adjoint du Quai d'Orsay, qui a été chiffreur (c'est-à-dire codeur des dépêches envoyées aux ambassades dans le monde) : Paul X., neveu d'un des principaux responsables du ministère des

Affaires étrangères, futur ambassadeur de France. Aigri, estimant qu'on méconnaît ses capacités réelles, il s'est mis à trahir par dépit en février 1965. Il livre des biographies de hauts fonctionnaires des Affaires étrangères, des comptes rendus de conversations entre le général de Gaulle et des dirigeants d'Amérique latine, des analyses sur la diplomatie gaulliste vis-à-vis de l'Est (parmi lesquelles le projet de voyage officiel en Roumanie du chef de l'Etat). Curieusement, Paul X. qui a été arrêté le 17 août 1969, et entendu durant cinq jours par la D.S.T., n'a pas été inculpé, ni même cité lors des différents procès des membres français du réseau en 1971-1972. Lors de son interpellation, le Quai d'Orsay a diffusé un communiqué pour atténuer sa trahison en prétendant que « les agents du ministère des Affaires étrangères mis en cause dans cette affaire d'espionnage occupaient des emplois très subalternes ». Paul X. a la chance d'appartenir à une famille bénéficiant de hautes protections politiques au sein du gouvernement gaulliste.

● Un fonctionnaire autrichien de l'O.C.D.E. (Organisation de Coopération et de Développement Economique, installé au Château de la Muette à Paris) : Klaus F. Approché en mars 1964, lors d'une réception à l'Unesco, il a été amené à travailler pour la Securitate, suite à un sordide chantage aux mœurs. Administrateur du comité fiscal de l'organisation, il livre pendant quatre ans et demi cent cinquante-cinq dossiers confidentiels sur les perspectives de développement économique des nations occidentales et sur certaines technologies de pointe. Après son arrestation, en août 1969, la D.S.T. le remet aux autorités autrichiennes qui l'ont condamné.

● Une fonctionnaire du ministère de l'Economie et des Finances, section des relations économiques extérieures : Mlle Sylvie G. Séduite par un beau

Roumain de un mètre quatre-vingts, le regard noir et les cheveux de jais, Mihaï Simula, deuxième secrétaire de la délégation de son pays à l'Unesco, qu'elle a rencontré lors d'une réception, elle a trahi par amour. Après une longue phase d'approche, son amant prétend un jour qu'il est obligé de faire de l'espionnage sous peine d'être rappelé dans son pays. Pour ne pas le perdre, Sylvie G. accepte de lui livrer les dossiers économiques auxquels elle a accès : des rapports de la Compagnie française des pétroles sur ses prospections au Moyen-Orient, des bilans et des prévisions sur l'économie française, des détails sur certains accords commerciaux de la France avec des pays étrangers. Elle vit alors la parfaite idylle. En août 1967, les deux amants partent même ensemble en vacances, au Portugal. En autorisant son agent à faire ce déplacement à l'étranger, le S.R. roumain prouvait qu'il appréciait cette source de renseignement. Au retour pourtant, Simula disparaît brusquement, rappelé dans son pays. Désespérée, Sylvie G. le recherche, auprès de la délégation roumaine à l'Unesco, du côté de la représentation diplomatique, rue de l'Exposition. Pour se consoler, elle trouve un autre « diplomate », deuxième secrétaire à l'ambassade, Mihaï Georgescu. Mais le cœur n'y est plus. Les renseignements qu'elle livre à son nouvel amant, jusqu'à son arrestation en août 1969, sont de moindre importance.

● Un officier supérieur de l'armée de l'air à la retraite, bien introduit auprès de certaines sociétés d'électronique : le colonel J. Cet homme exceptionnel, héros de l'escadrille Normandie-Niemen qui combattit aux côtés de l'U.R.S.S. durant la Seconde Guerre mondiale, était resté pro-soviétique. Au nom de ses idées, « pour la sauvegarde de la paix », il accepte de travailler pour le S.R. roumain. Il est encouragé par sa maîtresse, plus jeune que lui, également sympathisante du camp socialiste. Enceinte, elle va se faire avorter en Roumanie avec la complicité de Ion Iacobescu, troisième secrétaire à l'Unesco, l'officier traitant chargé justement de manipuler le colonel J. Les deux hommes se sont rencontrés « par hasard » un soir de mai 1965 lors d'un dîner à la brasserie Lipp. Ce contact a été arrangé à l'insu du colonel par l'une de ses amies qui travaille depuis longtemps pour le S.R. roumain. Par la suite, Iacobescu le revoit plusieurs fois avant de l'activer. « A manier en souplesse », a-t-il rapporté à son supérieur, le chef d'antenne Caraman, après leur première rencontre. Le colonel commence à coopérer en livrant ses analyses de la politique française, puis en rapportant les confidences de certains députés qu'il connaît, enfin en établissant quelques biographies de personnalités qu'il fréquente. Rien de grave tout d'abord. Mais grâce à d'anciens collègues de l'armée qui se sont recasés dans l'industrie électronique et surtout dans l'industrie d'armement il peut avoir accès à des dossiers sensibles sur le radio-guidage et la navigation des avions français, y compris militaires. Ces renseignements tombent grâce à lui entre les mains du S.R. roumain. Un soir, invité chez un ancien compagnon d'armes qui travaille pour la force de frappe française, il photographie un dossier très secret sur les caractéristiques d'un engin spatial français, avec un Minox fourni par Iacobescu. Le colonel J. est devenu pour Caraman une source de premier ordre. Arrêté comme tous les autres « correspondants » français du réseau en août 1969, l'ancien héros de Normandie-Niemen a connu une fin tragique. Lors des premières heures de sa garde à vue dans les locaux de la D.S.T., rue des Saussaies, il commence par nier sa trahison. Les faits s'accumulant contre lui, il finit par craquer. Au bout de quatre jours, il est même devenu très coopératif. Sous prétexte d'aller chercher un document resté chez lui, deux inspecteurs le ramènent dans son appartement d'Ivry-sur-Seine. Profitant d'une minute d'inattention de leur part, il se précipite dans sa cuisine et se jette par la fenêtre. Le colonel a préféré le suicide au déshonneur.

Mihaï Caraman ne travaillait pas au hasard. Il choisissait ses « cibles » en fonction des besoins de sa centrale. Et comme tout intéresse les Roumains, il prospectait dans les milieux les plus divers pour trouver des informateurs et satisfaire ses supérieurs à Bucarest.

« Prenons l'exemple de l'économie, suggère Jean-Paul Mauriat, ancien commissaire de la D.S.T. L'intérêt porté par la Residentura des services spéciaux roumains en France aux problèmes économiques en général ainsi qu'aux relations commerciales et bancaires (notamment à celles que la France entretient avec certains pays de l'Est) est constant. Dans cette affaire, cet intérêt se manifeste à partir de 1964, à travers les questions posées par Caraman à Francis D., par Simula à sa maîtresse Sylvie G., par Tomescu à Pierre E. dès qu'il prit son poste à la Banque mondiale. Prétextant que la Roumanie a pris des contacts officieux en vue de son admission à cette Banque, Tomescu exige une étude sur les avantages et les inconvénients que cela peut représenter pour son pays. Mais l'intérêt de la Roumanie commande aussi de savoir ce qu'ont pu faire ou tenté de faire, dans le domaine des relations économiques, les autres pays communistes. Georgescu, qui remplaça Simula auprès de Sylvie G., lui demande donc des renseignements sur les rapports existant entre la Yougoslavie et le Marché commun, ainsi que sur la durée des crédits accordés par la France à l'U.R.S.S. dans le cadre de certains protocoles bancaires. Dans le même temps, la Securitate cherche à obtenir de Paul X., qui travaille au Quai d'Orsay, des précisions sur les objectifs de la politique française : relations avec l'Est, projet de voyage du général de Gaulle en Roumanie, etc. En 1968, année de crise, les questions vont se faire plus pressantes. Tomescu demande à Pierre E. des renseignements sur l'identité et la personnalité du négociateur de la Banque mondiale chargé de mener les conversations officieuses avec la Roumanie. Parallèlement, Georgescu cherche du côté de Sylvie G. à savoir si des conditions particulières ont été consenties à la Tchécoslovaquie et si, par voie de conséquence, la Roumanie ne pourrait pas en bénéficier aussi. Dans tous les cas, l'éventail des recherches est suffisamment ouvert pour donner au gouvernement roumain une idée relativement précise des intentions françaises dans le domaine des relations économiques avec l'Est et aussi des renseignements que les Français possédaient sur le sujet. »

Ainsi, grâce à toutes les informations récoltées par le réseau Caraman, le gouvernement roumain a été capable, dans les domaines qui l'intéressaient, d'anticiper les réactions françaises, de les prévoir, ce qui est le propre de l'art de gouverneur.

Le bel édifice patiemment construit par le chef d'antenne de la Securitate à Paris pendant près de dix ans s'écroule brusquement à la mi-juillet 1969. Il n'a pourtant commis aucune faute.

La faille du dispositif s'appelle Ion Iacobescu, officiellement troisième secrétaire de la mission roumaine à l'Unesco, en réalité capitaine de la Securitate, et adjoint de Caraman.

L'homme a craqué. Rappelé à Bucarest par sa centrale, il a préféré, « choisir la liberté » avec sa femme et son enfant. Craignant d'être victime des bonnes relations franco-roumaines, il a jugé plus prudent de demander l'asile politique à l'ambassade de Grande-Bretagne à Paris. Londres le rapatrie immédiatement, dans le plus grand secret, sans même avertir le gouvernement français. Six jours après sa défection, le contre-espionnage britannique avertit la D.S.T. qu'il détient un « colis » fort intéressant. Trois commissaires français partent immédiatement pour l'Ecosse, où Iacobescu a été mis en sûreté, pour entendre sa confession, pour le « débrider ».

Afin de prouver sa bonne foi et monnayer son passage à l'Ouest, comme tout agent de l'Est qui franchit le pas, le capitaine de la Securitate ne se fait pas prier pour dénoncer ses collègues et griller ses informateurs. Le réseau Caraman est mis à nu devant les trois policiers de la D.S.T. impassibles mais réjouis : au total vingt-trois personnes, dont onze manipulés, conscients ou non, et douze officiers traitants.

Dans les quinze premiers jours d'août 1969, le contre-espionnage interpelle tous les Français impliqués dans le réseau. Deux sont inculpés et emprisonnés (Robert B. et Francis D.), d'autres sont laissés en liberté provisoire (Pierre E., Sylvie G.) mais certains s'en tirent à bon compte, grâce à leurs relations (Paul X.) ou faute de preuves suffisantes. Du côté roumain, quatorze « diplomates », soit deux de plus que ceux dénoncés par Iacobescu, sont discrètement rappelés par Bucarest. Le Quai d'Orsay a insisté pour que l'affaire ne soit pas ébruitée dans l'espoir de sauvegarder, malgré tout, les bonnes relations franco-roumaines...

Lors de son procès, en novembre 1970, Robert B. reconnaît implicitement qu'il a été à l'origine du réseau : « Quand j'ai démissionné de l'O.T.A.N. en 1961, Caraman se fâcha mais je ne pouvais plus lui être d'aucune utilité, précise-t-il. Il exigea un dernier service, la liste du personnel de l'O.T.A.N. Je lui remis alors mon annuaire personnel, en cochant une dizaine de noms et en précisant l'opinion politique et la situation de famille des intéressés. » Il a été condamné à huit ans de prison.

En janvier 1971, Francis D. comparaît à son tour devant la Cour de sûreté de l'Etat. L'avocat général

Aguitton a pour cet homme qui a trahi pendant six ans des mots très durs : « Voici l'affaire la plus grave que nous ayons eu à connaître ici depuis des années. Les effets des agissements de Francis D. vont se faire sentir très longtemps. L'O.T.A.N. a été dans l'obligation de changer ses codes, de modifier son organisation et de détruire une grande partie de ses archives. Et tout cela pour quelque cent mille francs, prix de la vanité, de l'insuffisance intellectuelle d'un être sans importance, n'ayant ni envergure, ni qualités morales suffisantes. » Vingt ans de détention criminelle.

Cinq mois plus tard, toujours devant la même juridiction, Pierre E. a eu davantage de chance. Tenant compte de sa situation de famille (père de cinq enfants puisqu'il avait reconnu ceux de sa femme Eva) et surtout de sa résistance passive face à Tomescu lorsqu'il travaillait à la Banque mondiale, la Cour ne l'a condamné qu'à trois ans de prison avec sursis.

Mis à part un quatrième inculpé, de moindre envergure, agent de police de son métier, également condamné, le réseau Caraman n'a pas connu d'autres suites judiciaires.

Dans cette affaire, les Soviétiques ont travaillé main dans la main avec la Securitate comme l'a confirmé Iacobescu dans sa confession : « Nous devions servir en priorité le K.G.B. Infiltrer et pénétrer à sa place les administrations qu'il désignerait. Brasser et classer les informations recueillies, puis les communiquer en priorité à l'U.R.S.S. » Il a même précisé que la qualité des renseignements fournis par Robert B., quand il était documentaliste à l'O.T.A.N., avait stupéfié les Soviétiques. Quant au colonel J., qui s'est suicidé, Iacobescu le manipulait en tandem avec un officier du G.R.U., « diplomate » à l'ambassade d'U.R.S.S. en France, Vladimir Arkhipov.

Il était dit, cependant, que cette histoire ne se

terminerait pas là. Elle a connu son véritable épilogue quinze ans plus tard, le 22 novembre 1984 exactement, lors d'une émission de télévision diffusée par Antenne 2 sous le titre « Camarade espion », réalisée par Michel Honorin. Ancien capitaine de la Securitate, réfugié en France depuis avril 1982, Matei Pavel Haiducu, trente-six ans, y racontait par le menu son travail d'officier de renseignement pendant sept ans en France.

Comme Caraman, Haiducu a été recruté par le S.R. roumain dès sa sortie de l'Université, en 1969. « Ma formation a duré quatre ans, dit-il. Quatre années pendant lesquelles j'ai travaillé pour l'entreprise Mecano-Export-Import tout en suivant les cours d'une école d'espionnage. J'ai tout appris. Comment déjouer les filatures, comment fabriquer un appareil photo à micropoints à l'aide d'un simple capuchon de stylo Bic, comment obtenir une pellicule molle en retirant la gélatine d'un film ordinaire avec une solution à base d'acétone pour la dissimuler ensuite dans la reliure d'un livre, comment utiliser du carbone blanc, etc. »

Bien préparé, il est expédié en France en juillet 1975. Pour l'occasion, la Securitate lui a fabriqué un passé de contestataire. Haiducu contacte immédiatement le milieu des émigrés roumains. Il proclame haut et fort son aversion pour le régime de Ceaucescu. L'Office français pour les réfugiés et apatrides lui accorde sans sourciller un statut de réfugié qui va lui permettre de voyager dans toute l'Europe. « En fait, mon objectif n'était pas la France, explique-t-il lors de l'émission. Mes supérieurs voulaient que je m'installe en Afrique du Sud. Mais les Sud-Africains n'acceptaient plus les émigrés des pays de l'Est. On m'a alors donné l'ordre de m'installer en France, de m'intégrer, et de chercher des informations dans le domaine des techniques industrielles de pointe. »

Il atteint son objectif en 1976 en entrant comme

agent technico-commercial dans une société de robinetterie industrielle, spécialisée dans la fabrication des vannes sur des chantiers de prestige : l'aéroport de Roissy, l'usine de traitement des combustibles de La Hague, des centrales nucléaires. Autant de projets qui intéressent la Securitate. Avec une facilité déconcertante, Haiducu livre à Bucarest quelques-uns des secrets industriels français. « Pour Roissy, c'était très simple, raconte-t-il. J'étais devenu ami avec un ingénieur du service d'entretien. Un jour, il m'a tout simplement demandé de le remplacer. J'ai photographié tout ce que j'ai voulu. Pour les plans d'installations nucléaires, c'était tout aussi enfantin : sous prétexte de faire un relevé du matériel, que nous leur avions fourni, je demandais un schéma très précis des installations. »

En février 1982, d'espion économique la Securitate veut en faire un tueur. Convoqué à Bucarest, le général Plecita, chef de la centrale d'espionnage, lui donne l'ordre de supprimer deux opposants vivant à Paris : Paul Goma et Virgil Tanase. On lui fournit même un poison qui ne doit laisser aucune trace. De retour en France, Haiducu va tout raconter à la D.S.T. Le contre-espionnage simule un empoisonnement de Goma et un enlèvement de Tanase – l'affaire fit à l'époque grand bruit dans la presse – pour mieux pouvoir confondre les méthodes du S.R. roumain et le déconsidérer.

Devenu transfuge, Haiducu n'a plus qu'à se cacher pour échapper à la vengeance de sa centrale. Deux ans plus tard, avec l'accord de la D.S.T., Michel Honorin le retrouve pour son émission. « Aujourd'hui, parler est ma principale protection, dit-il. La clandestinité n'est pas une solution. Maintenant, s'il m'arrive quelque chose, on saura d'où viennent les coups. »

Avant de disparaître à nouveau, et même de changer de visage, le « camarade espion » laisse en forme de testament une petite « bombe » journalistique. L'équipe d'Antenne 2 ayant dissimulé une caméra devant l'ambassade de Roumanie à Paris, Haiducu dénonce à l'écran, devant des millions de téléspectateurs, certains de ses anciens collègues : Badea, le chef d'antenne de la Securitate, Vishoiu, officiellement conseiller, et surtout l'ambassadeur de Roumanie en France, Dimitru Aninoiu.

Une vieille connaissance de la D.S.T.

Quand le réseau Caraman a été démantelé en août 1969, quatorze « diplomates » ont été rappelés par Bucarest, comme nous l'avons dit. Tous étaient des officiers de renseignement. Sur cette liste figurait Dimitru Aninoiu, bien qu'il n'eût pas, à l'époque, trempé dans cette affaire. Ce fâcheux précédent ne l'empêcha pas d'être nommé ambassadeur en France, en avril 1982. Comment ? « Avant de revenir en France Aninoiu avait été ambassadeur de Roumanie en Autriche, précise Jean-Paul Mauriat, l'ancien commissaire de la D.S.T., dans l'émission d'Honorin. C'est à ce titre que le Quai d'Orsay accepta ses lettres de créance. De toute façon, le ministère des Relations extérieures ne demande jamais l'avis de la D.S.T. pour accréditer ou non un diplomate. »

Revenu en quelque sorte sur les lieux du crime, Dimitru Aninoiu trouve malheureusement sur son chemin Matei Pavel Haiducu.

Une semaine après la diffusion de l'émission qui l'a mis en cause, l'ambassadeur s'est rendu au Quai d'Orsay pour y faire ses adieux. Diplomatie oblige : le ministère des Relations extérieures a cru bon de préciser que ce départ inopiné n'était dû à aucune démarche française...

Le dossier Caraman était définitivement clos.

# TROISIÈME PARTIE

# L'EFFET « MICE »

Comment le K.G.B. recrute des agents

LE colonel Oleg Penkovsky fait – presque – exception. Il est l'un des rares hauts responsables des services secrets soviétiques à avoir fourni des renseignements à l'Ouest tout en restant jusqu'au bout à son poste : chargé de la recherche sur le Canada, les U.S.A., la Grande-Bretagne et l'Amérique du Sud, à la direction générale du G.R.U. C'est l'une des « taupes » les plus connues que les services occidentaux aient réussi à recruter de l'autre côté du rideau de fer.

D'autres officiers soviétiques sont, ou ont été retournés (comme le lieutenant-colonel Popov du G.R.U., par exemple, qui travailla pour la C.I.A. de 1953 au 16 octobre 1959, date de son arrestation par le K.G.B. à Moscou), mais aucun S.R. ne souhaite s'en vanter publiquement. Une telle source de renseignements est inestimable. Or la moindre indiscrétion, la moindre erreur peuvent lui être fatales. A la différence des démocraties, les pays communistes ne badinent pas avec les « traîtres ». L'agent convaincu d'être une « taupe » est promis au peloton d'exécution. Oleg Penkovsky a été, officiellement, fusillé le 13 mai 1963. Selon certains témoins de son exécution, il aurait été en fait brûlé vif.

Du 21 avril 1961, date de sa première rencontre avec des agents britanniques et américains, dans l'hôtel Mont Royal de Londres, à son arrestation en octobre 1962 à Moscou, ce colonel du G.R.U. livra plus de cinq mille documents parmi les plus secrets. Il laissa aussi en guise de testament des carnets décrivant en détail les rouages du S.R. soviétique et mettant en garde le monde libre contre les agissements de l'U.R.S.S.

Depuis Penkovsky, les services de contre-espionnage occidentaux ont changé de tactique dans leur lutte contre le K.G.B. et les S.R. de l'Est. Ils sont passés du « containment » de l'espionnage soviétique à une politique plus offensive afin de débusquer chez l'adversaire la faille qui permettra de pénétrer son dispositif de renseignement et de le neutraliser. Ces opérations dites de manipulation, délicates entre toutes, consistent d'abord à détecter l'agent ennemi, à connaître ses faiblesses éventuelles, à l'approcher, à le tester et enfin, à tenter de le retourner pour l'utiliser soit comme source de renseignements, soit comme vecteur d'intoxication de son service. Depuis quelques années ces tentatives de recrutement sont devenues systématiques et constituent l'essentiel du combat contre les services secrets de l'Est.

Mais la manipulation est une entreprise toujours dangereuse. Un service de contre-espionnage ne peut jamais être vraiment sûr d'avoir retourné un agent. Au lieu d'intoxiquer le service ennemi, le service manipulateur risque d'être induit en erreur par sa « taupe ». Les Américains en ont fait la douloureuse expérience avec un agent double soviétique recruté en 1962 sous le nom de code « Fédora ».

Diplomate de carrière en même temps qu'agent du K.G.B., « Fédora » a travaillé de longues années au siège des Nations Unies à New York. Le F.B.I., qui traite des affaires de contre-espionnage sur le territoire américain, le considérait comme une recrue de choix. En réalité, la « taupe » jouait un triple jeu : il intoxiquait les Américains tout en leur faisant croire qu'il travaillait pour eux. L'affaire des « dossiers du Pentagone » a été l'une de ses plus belles réussites. Des fuites avaient filtré dans la presse, en pleine guerre du Vietnam, sur des opérations secrètes menées par l'U.S. Army. Le scandale couvait, les informations publiées étant à la fois partielles et partiales. La Maison Blanche pensa qu'il valait mieux diffuser tous les documents pour désamorcer cette campagne de discrédit contre l'armée. Mais les « dossiers du Pentagone » contenaient de vrais secrets militaires. Les porter à la connaissance du public revenait à informer le Nord-Vietnam sur le dispositif américain au sud. A ce moment-là, « Fédora » fit savoir au F.B.I. que l'ambassade soviétique à Washington connaissait déjà tout le contenu des dossiers. En clair, cela signifiait que les Nord-Vietnamiens, soutenus par l'U.R.S.S., étaient au courant. Ce qui était faux. Le président Nixon eut connaissance des informations fournies par la « taupe ». L'ennemi étant informé, rien ne s'opposait plus à la publication des secrets du Pentagone. La Maison Blanche donna son feu vert. Les dossiers furent rendus public. Les positions de l'U.S. Army et le moral des troupes sur le terrain en ont été affectés, pour le plus grand bénéfice du Nord-Vietnam.

C'est en 1978 que le F.B.I. commença à soupçonner l'honnêteté de « Fédora ». Une enquête fut ouverte mais faute de preuves suffisantes, l'agent « triple » put tranquillement repartir en U.R.S.S. Son identité n'a jamais été révélée. Il s'agirait en fait de Victor Lessiovski, l'un des adjoints de Kurt Waldheim lorsqu'il était secrétaire général de l'O.N.U.

D'une façon générale, la fiabilité d'une « taupe » soviétique est d'autant plus difficile à évaluer que le K.G.B. est un service parfaitement étanche. Faute d'autres sources qui permettraient d'établir des comparaisons, de faire des recoupements, il est pratiquement impossible d'estimer la valeur des renseignements livrés par l'agent recruté. Les services occidentaux sont contraints de prendre ses informations pour argent comptant avec tous les risques d'intoxication que cela implique.

Le plus délicat encore est de convaincre une « taupe » de rester en place. Son recrutement qui a souvent pris des années se fait la plupart du temps dans le pays occidental où l'officier de renseignement a été affecté. Au bout de cinq ans généralement, sa centrale le rapatrie. C'est le moment fatidique. Rentrer dans son pays représente souvent un risque. La centrale peut avoir eu vent de la trahison. Par peur, la plupart des « taupes » préfèrent alors franchir le pas, passer à l'Ouest. Pour un service de contre-espionnage, ce genre de défection est bien sûr intéressant. La « taupe » livrera sur son service toutes les informations qu'elle ne pouvait pas donner lorsqu'elle était en poste, pour sa propre sécurité. Son passage à l'Ouest représente néanmoins une perte pour l'avenir, un manque à gagner, si l'on songe aux renseignements que l'officier de renseignement retourné aurait pu fournir en restant dans son service; à plus forte raison s'il avait grimpé dans la hiéarchie.

La défection est une réaction logique car le double jeu est une terrible épreuve psychologique qui requiert des nerfs d'acier. L'agent qui trahit sa centrale est un peu comme un schizophrène : il doit continuer à se comporter comme un parfait officier de renseignement pour ne pas éveiller les soupçons de son service, et satisfaire à la fois aux exigences de ses manipulateurs. A ce régime, certains craquent. Dans les années 1970, par exemple, la D.S.T. a recruté un important officier de renseignement tchèque. Après plusieurs mois de contacts et de renseignements fournis, il a fini par faire une dépression nerveuse. Son service l'a rapatrié en Tchécoslovaquie où il a disparu.

Si un service de contre-espionnage ne peut jamais être certain de la sincérité d'une « taupe », les transfuges sont en revanche bien plus fiables. Ces officiers de renseignement qui ont pris d'eux-mêmes la décision de passer à l'Ouest, sans avoir été auparavant contactés par un S.R. occidental, sont pour le contre-espionnage occidental des sources essentielles d'informations. Pour prouver leur désir sincère de « choisir la liberté », ils apportent le plus souvent avec eux des dossiers qui prouveront leur bonne foi. Qu'il s'agisse des activités de leurs collègues dans le pays où ils demandent asile, de l'identité des autochtones espionnant pour le compte du K.G.B., ou encore de l'intérêt que porte le S.R. soviétique pour certains renseignements, toutes leurs informations peuvent être vérifiées. Les risques d'intoxication sont moindres. Les transfuges sont à la connaissance des services secrets soviétiques ce que les dissidents sont à la compréhension du phénomène totalitaire.

Dès 1930, les pratiques subversives de l'U.R.S.S. ont été dénoncées par des transfuges de premier plan comme le général Alexandre Orlov, auteur d'un très important manuel soviétique d'espionnage. En 1938, c'est au tour du général Walter Krivitsky, ancien chef des services de renseignement de l'armée soviétique en Europe occidentale, de passer à l'Ouest. Krivitsky a écrit une série d'articles sur l'U.R.S.S. – dont l'un prévoyant le pacte germano-soviétique de 1939 – et ses Mémoires, avant d'être mystérieusement assassiné en février 1941 dans un hôtel de Washington.

Igor Gouzenko a été l'un des plus importants transfuges d'après-guerre. Employé au service du chiffre à l'ambassade soviétique d'Ottawa depuis 1943, il est passé à l'Ouest en 1945 après avoir dérobé des documents secrets dans la chambre forte de la représentation diplomatique. Il tente d'abord de contacter des journaux qui le prennent pour un affabulateur. La police canadienne ne lui accorde pas davantage crédit. Réfugié chez lui, Gouzenko échappe finalement de justesse à une agression du N.K.V.D. et réussit à s'enfuir (son appartement sera.mis à sac). C'est alors, seulement, que la Royal Canadian Mounted Police le prend au sérieux. Il est à l'origine du démantèlement de plusieurs réseaux d'espionnage scientifique auxquels appartenaient notamment Alan Nun May, Klaus Fuchs, Harry Gold, David Greenglass et les époux Rosenberg. Ces réseaux ont permis à l'U.R.S.S. de connaître les secrets de la bombe A américaine et de devenir une puissance atomique. Gouzenko a également fourni des indications permettant d'identifier Kim Philby. Mais à l'époque le contre-espionnage britannique n'en a pas tenu compte.

Fin 1960, un autre célèbre transfuge, le Polonais Michael Goleniewski, livre aux Américains trois cents pages de documents microfilmés : listes de noms, organigrammes, preuves de la collusion entre le K.G.B. et les S.R. de Varsovie. Grâce à lui, le contre-espionnage britannique découvre deux espions à la base navale ultra-secrète de Portland (Harry Houghton et Ethel Gee) que manipule un « illégal » soviétique, Gordon Lonsdale, de son vrai nom Conon Molody, introduit par le K.G.B. en Grande-Bretagne en 1955. Il permet aussi d'identifier une « taupe » soviétique dans le service d'espionnage britannique, George Blake, dont l'arrestation précipite la fuite de Philby à Moscou en 1963.

Connu sous le nom d'Oleg Lialine, un officier de renseignement soviétique révèle aux Britanniques, à la fin des années 60, toutes les activités du K.G.B. sur leur territoire. A la suite de sa défection, Londres décide, en septembre 1971, d'expulser cent cinq « diplomates » soviétiques, un record jamais égalé par les autres pays occidentaux.

Grâce à Stanislav Levtchenko, passé à l'Ouest en octobre 1979, le département des « mesures actives » du K.G.B. (la « désinformation », voir quatrième partie) a été totalement dévoilé aux Occidentaux. Travaillant au Japon, sous couverture journalistique à la revue soviétique *Temps nouveaux*, Levtchenko a recruté une dizaine d'agents d'influence, politiciens et journalistes japonais, qui ont été neutralisés après sa défection aux Etats-Unis.

En crise morale avec le régime soviétique, Levtchenko ne croyait plus à ce qu'il faisait comme beaucoup d'autres transfuges actuels. A croire que l'avenir radieux du communisme ne fait plus recette même parmi ses plus fidèles serviteurs. Si le nombre des défections a augmenté ces dernières années, c'est davantage dans la faillite du système soviétique que dans l'attrait de l'Occident qu'il faut en chercher la raison. Un transfuge a d'ailleurs rarement l'occasion de profiter pleinement de sa nouvelle vie à l'Ouest. Après une longue et épuisante phase d'interrogations, de « debriefing », où il livre toutes ses informations, il doit changer d'identité, de visage même, vivre quasiment en clandestin, le plus souvent sous la protection permanente de policiers, pour échapper à la vengeance (éternelle) de son ancien service. Le passage à l'Ouest n'est donc jamais une sinécure.

« Un transfuge " normal ", c'est une chose qui n'existe pas, explique un ancien officier de la C.I.A. Les raisons qui le poussent à faire défection sont liées en général à de graves problèmes psychologiques. Chez le transfuge il y a toujours quelque chose qui ne colle pas, et quelque chose d'important. Igor Gouzenko, par exemple, a coûté dans les sept millions de dollars aux Canadiens. C'était un alcoolique, et quand il sortait de chez lui, il était capable de dépenser des centaines de milliers de dollars en une seule fois. » Les Etats-Unis ont eu les mêmes problèmes avec Michael Goleniewski. « Pendant les interrogatoires, raconte un autre officier de la C.I.A., il était pris d'une véritable frénésie. Il passait des disques de vieilles chansons européennes à plein volume et s'enivrait à mort. » Goleniewski a fini par se croire l'héritier des Romanov et il accusa Henry Kissinger d'être un espion soviétique.

Les transfuges ont de toute façon une fâcheuse tendance à voir des agents du K.G.B. partout. Il serait simpliste de croire qu'il s'agit là d'une simple manifestation de paranoïa. C'est à la fois une conséquence de l'état d'esprit du transfuge et de la façon dont le service de contre-espionnage qui l'a recueilli fait son débriefing. Les S.R. occidentaux ont une telle soif de connaissances sur le K.G.B., ses rouages, sa manière de fonctionner, sa pénétration des démocraties, qu'ils demandent beaucoup, trop parfois, à l'officier qui vient de passer à l'Ouest. De son côté, l'agent soviétique qui a franchi le pas (abandonnant la plupart du temps ses proches en U.R.S.S., donc entre les mains du K.G.B.) cherche à justifier son geste et à valoriser son rôle passé. Il se noue entre les deux parties un rapport de mutuelle dépendance, ambigu et parfois malsain. Le S.R. veut tout savoir quand le défecteur veut tout dire, même s'il ne sait pas, pour ne pas décevoir ses interlocuteurs. Il a ainsi l'impression de devenir indispensable et de retrouver une autre raison d'être au service d'une nouvelle cause. Il s'ensuit inconsciemment, entre les deux parties, une dangereuse escalade qui peut se révéler dévastatrice.

C'est vraisemblablement ce qui s'est produit entre la C.I.A. et l'un des plus importants transfuges soviétiques de ces trente dernières années : Anatoli Golitsine. Les avis sur son cas sont très partagés dans les milieux du contre-espionnage occidental. Pour les uns, Golitsine, qui a fait défection en 1961, a incontestablement permis de détecter un nombre considérable de « taupes » soviétiques dans plusieurs démocraties et offert suffisamment d'indications pour neutraliser des réseaux entiers dans beaucoup d'organisations occidentales, y compris à l'intérieur de services secrets. Pour les autres, mis à part l'identification de quelques espions, Golitsine, qui pensait tout savoir, a surtout réussi à paralyser pendant des années plusieurs S.R. occidentaux, dont la C.I.A., contaminés par son obsession des « taupes ».

La relation de ce transfuge avec le service d'espionnage américain est en tout cas un modèle du genre. Une histoire réellement extraordinaire dans laquelle la France a joué un rôle de premier plan.

Anatoli Golitsine attire l'attention de la C.I.A. dès 1954, à Vienne (Autriche), où le Soviétique commence sa carrière au K.G.B. L'un de ses collègues, Piotr Deriabine, vient de faire défection. Comme toujours en pareil cas, la C.I.A. lui demande de fournir les noms d'officiers du K.G.B. susceptibles de vouloir travailler pour les Américains. Anatoli Golitsine figure en seconde position sur la liste donnée par le transfuge. Selon Deriabine, il est particulièrement vulnérable. Sa femme fantasque peut être utilisée pour l'ébranler psychologiquement et il souffre d'une sorte de complexe de supériorité. Il est détesté par ses collègues. Mais Golitsine est rappelé à Moscou avant même que la C.I.A. ait pu l'approcher. Son dossier va donc grossir les archives de l'agence en attendant une autre occasion.

Affecté à la division anglo-américaine de la Première direction principale du K.G.B. à Moscou, Golitsine est d'abord chargé de superviser les opérations d'espionnage dirigées contre les Etats-Unis et la Grande-Bretagne. On l'affecte ensuite dans une unité évaluant les renseignements en provenance de l'O.T.A.N.

Deriabine ne s'était pas trompé : son « collègue »

souhaite bien passer à l'Ouest. Comme il l'a raconté plus tard à la C.I.A., il y songe dès cette époque en se préparant à monnayer sa défection. Il commence à analyser soigneusement les rapports (anonymes) des espions du K.G.B. infiltrés dans l'Organisation atlantique pour relever les indices qui lui permettront, une fois à l'Ouest, d'identifier ces « taupes » soviétiques.

Un jour de décembre 1961, le chef d'antenne de la C.I.A. à Helsinki a la surprise de voir débarquer dans son bureau un nommé Klimov, une liasse de documents sous le bras. Le Soviétique demande l'asile politique aux Etats-Unis. Affecté quelques mois auparavant à l'ambassade d'U.R.S.S. dans la capitale finlandaise, avec sa femme et son enfant, Klimov avait espéré que la C.I.A. le contacterait. Déçu d'attendre, il s'est décidé à prendre les devants. Personne à la C.I.A. d'Helsinki ne fait le rapprochement entre Klimov et le Golitsine de Vienne, en 1954.

Le chef d'antenne se montre d'abord méfiant. Le « cadeau » paraît trop beau, il peut s'agir d'un provocateur. Quarante-huit heures d'interrogatoire le persuadent qu'il a affaire à un transfuge important. Les renseignements qu'il donne sur l'ambassade soviétique à Helsinki permettent de juger de son sérieux. Golitsine peut être transféré à Langley, dans la banlieue de Washington, au siège central de la C.I.A. A partir de ce moment-là, les choses vont singulièrement se compliquer.

Pris en charge par le S.B. (division du bloc soviétique), Golitsine commence par réfuter plusieurs officiers américains, les jugeant trop idiots ou indignes de recueillir ses « confessions ». Il est en définitive confié à un as de la section contre-espionnage à la C.I.A. : James Jesus Angleton. Les deux hommes sont faits pour s'entendre. Le transfuge prétend qu'il existe des « taupes » partout; l'Américain, grand spécialiste du K.G.B., est convaincu que les Soviétiques usent de subtilité diabolique pour pénétrer le cœur même des démocraties, au plus haut niveau. Une relation exceptionnelle va s'établir entre eux, menant la C.I.A. et plusieurs S.R. occidentaux au bord du gouffre.

Que dit Anatoli Golitsine?

Sur le Canada, qu'un ambassadeur en U.R.S.S., piégé par le K.G.B. pour homosexualité, trahit. L'enquête n'aboutit pas.

Sur la Grande-Bretagne, qu'il existe un réseau de cinq agents soviétiques. Deux ont déjà été découverts, Guy Burgess et Donald Mac Lean. Ils se sont réfugiés à Moscou en 1951. Le troisième, Kim Philby, ne va pas tarder à les rejoindre. Le quatrième, Sir Anthony Blunt, conservateur du Musée royal, avoue qu'il a travaillé pour les Soviétiques. Sa confession lui vaut l'absolution. Quant au cinquième, le contre-espionnage britannique cherche en vain, fouillant des centaines de biographies d'agents qui auraient pu être en rapport avec les quatre autres. Golitsine parle également d'une « taupe » à l'Amirauté. Grâce aux révélations d'un autre transfuge, Youri Nossenko, on arrête un haut fonctionnaire de la Royal Navy, John Vassal, en 1962.

Golitsine prétend ensuite que le K.G.B. dispose d'un agent à la C.I.A., opérant sous le nom de code « Sacha », qui l'informe de toutes les opérations montées au-delà du rideau de fer à partir d'Allemagne fédérale. Là encore, des centaines de dossiers sont épluchés. Les soupçons se portent finalement sur un certain Igor Orlov qui a longtemps été en poste à Berlin. Il n'a jamais avoué.

Plus grave, le transfuge déclare qu'il existe une autre « taupe », mais cette fois au plus haut niveau de la C.I.A. Il en veut pour preuve un mystérieux voyage qu'a effectué en 1957 aux Etats-Unis V. M. Kovchouk, chef de la 1re section du premier département de la Deuxième direction principale du K.G.B. : en clair, l'homme chargé du recrutement d'agents américains à l'ambassade des Etats-Unis à Moscou. Or, explique Golitsine, si un personnage aussi important du K.G.B. a pris le risque de venir en territoire ennemi, c'est forcément pour rencontrer un agent de très haut niveau. Selon lui, il ne peut s'agir que d'un membre de la C.I.A. recruté il y a plusieurs années à l'ambassade américaine à Moscou, qui est ensuite monté dans la hiérarchie de l'agence, et qui souhaitait en 1957 reprendre contact. Le Soviétique précise que cette révélation est tellement importante que le K.G.B. ne va pas hésiter à envoyer de faux transfuges pour tenter de le discréditer, lui, et pour empêcher qu'on ne découvre les véritables motifs du voyage de Kovchouk aux Etats-Unis.

Effectivement, dans les mois qui suivent la défection de Golitsine, deux membres de la représentation soviétique à l'O.N.U. demandent asile aux Etats-Unis et en juin 1962, un officier du K.G.B. accompagnant la délégation soviétique à la conférence de Genève sur le désarmement passe à l'Ouest. Youri Nossenko, qui a permis d'identifier John Vassal à l'Amirauté britannique, est immédiatement soupçonné par Golitsine d'être le « provocateur » attendu. La C.I.A. neutralise ce nouveau transfuge en l'enfermant pendant près de quatre ans. On lui fait subir pas moins de deux cent quatre-vingt-douze jours d'interrogatoire (avec détecteur de mensonge) pour qu'il avoue être chargé par Moscou d'intoxiquer les Américains. Nossenko est en fin de compte blanchi mais l'épreuve a été pour lui terrible.

Pendant ce temps, la chasse à la « taupe » bat son plein. Des milliers de biographies sont étudiées dans les moindres détails par Golitsine et Angleton. Des dizaines de noms sont inscrits sur leur liste de suspects. Des centaines d'interrogatoires et de contre-interrogatoires sont menés par les deux hommes. Personne, quels qu'aient été ses états de service, ou sa position dans l'agence, n'est épargné. Pas même Angleton qui, à la fin de sa carrière, se voit à son tour soupçonné d'être la fameuse « taupe »!

La vaste machine américaine du renseignement a été ainsi quasiment paralysée durant des années. Tout le monde suspectait tout le monde; plus aucune opération ne pouvait se monter de peur que le K.G.B. ne l'apprenne grâce à la « taupe ». Certains commencent alors à se demander si Golitsine n'est pas un agent provocateur envoyé par les Soviétiques pour paralyser la C.I.A. Cette question n'a jamais été résolue. Aujourd'hui, le doute subsiste encore.

Le transfuge ne s'est pas arrêté en si bon chemin. Au-delà des Américains l'ensemble des S.R. occidentaux a été atteint par l'obsession de la « taupe ». « Il était persuadé, raconte un ancien responsable de la C.I.A., que le K.G.B. disposait de très nombreux moyens pour tromper non seulement le gouvernement américain, mais aussi les autres gouvernements occidentaux. Cette conspiration était animée par un organisme spécial du K.G.B. : la " Direction de la désinformation " qui avait placé ses agents à un très haut niveau, non seulement dans les services de renseignement des pays occidentaux, mais aussi dans l'administration gouvernementale des divers Etats. »

Le Canada, la Grande-Bretagne, l'Allemagne de l'Ouest, l'Australie ont été les victimes de cette vaste conspiration d'après Golitsine. Les meilleurs spécialistes du contre-espionnage de ces pays sont convoqués à Washington, à la C.I.A., pour entendre ses révélations. Ils repartent avec quelques éléments qui doivent leur permettre de commencer leurs recherches et de détecter, chez eux, le ou les traîtres. A leur tour, les S.R. de ces pays sont paralysés par ce qu'a « révélé » le transfuge.

Nulle part ailleurs qu'en France, cependant, l'affaire ne prend une telle ampleur. Le gouvernement et les services spéciaux vont être gravement ébranlés par les révélations de Golitsine. L'ère du soupçon s'ouvre. Les effets s'en font aujourd'hui encore ressentir.

Tout commence par une lettre personnelle de John Fitzgerald Kennedy au général de Gaulle, arrivée à l'Elysée par porteur spécial, un jour de printemps 1962. Dans cette missive qui doit être remise en mains propres au chef de l'Etat, le président américain l'avise qu'un informateur, en qui il a toute confiance, affirme que les services français de renseignement et le cabinet même du général sont infestés d'agents soviétiques. La gravité de la menace, précise John Kennedy, explique pourquoi il a préféré faire parvenir cette lettre directement. La voie officielle est désormais suspecte. Le président américain assure son homologue français de ses bonnes intentions et met son informateur à la disposition de tout émissaire que le général jugera digne de confiance pour être envoyé aux Etats-Unis.

Cette lettre fait l'effet d'une bombe. Dans les deux jours qui suivent sa réception, le général de Gaulle choisit personnellement le général de Rougemont, directeur du 2e bureau (renseignements) de l'Etat-Major de la Défense nationale, pour une mission exploratoire aux Etats-Unis. Une semaine après, l'officier français débarque à Washington dans le plus grand secret. Ni le S.D.E.C.E., ni la D.S.T., ni l'ambassade de France (aux Etats-Unis) n'ont été informés de sa mission. Mis à part une poignée d'hommes de confiance du chef de l'Etat, personne n'a d'ailleurs eu connaissance des graves accusations rapportées par Kennedy.

A Washington, le général de Rougemont est mis en présence d'Anatoli Golitsine. L'officier commence par l'écouter avec circonspection. En bon gaulliste, il flaire derrière cette affaire une quelconque manœuvre américaine pour gêner la politique du général. Trois jours plus tard, après des heures d'interrogatoire, Rougemont est convaincu de la sincérité du transfuge. La menace est sérieuse, énorme même.

De retour à Paris, l'officier fait directement son rapport au secrétaire général de l'Elysée, Etienne Burin des Roziers. Il conclut à la bonne foi du transfuge, et estime qu'il faut au plus vite envoyer aux Etats-Unis une équipe spécialisée du contre-espionnage pour recueillir ses indices sur les agents soviétiques infiltrés au cœur de l'Etat français et ensuite vérifier le tout soigneusement. Le lendemain, sur ordre de De Gaulle, Burin des Roziers réunit à l'Elysée le responsable du S.D.E.C.E., le général Paul Jacquier, et le directeur de la D.S.T., Daniel Doustin, pour les informer de la gravité de la situation. Une équipe mixte, S.D.E.C.E.-D.S.T., de six spécialistes, est immédiatement constituée. Une semaine plus tard, elle part pour les Etats-Unis.

Le débriefing de Golitsine va durer des mois, jusqu'à la fin de l'été, par vagues successives. Dans un premier temps, l'équipe du contre-espionnage reste deux semaines avec le transfuge. Tous les interrogatoires sont enregistrés. Le soir, les six Français décryptent eux-mêmes les bandes magnétiques. Un résumé est envoyé quotidiennement au S.D.E.C.E. et à la D.S.T. à Paris par un système de codage spécial que l'équipe a apporté avec elle. Après cette première phase, d'autres spécialistes du contre-espionnage font plusieurs fois le voyage Paris-Washington pour présenter au transfuge des listes de noms, des biographies, correspondant aux indices qu'il a donnés. Car Golitsine ignore l'identité des agents qu'il dénonce. Il n'a jamais eu personnellement en charge de réseaux du K.G.B. Sa tâche était d'évaluer les renseignements fournis par les différents agents. D'après le type d'information et l'origine des documents qu'il recevait il pouvait essayer d'évaluer la source, donc l'informateur. A Moscou, il avait aussi assisté à des conférences de synthèse. A cette occasion, il put avoir connaissance du travail de certains réseaux en France et dans d'autres démocraties. Mais là encore, il ne pouvait donner aucun nom. Sur toutes ces indications, plus ou moins vagues, le contre-espionnage français devait creuser. Un travail de taupe, si l'on peut dire.

Des dizaines de suspects ont été passés en revue. Les Français les présentent un à un à Golitsine en précisant le poste, le type de travail fait, les voyages effectués. Le transfuge recherche au plus profond de sa mémoire avant qu'on lui pose la question fatidique : « Est-ce lui? » Prudent, le Soviétique répond : « Peut-être, cela lui ressemble », ou bien il innocente celui sur qui tant de doutes ont pesé. Des policiers, des députés, de hauts fonctionnaires, des diplomates, des officiers supérieurs et même des ministres ont eu de la sorte, dans le plus grand secret, leur vie épluchée, leurs relations analysées, leurs vices et leurs vertus sondés.

Les interrogatoires se déroulent toujours en présence des représentants de la C.I.A. Devant eux, une bonne partie du personnel politique, de la haute fonction publique et des services spéciaux français défile, avec la terrible impression qu'ils sont tous plus suspects les uns que les autres. A entendre cette énumération de noms, les Américains peuvent croire que l'ensemble de l'Etat français est gangrené, infiltré par les Soviétiques. En plus, aucune sanction n'est prise, aucune arrestation n'est signalée, comme si le gouvernement, les plus hautes autorités politiques, se trouvaient paralysés, à cause de cette incroyable infiltration, précisément.

De cette époque date le refroidissement des relations franco-américaines qui caractérisa la période gaulliste. L'un des effets les plus pernicieux des révélations de Golitsine a donc été d'introduire un doute, persistant, entre Washington et Paris, qui a affaibli l'Alliance atlantique.

Quel crédit les Américains pouvaient-ils accorder à la politique du général de Gaulle alors qu'ils avaient l'impression que l'Etat français était sous la coupe de puissants et occultes agents d'influence soviétique? Le retrait de la France de l'O.T.A.N., en 1966, n'a fait que confirmer les graves soupçons de Washington. N'était-ce pas la preuve, *a posteriori*, du travail secret des « taupes »? Beaucoup l'ont cru outre-Atlantique même si l'explication paraît simpliste.

Bien des années plus tard, en 1976, un autre transfuge, Alexei Myagkov, capitaine du K.G.B., n'a pas hésité à écrire que ce revirement de la France a été une grande victoire des services secrets soviétiques. « Le retrait français de l'O.T.A.N. est un exemple de l'efficacité de la subversion du K.G.B. en Europe occidentale, précise-t-il. Recrutant ses agents parmi les journalistes et les membres des amitiés franco-soviétiques, le K.G.B. a activement propagé parmi les milieux politiques le thème que l'indépendance politique du pays souffrait de l'appartenance de la France à l'O.T.A.N. Ce retrait de la France a servi d'exemple lors des cours d'instruction du K.G.B. En 1968, le directeur de l'école 311 du K.G.B., dans une conférence à de futurs officiers sur les activités de l'organisation à l'étranger, a tout bonnement affirmé que, pour le Kremlin, ce retrait français était le résultat positif des efforts déployés par le gouvernement soviétique et le K.G.B. »

Du côté français, l'anti-américanisme latent d'une bonne partie du personnel politique gaulliste (et l'aversion qu'avait de Gaulle pour les Anglo-Saxons en général) a été conforté par cette affaire Golitsine. Manipulé par la C.I.A., considéré comme le bras subversif de l'impérialisme américain, il était tentant de voir en ce transfuge une sourde provocation de Washington pour essayer de paralyser le gouvernement et sa politique, juste au moment où la France souhaitait prendre ses distances avec le grand allié.

Après un moment de surprise, et même d'abattement, les révélations du Soviétique ont ensuite été considérées avec beaucoup de méfiance par les autorités françaises. Les services de contre-espionnage se retrouvent donc rapidement isolés dans leurs recherches des « taupes », ne bénéficiant d'aucun soutien politique. Quoi qu'on pense de la valeur des informations fournies par le transfuge, les investigations avaient, dans de telles conditions, peu de chances d'aboutir. A quelques rares exceptions près, c'est ce qui est arrivé.

Voici les principales pistes indiquées par Anatoli Golitsine et les résultats obtenus après des années d'enquête.

### A l'O.T.A.N.

Selon le transfuge, un agent du K.G.B. est si bien placé dans l'O.T.A.N. que les Soviétiques peuvent se procurer très rapidement n'importe quel document de l'Alliance atlantique, y compris ceux classifiés « cosmic ». La production de cet agent est d'ailleurs telle, précise-t-il, que le K.G.B. a choisi le même mode de numérotation que celui de l'organisation afin d'éviter les erreurs de classement. Chargés d'estimer leur valeur, Golitsine a vu beaucoup de ces documents dérobés à Paris.

Pour vérifier ses dires, le contre-espionnage français lui a tendu un piège. Un jour, on lui présente une trentaine de dossiers de l'O.T.A.N., parmi les plus secrets, dont certains sont des faux fabriqués pour la circonstance. Il doit identifier ceux dont il a eu connaissance à Moscou. Le Soviétique ne commet aucune erreur; tous les documents qu'il sélectionne sont authentiques. Conclusion : il dit vrai.

Une enquête parallèle aboutit à l'arrestation de Georges Pâques, en août 1963, la plus importante

« taupe » jamais découverte en France, comme nous le verrons. Mais, contrairement à tout ce qui a été dit et écrit jusqu'à présent, Pâques n'a pas été l'agent soviétique de l'O.T.A.N. dénoncé par Golitsine. Pour une raison simple, et évidente : le transfuge est passé à l'Ouest en décembre 1961 alors que Pâques est entré dans l'organisation atlantique en octobre 1962. Soit près d'un an plus tard. Le Soviétique ignorait donc son existence. Ce détail, important, ne signifie pas, toutefois, que Pâques n'a pas profité de ses fonctions à l'O.T.A.N. pour remettre des documents au K.G.B. Son arrestation prouvera au contraire qu'il était un agent actif au sein de l'organisation.

En fait, Georges Pâques, qui espionnait pour le compte des Soviétiques depuis l'après-guerre, a surtout été très productif lorsqu'il travaillait à l'Etat-Major général de la Défense, comme responsable de l'information. C'est-à-dire à la fin des années 50. D'ailleurs, lors de son débriefing, Golitsine a également dénoncé cette autre « source » du K.G.B. en France. L'enquête n'a pas abouti. Et pour cause : au moment où les investigations ont commencé – fin 1962 – Pâques avait quitté l'Etat-Major pour l'O.T.A.N. Par recoupements, en croisant les recherches sur la « taupe » au sein de l'organisation atlantique et celles sur la « taupe » à l'Etat-Major français, la D.S.T. a tout de même fini par s'intéresser à lui. La concordance était pour le moins troublante. Mais nous verrons qu'il s'en est fallu de peu pour que Georges Pâques ne soit jamais arrêté.

Alors, qui était la « taupe » à l'O.T.A.N. dénoncée par Golitsine ?

Pendant des années, de lourds soupçons ont pesé sur un diplomate de haut rang. Beaucoup d'éléments, dans sa biographie, correspondaient aux indications fournies par le transfuge sur un agent français du K.G.B. : proche du général de Gaulle à la Libération, l'homme avait tâté de la politique avant de choisir une autre voie. Entré par la suite dans la diplomatie, après un passage aux Nations Unies, la carrière du « suspect » a été plus qu'honorable. Il a occupé plusieurs postes de responsabilité au ministère des Affaires étrangères.

Longtemps après les révélations de Golitsine, l'enquête du contre-espionnage sur ce diplomate s'est poursuivie. Marié à une femme connue, il a vu sa carrière interrompue pour des raisons d'ordre privé. A l'arrivée des socialistes au pouvoir, il a été nommé à la tête d'une ambassade de second ordre avant d'être élevé à la dignité d'ambassadeur de France. Aucune preuve suffisante n'a jamais pu être réunie contre lui. Les spécialistes du contre-espionnage restent toutefois convaincus qu'il a travaillé pour les Soviétiques durant sa carrière.

Mais pas plus que Pâques, il n'a été la « taupe » du K.G.B. à l'O.T.A.N.

On en revient à la même question : qui, alors?

L'énigme a fini par être résolue, mais bien des années plus tard. En novembre 1979, exactement, avec l'arrestation, au Canada, d'un « honnête » professeur de l'université québécoise de Laval : Hugh George Hambleton.

Hambleton a été dénoncé par un agent soviétique retourné par le F.B.I. Peu après son arrestation, il a fait une confession complète à la police canadienne en échange de son impunité. Laissé en liberté, il a quand même été de nouveau arrêté, en juin 1982, mais cette fois sur le territoire anglais, par la police britannique. Accusé d'espionnage au profit des Soviétiques, un tribunal de Londres l'a condamné, le 6 décembre 1982, à dix ans de prison.

Ainsi s'est achevée la carrière d'un des plus importants agents soviétiques de l'après-guerre.

Hugh George Hambleton a été recruté par le K.G.B. au début des années 1950. Il est entré à l'O.T.A.N. au printemps 1956, sur les conseils de son officier traitant, le commandant Alexeï Tritchine, qui manipulera également Pâques, quelques années plus tard. Hambleton venait d'obtenir son doctorat d'économie à l'université de Paris.

Au début, son travail à l'O.T.A.N. consiste à analyser les forces, les faiblesses, le potentiel des économies des pays membres de l'organisation atlantique. Après quelques mois, il obtient sans problème le droit d'accéder aux documents les plus secrets de l'O.T.A.N. Sa première livraison au K.G.B. date de novembre 1956. Jusqu'à son départ de l'organisation, en mai 1961, il va, de sa propre initiative, fournir au S.R. soviétique plus de mille deux cents documents ultra-confidentiels. Il les sort du bâtiment de l'O.T.A.N. par liasses entières, dans sa serviette. Puis il les remet à son officier traitant sur le quai d'une station de métro et les récupère une heure plus tard. Entre-temps, les Soviétiques les ont photographiés à l'ambassade.

En 1958-1959, la productivité de Hambleton est telle que le K.G.B. décide d'aménager un camion spécial, en chambre noire, pour photographier les documents sur place, près des lieux de rendez-vous, afin d'éviter les aller-retour jusqu'à l'ambassade. Stratégie nucléaire, équilibre des forces, conflits politiques entre les pays membres : à cette époque, l'O.T.A.N. n'a aucun secret pour le Kremlin.

Quinze ans plus tard, en juin 1975, Hambleton sera d'ailleurs félicité personnellement par Youri Andropov (responsable du K.G.B.) à l'occasion d'un séjour clandestin à Moscou.

Après son départ de l'O.T.A.N., Hambleton séjournera plusieurs années en Israël et en Amérique latine. Il continuera à travailler pour le K.G.B. en livrant, principalement, des analyses politiques et économiques. Pour les Soviétiques, il n'a plus le même intérêt. Le S.R. rompra finalement les contacts en 1978, quelques mois avant son interpellation par la police canadienne.

Il ne fait aucun doute que Hambleton a été la « taupe » de l'O.T.A.N. dénoncée par Golitsine. Dans cette affaire, le contre-espionnage français a joué de malchance. Au moment où son enquête commence, Hambleton a quitté l'organisation depuis plusieurs mois. Il n'a donc pas été possible de le confondre.

### Dans la recherche

Golitsine a prétendu qu'un savant français, d'origine asiatique, avait été recruté par le K.G.B. à l'occasion d'un congrès scientifique à Londres. Toujours pas de nom, seulement ces quelques indices.

Après des années d'enquête, la D.S.T. allait abandonner cette piste lorsqu'un scientifique fait savoir au contre-espionnage qu'il souhaite se « confesser ». Sur son lit de mort, l'homme avoue qu'il a été recruté dans sa jeunesse par les Soviétiques, et qu'il est entré dans la Résistance sur ordre de Moscou. Docteur ès sciences, il a été, avant guerre, directeur technique d'un ministère travaillant en relation avec l'armée. Rejoignant Londres dès 1940, il se brouille par la suite avec de Gaulle pour rejoindre Giraud à Alger (ce dernier plaisait d'ailleurs davantage aux Soviétiques que le bouillant général). Après guerre, ce scientifique a choisi le journalisme où il a acquis une réputation mondiale.

Est-ce l'homme dont a parlé le transfuge? Sans doute pas. Avec sa renommée et sa position sociale, ce scientifique a néanmoins eu accès aux recherches les plus secrètes, dans tous les domaines, dans le monde entier, et en a informé le K.G.B.

### Au gouvernement

Lors d'une conférence du K.G.B. à Moscou, Golitsine a entendu dire qu'un ancien ministre, un proche du général de Gaulle, deux ou trois membres de l'appareil d'Etat ou du Parlement travaillaient pour les Soviétiques. Malgré l'absence de nom, ces précisions permettent de restreindre le champ des recherches. Mais l'enquête devait être menée avec doigté et discrétion.

Une « taupe » ministre? Le chef de l'Etat n'était pas homme à accepter cette hypothèse sans preuve. Le contre-espionnage devait être certain de son identité avant de présenter le moindre nom à l'Elysée. La D.S.T. s'y attela avec conscience et sérénité sans pour autant déboucher au-delà d'un faisceau de présomptions, insuffisant pour le présenter à de Gaulle.

Plusieurs noms ont été testés auprès de Golitsine avec pour chacun d'eux cette question fatidique : « Est-ce lui? » Le transfuge s'est gardé de trancher. Savait-il réellement quelque chose? Dans ces cas précis, n'a-t-il pas davantage agi en provocateur qu'en informateur? Ces questions font partie du mystère Golitsine. De cet ensemble d'enquêtes rien de précis n'est ressorti. La D.S.T. est toujours restée discrète sur toute cette affaire. On en est donc réduit à rappeler les hypothèses formulées dans la presse et par certains ouvrages. Selon ces sources, l'une des « taupes » dénoncée par Golitsine aurait été compagnon de De Gaulle pendant la guerre et, en 1944, l'homme aurait occupé un poste ministériel ou quasi ministériel dans le gouvernement provisoire du général. Enfin, la « taupe » aurait séjourné à Moscou au cours de sa carrière politique.

A partir de ces indications, on parla d'abord de Jacques Foccart, membre du cabinet de Gaulle, chargé des questions africaines. En épluchant sa carrière, le contre-espionnage s'aperçut qu'il était lié à un homme d'affaires français, d'origine yougoslave, entretenant des liens commerciaux importants avec les Soviétiques. Grâce à lui l'U.R.S.S. se procurait de la technologie occidentale interdite à l'exportation.

La démonstration était spécieuse : ce n'est pas parce qu'on est l'ami de quelqu'un qui travaille pour Moscou qu'on est soi-même un agent soviétique. Trois détails importants ont innocenté Jacques Foccart. D'abord, il n'a pas été un compagnon du général pendant la guerre. Ensuite, il n'a pas appartenu, à la Libération au cabinet de Gaulle (il dirigeait à l'époque le garage du ministère du Ravitaillement). Enfin, les recherches entreprises ont permis d'établir qu'il n'a jamais effectué de voyage à Moscou. Tous ces éléments figuraient parmi les indices fournis par Golitsine pour identifier la « taupe ».

Pourquoi diable avoir suspecté Jacques Foccart? Il semble qu'il ait été victime dans cette affaire d'une cabale organisée par des membres des services spéciaux français. Jacques Foccart incita ces services à participer à la lutte contre le F.L.N. durant la guerre d'Algérie qui venait de s'achever. Beaucoup d'officiers de renseignement n'ont guère apprécié de jouer aux barbouzes. En le désignant comme suspect devant les Américains (qui assistaient toujours aux interrogatoires de Golitsine) ils auraient donc voulu se venger de lui en le « grillant » auprès des alliés de la France. Une basse manœuvre.

Louis Joxe a été le second nom présenté au transfuge. Là, les indices étaient autrement plus sérieux. Proche du général de Gaulle pendant la guerre (il a été secrétaire général du Comité de libération nationale à Alger, de 1942 à 1944), il a occupé un poste quasi ministériel à la Libération (secrétaire du Gouvernement provisoire de la République, en 1945-1946) qui lui permettait d'assister aux Conseils des ministres sans participer aux délibérations. Louis Joxe a en outre été ambassadeur de France à Moscou de 1952 à 1955. Trois indices qui collaient parfaitement avec le portrait de la « taupe ». A quoi s'ajoutait le fait que, gaulliste de gauche, Joxe a toujours fait preuve de compréhension vis-à-vis de la politique soviétique (il a été par la suite membre de la présidence nationale de l'Association France-U.R.S.S.) De là à en faire un agent... Il aurait fallu davantage de preuves et non pas ces quelques coïncidences.

Au même titre que Jacques Foccart, Louis Joxe a certainement été victime d'une cabale. Ministre d'Etat chargé des affaires algériennes, son rôle dans le règlement du conflit n'a pas plu à tout le monde. Quelques mois auparavant, une publication clandestine de L'O.A.S. l'avait accusé d'être un « agent soviétique », sans l'ombre d'une preuve. Le retrouver sur la liste des « suspects » présentée à Golitsine ressemble, là encore, à une manœuvre pour discréditer cet homme chargé d'appliquer les accords d'Evian de 1962, accordant l'indépendance à l'Algérie.

Ces soupçons n'ont de toute façon pas empêché Louis Joxe de poursuivre une carrière politique et de garder la confiance du général de Gaulle.

Plus le contre-espionnage se penchait sur le passé des hommes entourant le chef de l'Etat, plus les pistes se brouillaient. A y regarder de près, nombre de gaullistes correspondaient à la « taupe » idéale, dépeinte par le transfuge. Autre « suspect », Georges Gorse dont le nom a été proposé à Golitsine. Secrétaire d'Etat aux Affaires étrangères (1961-1962), puis ministre de la Coopération sous le gouvernement Pompidou, cet ancien député socialiste de la Vendée a fait partie du cabinet de Gaulle à Alger. Auparavant, il avait été chargé de diverses missions en U.R.S.S. pour le Comité français de Libération nationale. Comme Louis Joxe, il n'a jamais caché sa sympathie pour l'Union soviétique (il est également devenu membre de la présidence nationale de l'association France-U.R.S.S.).

En définitive, tant de personnes ont été suspectées que la France ressemblait à une taupinière, pis même, à une succursale du K.G.B.

L'agent soviétique au cœur de l'Etat français a-t-il

vraiment existé? Comme il est peu probable que Golitsine revienne un jour sur ses révélations, cette affaire restera sans doute pour l'éternité l'une des plus mystérieuses de toute l'histoire de l'espionnage.

Bien des années plus tard, au début de la décennie 1980, un homme politique français a néanmoins permis de résoudre une partie de l'énigme. Ayant de lui-même demandé à être entendu par la D.S.T., il a avoué qu'il travaillait pour le K.G.B. Proche de De Gaulle, membre de son cabinet pendant les premières années de sa présidence, il avait été recruté pendant la guerre. Il a reconnu avoir livré des informations secrètes. Grâce à ses aveux spontanés, ce vieil homme n'a pas été inquiété. Il a fini ses jours tranquillement, la conscience soulagée.

Pour la petite histoire, le contre-espionnage a appris que cette « taupe » repentie avait fait parvenir à Moscou un exemplaire dédicacé des *Mémoires* du général de Gaulle. Un ouvrage qui n'a évidemment rien de confidentiel... Mais qui permettait au responsable de la 5e section de la première direction principale du K.G.B. (chargée des opérations sur la France) de s'en vanter devant ses subordonnés : « Nous sommes si bien implantés dans le milieu politique français que nous avons obtenu un livre dédicacé de la main du chef de l'Etat... »

*Dans les services de renseignement*

C'est dans ce domaine que les révélations de Golitsine ont été les plus graves. D'après lui, un réseau du K.G.B., sous le nom de code « Saphir », existait à l'intérieur du S.D.E.C.E. Et derrière « Saphir » se cachaient une douzaine d'officiers.

Lors des interrogatoires, le transfuge a prouvé qu'il connaissait remarquablement bien le S.R. français. Il a décrit en détail la réorganisation des services entreprise quelques années auparavant et les attributions de telle ou telle section. Il connaissait le nom de plusieurs responsables. Autant d'informations qui n'avaient pu être obtenues que par des sources internes au S.D.E.C.E.

La révélation de l'existence de « Saphir » a été pour les spécialistes du contre-espionnage comme un éclair, la pièce manquante d'un puzzle. Si le Soviétique disait vrai, si le S.D.E.C.E. était effectivement infiltré par le K.G.B., bien des mystères s'expliquaient tout d'un coup. « Saphir » permettait notamment de comprendre pourquoi le S.R. avait connu de retentissants échecs lors d'affaires délicates.

En 1950, par exemple, avec l'opération « Minos », un projet mené en collaboration avec la C.I.A. Son but : infiltrer derrière le rideau de fer, en Tchécoslovaquie, un groupe de combattants anticommunistes pour y lever des maquis. Ambitieuse et risquée, l'expédition était financée par les Américains, avec leur appui logistique et leurs armes. Le groupe qui devait être parachuté en Slovaquie était entraîné en France (à Luzarches dans le Val-d'Oise et à Cercottes dans le Loiret) par des spécialistes du service « action » du S.D.E.C.E. Les membres du commando étaient tous volontaires. Tous avaient fui la Tchécoslovaquie après la prise du pouvoir par les communistes en 1948. Le parachutage, prévu en pleine forêt, obligea le commando à s'entraîner pendant plusieurs semaines. Pour limiter les risques, les Américains avaient mis au point une combinaison spéciale avec rembourrage des parties vulnérables du corps. Opération ultrasecrète. « Minos » était connue de quatre personnes seulement. Or, malgré ces précautions, les autorités tchécoslovaques eurent vent de l'affaire. Le jour J, les parachutistes étaient attendus par un drôle de comité d'accueil, mitraillettes pointées. Faits prisonniers, aucun d'eux ne donna plus signe de vie. Quelques jours plus tard, les services d'écoute du S.D.E.C.E. ont tout de même capté le message d'un membre du commando. Mais cette communication fut, sans nul doute, établie sous le contrôle des services tchèques. Les Américains ont toujours été convaincus que l'échec de « Minos » était dû à une fuite provenant de l'intérieur du S.D.E.C.E. Une enquête fut menée, sans résultat. Pendant des années, la C.I.A. fit preuve d'une extrême méfiance à l'égard du S.R. français.

Quatre ans plus tard, un nouvel échec, celui de l'affaire Volokitine, conforta les Américains dans leurs soupçons.

En février 1954, Nicolas Khoklov, de la section O.S. 2 du K.G.B., chargée des assassinats (section depuis dissoute), fait défection et se réfugie aux Etats-Unis. Il a reçu l'ordre de liquider à Francfort (Allemagne fédérale) Igor Okolovitch, leader du N.T.S. (Union nationale du travail), un parti d'opposition regroupant des émigrés d'U.R.S.S. Pour ce projet, le K.G.B. a fourni à Khoklov une arme spéciale : un paquet de cigarettes tirant des balles au cyanure. Une fois à l'Ouest, l'officier renonce à sa mission. Lors de son débriefing, aux Etats-Unis, il précise qu'un de ses amis, Volokitine, en poste à Paris, pourrait accepter de travailler avec les Occidentaux ou, au moins, de faire défection. Les Américains avertissent le S.D.E.C.E. et la D.S.T. qui enquêtent sur le « diplomate ». Une surveillance commence, des écoutes sont installées pour savoir à quel moment il faudra l'aborder sans risque pour lui. Après plusieurs semaines, la C.I.A. décide d'amener Khoklov à Paris pour qu'il prenne lui-même contact avec son ami. Les rapports d'écoute sont formels : Volokitine répond personnellement aux appels sans que le standard de l'ambassade intervienne. On décide que Khoklov téléphonera personnellement à Volokitine pour prendre rendez-vous. Le jour choisi, rien ne se passe comme prévu. La standardiste décroche le téléphone et prétend que le « diplomate » est absent. Un nouvel essai quelques heures plus tard n'est guère plus fructueux. Américains et Français décident de recommencer le lendemain. Trop tard. A l'aube, une voiture de l'ambassade soviétique quitte Paris avec à son bord Volokitine. A Orly, un avion de l'Aéroflot embarque le « diplomate ». Des policiers français tentent de s'interposer mais le Soviétique, encadré par ses collègues, affirme qu'il repart en U.R.S.S. de son plein gré. On n'entendit plus jamais parler de lui. Pour la C.I.A., il est clair que le K.G.B. a été averti de la tentative de récupération. Une fois de plus, seule une fuite dans les S.R. français, plus particulièrement au S.D.E.C.E., permet d'expliquer ce fiasco.

Deux affaires, deux échecs, deux énigmes : l'existence de « Saphir » explique tout, peut-être. Mais par où commencer? Comment trouver? Golitsine n'a donné aucune indication.

Une cellule spéciale de la section contre-espionnage du S.D.E.C.E. est immédiatement mise en place avec l'aide de la D.S.T. Objectif : identifier au plus vite ceux qui se cachent derrière ce nom de code. Des centaines de biographies sont épluchées, des dizaines d'agents interrogés, tout comme à la C.I.A. à la même époque. L'atmosphère du service est rapidement empoisonnée par l'obsession de la « taupe ». Chacun devient suspect; personne ne fait confiance à personne. Au bout du compte le S.R. français se trouve tout autant paralysé que les services américains.

Si telle avait été la véritable mission de Golitsine, ce fut un plein succès.

« Saphir » a toujours gardé ses secrets. Aucune « taupe » n'a jamais été découverte au S.D.E.C.E. Du moins, officiellement. Car, à la faveur d'une réorganisation des services spéciaux, en 1970, deux de ses plus hauts responsables ont été « démissionnés » dans des conditions étranges. Personne ne les a accusés de trahison mais de lourds soupçons pesaient tout de même sur eux.

Le premier avait eu, près de vingt ans auparavant, une liaison avec une femme, fichée comme agent soviétique. Au début des années 50, il avait quitté le S.D.E.C.E. pour être nommé attaché militaire à l'ambassade de France à Prague. Selon certains services de renseignement occidentaux, il aurait entrepris à cette époque un voyage en U.R.S.S. Officiellement pour des vacances, ce qui, compte tenu de ses fonctions en Tchécoslovaquie, paraissait pour le moins surprenant. Peu après, il aurait encore fait plusieurs déplacements inexpliqués, accompagné de sa maîtresse travaillant pour le K.G.B. D'autres sources signalaient aussi qu'il était lié avec cet homme d'affaires d'origine yougoslave, commerçant avec l'U.R.S.S., dont Jacques Foccart était l'ami. Grâce à lui, il avait été nommé à un poste de responsabilité au S.D.E.C.E.

Le second « suspect » est un cas encore plus étrange. La biographie de cet officier, entré au S.D.E.C.E. en 1948, comporte beaucoup d'éléments troubles. Militaire de carrière, collaborateur des services de propagande de Philippe Henriot pendant la guerre, il est victime à la Libération d'une mesure d'épuration. Pourtant, un mois plus tard, le même officier F.T.P. qui a pris cette sanction le réintègre dans l'armée. Deuxième indice : c'est avec l'appui de Charles Tillon (ministre communiste de l'Armement en 1945-1946) qu'il est nommé attaché militaire en Yougoslavie. Dès cette époque, il commence, semble-t-il, à avoir des liens avec le S.R. yougoslave. En 1969, un agent du S.D.E.C.E. convaincu d'espionnage au profit de Belgrade laisse entendre que cet officier serait au service de la Yougoslavie depuis longtemps. Troisième indice : ce haut responsable du S.D.E.C.E. a eu de nombreuses liaisons avec des femmes originaires des pays socialistes. Dans sa jeunesse, il aurait même fabriqué de faux passeports pour aller rejoindre certaines de ses conquêtes de l'autre côté du rideau de fer. Pour un membre des services spéciaux c'était d'une folle imprudence. Enfin, et surtout, cet officier a figuré parmi les quatre personnes connaissant, en France, les préparatifs de l'opération « Minos ». Quand Golitsine révéla le réseau « Saphir », il a été longuement entendu par les spécialistes de la D.S.T. Sans résultat.

Ni l'un ni l'autre n'ont avoué avoir trahi pour les Soviétiques. Mais lorsqu'on les a écartés en 1970, ils n'ont demandé aucune explication. Ils n'ont pas davantage protesté. Leur cas est particulièrement préoccupant. Admettre qu'ils auraient pu appartenir au réseau « Saphir » reviendrait à dire que le S.D.E.C.E. n'a eu aucun secret pour le K.G.B. pendant près de vingt ans. Une hypothèse qui fait froid dans le dos.

Certaines des enquêtes ouvertes après la défection d'Anatoli Golitsine sont toujours en cours. Pourtant, si l'on fait un bilan des révélations du transfuge, les résultats obtenus sont maigres, dérisoires même. A la notable exception de Georges Pâques, aucune « taupe » importante n'a été détectée et neutralisée en France. De deux choses l'une : ou le Soviétique a menti ou nos services de contre-espionnage sont particulièrement inefficaces.

A dire vrai, l'alternative n'est pas aussi simple.

Anatoli Golitsine a incontestablement été un grand transfuge, l'un des meilleurs jamais passés à l'Ouest. Il a apporté aux services occidentaux une somme colossale d'informations sur le fonctionnement du K.G.B. Aujourd'hui encore, notre connaissance des rouages du S.R. soviétique, des tensions qui peuvent exister en son sein, lui doit beaucoup. Le malheur a voulu qu'on lui en demande trop. D'informateur, Golitsine a été promu au rôle d'expert. Impressionnée par ce qu'il savait, la C.I.A. a sollicité son avis sur nombre de cas douteux, de personnes suspectes, sur lesquels il n'avait, *a priori*, aucune idée. Pour lui, il était gratifiant de tenir un tel rôle. Il en a résulté une inflation de faux renseignements dont il n'était, à la limite, pas responsable. Il a tellement vu de dossiers, pris connaissance de tant d'affaires qu'il n'arrivait plus à faire la part des choses, à distinguer entre ce qu'il savait réellement et les informations qu'on lui avait apportées. Beaucoup de personnes innocentes dont les noms ont défilé devant lui devenaient par la suite suspectes, car Golitsine n'était plus capable de différencier ses connaissances innées de celles qu'il avait acquises, si l'on peut dire. C'est ce qui s'est passé dans la recherche de la « taupe » à la C.I.A. et lors de ses multiples confrontations avec les spécialistes français du contre-espionnage. A suivre jusqu'au bout cette folle spirale d'intoxication mutuelle, tout le monde risquait de devenir coupable de trahison.

Autre circonstances atténuante : à Moscou, Golitsine était chargé d'évaluer les renseignements en provenance de certains pays occidentaux et de l'O.T.A.N. Non seulement il ne connaissait pas le nom des agents mais il travaillait en plus sur des synthèses. Il est donc probable que les dossiers dont il a eu connaissance n'émanaient pas d'une seule et même source, d'un seul et même espion. De là les erreurs qu'il a pu commettre en tentant, à partir de ces renseignements, d'identifier les « taupes ». C'est donc dès l'origine qu'il a pu se faire une idée fausse du traître à rechercher.

Quant à l'inefficacité du contre-espionnage français ce n'est pas aussi simple non plus. Dans cette affaire, s'il n'avait tenu qu'à la D.S.T., nombre de hauts fonctionnaires, de diplomates, d'hommes politiques, de militaires auraient été écartés des postes de responsabilité qu'ils occupaient et que certains continuent d'occuper encore.

Pour le contre-espionnage il est toujours préférable d'appliquer la politique du moindre risque, de s'en tenir aux doutes au lieu d'être obnubilé par les preuves. En la matière, la prévention vaut mieux que la guérison. L'histoire prouve en effet que l'espion pris la main dans le sac a généralement eu tout le temps de commettre d'énormes dégâts et que sa neutralisation intervient souvent trop tard. Mais pour prévenir, encore faut-il que les plus hautes autorités du pays soient d'accord. Or, mis à part le cas d'un diplomate de haut rang sur lequel pesaient ces dernières années de fortes présomptions et qui a été mis d'office à la retraite (tout en étant élevé à la dignité d'ambassadeur de France), le pouvoir, quel que soit celui qui le détient, n'a jamais aimé prendre des mesures préventives. C'est la conséquence du laxisme dont a toujours fait preuve la classe politique française face aux menées subversives de l'espionnage soviétique. Et cela, pour trois raisons essentielles :

– Par esprit de solidarité. Le monde politique est un microcosme et tous ceux qui en font partie se tiennent les coudes si des intérêts, qu'ils jugent vitaux, peuvent être atteints. C'est le cas pour le passé – douteux – de quelques dirigeants ou encore pour les liaisons dangereuses qu'entretiennent certains politiciens avec l'U.R.S.S. Il existe dans chaque parti des hommes qui n'aimeraient pas qu'on se penche sur leur biographie ni qu'on s'intéresse de trop près à leurs fréquentations. Tacitement, le monde politique préfère éviter ces sujets. Le pouvoir, émanation de ce microcosme, obéit aux mêmes règles. Tel leader, député, ou haut fonctionnaire, soupçonné d'entretenir des rapports avec une puissance étrangère devient par là même quasiment intouchable au nom d'un statu quo finalement profitable à tous. Au pis on ferme les yeux, au mieux on prend quelques mesures de sauvegarde souvent dérisoires et tardives. Les doigts des deux mains ne suffiraient pas à compter, depuis l'après-guerre, le nombre d'hommes politiques qu'il aurait fallu écarter des postes de responsabilité pour la sécurité du pays.

– Pour ne pas nuire au prestige de la France. Le pouvoir s'est toujours imaginé que sa réputation à l'étranger risquait d'être ternie par les affaires d'espionnage. La trahison de Philby en Grande-Bretagne, de Guillaume en Allemagne fédérale n'ont pas nui à l'image de ces pays. Pour qui connaît un tant soit peu la politique subversive de l'Union soviétique, il ne fait aucun doute que tous les pays occidentaux en sont victimes. Le nier, par tolérance ou par prudence, entretient plutôt une extrême suspicion à l'égard de la France. Prenons le cas Golitsine. Nous avons vu avec quelle méfiance les Américains ont accueilli le fait qu'aucune sanction, même symbolique, n'avait été prise à l'encontre des plus suspects. Dans la lutte contre l'espionnage soviétique, l'attitude de l'autruche est sans doute la pire des politiques.

– Par méconnaissance de l'U.R.S.S. Généralement, le pouvoir croit qu'il est possible d'entretenir les mêmes relations avec Moscou qu'avec n'importe quelle autre capitale. D'où la tentation de passer sous silence les actes de subversion soviétique. Le Quai d'Orsay a toujours été un farouche partisan de la discrétion, toute diplomatique. C'est une double erreur. D'abord l'U.R.S.S. n'interprète pas ce silence comme un geste de bonne volonté à son égard mais comme une faiblesse de notre part. Ensuite, les Soviétiques ne comprennent que les rapports de force, tels qu'eux-mêmes les pratiquent toujours. Pour preuve : quand François Mitterrand a expulsé quarante-sept de ses « diplomates », non seulement l'U.R.S.S. n'a pris aucune mesure de représailles mais elle a compris le message. Suite à ces expulsions, les activités du K.G.B. en France ont connu quelques mois d'accalmie. Cette purge, il est vrai, avait quasiment décapité ses bases françaises.

En fin de compte, il ne peut y avoir de lutte

efficace contre l'espionnage soviétique sans une compréhension élémentaire des motivations profondes des dirigeants de l'U.R.S.S. Banalité de le dire, mais pour eux le communisme reste le futur de l'humanité. C'est une loi inéluctable de l'Histoire. Leur mission, autant que leur raison d'être, est de favoriser l'avènement de cet avenir radieux. A l'heure de l'« équilibre de la terreur », ce vaste dessein ne peut cependant pas se réaliser par la force brutale. Aujourd'hui, la politique de l'Union soviétique vise à contourner cette difficulté pour imposer sa volonté sans avoir à faire la guerre, pour étendre sa domination politique sans avoir à combattre. Dans cette perspective, l'espionnage et la subversion sont des leviers indispensables. Le K.G.B. est une véritable machine de guerre chargée de pénétrer l'ennemi pour en saper les bases, l'affaiblir et finalement l'abattre. Ces objectifs sont faciles à atteindre dans les sociétés ouvertes. Surtout si elles restent incrédules face au danger.

Combien d'Occidentaux se sont-ils fait piéger par des Soviétiques sans se rendre compte qu'ils trahissaient leur pays ? Combien, par gentillesse ou amitié, ont-ils accepté de livrer en toute bonne foi des informations d'apparence anodine à des diplomates, des journalistes, des scientifiques soviétiques ? Un nombre incalculable sans doute. Faut-il pour autant tous les condamner ? Personne n'y songe et pourtant, ils ont aidé, ne serait-ce qu'un peu, l'U.R.S.S. à poursuivre son inexorable travail de sape de l'« ennemi de classe ».

Pour le K.G.B. il n'y a pas de renseignements sans importance, ni de contacts insignifiants. N'importe quelle information est systématiquement récoltée, analysée, exploitée, classée. Que ce soit pour son travail ou par relation amicale, tout Soviétique rencontrant un Occidental doit par exemple établir un rapport au S.R. en précisant la nature du contact, l'objet de la discussion et si possible le profil professionnel, familial et psychologique de son interlocuteur. Ces éléments biographiques qui remplissent les ordinateurs de la centrale à Moscou servent ensuite à faire de nouveaux recrutements. C'est l'objectif prioritaire du K.G.B. « Sans recrutement, toute opération est impossible, écrivait déjà dans les années trente le général Alexandre Orlov dans un manuel sur les méthodes subversives de l'U.R.S.S. S'il était possible d'expliquer tout le fonctionnement de l'espionnage soviétique par une seule méthode il faudrait choisir celle-là. »

Ce travail revient à la Première direction principale, chargée des opérations à l'étranger. Elle est divisée en plusieurs sections. La France dépend de la 5e section qui s'occupe aussi de l'Italie, de l'Espagne, des Pays-Bas, de la Belgique, du Luxembourg et de l'Irlande. C'est cette section qui envoie les officiers dans ces pays et dirige leurs opérations. C'est elle qui garde dans ses archives les dossiers des agents recrutés (ou recrutables). C'est à cette section qu'obéit le Résident qui coiffe, à partir de l'ambassade d'U.R.S.S. à Paris, tous les officiers du K.G.B. à Paris. C'est cette section, enfin, que consulte le Résident avant de prendre une décision.

Sur le terrain, sous la direction du Résident, les officiers de la 5e section forment la Ligne P.R. (renseignements politiques). Leur champ d'activité est très vaste : pénétration des milieux politiques, de la presse, des mouvements religieux, syndicaux; et exploitation des agents d'influence indispensables pour les « mesures actives », plus couramment appelées « désinformation » (voir quatrième partie). Mais la Ligne P.R., comme la Ligne X (chargée de l'espionnage scientifique et technologique, comme nous le verrons) axent d'abord leurs efforts sur le travail du recrutement, sans lequel il ne saurait y avoir de renseignement.

Tout recrutement passe par trois phases : repérage et appréciation du sujet choisi; établissement de contacts personnels avec lui; et enfin, établissement de rapports clandestins.

D'une façon générale, un officier du K.G.B. n'entre jamais en contact avec une personne susceptible d'être recrutée sans s'être minutieusement renseigné sur son compte, grâce la plupart du temps aux notices biographiques fournies par des agents déjà en activité. Ces notices sont d'un intérêt considérable, tout autant que les renseignements recueillis par l'agent sur son lieu de travail. C'est pour cette raison que les officiers traitants demandent toujours à leurs agents des informations sur leur entourage. Un espion au service du K.G.B. dans une administration, une société, peut être comparé à une cellule cancéreuse dans un corps sain : il fait des métastases, prolifère, favorise le recrutement d'autres agents qui, eux-mêmes...

La première phase du recrutement, celle où le sujet choisi est repéré et apprécié, est la plus délicate. D'elle découle tout le reste. « L'art du recruteur est de trouver le défaut de la cuirasse, estime un ancien commissaire de la D.S.T. Cela ne sera ni aisé, ni rapide. Mais le temps ne compte pas lorsqu'il faut être à l'affût d'une infinité de petits riens, étudier un comportement pour savoir que tel ingénieur n'est pas insensible aux honneurs ou à l'argent, ou que tel officier ou diplomate est en désaccord avec la politique étrangère de son gouvernement. Tous ces potins, apparemment sans consistance, que les bons esprits appellent du " mauvais journalisme ", seront autant de fils que nouera la centrale. Le résultat sera, peut-être, qu'un jour, tel ingénieur vendra un analyseur de poussières atomiques, que tel autre fournira des informations sur une fusée ou sur un produit chimique, que tel autre donnera des renseignements qui mettront en cause l'ensemble d'un système de défense, que des syndicats, des journaux seront secrètement subventionnés par l'étranger à seule fin d'être les instruments de sa lutte contre d'autres syndicats et d'autres journaux subventionnés par un autre étranger, que les dés seront pipés et que la partie sera gagnée avant même d'avoir été réellement jouée... »

Chaque officier du K.G.B. a reçu une formation psychologique poussée qui lui permet de connaître, de saisir et d'exploiter toutes les faiblesses humaines. Il va en jouer pour recruter ces agents et les manipuler. La trahison devient alors le drame du faible qui n'a pas su ou pas pu résister, en une circonstance déterminée, à ses penchants ou à ses sentiments, les plus nobles comme les plus sordides. Chacun peut en être victime. Voilà pourquoi tant d'Occidentaux ont trahi, trahissent ou trahiront, parfois inconsciemment, le plus souvent pris au piège de leurs vices. Cela ne les excuse pas mais permet au moins de comprendre comment ils en sont arrivés là.

Dans son témoignage sur les méthodes utilisées par le K.G.B., le transfuge Stanislas Levtchenko, passé à l'Ouest en 1979, se rappelle qu'à l'Ecole du renseignement étranger, à Yourolov près de Moscou, un colonel instructeur avait résumé les raisons pour lesquelles les gens devenaient des agents. Pour ce colonel cela tenait en quatre lettres, M.I.C.E., l'acronyme américain de souris : Monnaie, Idéologie, Chantage, Ego. « Dans l'idéal, dit Levtchenko, un bon officier du K.G.B. doit jouer sur les quatre tableaux à la fois. »

## POUR UNE POIGNÉE DE FRANCS

Et si c'était une plaisanterie. Et si c'était une provocation des services de sécurité français? Jacques P., chiffreur à l'ambassade de France à Belgrade, ne sait pas. Mais dans le doute, il a le bon réflexe. Il prévient immédiatement ses supérieurs qu'il a été victime d'une étrange tentative d'approche. L'affaire Volokhoff commence.

Youri Rylev, attaché militaire adjoint à l'ambassade d'U.R.S.S. à Paris, et par ailleurs lieutenant-colonel du G.R.U., a commis l'erreur de sa vie. Venu spécialement dans la capitale yougoslave pour une mission précise, l'officier de renseignement a singulièrement manqué de psychologie. Par précipitation et pour plaire à ses chefs, il a fait capoter l'une des plus belles manipulations du S.R. soviétique en France.

Il se présente à l'improviste au domicile de Jacques P. le soir du 30 août 1971. Le chiffreur le reçoit sans méfiance après que le Soviétique lui a remis une lettre de son beau-frère, Dimitri Volokhoff, lui demandant d'accueillir cet ami. Après quelques phrases banales sur l'été finissant, le Soviétique entre dans le vif du sujet. Il n'est pas venu à Belgrade pour faire du tourisme. Les codes utilisés par l'ambassade de France pour ses communications avec le Quai d'Orsay à Paris, le dictionnaire de chiffrement, et le schéma des circuits de chiffrement l'intéressent davantage. Bien entendu, il est prêt à donner un bon prix pour toutes ces informations. Jacques P. le regarde abasourdi. Dans la minute qui suit il chasse le Soviétique, furieux qu'on ait pu penser le soudoyer. Rylev, penaud, n'a plus qu'à rentrer à Paris, en priant tous ses saints que l'incident en reste là.

Dès le lendemain, Jacques P. informe le Quai d'Orsay. La provocation lui a paru si énorme qu'il pense avoir été l'objet d'un test de sécurité pour juger de son honnêteté. Il raconte tout, y compris la lettre de recommandation de son beau-frère. Les services de sécurité du ministère des Affaires étrangères alertent la D.S.T. Une semaine plus tard, le 8 septembre, le contre-espionnage interpelle Dimitri Volokhoff, trente-neuf ans, ingénieur atomiste de profession.

Dans les locaux de la D.S.T., comme s'il était soulagé par son arrestation, Volokhoff ne tarde pas à tout avouer, son recrutement, ses contacts, les documents remis. Ainsi s'achèvent douze ans de trahison au profit des Soviétiques. Le 3 mai 1973, la Cour de sûreté le condamne à dix ans de réclusion criminelle.

Son recrutement date de 1959. Un modèle du genre. Agé à l'époque de vingt-sept ans, Volokhoff effectue son service militaire dans une unité du génie, à Angers. Diplômé de l'Ecole des langues orientales, licencié ès sciences, titulaire d'un D.E.S. de l'Institut des sciences nucléaires, il vient de passer sa thèse de doctorat quand il est appelé sous les drapeaux. Ses officiers l'apprécient. Ses origines russes – ses parents émigrés avaient fui la Révolution de 1917 – intéressent l'un d'eux qui lui demande un jour s'il ne veut pas faire à ses camarades de promotion un exposé sur les plans quinquennaux soviétiques. Si nécessaire, l'officier est prêt à lui donner une permission spéciale pour aller chercher de la documentation à Paris. Il saute sur l'occasion.

C'est au Bureau soviétique d'information, installé à cette époque au 8 rue de Prony, dans le XVII<sup>e</sup> arrondissement, qu'a lieu le premier contact entre Volokhoff et le G.R.U. Le jeune homme vient y chercher des informations pour son exposé. Il est accueilli par le chef du Bureau, Alexeï Striganov, en réalité officier du G.R.U. La conversation s'engage aimablement. Après quelques questions adroites, le Soviétique a appris ce qu'il souhaitait sur Volokhoff. Ses origines russes, ses études, tout cela intéresse bougrement l'officier de renseignement. Un scientifique de haut niveau ne se présente pas tous les jours au Bureau d'information, en toute innocence. La conversation se prolonge jusqu'au moment où Striganov tend son piège. Il a précisément besoin d'un traducteur. Oh! trois fois rien, mais ça lui simplifierait tellement la vie si le jeune homme pouvait s'en charger. Contre rémunération, naturellement. Volokhoff n'hésite pas une seconde. Jeune marié et déjà père de famille, il a du mal à se satisfaire de sa maigre solde de soldat. Il repart ce jour-là avec quelques traductions sous le bras sans se rendre compte qu'il vient d'amorcer le processus de son recrutement.

Il revient plusieurs fois rue de Prony, toujours pour des traductions. Le Soviétique semble satisfait de son travail. Il le paie bien. Un détail aurait dû pourtant intriguer Volokhoff : chaque fois, Striganov lui demande de signer un reçu. Sous n'importe quel nom, dit-il, cela n'a aucune importance. C'est pour la comptabilité. Le jeune homme s'exécute sans se poser de questions. Ces rapports anodins durent plusieurs semaines.

Du génie à Angers, Volokhoff est muté à Aubervilliers, à la section technique de l'armée, précisément au laboratoire de mesure du rayonnement. Pour le Soviétique il commence à devenir intéressant. Mais l'officier du G.R.U. commet une erreur d'appréciation. Sa recrue n'est pas encore prête à trahir. A peine commence-t-il à poser des questions sur son travail au laboratoire que Volokhoff prend peur, réalise soudain qu'on essaie de lui soutirer des renseignements classés secret-défense. Il cesse de voir Striganov.

L'histoire aurait pu s'arrêter là et Dimitri Volokhoff ne serait jamais devenu un agent du G.R.U. Mais le S.R. soviétique est tenace et subtil. Il détient sur le jeune homme une information capitale : son besoin d'argent.

Quelques semaines plus tard, un certain Porojniakov reprend contact pour de nouvelles traductions, mieux payées que celles de Striganov. Plus malin que son prédécesseur, Porojniakov se garde de précipiter les événements. Il comprend qu'il doit d'abord acquérir de l'ascendant sur sa recrue pour mieux l'amener à collaborer. Après quelques conversations il trouve le biais. Fervent croyant, le jeune homme est passionné de religion. Le Soviétique lui avoue un jour son athéisme. Volokhoff se lance dans une longue tirade sur le bonheur de croire et s'entête à vouloir ramener à Dieu cette brebis égarée. L'officier du G.R.U. se prête au jeu, laissant entendre qu'il lui arrive parfois de douter. A partir de là naît une certaine complicité, de l'amitié même, entre les deux hommes. Il est plus facile de trahir pour un ami que par simple vénalité. Avec Porojniakov, Volokhoff va pouvoir heureusement concilier les deux : il aide un ami à retrouver le droit chemin en arrondissant grâce à lui ses fins de mois.

Cette manipulation dure quatre ans, de 1960 à 1964. Libéré des obligations militaires, Volokhoff est engagé comme ingénieur atomiste dans une société chargée de la construction de l'usine de séparation isotopique, à Pierrelatte, qui va permettre à la France d'accéder au rang de puissance atomique. Ces quatre années passées sous la houlette de Porojniakov ont été les plus productives pour le G.R.U.

En mai 1964, Volokhoff quitte son entreprise pour prendre un poste moins intéressant sur le plan du renseignement. Il change également d'officier traitant. Leonid Morozov succède à Porojniakov. L'ingénieur n'a plus l'excuse de l'amitié. Il n'en continue pas moins à trahir. Vladislav Arkipov prend la relève de Morozov, avant de céder lui-même la place à Ivan Trouchine. En octobre 1970, Youri Rylev devient le cinquième officier traitant de Volokhoff.

Pour le prix de sa trahison, l'ingénieur aura reçu tout au long de ces années trente mille francs, selon son avocat. Lors du procès, la partie civile parle de

quarante-huit mille francs. Compte tenu des renseignements livrés, c'est de toute façon chichement
payé. Grâce à lui, les Soviétiques ont eu connaissance du plan de masse de l'usine de Pierrelatte et
de l'avant-projet « 60 » qui leur a permis d'évaluer,
avant même la mise en place des installations, la
production d'uranium enrichi de l'usine, soit, en fin
de compte, le nombre de bombes A dont allait
disposer la force de dissuasion française. Une information capitale pour Moscou. Volokhoff a également fourni des fiches techniques provenant de la
bibliothèque de Saclay et du Commissariat à l'énergie atomique (C.E.A.).

Pour le G.R.U., l'ingénieur est incontestablement
une source de renseignements de premier ordre.
Pour son travail d'espion, il a d'ailleurs reçu ce que
le K.G.B. fait de mieux dans le genre. D'abord un
appareil photo Contax D, avec trépied, lampe à iode
et cellule photo-électrique pour les travaux faciles,
ensuite un appareil spécialement conçu pour photographier les fiches techniques de la bibliothèque
de Saclay. Gros comme un portefeuille, l'appareil
s'ouvrait dans le sens de la hauteur et devait être
placé à 45° sur la fiche à photographier. Une lampe
incorporée remplaçait le flash. Il suffisait d'appuyer
sur le déclencheur pour clicher la fiche sur un film
d'un centimètre de largeur. Pour les microfilms de
la bibliothèque du C.E.A., on donne à Volokhoff un
petit coffret métallique spécial de deux centimètres
d'épaisseur, grand comme une carte postale. Il lui
suffit de mettre le microfilm à l'intérieur, de refermer et de photographier. Un jeu d'enfant.

La remise des documents est tout aussi facile,
« Au début, les boîtes aux lettres mortes désignées
par l'officier traitant étaient proches de la société
où il travaillait, dans la zone de Châtenay-Malabry,
témoigne un inspecteur de la D.S.T. qui interrogea
longuement Volokhoff après son arrestation. La
première se trouvait au pied d'un arbre dans le bois

de Verrières, la deuxième sous une grosse pierre dans les bois de Clamart et la troisième sous la souche d'un arbre à trois troncs dans le bois de Meudon. Pour aviser son traitant que telle ou telle boîte était approvisionnée, Volokhoff disposait de signaux extrêmement simples. Boulevard Malesherbes, sur le trottoir longeant l'église Saint-Augustin, se trouvaient trois bancs. A la craie, il traçait un trait vertical sur la barre du dossier du premier banc pour la première boîte, du deuxième pour la seconde et ainsi de suite. En cas d'urgence, pour une demande de rendez-vous par exemple, le même trait était tracé, avant 17 heures, sur un quatrième banc situé sur le terre-plein, à l'angle du boulevard Malesherbes et de la rue de la Bienfaisance. Le rendez-vous avait lieu à 19 heures dans la cour de l'église russe de la rue Daru, le soir même. Si le signe était apposé après 17 heures, le rendez-vous était au même endroit le lendemain soir. Youri Rylev, qui devint son officier traitant en octobre 1970, apporta quelques variantes au système. Avec lui, la demande de contact se fit sur un poteau de signalisation tricolore à l'angle de la rue de Grenelle et de l'avenue de La Bourdonnais. Le rendez-vous était pour le lendemain soir, à 19 heures, au métro Liberté, sur le quai direction Maisons-Alfort. De son côté, si Rylev voulait le voir, il posait un petit collant bleu sur un panneau d'affichage de la station de métro Michel-Bizot que Volokhoff empruntait tous les matins pour se rendre à son travail. Le rendez-vous était pour le lendemain, toujours à la station Liberté. »

Un jour, l'ingénieur parle à Rylev d'un membre de sa famille, chiffreur à l'ambassade de Belgrade. Très intéressé, l'officier lui demande de le sonder, pour voir s'il accepterait de collaborer avec le G.R.U. Volokhoff en parle donc à son beau-frère, sur le ton de la boutade, en lui faisant miroiter beaucoup d'argent. Jacques P. n'a pas relevé ce qu'il croyait être une plaisanterie de mauvais goût. Quand Rylev veut connaître la réaction du chiffreur, Volokhoff relate son mutisme. Bêtement, le Soviétique l'interprète comme un signe d'assentiment. Il demande une lettre d'introduction à l'ingénieur moyennant tout de même quinze cents francs – et il part pour Belgrade persuadé qu'il va faire une nouvelle recrue. Son zèle intempestif vaudra à Rylev d'être expulsé de France et à Volokhoff d'aller méditer en prison.

Un an après l'arrestation de l'ingénieur, la D.S.T. a traité une autre affaire d'espionnage dont l'argent a encore été la motivation principale. Ce cas est resté inconnu du public et n'a pas eu de suite judiciaire. Pour des raisons de haute politique, sans doute. Le contre-espionnage, qui a mis plus d'un an à en débrouiller les fils, avala la couleuvre sans broncher.

C'est une nouvelle fois grâce à une erreur du S.R. soviétique – le K.G.B. en l'espèce – que tout a commencé. Pour avoir négligé les consignes de sécurité les plus élémentaires, un officier de renseignement a en effet livré son contact français presque sur un plateau.

Pour comprendre comment, il faut préciser certaines méthodes utilisées par le K.G.B. à Paris et les moyens qu'emploie la D.S.T. pour le surveiller.

Aller relever une « boîte aux lettres morte » (une cache pour messages ou documents) ou entrer en contact avec un agent, impose à tout officier du K.G.B. ce qu'on appelle un parcours de sécurité. Il quitte son lieu de travail (ambassade, consulat, Unesco, Bureau soviétique d'information, Aéroflot, etc.) généralement quatre heures avant son rendez-vous pour semer les pisteurs éventuels. S'il a pris sa voiture, par exemple, il la laisse près d'un métro. Il fait deux ou trois correspondances, ressort du métro et prend un taxi. Il reprend ensuite le métro, puis à nouveau un taxi, et ainsi de suite trois ou quatre fois. Pendant ce temps, il surveille attentivement ses arrières. Arrivé à son lieu de rendez-vous, l'un de ses collègues, qui a fait de son côté un autre parcours de sécurité, assure sa couverture en parcourant les environs pour détecter toute présence suspecte. Si la voie est libre, le contact peut se faire. Sinon tout est annulé. Les deux officiers rentrent sans avoir rencontré l'agent qui a pour consigne d'attendre passivement la rencontre sans prendre aucune initiative. En cas de rendez-vous manqué, deux repêchages sont prévus en des lieux et à des heures convenues d'avance avec l'agent.

Avant d'être envoyé en mission à l'étranger, chaque officier du K.G.B. et du G.R.U. apprend pendant des mois à Moscou la technique du parcours de sécurité, exercices pratiques à l'appui. Si les consignes sont respectées, il est pratiquement impossible de suivre continuellement un bon professionnel dans une grande ville comme Paris sans qu'il s'en aperçoive et déjoue la filature. Pourtant, il est vital que le contre-espionnage sache qui fait quoi, et qui va où, dans le service ennemi. Pour contourner la difficulté, la D.S.T. a mis au point la technique du quadrillage. Elle place des policiers, tous reliés par radio-téléphone, aux endroits strtégiques de la capitale (ponts, grandes artères, points de passage obligés) pour suivre de loin en loin le trajet d'un officier en mission. Si le quadrillage est bien fait il ne peut pas échapper aux mailles du filet. Dès qu'il n'apparaît pas à l'endroit où il devrait logiquement passer, on sait qu'il s'est arrêté. Son contact doit donc avoir lieu dans un périmètre facile à déterminer. Tous les policiers se rabattent sur l'endroit et entreprennent une fouille discrète du quartier pour repérer le rendez-vous et essayer d'identifier l'agent français qu'il rencontre.

La technique du quadrillage est très efficace mais

elle peut échouer. Les policiers peuvent arriver trop tard sur les lieux du rendez-vous. L'officier du K.G.B. peut aussi passer à travers les mailles du filet si les policiers n'ont pas réussi à le reconnaître parmi les milliers de personnes anonymes qui passent devant eux. Enfin, le S.R. soviétique peut prendre des contre-mesures pour déjouer cette surveillance. Chaque ambassade soviétique a une section du K.G.B. qui s'occupe spécialement de cet aspect-là. Cette section, appelée Ligne K.R., est chargée à la fois de contrôler étroitement les ressortissants soviétiques (surveillance) et d'assurer la sécurité des officiers du K.G.B. en mission (contre-espionnage). Lors d'une sortie pour un contact, par exemple, les membres de la Ligne K.R. se mettent à l'écoute des fréquences radio de la police. S'ils notent un accroissement anormal des liaisons, ils rappellent l'officier apparemment repéré. La ligne K.R. peut également faire sortir plusieurs officiers en même temps pour saturer la surveillance. Ces officiers sont chargés de balader les policiers tandis qu'un vrai rendez-vous se fait quelque part dans la ville à l'insu du service de contre-espionnage.

Dans l'affaire qui nous concerne, le K.G.B. n'a utilisé aucune de ces méthodes pour couvrir la mission de Victor Sokolov, troisième secrétaire à l'ambassade d'U.R.S.S. et directeur adjoint du Bureau soviétique d'information. Cet officier aguerri a purement et simplement commis l'erreur fatale de négliger son parcours de sécurité avant de se rendre à son rendez-vous.

L'affaire débute le 8 juillet 1971, en plein bois de Boulogne. Le quadrillage mis en place par le contre-espionnage a permis de repérer une voiture de l'ambassade soviétique dans une allée du bois. Un contact ? Une dizaine de policiers arrivent sur les lieux pour découvrir, dissimulé derrière un bosquet, Victor Sokolov, une vieille connaissance du service. Le Soviétique ne fait rien de répréhensible :

il dévore des yeux un groupe de jeunes femmes, à moitié nues, en train de bronzer. L'officier du K.G.B. reste plusieurs dizaines de minutes à les épier avant de regagner sa voiture pour partir en direction de Neuilly. Il ne prend aucune précaution. A 19 h 25, Sokolov gare sa voiture boulevard d'Inkermann. Après avoir fait le tour du pâté de maisons, sans même prêter attention à une surveillance éventuelle, il se rend directement à son rendez-vous à l'angle du boulevard et de la rue Perronet. Son contact est là, un grand individu vêtu à la mode coloniale. Les deux hommes s'installent dans un café tout proche. Après une demi-heure de conversation et d'échange de documents – observés de loin par les policiers de la D.S.T. – ils se séparent. Deux inspecteurs filent l'inconnu qui finit par leur échapper au volant de sa voiture. Ils disposent tout de même de deux indices importants : le numéro d'immatriculation de l'automobile et la physionomie de l'agent.

Il suffit d'une semaine de recherches à la D.S.T. pour connaître son nom et sa profession : Vincent Grégoire, médecin coopérant au Sud-Vietnam (l'affaire n'ayant jamais eu de suite judiciaire, il s'agit d'un pseudonyme). De passage à Paris, Grégoire a séjourné dans un hôtel, avec sa femme et son enfant, avant de partir dans sa villa du Var. Une enquête approfondie et quelques écoutes persuadent le contre-espionnage qu'ils sont sur une piste intéressante. Il revient à Paris à la mi-août sans avoir d'autres contacts avec Sokolov. Début septembre, il repart avec sa famille pour Saigon.

La patience est l'une des vertus du contre-espionnage. La D.S.T. met le dossier Grégoire dans un coin et attend.

Jusqu'au 12 juillet 1972 au matin : Grégoire, toujours accompagné de sa famille, débarque à Paris pour les vacances. Il s'installe dans le même hôtel qu'un an auparavant. Cette fois, les policiers ont loué une chambre voisine pour mieux le surveiller. Ils n'attendent pas longtemps. L'après-midi même de son arrivée, le médecin avertit sa femme qu'il doit rencontrer un ami et qu'il rentrera pour le dîner.

Le K.G.B. commet à ce moment-là sa seconde erreur. Le rendez-vous a lieu exactement au même endroit que l'année précédente. La tâche de la D.S.T. est facile. Les inspecteurs quadrillent le quartier en attendant le contact, bien décidés à arrêter Grégoire et son officier traitant en flagrant délit.

Ce jour-là, Vladimir Nesterov, troisième secrétaire à l'ambassade d'U.R.S.S., remplace Sokolov. Plus prudent que son collègue, il s'est fait accompagner d'un autre membre de l'ambassade, Gueorgui Slioutchenko, pour assurer sa protection. Les deux officiers du K.G.B. patrouillent un long moment dans Neuilly, autour du point de rendez-vous, avant de se décider. A 18 heures, Nesterov aborde Grégoire.

Aucune loi n'interdisant de rencontrer un Soviétique, fût-il du K.G.B., les inspecteurs doivent attendre que le Français remette à l'officier de renseignement l'enveloppe qu'il tient à la main pour intervenir et faire un flagrant délit. En pareil cas, les secondes paraissent des heures.

Après une dizaine de minutes de conversation, l'enveloppe change enfin de main. Les deux hommes sont immédiatement ceinturés. Gueorgui Slioutchenko, resté à une centaine de mètres en protection, assiste à la scène impuissant. Il a tout juste le temps de s'enfuir.

Bénéficiant de l'immunité diplomatique, Nesterov et Slioutchenko sont rappelés en U.R.S.S. dans les jours qui suivent. Le gouvernement fait aussi comprendre à Moscou qu'il ne souhaite pas revoir en France Victor Sokolov, alors en vacances. Quant à Vincent Grégoire, il avoue sans difficulté sa trahison.

« Recruté à Saigon par le Vietcong en 1967, précise un inspecteur de la D.S.T. qui assista à son interrogatoire, il avait d'abord remis un peu d'argent, des médicaments puis, peu à peu, des renseignements politiques et militaires, car il avait ses entrées dans les milieux gouvernementaux. Considéré comme un sujet sûr, Grégoire effectua en juin 1967 son premier séjour à Moscou. Il y reçut une formation complète d'agent : usage de carbone blanc, initiation aux contacts clandestins, photographie de documents, etc. Bien sûr, pour s'y rendre il n'était pas parti de Paris, ni de Saigon. Il avait transité par New Delhi, où le consulat d'U.R.S.S. lui avait remis son visa d'entrée sur une feuille volante. Pas de trace sur le passeport... En 1968, il passa par Vienne, dans les mêmes conditions, puis par Helsinki en 1969. En échange de ses informations, Grégoire recevait de grosses sommes d'argent. Il loua un somptueux appartement à Saigon et y organisa des réceptions, attirant généraux et politiciens. Sur ordre, il acheta en 1969 un appareil photo spécial de marque Olympus et quand le colonel Minh, chef adjoint des opérations spéciales au Sud-Vietnam, oublia sur un fauteuil son carnet bourré d'adresses et de notes, ce fut un festival. Pour la remise des documents, s'il s'agissait de renseignements locaux ou de détails sur des opérations militaires tactiques, Grégoire garait sa voiture d'une certaine façon devant son domicile. Le lendemain, un malade anonyme venait à sa consultation les prendre. Pour les renseignements plus importants, il rédigeait une lettre avec son carbone blanc et l'envoyait à une adresse convenue à Singapour. En 1969, les hautes sphères à Moscou jugèrent que ses voyages en Union soviétique pouvaient devenir à la longue dangereux et qu'ils risquaient d'être découverts. Les rendez-vous eurent donc lieu par la suite à Paris, d'abord près de la gare d'Austerlitz, jusqu'en

1970, et enfin à Neuilly où les erreurs de Sokolov firent capoter cette belle mécanique. »

L'enveloppe remise à Nesterov avant l'interpellation contenait des documents importants sur la situation politique et militaire au Sud-Vietnam, un rapport financier sur l'emploi des fonds qu'il avait reçus du K.G.B. l'année précédente, et le carbone blanc déjà utilisé.

De 1967 à 1972, Vincent Grégoire a reçu vingt mille dollars pour le prix de sa trahison. Le juge d'instruction qui instruit l'affaire sollicite l'avis des ministres des Affaires étrangères et des Armées pour connaître la valeur des renseignements livrés au K.G.B. pendant cinq ans. On lui répond que le médecin coopérant n'a nui ni aux intérêts diplomatiques ni aux intérêts militaires de la France. Vincent Grégoire bénéficie d'un non-lieu. Qu'il ait, pour le compte des Soviétiques, contribué à l'effort de guerre contre un allié de la France (le Sud-Vietnam) soutenu par un autre allié (les Etats-Unis) était, aux yeux des autorités, tout à fait négligeable.


## LA NOSTALGIE N'EST PLUS CE QU'ELLE ÉTAIT

Les événements de Hongrie en 1956, de Tchécoslovaquie en 1968, les témoignages de dissidents sur la réalité soviétique, particulièrement celui d'Alexandre Soljenitsyne, ont ouvert les yeux de la plupart des Occidentaux sur la nature du communisme. Mis à part quelques invétérés « compagnons de route », ceux qui croient encore que l'avenir radieux de l'humanité se forge à l'Est se font rares. A notre époque, les Philby, Burgess, MacLean, tous recrutés dans les années 30 par amour du socialisme, sont quasiment introuvables pour le K.G.B. A sa manière et dans son secteur d'activité, le S.R. soviétique est lui aussi victime de la mort des idéologies qui caractérise cette fin de siècle. Le cas de Georges Beaufils dont nous avons parlé précédemment fait exception : on ne trahit plus son pays – ou presque plus – par attachement à la patrie du socialisme.

Mais le K.G.B. a une fantastique capacité d'adaptation. Il sait faire preuve d'ingéniosité pour recruter des agents. Si l'idéologie communiste n'est plus un ressort suffisant, ses officiers jouent sur d'autres cordes sensibles pour piéger les Occidentaux qui les intéressent :

– La fibre pacifiste. L'anti-américanisme latent de nombreux Européens, la peur de la guerre, peuvent inciter à choisir le camp socialiste pour l'aider à sauvegarder l'équilibre des forces, et faire échec aux « visées de l'impérialisme ».

– Les racines culturelles. Utilisée dans les milieux émigrés russes, cette approche peut être efficace. Il suffit de convaincre l'intéressé que Russie et Union soviétique ne font qu'un. Ce n'est guère difficile. D'éminents « spécialistes » de l'U.R.S.S. ne prétendent-ils pas expliquer le régime soviétique par la seule tradition russe ?

– Le ressentiment. L'impression de ne pas être reconnu à sa juste valeur, l'insatisfaction dans son travail, l'envie de se venger de ses supérieurs ou d'une situation injuste peuvent conduire à la trahison. Les officiers du K.G.B. savent parfaitement détecter ces sentiments chez un individu. Dans un premier temps, ils attisent ses rancœurs, puis ils flattent son orgueil en faisant comprendre à l'agent qu'il pourra enfin tenir un rôle digne de son intelligence, de ses capacités.

Le S.R. soviétique applique cette méthode avec constance et quelquefois bonheur. Aveuglé par son amertume, l'agent ne se rend alors plus compte qu'il trahit. Le colonel de l'armée de l'air suédoise, Stig Eric Wennerström, arrêté en 1963 après les révélations d'Anatoli Golitsine, appartenait à cette catégorie d'espion. Sa carrière militaire se trouvait bloquée à cause de ses opinions pro-nazies pendant la Seconde Guerre mondiale. Les Soviétiques ont d'abord attisé sa rancœur contre ses supérieurs puis, lorsqu'il commença à travailler pour le G.R.U., Wennerström fut promu en secret général de l'Armée rouge. Moscou lui offrait ainsi le grade que Stockholm lui refusait. En militaire discipliné, il a obéi aveuglément à ses supérieurs occultes en leur livrant l'essentiel du système de défense de son pays.

Il y a quelques années, la France a connu un cas exemplaire de trahison où les Soviétiques ont joué tout à la fois sur le ressentiment, les racines culturelles et le pacifisme pour recruter un agent. Sa manipulation a été un tel succès que le G.R.U. en a fait un chef de réseau, contrairement aux règles de sécurité généralement appliquées par le S.R. soviétique.

Depuis la défection d'Igor Gouzenko, en 1945 au Canada, les Soviétiques évitent que leurs agents puissent se connaître et avoir des contacts entre eux. A l'époque, le transfuge avait donné le nom de quelques espions qu'il connaissait. Après leur arrestation, ces agents ont livré des réseaux entiers. La leçon a servi. Depuis, le K.G.B. et le G.R.U. prennent soin d'isoler chaque agent, d'éviter toutes relations entre eux. Il existe un parfait cloisonnement à l'intérieur même de chaque réseau. L'agent ne connaît que son officier traitant, c'est-à-dire un « légal » travaillant généralement pour le S.R. sous couverture diplomatique. En cas d'arrestation, il ne peut livrer aucun autre nom. Quant à l'officier traitant, s'il est interpellé lors d'un flagrant délit, il ne donnera jamais la liste de ses recrues. Il sait que son immunité diplomatique lui permettra au mieux de regagner son pays, au pire d'être échangé quelques mois plus tard.

Dans cette affaire, le G.R.U. n'a pas respecté le cloisonnement. Pour une raison simple : le responsable du réseau était un Français, chargé de manipuler plusieurs agents à la place d'un « légal ».

Un cas unique dans les annales de l'espionnage soviétique en France.

Le contre-espionnage est mis sur la piste, en 1975, par les révélations d'un transfuge soviétique, celui-là même qui a permis de confondre Georges Beaufils. D'après ses indications, le G.R.U. disposait d'une source de renseignements très importante dans la banlieue parisienne, dans les milieux industriels. L'agent, dont il ignorait le nom, travaillait pour la société S.E.R.G.I., un simple sigle. Il existait trois entreprises du même nom. Après deux longues années d'enquête, la D.S.T. dénichait le bon coupable : Serge Fabiew, cinquante-quatre ans, d'origine russe, français par naturalisation, P.-D.G. de la Société d'études et de réalisations générales et industrielles (S.E.R.G.I.), domicilié à Buc dans les Yvelines.

Fabiew est arrêté le 15 mars 1977, à l'aéroport d'Orly, au moment où il s'apprête à partir pour affaires en Algérie. Dans les locaux de la D.S.T., il avoue sans peine sa trahison, livrant au passage les pseudonymes des agents de son réseau, Max, Rex et Jean, puis leur véritable identité. Les 17, 20 et 21 mars, le contre-espionnage appréhende Giovanni Ferrero, cinquante-quatre ans, de nationalité italienne, rédacteur à la société Fiat-France; Roger Laval, soixante-quatorze ans, ancien contrôleur de la navigation aérienne au secrétariat général de l'Aviation civile (S.G.A.C.); Marc Lefebvre, cinquante ans, ingénieur à la CII-Honeywell Bull. Un cinquième coupable, Raymond X., quarante-cinq ans, chef de fabrication dans une société d'éditions médicales, « boîte aux lettres vivante » pour le réseau, est laissé en liberté provisoire.

Le réseau Fabiew a fonctionné de 1963 à la fin décembre 1974, date à laquelle ses activités cessent pour des raisons mystérieuses. A cette époque,

Serge Fabiew ne réussit pas à établir le contact prévu à Zurich pour se rendre clandestinement en U.R.S.S. Le G.R.U. avait sans doute coupé les ponts après la défection de l'officier qui informa la D.S.T..

Le recrutement de Serge Fabiew, en 1963, est encore un modèle du genre. En rapports commerciaux avec l'intéressé, son officier traitant, Ivan Koudriavtsev, conseiller d'ambassade, a successivement joué sur plusieurs ressorts psychologiques pour amener l'homme d'affaires à trahir.

D'abord, sur les liens culturels. Fils d'émigré, Fabiew parlait russe couramment. Il lui était agréable de s'entretenir avec Koudriavtsev dans sa langue maternelle. « Pour moi, je retrouvais la Sainte Russie dont mes parents m'avaient tant parlé. Devant moi ce n'était pas un Soviétique, c'était un compatriote. J'avais un besoin romantique de trouver une patrie », explique-t-il au procès.

Ensuite, sur le ressentiment. Jusqu'en 1967, Serge Fabiew était apatride. Les autorités françaises lui ont longtemps refusé la naturalisation en raison de son comportement pendant la Seconde Guerre mondiale. Né à Nich en Yougoslavie de parents russes, puis émigré en France, le jeune Fabiew a été, avec son père, travailleur volontaire en Allemagne jusqu'en 1943. Il retourne ensuite dans la banlieue parisienne où l'occupant nazi l'affecte à la Kommandantur de Saint-Cloud.

Les Soviétiques ont su exploiter à la fois les remords de Fabiew pour ce passé peu glorieux et ses rancœurs à l'encontre de la France qui refusait de lui pardonner ses erreurs de jeunesse. Lors de son premier voyage clandestin en U.R.S.S. en 1965 (il en a fait deux autres par la suite) pour suivre des cours d'espionnage, Fabiew a reçu la nationalité soviétique et un grade dans l'Armée Rouge. Le G.R.U. a ainsi satisfait son besoin de trouver une patrie et son désir de faire oublier sa collaboration avec les nazis. Devenir membre de la « glorieuse Armée Rouge » a représenté pour lui une évidente revanche sur l'Histoire.

Lors de son procès, Fabiew a essayé de tirer argument de cette situation particulière en déclarant : « J'ai été recruté en qualité d'apatride, naturalisé russe et chargé d'une mission de renseignement. J'ai accepté et n'ai pas eu pendant plusieurs années le sentiment de trahir la France, n'ayant obtenu la citoyenneté française qu'en 1967. C'est à partir de ce moment que j'ai mesuré mon erreur. Si je n'ai pas alerté les autorités françaises de mes activités après ma naturalisation, c'est que je ne voulais pas devenir un agent double. Je n'ai jamais adhéré à l'Union soviétique mais à la Russie. »

La fibre pacifiste, elle, allait de soi. En tant qu'officier de l'Armée Rouge, Fabiew devait contribuer à l'équilibre des forces et empêcher que sa nouvelle patrie soit distancée, militairement et économiquement, par les puissances occidentales.

Malheureusement pour les Soviétiques, leur agent n'avait pas accès à des renseignements confidentiels. Il est d'abord utilisé comme « recruteur » au sein d'établissements intéressant le S.R. soviétique : Matra, Dassault, Nord-Aviation, la S.E.R.E.B. (Société d'Etude pour la Réalisation d'Engins Balistiques). Puis, après une formation spéciale dans une école d'espionnage du G.R.U. à Moscou, on le charge, en 1965, de diriger un réseau d'agents recrutés par différents officiers du S.R. soviétique :

— Marc Lefebvre a été approché à la fête de *L'Humanité* en septembre 1962 par Valentin Gregoriev, attaché naval adjoint à l'ambassade d'U.R.S.S. Cet ingénieur électronicien de chez Matra, puis chez CII-Honeywell Bull, a trahi par conviction politique. Proche du P.C.F., Lefebvre profitait de ses vacances pour visiter la Yougoslavie, Cuba, l'U.R.S.S. et d'autres « paradis socialistes ». Travailler pour le G.R.U. ne lui a pas posé de cas de conscience. « A l'époque j'avais des convictions socialistes très sincères, précise-t-il au procès. J'estimais normal que l'U.R.S.S. assure sa défense puisque l'Occident s'armait contre elle. »

– Giovanni Ferrero, rédacteur à la société Fiat-France, a été contacté par le colonel Alexeï Lebedev, attaché de l'air à l'ambassade d'U.R.S.S., lors d'une réception en 1961. Vénal, il a accepté de trahir pour de l'argent : cent mille francs en huit ans. Jusqu'en 1971, exactement, date à laquelle le département armement et aéronautique de la Fiat, où il travaillait, a été englobé dans une compagnie d'aviation d'Etat, Aera Italia. Secrétaire et homme de confiance du responsable de ce département (un ancien général de l'armée italienne), Ferrero a eu accès pendant toute cette période aux documents les plus secrets de l'entreprise, y compris ceux en provenance de l'O.T.A.N.

– Roger Laval, contrôleur aérien à la retraite, a été approché en 1966 par Viatcheslav Safronov, collaborateur de la mission commerciale. Vivant chichement dans une pension pour vieux célibataires près de la gare de Lyon, il a accepté de trahir pour une poignée de francs (cinq mille par an). Ancien employé de l'aviation civile il avait gardé des contacts dans ce milieu. Pour le compte du G.R.U., il a visité de nombreuses bases aériennes dans toute la France sous prétexte de saluer d'anciens collègues. Il en profitait pour faire le relevé des installations.

Grâce aux aveux recueillis après leur arrestation, la D.S.T. a pu reconstituer l'ampleur des dégâts commis par ces agents pendant une dizaine d'années. La liste est impressionnante.

Par l'intermédiaire de Marc Lefebvre, sans doute l'agent le plus important du réseau, le G.R.U. a obtenu le plan de simulation pour la propulsion des engins à poudre, des rapports de la S.E.R.E.B., des plans de calculateurs pour lanceurs d'engins, des calculateurs de contrôle de tir pour les engins S.S.B.S. (sol-sol, balistique-stratégique), un brevet sur le déclenchement électronique des barrières d'arrêt pour piste d'atterrissage. Bref, il a permis « le ligotage de notre force de frappe », comme l'a dit l'avocat général Colette lors de son réquisitoire.

Giovanni Ferrero a livré près d'un mètre cube et demi de documents portant notamment sur le réseau N.A.D.G.E. (système de protection radar et d'alerte de l'O.T.A.N.); le N.I.A.G. (Nato industrial Advisory Group), organisme de standardisation des fournitures industrielles pour les armées des pays de l'O.T.A.N.; le M.W.D.P. (Mutual Weapon Development Program), organisme américain chargé de promouvoir certains projets militaires des pays membres de l'O.T.A.N.; la N.A.M.S.A. (Nato Maintenance Spare Parts Agency), organisme d'approvisionnement des forces de l'O.T.A.N.; l'E.L.D.O. E.S.R.O., organisme européen de recherche et de développement sur les fusées; des notices sur l'avion américain F 104, dont le rapport d'essais en vol; une étude comparative de l'U.S. Air-Force sur les essais en vol du chasseur américain T 33 et du chasseur italien G 91 Fiat; des comptes rendus de réunions et des études diverses de l'O.C.D.E. (l'Organisation de coopération et de développement économique dont le siège est à Paris).

Lors de son interrogatoire, Roger Laval a eu des trous de mémoire. Interné pour sénilité, il n'a pas comparu au procès. Selon Fabiew il a transmis au G.R.U. les plans détaillés d'une centaine d'aérodromes français, civils et militaires; des documents sur les radars provenant de la direction des bases aériennes au secrétariat général de l'Aviation civile (S.G.A.C.); divers documents de la direction de la navigation aérienne, du service technique de la Navigation aérienne, du service technique de l'Aviation civile; des dossiers du service archives-bibliothèque du S.G.A.C.; les plans du Centre de télécommunications de la Marine nationale à Rosnay, une installation d'intérêt considérable sur le plan de la Défense nationale.

La perquisition au domicile de Serge Fabiew a permis de découvrir des substances chimiques pour correspondances clandestines (encre sympathique), carbone blanc, micropoints) et une comptabilité partielle du réseau, de 1969 à 1974. Il allait chercher l'argent pour payer ses agents dans des caches spécialement aménagées en forêts de Ville-d'Avray et de Meudon. Le contre-espionnage a mis aussi la main sur un matériel de communication ultra-sophistiqué, donné par le G.R.U., pour recevoir les ordres et transmettre les renseignements codés soit à l'ambassade d'U.R.S.S. à Paris, soit directement à Moscou : un émetteur-récepteur courte distance et un émetteur camouflé dans l'autoradio de sa voiture pour les liaisons clandestines avec l'ambassade. Dans les locaux de la mission militaire à Paris, Fabiew avait reçu durant quarante-huit heures une formation radio spéciale. Ces lieux étant surveillés, il fallait que le G.R.U. le considère comme un agent de premier plan pour prendre un tel risque.

Fabiew disposait aussi de plusieurs « boîtes aux lettres mortes » dans Paris et d'une « boîte aux lettres vivante », pour transmettre les documents les plus volumineux. Celle-ci était tenue par Raymond X. qui s'est fait bêtement piéger, comme il l'a raconté peu après sa mise en liberté provisoire.

« Tout a commencé pour moi en 1967, dit-il. Je faisais à l'époque une série de cartes postales publicitaires pour des laboratoires pharmaceutiques dans une maison d'édition. Chaque carte représentait un bateau de tourisme, avec ses caractéristiques techniques. Je voulais que ma collection soit complète. J'avais le *France*, le *Queen Mary*, des bateaux grecs, italiens... Il ne manquait que les paquebots soviétiques, ceux qui font les lignes de la mer Noire.

J'ai procédé de la même façon à l'ambassade d'U.R.S.S. On m'a conseillé de me mettre en contact avec la mission commerciale, plus précisément avec la Morflot, rue de la Faisanderie. J'y suis allé, j'ai montré les cartes que nous éditions, le but de notre travail. J'ai expliqué la publicité qu'implicitement ce travail ferait à leur compagnie. J'ai précisé que nous ne pouvions pas payer de droits d'auteur mais que, pour les remercier, je leur offrirais une centaine de cartes, vierges de toute publicité. Mon interlocuteur, Igor Mossenkov, m'a promis d'en informer sa direction, affirmant qu'il ferait tout son possible pour m'aider. Je suis revenu plusieurs fois à la charge. Un jour, il m'a annoncé : " J'ai deux diapositives de nos navires pour vous. " Il m'a aussi remis leurs caractéristiques, le nombre de passagers, le nom de la ligne, etc. Il m'a demandé de mettre le sigle de sa compagnie sur les cartes. Mon travail terminé, je lui ai rendu ses documents. Il était enchanté par la qualité des reproductions. J'étais content : il m'avait laissé entendre que sa compagnie pourrait me passer des commandes. Quelques jours après, Mossenkov est revenu me voir pour me demander le croquis que j'avais fait avec l'emblème de sa compagnie. Un client éventuel ? Je le lui ai donné avec plaisir. Il m'a invité à prendre un pot. Puis une autre fois, nous sommes allés au restaurant du coin déjeuner à la bonne franquette. On a parlé enfants, sports, affaires aussi. " On se reverra ", me dit-il lorsqu'on s'est quittés. On s'est effectivement revus plusieurs fois. Nos rencontres étaient devenues amicales. Un jour, il est venu, apparemment soucieux. " Je suis ennuyé, m'avoue-t-il, j'ai un problème. Je voudrais recevoir des lettres d'une petite amie, mais il ne faut surtout pas que ma femme le sache. " Je lui ai conseillé de se faire écrire poste restante mais en tant qu'étranger il a prétendu qu'il ne pouvait pas. Je l'ai cru sur parole. Je lui ai alors parlé de ses collègues de bureau. " Impossible, réplique-t-il, je ne connais que des directeurs, des P.-D.G. Toi tu es mon copain et je suis heureux d'avoir un copain français avec qui je peux parler de n'importe quoi... " Alors, j'ai accepté. Cela devait durer quelques jours.

Deux semaines plus tard j'ai reçu une première lettre, venant de la banlieue, dans une enveloppe verte. Ça ressemblait vraiment à du courrier galant. Je me suis empressé de la remettre à Mossenkov. Trois semaines plus tard, nouvelle enveloppe verte et ainsi de suite pendant plusieurs mois. Une fois j'ai souhaité arrêter de servir de boîte aux lettres. Il m'a promis qu'il trouverait une autre solution. Rien n'a changé, les lettres ont continué d'arriver chez moi, une par mois environ. Puis, Mossenkov a abandonné le ton amical. Il a commencé à me remettre de petites sommes pour services rendus. A ce moment-là j'ai bien pensé à de l'espionnage. Prévenir la police! J'ai hésité. J'avais déjà été si loin que j'ai eu peur qu'on m'arrête. Que seraient deve-nues ma femme, ma fille, toutes seules, sans res-sources? La boucle était bouclée. L'espion comme moi se retrouve avec sa peur. Il n'ose pas en parler à sa femme, à ses parents ou à ses copains. Il est seul, tout seul. »

La Cour de sûreté de l'Etat qui a jugé le réseau Fabiew, en janvier 1978, a tenu compte de ce désarroi. Raymond X. a été condamné à deux ans de prison, dont dix-huit mois avec sursis.

Pour le reste du réseau, en revanche, l'avocat général Colette a réclamé des peines exemplaires. « En sanctionnant ceux-ci sévèrement, a-t-il plaidé, vous ferez savoir aux autres, à ceux qui continuent dans l'ombre le même travail, ce qui les attend. » Le procureur général Beteille renchérit dans le même sens : « Par-delà cette salle, je m'adresse à ceux qui constituent la trame gigantesque d'un immense réseau d'agents secrets dont le groupe Fabiew n'est qu'une composante. Il faut faire savoir que cela coûte cher de se livrer aux joies du carbone blanc, de servir la patrie soviétique si l'on se réclame de la nationalité française, de vendre les petits et les grands secrets de la France. »

Auparavant, Désiré Parent, sous-directeur de la D.S.T., avait expliqué : « Nous assistons dans cette affaire, pour la première fois depuis la Seconde Guerre mondiale, à la francisation d'un réseau du G.R.U. Son but était le pillage systématique de nos techniques de pointe. Jamais en France nous n'avions vu un tel réseau. Nous sommes sûrs qu'il en existe d'autres que nous n'avons malheureusement pas encore identifiés. »

A réseau exceptionnel, châtiment exemplaire. Serge Fabiew a été condamné à vingt ans de prison, Marc Lefebvre à quinze ans, Giovanni Ferrero à huit ans, puis à six ans, un an plus tard, en appel.


L'affaire Waldimar Zolotarenko qui a éclaté quelques années plus tard ressemble à bien des égards à celle du réseau Fabiew, en moins grave. Comme pour l'homme d'affaires de la S.E.R.G.I., le K.G.B. a joué sur les origines russes de ce nouvel agent pour l'amener à servir la « mère patrie », même si l'U.R.S.S. d'aujourd'hui n'a rien à voir avec la Russie d'hier que Zolotarenko vénérait.

Pour lui, le premier contact a lieu un après-midi de novembre 1962, rue de Buci à Paris, dans la librairie du Globe spécialisée dans les ouvrages russes et soviétiques. Heureux de parler sa langue maternelle, Zolotarenko se laisse volontiers charmer par un journaliste de l'agence Tass qui décrit en termes lyriques la Russie éternelle. Les deux hommes se revoient plusieurs fois. Ils discutent littérature, musique, religion. Andreï Zykov, en bon officier du K.G.B. (derrière sa couverture journalistique) a immédiatement saisi la faille dans la personnalité de ce fils d'émigré. « Jamais ils ne prononçaient devant moi l'expression Union soviétique, ni les mots parti communiste. Ils ne me parlaient que de la Russie », expliquera Zolotarenko à son procès, en février 1984, en évoquant les quatre officiers traitants qui l'ont suivi au long de ses dix-sept années de trahison.

Des beaux-arts, les conversations avec Zykov glissent insensiblement vers des sujets politiques. La situation internationale s'y prête. La crise de Cuba, l'arrogance américaine : à chaque occasion, le « journaliste » joue sur la même corde sensible, et stigmatise l'incompréhension des Occidentaux face au profond désir de paix du peuple russe. Il ne fait qu'adapter au goût de son interlocuteur naïf la parfaite vision dichotomique du monde, propre à l'idéologie soviétique. Et ça marche. Zolotarenko apprécie ce discours. Il sera bientôt mûr pour aider la Sainte Russie à déjouer les plans de ses ennemis, en d'autres termes pour collaborer avec l'U.R.S.S. contre l'Alliance atlantique.

Waldimar Zolotarenko travaille à l'A.G.A.R.D., une branche de l'O.T.A.N. spécialisée dans la recherche et les réalisations aéronautiques. Il y est entré comme chauffeur, trois ans auparavant, en 1959. Depuis, il a été promu « spécialiste en reproduction », autrement dit chargé des photocopies. Le poste est modeste. Sauf qu'il a reçu l'habilitation « O.T.A.N.-très secret » qui lui permet de prendre connaissance des documents les plus confidentiels de l'organisation afin de les reproduire. Pour Zykov, c'est inespéré. Il suffit d'une photocopie de plus pour satisfaire le S.R. soviétique. C'est ce que fait Zolotarenko jusqu'au 20 octobre 1980, date de son arrestation par la D.S.T..

En 1964, son nouvel officier traitant s'appelle Valentin Lvov. Il emploie les mêmes subterfuges idéologiques que Zykov tout en poussant le cynisme jusqu'à lui faire signer un document dans lequel il s'engage à servir l'Union soviétique. « Cela m'a rappelé qu'à huit ans, lorsque je faisais mes études à l'école des Cadets de Versailles, nous avions fait un serment d'allégeance au Tsar et à la Russie. C'est tout à fait dans le caractère slave », tentera-t-il de se justifier devant les juges.

Candide ou non, Zolotarenko joue à l'espion pendant des années selon les bonnes vieilles règles du genre. « Quand Lvov voulait me voir il traçait la lettre V sur le mur, près de chez moi. Ça voulait dire : rendez-vous à Pantin, rue du Pré-Saint-Gervais, le troisième mercredi du mois, à 20 heures. Si je n'étais pas libre, je traçais une croix à la craie sur le mur », explique-t-il au procès. Ce manège a lieu deux ou trois fois par an pour la livraison des documents. Des broutilles selon lui. Ignorant l'anglais, la langue de travail de l'O.T.A.N., il est vraisemblable qu'il n'a pas toujours compris la valeur et l'importance de ce qu'il a donné au K.G.B. : des ouvrages sur Dassault, Messerschmitt, la S.N.E.C.M.A.; des éléments biographiques sur le personnel de l'A.G.A.R.D (très utile au K.G.B. pour faire de nouvelles recrues); tous les documents qualifiés « Nato secret », « Nato confidential » ou « Nato restricted », qu'il devait photocopier; le « Plan 2000 » recensant pour l'Alliance atlantique l'ensemble des objectifs stratégiques civils et militaires de l'Union soviétique dans l'an 2000; et même la liste des participants à une réunion ultra-secrète de l'O.T.A.N. qui s'était tenue au Danemark.

Cette belle productivité n'empêche pas Zolotarenko de continuer à penser que ses officiers traitants le voient pour leur plaisir : « J'avais remarqué une chose chez eux, dit-il. Quand ils m'abordaient c'était pour avoir une discussion avec moi. J'avais l'impression qu'ils s'embêtaient chez eux... » Quant aux cent mille francs qu'il a reçus en échange de ces documents, « tout juste des cadeaux à l'occasion des fêtes comme cela se fait beaucoup en Orient ».

Système de défense classique. En fait, Zolota-renko n'est pas aussi innocent qu'il veut le faire croire. Si au départ il s'est fait piéger par nostalgie de la Sainte Russie, il est probable qu'il s'est vite rendu compte que le K.G.B. exploitait son senti-mentalisme. Mais comment arrêter le terrible engrenage ? Pourtant, en 1969, avec un peu de volonté, il en aurait eu l'occasion. Convoqué par la D.S.T. dans le cadre de l'enquête sur le réseau d'espionnage roumain infiltré dans l'O.T.A.N. (le « réseau Caraman »), il s'est bien gardé d'avouer sa trahison. A cette époque, il a été entendu par le contre-espionnage pour ses relations amicales avec Francis D., le documentaliste français qui a été la principale source de renseignements de Caraman au sein de l'organisation atlantique. Zolotarenko était entré à l'A.G.A.R.D. sur la recommandation de ce même Francis D. Cette amitié le perdra : onze ans plus tard, le contre-espionnage s'en est souvenu. Lorsque la D.S.T. a appris (grâce à un transfuge) qu'il y avait des fuites dans cette société, Zolota-renko a immédiatement figuré parmi les premiers suspects. Après plusieurs semaines d'enquête, sa culpabilité ne faisait aucun doute.

Le 7 février 1984, la cour d'assises de Paris a condamné ce nostalgique du passé à dix ans de détention.


## PIÈGE POUR UN AMBASSADEUR

Un universitaire français, bien connu, n'oubliera jamais son séjour à Leningrad au début des années 1950. En stage d'étude dans l'une des uni-versités de l'ancienne capitale impériale, il a été victime d'une incroyable machination du S.R. sovié-tique qui espérait en faire un agent. Averti des pièges qui l'attendaient, notre universitaire se tenait pourtant sur ses gardes. Il savait qu'il lui fallait se méfier de tout le monde, même et surtout des gentils étudiants qu'il fréquentait. Ses rapports avec eux n'allaient jamais au-delà d'une banale conversation ou d'une invitation à déjeuner dans les locaux de l'université. Plusieurs fois, il avait refusé de se rendre aux soirées organisées par certains collègues. Sa conduite exemplaire n'offrait aucune prise sur lui. Or, malgré sa prudence il tomba dans un grossier traquenard.

Un soir, vers 22 heures, notre universitaire travaille dans sa chambre lorsqu'on frappe à sa porte.

« Qui est là? demande-t-il, en russe.

— Olga », répond une voix féminine qu'il connaît bien. C'est une charmante étudiante avec qui il a travaillé plusieurs fois. « Ouvrez-moi, supplie la jeune femme. Il faut absolument que je vous voie.

— Ça ne peut pas attendre demain? Je suis déjà couché, prétexte-t-il.

— Non, c'est très urgent. Une question de vie ou de mort... »

De l'autre côté de la porte, elle éclate en sanglots.

Il est difficile de résister à une jeune femme désemparée. Il hésite quelques secondes encore. Les pleurs redoublent.

Lorsqu'il ouvre, Olga, blottie contre un montant, les yeux pleins de larmes, lui fait vraiment pitié. Il commet l'erreur de la laisser entrer dans sa chambre.

La porte est à peine refermée que déjà la jeune femme laisse tomber le manteau qu'elle a jeté sur ses épaules. Dessous, elle est entièrement nue. Avant que notre universitaire ait le temps de réaliser quoi que ce soit, elle se met à hurler : « Au viol! Au viol! »

Comme par hasard, trois miliciens passent à ce moment précis en bas de l'immeuble. Le piège se referme, inexorable.

Au poste de la milice le plus proche, on lui fait

comprendre que sa situation est très critique. La loi soviétique ne badine pas avec les tentatives de viol. De longues années de prison l'attendent, sans parler du déshonneur.

Protester de son innocence ne sert à rien. Il demande par principe à entrer en contact avec le consul de France. Il sait que ce droit élémentaire pour tout ressortissant arrêté dans un pays étranger lui sera de toute façon refusé. Dès les premiers cris d'Olga il a tout compris. Philosophe, il attend la proposition qu'on va lui faire, avec la ferme intention de l'accepter pour sortir de ce vaudeville cauchemardesque.

Quelques heures de garde à vue plus tard, un arrangement à l'amiable est enfin proposé. La bienveillante justice soviétique est prête à oublier ses pulsions condamnables s'il fait preuve de bonne volonté. Quelques renseignements anodins sur la communauté française à Leningrad et à Moscou, où il se rend fréquemment, feront l'affaire. Par la suite on lui demandera peut-être d'autres services mais chaque chose en son temps.

Apparemment abattu par son malheur, notre homme s'empresse d'accepter le marché, avec soulagement.

Dès sa libération, il se précipite au consulat de France et raconte sa mésaventure. Quelques jours plus tard, on s'arrange pour lui faire quitter discrètement le territoire soviétique. Il n'a plus jamais entendu parler du K.G.B. mais il sait que l'U.R.S.S. lui est désormais interdite.

La machination a échoué car cet universitaire a adopté la seule attitude qui convenait en prévenant immédiatement les autorités françaises de sa situation. Combien d'autres Français, par honte, par ignorance, par stupidité, se sont laissé prendre bêtement au piège du chantage aux mœurs? Un grand nombre, sans doute, si l'on sait que c'est l'une des méthodes favorites du S.R. soviétique pour recruter des agents étrangers sur son territoire.

Ce travail revient à la Deuxième direction principale du K.G.B. chargée de la surveillance des citoyens soviétiques et des étrangers en U.R.S.S. Comprenant douze sections différentes, un service de sécurité politique, une sous-direction pour la Sécurité industrielle et un groupe d'assistance technique, environ trente mille officiers et indicateurs y sont affectés. Les différentes sections sont chargées de la subversion des diplomates étrangers et du contrôle des citoyens soviétiques pour leur éviter des contacts non souhaités. La division du travail entre chaque section se fait par répartition géographique :

1re section : Etats-Unis, Amérique latine.

2e section : Grande-Bretagne, pays du Commonwealth.

3e section : Allemagne, Autriche, pays scandinaves.

4e section : tous les autres pays européens, dont la France.

5e section : Japon, Australie.

6e section : pays en voie de développement.

La 7e section surveille les touristes étrangers, toutes nationalités confondues; la 8e se consacre à la gestion informatique de tous les étrangers présents sur le territoire soviétique; la 9e s'occupe des étudiants étrangers (c'est à elle que notre universitaire a eu affaire). Enfin, la 10e section surveille, influence et recrute (si possible) les journalistes étrangers en poste à Moscou.

Deux autres sections sont chargées des Soviétiques qui se rendent à l'étranger et enquêtent sur les grandes affaires de corruption et de gaspillage au sein des entreprises d'Etat.

Toutes les sections qui s'occupent de la subversion des étrangers travaillent en étroite collaboration avec la Septième direction du K.G.B. qui compte environ cinq mille personnes. On retrouve à l'intérieur de cette direction une division géographique, par sections, à peu près semblable à celle que nous venons de voir. S'y ajoutent quatre autres sections aux fonctions précises :

7e section : gestion du matériel de surveillance (voitures, caméras, appareils photo, magnétophones, glaces sans tain...).

10e section : surveillance des lieux où se rendent les étrangers (jardins publics, musées, salles de spectacle, magasins, gares, aéroports...).

11e section : fourniture d'accessoires nécessaires aux filatures (perruques, habits, déguisements divers).

12e section : opérations de surveillance délicate, notamment pour les hauts dignitaires étrangers.

Cette organisation complexe donne une idée de l'extraordinaire toile d'araignée mise en place par le K.G.B. sur le territoire soviétique pour essayer de compromettre les Occidentaux imprudents. Il n'est pas exagéré de dire que tous les hôtels, tous les lieux publics sont sous surveillance. Les villes réservées aux diplomates, hommes d'affaires, journalistes ou touristes étrangers étant strictement limitées, il est relativement facile de gérer ce gigantesque système de contrôle, unique au monde.

Prenons quelques exemples. Vous êtes à l'hôtel à Moscou, à Leningrad ou à Kiev. Votre chambre est très vraisemblablement équipée de micros. Certaines ont une glace sans tain pour filmer vos moments les plus intimes. La femme de chambre qui se trouve à votre étage, au bout du palier, vingt-quatre heures sur vingt-quatre, prend note de toutes vos allées et venues. Elle peut, si elle en reçoit l'ordre, fouiller minutieusement votre chambre en votre absence; mettre une substance spéciale sur la semelle de vos souliers qui permettra à un chien dressé de suivre tous vos déplacements quelles que soient les précautions que vous prendrez;

mettre dans vos poches une poudre spéciale qui restera sur toute lettre que vous posterez pour pouvoir la récupérer au tri postal et en connaître le contenu. Si vous prenez un taxi, le chauffeur devra dire où il vous a emmené si on le lui demande. Si vous louez une voiture il sera facile de l'équiper pour la suivre de loin. Si vous prenez l'autobus, le train, l'avion, les employés se feront un devoir d'indiquer le but de votre voyage dès qu'on le leur ordonnera.

Bien sûr, toutes ces méthodes de surveillance ne sont pas systématiquement utilisées. Des dizaines de milliers d'étrangers se rendent chaque année en U.R.S.S (la plupart en voyages organisés) sans que le K.G.B. s'intéresse particulièrement à eux. Mais le dispositif est en place, immédiatement opérationnel, s'il le souhaite. Pourquoi? D'abord pour savoir qui fait quoi, c'est-à-dire pour contrôler et prévenir tout contact non autorisé avec les Soviétiques. Ensuite, pour détecter la faille chez un étranger intéressant à recruter. Le S.R. s'arrange alors pour placer sur son chemin des « tentations » : alcool, drogue, femme, homme... Si la personne tombe dans le piège, il est facile de la faire chanter et d'obtenir sa collaboration.

Ce genre de recrutement n'existe pas seulement dans les romans d'espionnage. Beaucoup d'Occidentaux s'y laissent prendre faute d'avoir été suffisamment avertis de ces pratiques. Le petit « joint » dans un pays où toute consommation de drogue est sévèrement réprimée, la maîtresse quand on est un homme marié (surtout avec un chantage à l'avortement), l'amant pour la secrétaire esseulée, le petit ami homosexuel pour celui qui se découvre soudain de telles tendances, sont autant de « trucs » qui marchent, même avec des Occidentaux qui viennent de pays aux mœurs très libérales.

Un officier du K.G.B. passé aux Etats-Unis en 1963 a décrit en détail l'une des plus spectaculaires opérations de ce genre menée contre une haute personnalité occidentale en poste à Moscou : Maurice Dejean, ambassadeur de France en U.R.S.S. de 1955 à 1964. Ce transfuge, Youri Krotkov, qui a personnellement participé à la manipulation, a été entendu longuement par le Sénat américain, en novembre 1969. A partir de ce témoignage et après de longs entretiens avec Krotkov, le journaliste et écrivain John Barron a reconstitué toute l'affaire dans son livre *K.G.B : The Secret Work of Soviet Secret agents*[1], le meilleur ouvrage à ce jour sur le S.R. soviétique. Avant de publier cette histoire, John Barron a pris soin de recouper ses informations auprès de Maurice Dejean. Voici l'essentiel du récit, tel qu'il le rapporte dans son livre.

Le K.G.B. entreprit l'une de ses plus importantes opérations depuis la Seconde Guerre mondiale dans l'espoir d'introduire un agent d'influence soviétique dans les plus hautes sphères du gouvernement français. Il espérait placer auprès du général de Gaulle un homme susceptible d'influencer la politique française au détriment du bloc occidental. Plus de cent officiers et agents du K.G.B., dont d'éminents intellectuels et d'élégantes prostituées, ont participé à ce complot qui entraîna un véritable siège de toute l'ambassade de France et causa la mort d'un honorable Français. L'opération était fort avancée lorsque le principal protagoniste du K.G.B. dans cette affaire quitta son pays et raconta l'histoire. Grâce à son témoignage, confirmé et précisé depuis par d'autres transfuges et par une enquête menée en Occident, il a été possible de reconstituer la trame de ce projet grandiose qui visait à attirer un ambassadeur dans un piège pour le corrompre.

Lors d'une journée particulièrement chaude de juin 1956, Youri Vassilevitch Krotkov fut convoqué dans une chambre de l'hôtel Moskva pour y rencontrer son supé-

---

1. Publié par *The Reader's Digest Association inc.*, 1974.

rieur du K.G.B. le colonel Leonid Petrovitch Kounavine. Grand, châtain, aux yeux marron, le visage dur, Kounavine était connu pour son zèle et sa cruauté. Lors d'un match de football, Krotkov l'avait vu assommer deux supporters qui avaient injurié l'équipe du K.G.B. Il avait une grande capacité de travail et les intrigues du K.G.B. étaient sa véritable passion.

Au cours des années, Krotkov avait participé à de si nombreuses opérations du K.G.B. qu'il pensait ne plus pouvoir être étonné de rien. Pourtant, Kounavine le surprit en lui annonçant que le K.G.B. avait décidé de suborner l'ambassadeur de France. « L'ordre vient de très haut, dit le colonel visiblement exalté par un tel défi. Nikita Sergheïvitch (Khrouchtchev), lui-même veut qu'il soit pris au piège. »

Krotkov demanda qui était l'ambassadeur. « Son nom est Maurice Dejean, répondit Kounavine. Nous savons tout à son sujet. »

Le K.G.B. était en effet très bien renseigné. Depuis le début de la Seconde Guerre mondiale, alors que Dejean était un membre important du gouvernement libre du général de Gaulle à Londres, le K.G.B. avait constitué un dossier sur lui. Ce dossier avait peu à peu grossi grâce aux renseignements recueillis par les agents soviétiques à New York, Paris, Londres et Tokyo, villes où Dejean avait été en poste. Depuis l'arrivée de l'ambassadeur et de sa femme à Moscou, en décembre 1955, le K.G.B. les surveillait continuellement. Des micros cachés dans leur appartement et à l'ambassade enregistraient toutes leurs conversations, même les plus intimes. Le chauffeur russe que le ministère des Affaires étrangères avait alloué à l'ambassadeur était un informateur du K.G.B., tout comme la femme de chambre personnelle de Mme Dejean. Les réceptions diplomatiques avaient permis aux officiers du K.G.B., présentés comme « fonctionnaires », d'observer et de juger le couple. Tout au long de son enquête rigoureuse, le K.G.B. n'avait néanmoins trouvé aucune disposition chez Dejean pour trahir la France. Mais il était apparu qu'à cinquante-six ans l'ambassadeur, homme cultivé et brillant, devait être sensible au charme féminin. Pour le K.G.B. cela en faisait un candidat susceptible d'être piégé.

Pour de telles opérations, Youri Krotkov était expert. Depuis la guerre il avait essayé d'attirer dans des pièges un nombre impressionnant de personnages officiels et de journalistes, notamment des diplomates américains, australiens, anglais, canadiens, français, indiens, mexicains, pakistanais et yougoslaves.

Dramaturge et scénariste de profession, Krotkov n'était pas un agent régulier du S.R. Mais depuis son enfance, il avait été en relation permanente avec le K.G.B. Il avait été élevé à Tbilissi, en Géorgie, où son père était artiste et sa mère actrice. En 1936, son père avait peint un portrait de Lavrenti Beria, à l'époque responsable du Parti communiste de Géorgie. Le travail de Beria fut tellement apprécié que Staline le promut ensuite responsable de l'appareil de sécurité de l'Etat (N.K.V.D. qui deviendra le K.G.B. en 1954). Son portrait fut alors suspendu dans toute l'Union soviétique et, jusqu'à la mort de l'artiste. Beria resta son protecteur.

Lorsqu'il arriva à Moscou pour y faire des études littéraires, Krotkov recherche les anciens amis de ses parents appartenant au S.R. et trouva naturel de demander leur aide. En 1941, il fut évacué de la ville avec les autres étudiants au moment où les Allemands menaçaient d'envahir Moscou. Il y retourna dix-huit mois plus tard et trouva sa chambre occupée par une famille. Il fit appel au N.K.V.D. qui chassa les locataires. Il fut aidé de la même façon pour trouver un travail à l'agence Tass, puis plus tard à Radio Moscou.

Le S.R. approcha Krotkov, en 1946, au moment où il commençait à avoir des contacts avec des étrangers. Il avait alors vingt-huit ans et accepta de faire partie des innombrables agents contractuels du N.K.V.D. Il put ainsi poursuivre ses études littéraires car plus il aurait de diplômes, plus il serait utile au S.R. Mais à partir de cette époque il ne fut plus jamais libre vis-à-vis de la centrale.

Comme écrivain, intellectuel et ami de la famille de

Boris Pasternak, Krotkov fut bien accueilli au sein de la communauté étrangère de Moscou. Ce grand homme mince, aux cheveux châtains et au visage expressif savait mener la conversation en anglais ou en russe sur des sujets aussi divers que l'art, l'histoire ou encore sur des personnalités du régime. Déjà, il avait appris à exploiter le désir des étrangers de communiquer avec des Soviétiques.

Krotkov reçut pour instruction de chercher de belles filles que le S.R. pourrait utiliser pour attirer des étrangers. Il les choisit principalement parmi les actrices qu'il rencontrait en tant que scénariste. Le N.K.V.D. les stimulait en leur promettant de meilleurs rôles, de l'argent, des habits ou encore un peu de liberté et d'amusements, toutes choses normalement absentes de la vie soviétique. Ces recrues étaient surnommées les « hirondelles ». Pendant la durée d'une opération elles étaient autorisées à utiliser des « nids d'hirondelles », c'est-à-dire deux studios adjacents. Dans l'un, la fille séduisait l'étranger qu'elle devait compromettre. Dans l'autre, les techniciens du S.R. filmaient et enregistraient le tout.

Deux jours après lui avoir annoncé l'opération, Kounavine convoqua Krotkov pour lui donner davantage de précisions. « L'ambassadeur est notre cible finale, lui expliqua-t-il. Mais l'adjoint de l'attaché de l'air nous intéresse aussi. »

Kounavine lui détailla le passé de l'ambassadeur et de sa femme en citant à plusieurs reprises des phrases entières de conversations enregistrées par les micros soviétiques.

Quelques jours plus tard, Kounavine le présenta à un autre agent « contractuel » du K.G.B. choisi pour séduire la femme de l'attaché de l'air adjoint. Cet homme, Mikhail Orlov était un acteur-chanteur, idole de la jeunesse moscovite. Sa haute stature et son air tzigane en faisaient un grand séducteur souvent utilisé pour piéger des femmes étrangères. Peu de temps auparavant, le K.G.B. lui avait fourni un appartement en récompense de services rendus auprès d'Américains. Etait également présent, lors de cette troisième rencontre, un jeune lieutenant du K.G.B., Boris Cherkachine, qui se faisait passer pour un diplomate répondant au nom de Kareline.

Quelques mois auparavant, Cherkachine et Orlov avaient reçu l'ordre de suivre un groupe de Français au bord de la mer Noire, en jouant les célibataires en vacances. Là, Cherkachine avait rencontré « par hasard » Mme Dejean, et de retour à Moscou il continua à la voir lors de réceptions officielles. Arrivé à ce stade, le K.G.B. considéra qu'ils se connaissaient suffisamment pour qu'il se permette de l'inviter à une sortie avec des « amis » afin que Krotkov puisse la rencontrer. Après avoir consulté son mari, Mme Dejean accepta l'invitation, ajoutant qu'elle emmènerait également deux amies.

Kounavine et Krotkov organisèrent cette sortie méticuleusement. Ils demandèrent à la milice de mettre à leur disposition un bateau à moteur, avec un milicien pour le conduire, sur la retenue d'eau de Khimki. Le bateau fut repeint et aménagé pour qu'on ne puisse pas reconnaître qu'il appartenait à la milice. Du vin, des fromages, des fruits et des pâtisseries furent commandés aux magasins spéciaux du K.G.B. ainsi qu'un choix de brochettes prêtes à être grillées.

Alors que le bateau prenait de la vitesse, Krotkov engagea la conversation avec Mme Dejean, exactement comme le plan du K.G.B. le prévoyait.

« Racontez-moi vos impressions sur l'Union soviétique, demanda-t-il.

– Nous sommes enchantés, répondit Mme Dejean. Toutes les personnalités que nous avons rencontrées ont été si gentilles avec nous. L'autre jour j'ai eu une longue conversation avec Chepilov[1], je l'ai trouvé fascinant. »

Le bateau s'arrêta sur la jetée d'une île déserte, près de la retenue d'eau de Pestovskove. Les agents et leurs invités se promenèrent, nagèrent et apprécièrent la cuisine du K.G.B.

1. Dimitri Chepilov fut ministre des Affaires étrangères de juin 1956 à mai 1957.

Le vin et le cognac aidant, le retour se fit en rires et en chants.

Sur la jetée, Mme Dejean leur dit : « Je voudrais vous remercier pour votre gentillesse. Pourriez-vous venir pour la célébration de notre 14 Juillet ? »

Le K.G.B. considéra cette invitation comme un grand succès. Cherkachine, qui avait été identifié comme agent du K.G.B. pendant son séjour à Paris, déclina l'offre. Krotkov et Orlov promirent de venir.

Lors de la réception, Mme Dejean les présenta aussitôt à son mari qui leur parla dans un russe passable. Bien que l'ambassadeur ne fût ni grand, ni beau, son regard vif, son air sain et ses cheveux grisonnants lui donnaient l'apparence d'un homme de bien, pondéré. Plus tard dans la soirée, Krotkov observa Dejean et Khrouchtchev, invité d'honneur, qui buvaient du champagne en échangeant des plaisanteries et se donnaient de temps à autre des accolades en riant.

La soirée s'acheva par un nouveau succès de Krotkov lorsque Mme Dejean et ses amies acceptèrent un pique-nique pour la semaine suivante.

Le K.G.B. prit ses dispositions pour engager un « second front », en automne, contre l'ambassadeur. C'était une partie essentielle du plan qui nécessitait l'entrée dans l'entourage de l'ambassade de France de l'homme responsable de toute l'opération : le lieutenant-général Oleg Mikhailovitch Gribanov, patron de la Deuxième direction principale du K.G.B.

Trapu, la calvitie naissante, portant toujours des pantalons informes et des lunettes sans monture, Gribanov ressemblait au type même du bureaucrate soviétique. A cette époque, c'était un penseur audacieux et l'une des sept ou huit personnes les plus importantes du K.G.B. Pour les arrestations massives qu'il avait effectuées lors de la révolte hongroise de 1956, il avait été décoré (avec Kounavine) pour « services spéciaux rendus au socialisme ». Son esprit brillant, calculateur et sa très forte personnalité lui avaient valu le sobriquet de « petit Napoléon ».

Pour duper les Dejean, Gribanov prit l'identité d'Oleg Mikhailovitch Gorbounov, « un important membre du Conseil des ministres ». Il prit aussi une « épouse », le major du K.G.B. Vera Ivanovna Andreïeva. Il imagina ensuite un plan compliqué pour rencontrer les Dejean par l'intermédiaire de sa femme afin que cela paraisse plus naturel. Deux éminents « contractuels » du K.G.B. furent choisis pour servir d'intermédiaires : Sergueï Mikhalkov, écrivain et coauteur de l'hymne national soviétique (qui devint président de l'Union des écrivains de la République de Russie en mars 1970) et sa femme, Natalia Konchalovskaïa, un auteur populaire d'histoires pour enfants. Au cours d'une réception diplomatique, le major Vera fut présentée comme « Mme Gorbounov, traductrice au ministère de la Culture, et épouse d'un membre du Conseil des ministres ».

Potelée, ressemblant à une matrone, Vera parlait couramment le français pour avoir été en poste à Paris pour le K.G.B. Ses souvenirs flatteurs de la France plurent aux Dejean. Elle parla beaucoup de son « mari », le présentant comme un homme surchargé de travail et comme un confident des responsables soviétiques. Tout à fait le genre de personnage qu'un ambassadeur aimerait connaître. Aussi les Dejean furent-ils ravis d'accepter une invitation chez les Gorbounov.

Pour divertir l'ambassadeur, le K.G.B. réquisitionna et meubla un spacieux appartement pour en faire le domicile moscovite des Gorbounov. Plus important encore, Ivan Alexandrovitch Serov, le président du K.G.B., prêta sa datcha de Kourkino-Machkino, à une vingtaine de kilomètres de la capitale. C'était une vieille bâtisse russe, bâtie avec des troncs d'arbres, ornée de portiques et de châssis aux fenêtres, avec de vastes pièces. Cette datcha devint le cadre d'agréables fêtes auxquelles les Gorbounov admirent les Dejean dans un cercle sympathique d'écrivains, d'artistes, d'acteurs, d'actrices et d' « officiels ». En fait, tous étaient des agents du K.G.B. ou des « hirondelles ». De temps en temps, Gribanov confiait de vraies informations pouvant être utiles à l'ambassadeur, tandis que Vera emmenait son épouse faire des excursions « pour voir le pays ».

Pendant tout ce temps, Krotkov continuait à rencontrer Mme Dejean, aidé par sa propre équipe d'agents.

Début 1958, quelque dix-huit mois après le commencement de l'affaire, aucun des plans élaborés par le K.G.B. pour séduire le Français n'avait donné de résultats. Mais l'amitié entre Krotkov et Mme Dejean restait un sérieux atout. Gribanov décida alors d'en profiter en utilisant Krotkov pour piéger Dejean.

La femme que Gribanov choisit pour cette mission s'appelait Lydia Khovanskaïa. Divorcée, la trentaine, gaie, sensuelle, elle avait acquis des manières occidentales et une parfaite maîtrise du français à Paris où son mari avait été diplomate. Gribanov profita du désir des Français de développer leurs relations pour l'introduire dans le cercle des Dejean.

Gribanov demanda au ministère de la Culture d'organiser une projection spéciale du ballet *Gisèle* en y invitant l'ambassadeur pour qu'il puisse rencontrer d'éminentes personnalités du cinéma soviétique. Krotkov, désigné comme maître des cérémonies, élabora la liste des invités. Parmi eux figurait « Lydia Khovanskaïa, traductrice ». Pour donner plus d'éclat encore à cette soirée, le K.G.B. y convia une douzaine de ballerines du Bolchoï, dont la célèbre Maïa Plisetskaïa.

Pendant la projection qui eut lieu dans une demeure ancienne du passage Gnezdnikovski, Lydia, belle et parfumée, était assise à côté de Dejean. Par la suite, elle rejoignit Krotkov pour servir de traductrice à Mme Dejean.

Trois jours plus tard, Krotkov téléphona à Mme Dejean pour une nouvelle rencontre. « J'organise un dîner vendredi, commença-t-il par dire. Mes amis ont été très impressionnés par l'ambassadeur et ce serait un grand honneur pour moi si vous pouviez le convaincre de venir. »

Le K.G.B. loua la salle principale du restaurant Praga et investit neuf cents roubles pour ce dîner. Bien que la soirée eût pour but de donner une nouvelle occasion à Lydia de séduire l'ambassadeur, Kounavine et Krotkov lui présentèrent deux autres « hirondelles » en plus : Nadya Cherednichenko et Larissa (« Lora ») Kronberg-Sobolevskaïa.

Une demi-heure avant le dîner, Kounavine dispersa des agents du K.G.B. dans le restaurant pour surveiller la fête et éviter tout dérangement. Lydia, Nadya et Lora resplendissaient. Le scénariste George Mdivani, un autre artiste bien connu travaillant pour le K.G.B., établit un semblant d'irrespect en lançant des toasts impertinents et moqueurs à l'encontre du socialisme. Dejean se comportait en parfait diplomate, poli, dansant avec adresse. Il apprécia tellement la soirée qu'il invita tout le monde à l'ambassade la semaine suivante.

Le soir du dîner à l'ambassade, les Dejean se montrèrent de si parfaits maîtres de maison que Krotkov, Mdivani et les trois « hirondelles » faillirent oublier leur mission. Sincèrement contents de se trouver parmi des Russes qu'ils considéraient comme leurs amis, les Dejean firent visiter l'ambassade, magnifiquement meublée d'antiquités françaises, à leurs invités.

Peu de temps après, Vera invita Mme Dejean pour un voyage. Krotkov appela l'ambassadeur. « Il y a un artiste géorgien, Lado Goudiachvili, un vieil ami de ma famille, qui fait une exposition. Il a fait ses études en France et adore votre pays. C'est à présent un vieil homme pour lequel cela représenterait beaucoup de choses si vous pouviez passer à son exposition dimanche. »

L'ambassadeur accepta et vint à la galerie dans la Chevrolet noire de l'ambassade, conduite par le chauffeur du K.G.B. Il y rejoignit Krotkov et Lydia et accepta qu'elle lui serve d'interprète. Dejean complimenta le vieux peintre qui se trouvait en disgrâce car ses tableaux, trop romantiques, manquaient de « réalisme socialiste ».

Au moment où Dejean s'apprêtait à partir, Lydia lui demanda de la raccompagner chez elle et de prendre une tasse de café.

Krotkov appela Kounavine le lendemain matin. « L'ambassadeur a ramené Lydia chez elle. »

Le K.G.B. n'avait nullement l'intention d'utiliser cet après-midi comme moyen de chantage.

« Consolidez la relation mais ne soyez pas trop disponible pendant quelque temps », ordonna Kounavine. Lydia accomplit son devoir sans faute. Aux dîners officiels où les membres du groupe de Krotkov venaient de plus en plus nombreux, elle restait aimable et respectueuse vis-à-vis de l'ambassadeur.

En mai 1958, l'opération contre les Français prit soudain une nouvelle signification pour le K.G.B. Les agents soviétiques à Paris avaient indiqué que de Gaulle allait bientôt revenir au pouvoir. Comme le K.G.B. présumait que Dejean était toujours un intime du général, il pensa que son accession à un poste d'influence était maintenant assurée. « Cette affaire a toujours été importante, dit Kounavine à Krotkov. Maintenant, elle l'est dix fois plus. »

Au cours d'une soirée à l'ambassade, au mois de juin, à laquelle participait Krotkov, Dejean porta des toasts à de Gaulle et à la nouvelle ère de grandeur qu'il promettait à la France.

Krotkov pensa que le K.G.B. allait maintenant refermer le piège sur Dejean. Aussi fut-il stupéfait d'entendre Kounavine lui annoncer : « Nous allons retirer Lydia du jeu.

— Quoi ? s'exclama Krotkov.

— Ce n'est pas sa faute, nous avons commis une erreur, dit Kounavine calmement. Cette opération nécessite que la fille soit mariée pour que notre plan réussisse. Malheureusement, le mari de Lydia était assez connu à Paris et il y a sûrement des gens à l'ambassade qui savent qu'ils sont divorcés. »

Il donna l'ordre à Lydia d'avertir Dejean qu'elle quittait Moscou pendant quelque temps pour les besoins d'un tournage. Pour la remplacer, Gribanov choisit l'une des actrices qui avait déjà été présentée à l'ambassadeur : Larissa (« Lora ») Kronberg-Sobolevskaïa.

D'après la légende que le K.G.B. avait inventée, elle était mariée à un géologue qui explorait la Sibérie la plus grande partie de l'année. Gribanov suggéra à Lora de décrire son mari à Dejean comme un homme cruel et un jaloux pathologique.

Après le prétendu départ de Lydia, Lora réapparut aux fêtes organisées par Krotkov en l'honneur de Dejean. L'ambassadeur noua des relations plus suivies que celles qu'il avait eues avec Lydia.

Lorsque Mme Dejean partit en Europe pour les vacances, Gribanov décida d'en finir avec cette histoire commencée depuis plus de deux ans.

Pendant près de dix jours, le K.G.B. éloigna Lora. Gribanov fit venir à Moscou un Tatar nommé Micha qui était l'un des tueurs du K.G.B. et il interrompit les vacances de Kounavine.

Des rondes de surveillance spéciales furent organisées et les techniciens du K.G.B. installèrent des transmetteurs de radio dans l'appartement jouxtant celui qui allait servir.

Gribanov rassembla son équipe dans une suite de l'hôtel Métropole. Il y avait Kounavine, Lora, Vera et d'autres agents du K.G.B. A la suite d'un véritable banquet, il donna ses dernières instructions. « Je veux que vous l'acheviez, dit-il à Kounavine et Micha. Faites-lui vraiment mal. Terrifiez-le. Mais gare à vous si vous laissez la moindre trace sur son visage. Je vous mettrai en prison. »

Le lendemain matin, Krotkov et sa « très bonne amie », Alla Gouboubova, suivis par Dejean et Lora, partirent à la campagne. Les deux voitures étaient étroitement surveillées par le K.G.B. Krotkov s'arrêta finalement à la lisière d'une forêt, sur une colline surplombant un ruisseau. Pour pique-niquer.

A des kilomètres de là, dans l'appartement jouxtant celui de Lora, Gribanov, Kounavine et Micha recevaient les rapports des agents cachés dans la forêt. Micha, le « mari » de Lora, et Kounavine, son « ami » étaient habillés en explorateurs géologues, avec des chaussures à crampons et des sacs à dos.

Au milieu de l'après-midi, Krotkov suggéra de rentrer, pour suivre l'emploi du temps prévu.

Dès qu'ils furent arrivés à l'appartement de Lora, au 2 de la rue Ananyevski, elle lui annonça : « J'ai reçu un télégramme de mon mari, il revient demain. »

Ecoutant les bruits provenant de l'appartement de Lora, Gribanov attendait impatiemment le signal. « Pourquoi ne dit-elle pas le mot convenu? » répétait-il sans cesse. Enfin, Lora prononça le nom de code : « *Kiev*. » Immédiatement Micha, suivi de Kounavine, se précipitèrent vers l'appartement et ouvrirent la porte.

Les deux hommes se jetèrent sur Dejean et le battirent violemment. Kounavine qui détestait les Français s'en donna à cœur joie. Lora fut aussi battue et giflée.

Pendant toute la scène, Lora pleurait et criait : « Arrêtez! Vous allez le tuer! C'est l'ambassadeur de France! » De son côté, Micha hurlait qu'il voulait porter plainte.

Dejean quitta précipitamment les lieux et se fit raccompagner par son chauffeur de l'ambassade.

Dans l'appartement, on avait l'impression d'être dans le vestiaire d'une équipe qui vient de remporter une coupe du monde. Le champagne coulait à flots dans les verres et par terre.

Le soir même, à 20 heures précises, Dejean se rendit à la datcha de Serov pour un dîner. Là, l'attendait en hôte aimable celui qui, trois heures auparavant, avait orchestré son tabassage. Quelques jours auparavant, Gribanov, dans le rôle de Gorbounov, avait arrangé ce dîner volontairement. Le K.G.B. voulait donner à Dejean la possibilité de demander l'aide dont il avait désespérément besoin.

Bien que très affecté par l'épreuve, l'ambassadeur ne laissa rien paraître tout au long du dîner. Tard dans la soirée, il prit Gribanov à part et avoua enfin ce que le K.G.B. souhaitait lui entendre dire depuis si longtemps. « J'ai de sérieux ennuis. J'ai besoin de votre aide. » Il raconta ses déboires et lui demanda d'intervenir pour que le « mari » de Lora retire sa plainte.

Le K.G.B. décora Kounavine d'un nouvel ordre de l'Etoile rouge et honora Krotkov au cours d'un dîner exceptionnel dans une salle privée du restaurant Aragvi. Entre les hors-d'œuvre, les poulets fumés, les fromages, le tout arrosé de vin géorgien et du meilleur cognac, quelques généraux du K.G.B. retraçaient avec Kounavine et Krotkov les grandes phases du projet Dejean. A la fin du dîner, un général prit la parole : « Cette opération a été l'une des plus brillantes jamais entreprises par les organes de la Sécurité de l'Etat. Sans votre contribution essentielle Youri Vassilevitch (Krotkov), il est peu probable que nous aurions atteint notre but. »

Le général fit une pause et sortit de sa poche une montre Doxa, entièrement en or (elle avait été confisquée à un étranger). « Au nom du comité de la Sécurité de l'Etat et du Conseil des ministres de l'Union soviétique, j'ai le plaisir de vous transmettre ce cadeau. Considérez-le comme un symbole de gratitude pour votre activité patriotique. Nous regrettons simplement de ne pas pouvoir faire graver sur cette montre la raison de votre récompense. »

Le secret que partageaient Gribanov et Dejean tissait un lien spécial entre eux. L'ambassadeur était à la fois reconnaissant et redevable envers le général : le « mari » avait consenti à oublier l'affaire.

Pour l'instant, la stratégie du K.G.B. visait à consolider ces liens d'amitié. Plus les deux hommes seraient proches, plus l'estocade finale serait facile.

Gribanov ne fit plus jamais allusion à cette histoire. Quant à l'ambassadeur, il ne se rendit jamais compte que son cher ami Gorbounov, en qui il avait toute confiance et à qui il demandait des conseils, était en réalité le chef de la Deuxième direction principale du K.G.B. Il était donc normal pour Dejean de discuter avec son ami russe des comportements, de la personnalité des autres diplomates occidentaux qu'il fréquentait à Moscou, et de rapporter leurs conversations. Il était également naturel qu'il transmette à Paris les informations que ses amis russes lui confiaient.

Comme Gribanov ne pouvait consacrer tout son temps à Dejean, il choisit un bel et élégant officier du K.G.B., Alexei Suntsov, pour le seconder. Lorsque Dejean se rendit à Paris en mai 1960 pour la Conférence des Quatre (réunissant des représentants des Etats-Unis, de l'U.R.S.S., de la France et de la Grande-Bretagne pour tenter de régler la crise survenue à la suite de la destruction d'un avion espion américain U2 au-dessus de l'Union soviétique, cette conférence fut un échec), Suntsov fit également le voyage, et à Moscou, il se trouvait toujours là où Gribanov ne pouvait être pour s'occuper des Dejean. Une fois, quand Suntsov avait été malade, Gribanov prit Youri Nossenko (qui fit défection en juin 1962 à Genève) pour le seconder lors d'une réception que donnait l'ambassade de l'Inde dans un hôtel de Moscou. Les Indiens ne servaient pas d'alcool mais les serveurs, tous agents du K.G.B., avaient un stock de vodka dissimulé dans d'innocentes bouteilles d'eau minérale. Apercevant Dejean, Gribanov ordonna qu'on lui apporte l'une de ces bouteilles. Les deux hommes se sourirent et trinquèrent de loin comme deux vieux complices.

Pendant tout ce temps, nombre d'agents du K.G.B. cherchaient des proies parmi le personnel de l'ambassade. Plusieurs tentatives furent faites bien que le K.G.B. sache qu'il avait peu de chances. Krotkov, par exemple, reçut l'ordre de séduire une petite secrétaire mais elle refusa même de le rencontrer. Malgré tout, le K.G.B. continuait à espionner et à sonder les employés pour trouver un personnage vulnérable. Ce qui arriva durant l'été 1961. Le S.R. soviétique jeta son dévolu sur l'attaché militaire. Très rapidement en butte aux machinations du K.G.B., le colonel français préféra se tirer une balle dans la tête dans son bureau de l'ambassade.

Pendant quelques heures, le suicide du colonel provoqua la panique à la Deuxième direction principale du K.G.B. On craignait qu'il n'eût laissé une lettre expliquant dans quel piège il était tombé. Une fois que les agents eurent vérifié qu'il n'en était rien, le K.G.B. respira et commença à laisser entendre dans la colonie diplomatique que l'attaché militaire s'était suicidé suite à une dépression nerveuse.

Pour Krotkov, la mort du colonel n'était pas un suicide mais un meurtre. Elle précipita la décision qu'il avait prise depuis des mois : en finir avec cette vie d'écrivain médiocre, ces trahisons quotidiennes, toute cette saleté morale. Il avait commencé à enregistrer secrètement et à mettre sur un microfilm l'histoire de sa vie au service du K.G.B. En même temps, il cherchait un moyen pour quitter l'Union soviétique.

Le 2 septembre 1963, il arriva à Londres avec un groupe d'écrivains et d'artistes venus faire du tourisme. Onze jours plus tard, il quittait le médiocre hôtel londonien dans lequel logeait la délégation soviétique. Il se faufila dans la foule de la rue Bayswater, courut jusqu'à Hyde Park et disparut. Le soir même, mis sous haute protection, il commença à livrer ses secrets aux services britanniques. Ses révélations les stupéfièrent. Ils appelèrent immédiatement l'un des responsables du contre-espionnage français. Après l'avoir écouté pendant deux heures, le Français était si alarmé qu'il rentra immédiatement à Paris pour faire son rapport au plus vite et au plus haut niveau. Il obtint d'être reçu confidentiellement par un proche collaborateur de de Gaulle. Peu après, inquiet mais déterminé, le général donna personnellement l'ordre de faire toute la vérité sur cette affaire, quelle qu'elle soit.

Les Britanniques, les Américains et les Français étudièrent attentivement les révélations de Krotkov car elles soulevaient de graves problèmes pour les trois pays. Le transfuge disait-il la vérité ? Si oui, le K.G.B. n'avait-il pas été plus loin dans l'affaire Dejean sans que Krotkov le sache ? Ou alors le transfuge pouvait être encore l'un de ces agents que le K.G.B. envoie en Occident pour empoisonner les relations entre les alliés et pour détourner l'attention des services de contre-espionnage, tout en jetant le discrédit sur un homme innocent ?

Le journal *Le Monde* rapporta, le 9 février 1964, que l'ambassadeur Maurice Dejean était rappelé d'U.R.S.S., l'article notait que ses adieux avaient eu lieu « dans une atmosphère cordiale due en partie aux relations personnelles que M. Dejean avait établies avec les dirigeants soviétiques pendant ses huit années passées là-bas. » Comme il avait été très longtemps à Moscou, personne ne s'étonna de son appel.

Après son retour, les officiers du contre-espionnage français soumirent Dejean à un sévère interrogatoire secret, pendant plusieurs jours. Ils passèrent au crible toutes les dépêches diplomatiques en provenance de Moscou, ils interrogèrent ses associés et toutes les personnes citées par Krotkov.

Après avoir analysé tous ces éléments, le service français conclut que l'histoire de Krotkov était vraie pour l'essentiel. Mais il ne parvint pas à trouver la moindre trace d'un acte déloyal de Dejean envers la France. Le K.G.B. avait surestimé son influence auprès de de Gaulle. Pour avoir trop attendu que Dejean se trouve à un poste de responsabilité – que de Gaulle n'avait d'ailleurs pas l'intention de lui confier – le K.G.B. avait perdu.

Apprenant que le récit de Krotkov était vrai, les Britanniques qui le retenaient prisonnier devaient décider de son sort. Le transfuge répétait passionnément qu'il avait quitté son pays, sa culture, pour se repentir et raconter tout ce qu'il avait fait.

Les experts des services de contre-espionnage occidentaux étaient préoccupés par les répercussions de cette histoire. Avec frustration et désespoir ils avaient observé le K.G.B. avancer sûrement vers le but fondamental des Soviétiques, à savoir : séparer la France de l'Alliance atlantique. A Paris, les agents du K.G.B essayaient sans cesse de réveiller chez de Gaulle les vieux griefs qu'il nourrissait à l'encontre des relations – souvent difficiles – avec les Anglo-Saxons.

Au moment même où Krotkov révéla son histoire, les agents du K.G.B. cherchaient à convaincre de Gaulle que les Américains et les Britanniques conspiraient contre lui.

Les Anglais avaient peur que la divulgation de cette histoire fasse croire à de Gaulle qu'il s'agissait d'un complot contre sa personne, qu'on cherchait à l'atteindre en le liant à un scandale par le biais d'un ami. Ils exigèrent donc le silence de Krotkov.

A Paris, après avoir étudié le rapport final du contre-espionnage, de Gaulle convoqua son vieil ami à l'Elysée. Soulevant ses lunettes et le regardant du haut de son grand nez il prit congé de Dejean avec cette phrase : « Eh bien, Dejean, on couche! »

Kounavine avait été renvoyé du K.G.B. avant la défection de Krotkov pour alcoolisme et corruption. Gribanov l'aida en le nommant gérant d'un hôtel Intourist, spécialement aménagé pour les étrangers.

Quant à Gribanov, le héros de Budapest, le maître des pièges en tout genre, il disparut dans les profondeurs du K.G.B. et Gorbounov, l'homme qu'il prétendait être, cessa d'exister.

Dejean se retira dans le confort de son appartement parisien. Il se refusa à tout commentaire et ne fit aucune déposition sur ce qui s'était passé à Moscou. Mais plus tard il devint président de la Société franco-soviétique de coopération industrielle et continua d'aller à Moscou.

Krotkov publia un livre sur la vie en Union soviétique en omettant de parler de sa collaboration avec le K.G.B. En 1969, le sous-comité du Sénat pour la sécurité l'invita à Washington pour témoigner sur différentes affaires, dont celle de Dejean. Depuis lors, il vit aux Etats-Unis comme écrivain. Au cours de mes nombreuses interviews avec lui, il semblait préoccupé par la contemplation de la mort et le besoin d'un Dieu. « Je sais qu'il y aura un jugement dernier. Je n'attends pas de pitié », dit-il.

Des amis prétendent que ces dernières années il a trouvé un nouveau sens à sa vie. La France et d'autres démocraties lui doivent beaucoup.

Ici s'achève le récit de John Barron.

Maurice Dejean n'a pas tenu rigueur aux Soviétiques de l'avoir piégé. Peu après son rappel de

Moscou il est devenu membre de la présidence nationale de l'Association France-U.R.S.S. où il a milité pour une meilleure compréhension entre les deux pays. Parallèlement, il s'est fait l'avocat de la coopération économique avec l'U.R.S.S. Il a été nommé P.-D.G. d'une petite fabrique de montres, la Slava, créée il y a un peu plus de vingt ans à Besançon, avec des capitaux entièrement soviétiques.

Maurice Dejean est mort le 14 janvier 1982 à Paris, à l'âge de quatre-vingt-deux ans. Sa disparition n'a fait l'objet d'aucun commentaire officiel. La notice nécrologique publiée par le journal *Le Monde* du 16 janvier 1982 fit tout de même mention de ses mésaventures soviétiques : « En décembre 1955, il est nommé ambassadeur à Moscou, un poste qu'il occupera pendant huit ans, au point de devenir, au début de 1964, doyen du corps diplomatique dans la capitale soviétique. Le général de Gaulle dut cependant le rappeler à cette date, à la suite des révélations d'un transfuge du K.G.B. relatant des aventures sentimentales compromettantes pour l'ambassadeur. »

Quelques jours plus tard, le 20 janvier, dans le même journal, l'ambassadeur Hervé Alphand rendait un dernier hommage à sa mémoire, en soulignant sa remarquable lucidité politique. L'article s'achevait ainsi : « Par la suite, il fut pendant huit ans ambassadeur à Moscou. Suivant l'expression du général de Gaulle, il y a « dignement et noblement représenté la France ». Ainsi, au cours d'une carrière longue, diverse, mouvementée, Maurice Dejean aura fait preuve de cette qualité rare, chose du monde en vérité la moins partagée en dépit de ce que prétendait Descartes, je veux dire le bon sens – et j'ajouterai le courage.

Si le chantage aux mœurs reste l'arme privilégiée du K.G.B. pour piéger les Occidentaux, il n'est pas toujours facile de l'utiliser. Favoriser des penchants homosexuels ou monter un adultère réclament d'énormes moyens comme nous venons de le voir. Pas de problème en U.R.S.S. où ni le temps ni les coûts ne sont des obstacles pour le K.G.B. C'est plus difficile à l'Ouest, où les infrastructures manquent et où les officiers du S.R. soviétique en poste sont astreints à un minimum de rentabilité vis-à-vis de leur centrale. Pour recruter dans les pays occidentaux, ils préfèrent donc employer des méthodes plus directes, plus immédiatement payantes.

Les biographies que fournissent sur leur entourage les agents déjà en activité sont des éléments essentiels dans cette chasse systématique aux nouvelles recrues. La cible choisie se verra alors, à son insu, totalement mise à nu. S'il s'agit d'un homme politique, d'un haut fonctionnaire ou d'un journaliste déjà âgé, le K.G.B. épluchera plus particulièrement son passé pour y rechercher la zone d'ombre, la tache qui pourraient être exploitées. L'histoire récente de la France a connu suffisamment de périodes troubles pour qu'on y trouve matière à quelques bons moyens de chantage. Les Soviétiques ne s'en privent jamais. Pour eux la prescription n'existe pas. Sur les dossiers du K.G.B. figure cette inscription. « A conserver pour l'éternité. »

Pour ce type de recherche, le S.R. dispose d'un précieux auxiliaire : les archives nazies que l'Armée Rouge a récupérées lors de la prise de Berlin en 1945. Tous ces dossiers ont été méthodiquement épluchés, et si possible exploités même des dizaines d'années plus tard. Combien d'Occidentaux se sont-ils retrouvés un jour face à un « aimable » officier du K.G.B. venu leur rappeler leurs « erreurs de jeunesse » ? Combien d'hommes et de femmes ont accepté de trahir leur pays pour faire oublier le passé? En République fédérale d'Allemagne, par exemple, nombre d'anciens nazis ont cédé à ce type de chantage et accepté de travailler pour les Soviétiques, y compris à l'intérieur des services secrets ouest-allemands.

A la fin des années 1960, la D.S.T. a traité un cas de ce genre : il concernait un haut fonctionnaire occupant un poste important, lié à la défense nationale. Dans cette affaire sordide, il est vrai, le chantage au passé n'a pas été le seul levier. La vénalité et la fatuité du personnage l'ont aussi conduit à la trahison.

Le contre-espionnage découvre l'affaire par hasard, en enquêtant sur un trafic d'armes. Notre haut fonctionnaire, appelons-le M.Z, s'y trouve impliqué aux côtés d'individus louches, fichés comme anciens collaborateurs sous l'Occupation. Etrange. Car M.Z., grand officier de la Légion d'honneur, s'est toujours vanté de son passé de résistant. Il a d'ailleurs fait deux ans de camps de concentration en Allemagne. Première surprise.

Dans le dossier administratif du haut fonctionnaire, les pages correspondant à la période de la guerre ont curieusement disparu, certaines ont même été arrachées. Les archives de la guerre et de l'Occupation, comme les fichiers de la Résistance sont tout aussi vides. Le contre-espionnage apprend ensuite qu'en 1964 un service de renseignement allié avait adressé au directeur général de la Police nationale un dossier conséquent sur M.Z. et ses fréquentations douteuses. Personne n'en a tenu compte. Pis même : il est nommé peu après à un très haut poste, avec l'habilation « secret défense » normalement réservée aux fonctionnaires les plus sûrs, après enquête de sécurité.

Surmontant nombre de difficultés administratives, les policiers réussissent enfin à se procurer auprès du ministère de la Justice, qui conserve les dossiers importants sur la collaboration, la véritable biographie de M.Z. On découvre qu'il a été un pseudo-résistant et un vrai agent de la Gestapo sous le numéro d'immatriculation 290. A partir de là, il a été possible de reconstituer tout son passé.

Fonctionnaire lors de l'armistice de 1940, notre homme attend du régime de Vichy une promotion. Soupçonné d'être franc-maçon – ce qui est vrai – il est au contraire rétrogradé. Furieux, M.Z. se tourne alors vers l'occupant pour se venger, et nuire à Pétain. Il devient agent du S.D. (service de sécurité nazi) sous les ordres d'un nommé Bauer, responsable pour la ville de Vierzon puis de Blois. Bauer le met également en rapport avec la Gestapo à Rouen. Qu'a-t-il livré à l'occupant? Vraisemblablement des renseignements sur les tendances politiques au sein de l'administration de Vichy et des conseils pour recruter tel ou tel fonctionnaire. Parallèlement, il s'engage dans un réseau de la résistance, dirigé par un ancien ministre de la IIIe République. Il est probable qu'il informait la Gestapo sur ce réseau.

Pour son malheur, M.Z. est victime de la petite guerre que se livrent alors le S.D. et l'Abwehr, les services secrets nazis. Un certain Richard avait été infiltré par l'Abwehr dans le même réseau de résistance. Au bout de quelques mois, cet agent livre les noms de tous les membres du réseau, y compris celui de M.Z. dont il ignore la véritable mission. Le voilà donc arrêté, en août 1942, avec plusieurs vrais résistants. La Gestapo prend fait et cause pour lui mais il est difficile de le libérer sans le griller. Les nazis montent un procès bidon. M.Z. est condamné à dix-huit mois de prison pour « divulgation de secrets d'Etat par bêtise » (*sic*).

Décidément malchanceux, notre homme est transféré en Allemagne à la suite d'une mesure administrative d'ordre général. Dachau, Buchenwald, Ohrdruff, de nouveau Buchenwald : il est trimbalé de camp de concentration en camp de concentration jusqu'à la Libération. Sur son dossier figure la mention Z.S., c'est-à-dire, *à ménager en raison des services rendus*. Il n'empêche. Lorsqu'il revient à Paris en 1945, il est durement éprouvé par ses années de détention. Pourtant, il se garde de revendiquer le titre de résistant et ne réclame aucune distinction.

Une femme appartenant au réseau Bauer, arrêtée à la Libération, met gravement en cause le comportement de M.Z. durant la guerre. Selon elle, il a livré au S.D. des documents sur la flotte française de Toulon, contre cent mille francs, et remis un document secret sur les rapports entre Vichy et Londres. Le 5 avril 1946, le garde des Sceaux est saisi de ce très grave cas de collaboration. Mais M.Z. ne sera jamais inquiété.

Il est vrai qu'entre-temps il a fait du chemin. Inscrit à la S.F.I.O. il est devenu l'intime d'un député de cette formation qui lui fait des certificats de complaisance sur sa courageuse attitude durant la guerre. Grâce à ce député, M.Z. est décoré de la médaille de la Résistance puis de la Légion d'honneur. Il s'avéra par la suite que ce protecteur avait aussi été agent de la Gestapo. M.Z. le savait, il possédait un dossier sur son passé. C'est ainsi qu'il s'est refait une virginité.

Les faits de collaboration étaient depuis longtemps prescrits lorsque la D.S.T. a pris connaissance de ce dossier scandaleux. Impossible de poursuivre ce haut fonctionnaire pour usurpation de décoration. Mais, à la lumière de ce passé, le présent prenait une tout autre dimension. Il devenait clair que M.Z. pouvait être une proie facile pour tous S.R. étrangers qui auraient eu accès aux archives de la Gestapo après guerre. Ce qui est le cas des services américains, britanniques ou soviétiques. La D.S.T. comprenait maintenant la gêne du contre-espionnage anglais (M.I. 5) lorsque Paris demanda des informations sur le passé de M.Z. Le M.I. 5 l'utilisait comme informateur. Idem côté américain. Mais le contre-espionnage français était beaucoup plus inquiet encore des étranges fréquentations que le haut fonctionnaire entretenait avec des diplomates soviétiques, officiers patentés du K.G.B. Le S.R. soviétique connaissait sans doute son passé. Il l'avait fait chanter. Il trahissait pour l'U.R.S.S. La sécurité de l'Etat était en cause.

L'arrestation de M.Z. a eu lieu le 21 mars 1968, en pleine nuit, dans la plus grande discrétion. L'affaire ne devait pas s'ébruiter afin de démêler l'écheveau de ce dossier délicat en dehors des pressions politiques qui n'allaient pas manquer de se manifester pour secourir cet homme connu et estimé. En dépit des précautions prises, l'arrestation de M.Z. se retrouva rapidement à la une des journaux. Les premiers articles l'ont décrit comme un germanophile (il avait fait une partie de ses études en Allemagne avant guerre) tout juste coupable de quelques indiscrétions en faveur de la R.F.A. Quelqu'un cherchait, déjà, à minimiser l'affaire.

Après plusieurs jours d'interrogatoires et de multiples recoupements, la D.S.T. réussit tout de même à établir la vérité, à cerner l'ampleur de sa trahison.

M.Z. a effectivement travaillé pour les services américains et britanniques de sa propre initiative. Ces services n'ont exercé aucun chantage sur lui. Aux premiers, il a vendu assez cher des synthèses des renseignements généraux sans grand intérêt. Aux seconds, il a prétendu que le ministère de l'Intérieur entretenait des rapports clandestins avec les services soviétiques. Perplexes, les Britanniques l'ont tout de même cru. A l'époque, plusieurs services occidentaux soupçonnaient le K.G.B de se livrer à un travail occulte dans les hautes sphères de l'Etat gaulliste (conséquence des révélations d'Anatoli Golitsine, comme nous l'avons vu). A son domicile les policiers ont aussi découvert une correspondance suivie avec des personnalités et des fonctionnaires ouest-allemands, portant sur la politique intérieure et extérieure française. L'homme avait décidément le goût du renseignement. En définitive, tous ces contacts n'étaient qu'une vaste opération de camouflage, souhaitée par le K.G.B. pour brouiller les pistes. Car M.Z. était surtout un agent soviétique.

Son recrutement date de 1959. C'est un ancien diplomate français, en disponibilité depuis 1953 à cause de ses relations suspectes avec un colonel soviétique, qui l'a mis en contact avec le K.G.B. Son premier officier traitant s'est appelé Serguei Kouznetsov, premier conseiller de l'ambassade d'U.R.S.S. de septembre 1959 à mai 1964. Par la suite, jusqu'en janvier 1967, c'est Igor Oussatchev, ministre conseiller à l'ambassade, qui s'est occupé de lui. Après Paris, Oussatchev a été promu ambassadeur au Zaïre, pour le récompenser de son travail en France.

Lors de son interrogatoire M.Z. a admis que Kouznetsov l'avait fait chanter sur son passé de collaborateur. Les Soviétiques avaient trouvé son dossier dans les archives de la Direction générale des services de sécurité allemande, à Potsdam. De son propre aveu, il a livré au K.G.B. des notices biographiques sur des personnalités françaises et allemandes, des informations sur la politique du gouvernement français face à l'Allemagne, sur l'attitude de Paris à l'égard de Berlin, et sur les rapports franco-algériens.

Un fait capital est demeuré obscur. La D.S.T. savait que Serguei Kouznetsov avait été à deux reprises chez M.Z., contrairement à toutes les règles de sécurité du K.G.B. (un officier traitant ne rencontre jamais un agent à son domicile). Pour quelle raison Kouznetsov s'était-il comporté si imprudemment? Circonstance aggravante, l'une de ces visites eut lieu dans la nuit du 14 au 15 août 1963, au lendemain de l'arrestation de Georges Pâques (le haut fonctionnaire de l'O.T.A.N. dont il sera question au chapitre suivant). Cette nuit-là, Kouznetsov repartit avec un volumineux paquet sous le bras. Questionné sans relâche sur ces mystérieuses visites, et sur ce paquet, M.Z. s'enferra dans divers mensonges sans jamais avouer la vérité.

Reste une hypothèse, la plus vraisemblable : juste après la guerre, M.Z. chercha par tous les moyens à effacer les traces de sa collaboration avec la Gestapo. D'où les dossiers administratifs vides trouvés par la D.S.T. au début de l'enquête. En faisant ses recherches, il tomba sur certaines biographies douteuses. Il commença à constituer un fichier. Par la suite, M.Z. fut en rapport avec d'anciens agents allemands de la Gestapo. Grâce à eux, il a pu connaître d'autres faits de collaboration. De quoi faire chanter, et trouver des appuis, si l'on s'intéressait d'un peu trop près à son propre passé. Le K.G.B., sans doute au courant, acheta ce fichier fort cher. Lorsque Georges Pâques a été arrêté, un vent de panique s'est emparé de l'ambassade d'U.R.S.S. à Paris. Le S.R. soviétique a certainement craint d'autres arrestations et, pourquoi pas, celle de M.Z. Il était préférable de mettre en lieu sûr son fameux fichier. Kouznetsov a pris le risque d'aller le chercher personnellement au domicile du Français.

Le haut fonctionnaire a donné une preuve *a contrario* de l'existence de ce fichier. Lorsqu'il fut placé sous mandat de dépôt, il proféra cette terrible menace : « Il va y avoir un certain nombre de fesses qui vont claquer dans Paris. Ils m'en sortiront ! »

Il avait raison.

Son arrestation a été suivie d'une grande campagne d'indignation des organisations de la Résistance qui ne comprenaient pas qu'on pût mettre en cause l'honorabilité d'un des leurs, de certains hauts fonctionnaires qui réagirent par esprit de corps mais surtout de la franc-maçonnerie qui se mobilisa entièrement pour voler au secours de son « frère » en danger.

M.Z. n'en a pas moins été inculpé « d'intelligences avec les agents de puissances étrangères de nature à nuire à la situation militaire ou diplomatique de la France, ou à ses intérêts économiques », et a été condamné, fin octobre 1968, à sept ans de détention.

Ses amis n'ont pas désarmé. M.Z a bénéficié de leur inlassable soutien et des circonstances. Son jugement a d'abord été cassé pour vice de forme. Peu après le général de Gaulle quitte le pouvoir. Georges Pompidou devient président de la République. Qui dit nouveau président dit amnistie.

La loi d'amnistie promulguée le 30 juin 1969 a singulièrement innové par rapport aux précédentes. En plus des personnes condamnées avant son élection, le président avait le pouvoir d'amnistier les personnes poursuivies, c'est-à-dire en instance de jugement, quelle que soit l'infraction commise, y compris pour les crimes. Cette nouvelle disposition s'appliquait – par hasard – au cas de M.Z, tout juste poursuivi depuis que son premier jugement avait été cassé.

Il est arrivé ce qui devait arriver : M.Z a été amnistié.

L'intéressé s'est empressé d'obtenir le droit de toucher sa retraite. Il a même pu arborer à nouveau ses titres et décorations de Résistance.

Dans cette affaire, la sécurité de l'Etat a été contrainte de s'incliner devant la raison d'Etat.


## LE « CROISÉ » DE LA PAIX


Anatoli Golitsine a dit : « Il existe à l'intérieur de la défense française un agent. Il a notamment transmis au K.G.B. un document de l'O.T.A.N. Cet agent a accès aux dossiers les plus sensibles. A

280

cause de lui, la défense française et même occidentale n'a aucun secret pour Moscou. »

Tout en sélectionnant une centaine de suspects –
beaucoup trop pour avoir une chance de découvrir
la « taupe » – le contre-espionnage français, comme
nous l'avons dit, a testé la bonne foi du transfuge en
lui présentant une trentaine de dossiers secrets de
l'O.T.A.N., dont certains fabriqués de toutes pièces
pour la circonstance. Le Soviétique n'a commis
aucune erreur. Les dossiers qu'il reconnaît avoir eu
entre les mains à Moscou sont tous authentiques.

A partir de là, la D.S.T. passe à la seconde phase
de ses recherches. Il fallait établir le circuit précis
du document de l'O.T.A.N. qui avait été transmis à
Moscou à partir des services de la défense nationale
française. Il suffisait de voir quels fonctionnaires en
avaient eu connaissance avant qu'il soit remis au
K.G.B. Le coupable se trouvait forcément parmi
eux. Après plusieurs mois d'enquête il reste quinze
noms sur la liste des suspects. Encore trop. Or le
temps presse. La sécurité du monde occidental est
en jeu.

Une deuxième sélection permet d'aboutir à cinq
personnes, des militaires de haut rang et un civil.
Le passé, les relations, les penchants les plus secrets
de ces hommes sont soigneusement étudiés, sans
résultat. Pour une raison ou une autre, chacun fait
figure de coupable idéal. Lequel choisir? Comment
se décider? Les interroger un par un? Trop risqué.
La vraie « taupe », alertée, se terrerait et l'enquête
serait compromise. L'interrogatoire de ces suspects,
occupant tous de hautes fonctions et munis de
relations, aurait en outre provoqué des remous
dans les milieux politiques. La pire des situations.

Restait donc à les surveiller, tous, dans l'espoir
que le traître commette une erreur. S'occuper vingt-
quatre heures sur vingt-quatre de cinq personnes
requiert au minimun cent cinquante policiers et
une dizaine de véhicules, des moyens impossibles à

mobiliser sur une seule affaire, quelle que soit son importance. En pareil cas, on établit ce qu'on appelle une surveillance par sondage. Les suspects sont suivis pendant quelques heures, par exemple entre 10 et 13 heures un jour, puis de 15 à 19 heures le lendemain, et ainsi de suite pour avoir une idée de leurs habitudes, de leur emploi du temps. Ce type de surveillance nécessite moins de personnel mais reste aléatoire. Le vrai coupable peut rencontrer son contact quand il n'est pas surveillé et continuer à trahir sans qu'on le sache. C'est précisément ce qui est arrivé dans cette affaire. Plusieurs mois après, la D.S.T. n'est guère plus avancée, la surveillance des suspects n'a rien donné.

Retour à la case départ, c'est-à-dire à la mémoire de Golitsine, pour obtenir des indications plus précises. Une équipe fait le voyage aux Etats-Unis et lui soumet la liste des cinq noms.

C'est la bonne méthode.

« Vous pouvez répéter ce nom ? demande tout à coup le transfuge.

– Pâques, Georges Pâques. Cela vous dit quelque chose ? interroge le commissaire français.

– Oui, mais je serais incapable de dire quoi. Je l'ai déjà entendu quelque part, c'est tout. »

Les policiers qui rentrent à Paris ont enfin un indice.

On ouvre le dossier Pâques afin d'y déceler la faille qui permettrait de comprendre pourquoi cet homme aurait choisi de travailler pour les Soviétiques.

Né en 1914, à Chalon-sur-Saône, de parents artisans, Georges Pâques peut être fier de sa réussite, de sa carrière. Entré à l'Ecole normale supérieure en 1935, il en est sorti agrégé d'italien. Professeur à Nice en 1940-1941, puis à Rabat de 1941 à 1942, il est surpris par le débarquement allié en Afrique du Nord. Il gagne Alger pour se joindre aux partisans du général Giraud, le rival de de Gaulle. Il y retrouve d'anciens camarades de Normale, dont Pierre Boutang, qui le fait nommer directeur politique de la radio aux côtés d'André Labarthe. A cette époque, Pâques s'exprime sur les ondes de la Résistance sous le pseudonyme de René Versailles. Après la Libération, il entre dans divers cabinets ministériels. Il est d'abord directeur de cabinet du ministre de la Marine, en 1944-1945, puis au ministère d'Etat chargé des Affaires musulmanes. Il devient ensuite chef adjoint du cabinet de René Coty, alors ministre de la Reconstruction et de l'Urbanisme (1946-1948). L'année suivante, il est nommé directeur de cabinet au sous-secrétariat d'Etat à la Santé publique, puis chargé de mission à la présidence du Conseil sous la gouvernement Bidault. De 1950 à 1954, il dirige la revue *Production française* diffusée par l'Association française pour l'accroissement de la production dont il est le directeur. Il n'en continue pas moins à servir les différents gouvernements de la IVe République en étant successivement, de 1953 à 1958, chef de cabinet au secrétariat d'Etat à la Marine marchande, conseiller technique au secrétariat d'Etat aux Finances et aux Affaires économiques, puis au secrétariat d'Etat à l'Energie, et enfin au ministère de l'Industrie et du Commerce dans le premier gouvernement de Gaulle en 1958. Sa carrière prend alors un nouveau tournant. Responsable de l'information à l'Etat-Major général de la Défense nationale à partir d'octobre 1958, il commence à s'intéresser aux questions militaires. Nommé en juillet 1961 directeur d'études à l'Institut des hautes études de la Défense nationale (I.H.E.D.N.), il y reste jusqu'en octobre 1962, date à laquelle il entre à l'O.T.A.N. comme chef adjoint du service de presse. C'est Georges Gorse (ministre de la Coopération) qui l'a recommandé à ce poste auprès du ministre plénipotentiaire de la France à l'O.T.A.N., Jean-Daniel Jurgensen.

Au total, un parcours sans faute. Même analysé à la loupe, rien ne permet d'y déceler le moindre indice d'une trahison. Pourtant, le poste qu'il a occupé à l'Etat-Major, puis à l'I.H.E.D.N., correspond bien à celui qu'occupait la « taupe » du K.G.B. que Golitsine a dénoncée. De plus, son travail actuel à l'O.T.A.N. lui permet d'accéder à des documents de l'organisation que le transfuge a vus à Moscou. Chargé des relations avec la presse. Pâques doit en effet filtrer les informations, discerner celles qui sont publiables de celles qui doivent rester secrètes. Pour ce faire, il a accès aux dossiers les plus sensibles.

Mais, comme nous l'avons vu, il ne peut pas être la « taupe » de l'O.T.A.N. dont Golitsine a pu apprécier la production en U.R.S.S. et qu'il a dénoncée par ailleurs. A l'époque, le français ne travaillait pas encore dans l'organisation atlantique. C'est donc bien l'enquête sur l'agent soviétique à l'Etat-Major de la Défense qui en fait surtout le suspect numéro un.

Dans toute cette affaire, le contre-espionnage doit être extrêmement prudent. Tout au long de sa carrière, Pâques a connu beaucoup d'hommes politiques, parmi les plus prestigieux. Si jamais les policiers se trompent, ils savent qu'on ne le leur pardonnera pas. Une vaste campagne ne manquerait pas de présenter Pâques comme la victime d'une nouvelle « chasse aux sorcières ».

D'ailleurs, pour quelles raisons trahirait-il?

Pour de l'argent? Propriétaire d'un appartement dans le XVIe arrondissement de Paris, qu'il a acheté une quarantaine de millions, et de deux voitures, il mène, c'est vrai, un train de vie légèrement supérieur à ce que lui permettraient ses émoluments de l'O.T.A.N. L'enquête révèle cependant que sa femme, d'origine italienne, travaille comme ethnologue et qu'elle possède une fortune personnelle qui a permis l'achat de l'appartement. Cette piste ne tient pas la route.

Par conviction politique? Catholique pratiquant, plutôt intégriste, Pâques n'a rien d'un prosoviétique. Brillant, cynique dans ses propos, il se présente au contraire comme un homme de droite, violemment antimarxiste et adversaire de la politique algérienne de de Gaulle. Lorsqu'il tente une carrière politique, en 1951, dans sa ville natale de Chalon-sur-Saône, aux côtés du député indépendant André Moynet (ancien membre, tout de même, de l'escadrille Normandie-Niemen), il fait campagne contre le « communisme antinational ». Il n'est pas élu député. Il en éprouve de la rancœur, à quoi s'ajoute un vague mépris pour les politiciens qu'il connaît trop bien pour les avoir fréquentés dans les cabinets ministériels de la IV<sup>e</sup> République. Comme beaucoup d'hommes qui ont admiré de Gaulle et souhaité son retour au pouvoir, même s'il a condamné par la suite certains aspects de sa politique, il est réputé anti-américain mais ça n'en fait pas pour autant un prosoviétique. Certains de ses amis, discrètement interrogés par la D.S.T, nuancent ce profil politique en précisant que sous ses professions de foi réactionnaires Pâques cache des idées très libérales. Cette contradiction intrigue le contre-espionnage mais elle ne peut constituer une preuve de trahison.

Serait-il victime d'un chantage? Bon époux, père d'une petite fille qu'il adore, il n'a aucune maîtresse et encore moins des penchants homosexuels. Quant à son passé, il est limpide.

Il faut se faire une raison. Rien ne permet d'expliquer pourquoi Georges Pâques serait devenu un agent du K.G.B.

Un fait demeure troublant, néanmoins. Le fondateur de la D.S.T., Roger Wybot, qui quitta la direction du contre-espionnage en 1958, avait pour règle de dire : « Tous les espions sont dans les fichiers. Il suffit de les y trouver ». Or Georges Pâques figure au dossier de la D.S.T. presque par hasard. Il a été entendu par les policiers lors de l'affaire des fuites en 1954. Le contre-espionnage essayait de découvrir qui informait le Vietminh sur les plans de défense français en pleine guerre d'Indochine (voir première partie). Pâques a été interrogé au même titre que de nombreux hauts fonctionnaires et totalement innocenté.

A compter de la mi-août 1963, soit plus d'un an après les révélations du transfuge, la D.S.T. décide donc d'approfondir la piste Pâques.

Cinq jours plus tard, le contre-espionnage va enfin tenir la preuve tant espérée, tant attendue.

Le samedi 10 août 1963, à 9 h 30 du matin, les quatre inspecteurs de la D.S.T. en faction devant son domicile sont surpris de voir Pâques sortir de si bonne heure. Ils connaissent ses habitudes. Il passe généralement ses matinées de week-end en famille. Plus étrange encore, il tient sous le bras un porte-documents. Or Pâques n'est pas le genre d'homme à aller au bureau en dehors des heures de travail. Il a plutôt la réputation d'être paresseux.

La filature se met en branle en deux équipes de deux. L'une pour le suivre à pied, l'autre en voiture.

Pâques s'arrête devant l'ancienne gare de Passy, à l'arrêt d'autobus de la ligne 32 qui fait la liaison Porte de Passy-gare de l'Est. Il paraît décontracté et insouciant.

Une demi-heure plus tard, il descend à la gare Saint-Lazare. Il se promène une bonne dizaine de minutes dans la salle des pas perdus avant de s'installer au comptoir d'une buvette pour commander un sandwich et un verre de vin. Ce qui n'est pas non plus dans ses habitudes. A l'affût, deux inspecteurs observent ses moindres faits et gestes tout en scrutant les passants dans l'espoir d'y reconnaître la silhouette d'un officier du K.G.B. travaillant à l'ambassade d'U.R.S.S. Avec la foule qui se presse dans la gare, en ce début de week-end, l'endroit paraît idéal pour un contact discret. Les deux autres inspecteurs, restés à l'extérieur dans leur voiture banalisée, se tiennent prêts à intervenir, si nécessaire.

Peu avant 11 heures, Pâques se dirige vers les guichets.

« Un aller et retour Versailles, en 2e classe », l'entend dire un inspecteur.

Il faut faire vite. Le policier achète un billet et court prévenir ses collègues. Deux voitures doivent être à l'arrivée du train pour pouvoir continuer la filature. Paris-Versailles en chemin de fer, c'est tout juste vingt minutes. Bien moins que par route. Une vraie course contre la montre s'engage.

Prudent, l'inspecteur évite de s'installer dans le même wagon que Pâques. A 11 h 25, le train arrive à Versailles. Les inspecteurs ont fait des prouesses. Les deux voitures sont là. Pâques se dirige vers un arrêt d'autobus de la C.F.T.A. desservant les villages alentour. Un rendez-vous en pleine campagne ? Le K.G.B. utilise rarement cette méthode. L'anonymat de Paris est beaucoup plus sûr. Mais les consignes sont formelles : ne pas lâcher Pâques d'une semelle, où qu'il aille.

Midi sonne au vieux clocher de l'église du XIIe siècle de Feucherolles, un village de mille habitants du canton de Marly (Yvelines), quand Pâques descend de l'autobus pour remonter lentement à pied l'unique rue du bourg. Le village quasi désert se prête difficilement à une filature. L'équipe de surveillance doit se disperser pour éviter d'être repérée. Un inspecteur se poste à l'entrée du bourg, dans sa voiture, un autre à la sortie, un troisième derrière une haie qui permet d'observer toute la route, et le quatrième, enfin, dans le seul café-épicerie de Feucherolles, sur la place principale, face à l'arrêt d'autobus. Il commande un Dubonnet, achète un journal de tiercé et fait mine de s'y plonger.

L'attente commence, moment toujours délicat où la moindre erreur, la moindre équivoque peuvent alerter le suspect et tout compromettre.

Arrivé au bout du village, Georges Pâques emprunte le chemin de terre, parallèle à la route principale, pour refaire le trajet en sens inverse. Ce comportement étrange achève de convaincre les inspecteurs. Il est venu dans ce coin perdu pour un contact. Faire un flagrant délit ici aurait été un beau couronnement pour cette enquête difficile. L'équipe de la D.S.T. en rêve déjà.

Les policiers ont été à deux doigts d'y parvenir.

Dix minutes se sont à peine écoulées qu'une 403 bleue, immatriculée à Paris, pénètre lentement dans Feucherolles. L'inspecteur installé à l'entrée du village connaît ce véhicule, d'apparence banal. Il appartient à la délégation soviétique de l'Unesco. Une femme et deux hommes sont à l'intérieur. Au passage, il aperçoit au volant Vladimir Khrenov, deuxième conseiller de la délégation, fiché depuis longtemps comme officier du K.G.B. par la D.S.T. Le flagrant délit va avoir lieu.

La 403 remonte doucement la rue principale. Au même moment, Georges Pâques, toujours sur le chemin de terre, redescend vers l'entrée du village. L'équipe du K.G.B. ne peut le voir. Arrivée au bout du bourg, la voiture continue sa route. Un moment de déception s'empare des inspecteurs.

La pluie se remet à tomber, dru. Pâques, revenu à son point de départ, entre dans le café-épicerie pour s'abriter. L'inspecteur qui s'y trouve se plonge derechef dans son journal.

Il se passe alors quelque chose d'extraordinaire, un fait qui ne peut plus laisser de doute sur le vrai but de cette promenade de campagne. La 403 réapparaît à l'autre bout du village et descend,

toujours lentement, la rue principale de Feucherolles. La femme n'est plus à l'intérieur. Les deux
hommes regardent attentivement de tous côtés
comme lorsqu'on cherche quelqu'un. Le véhicule
stoppe devant l'arrêt d'autobus. Khrenov baisse sa
vitre et scrute très attentivement le petit abri à la
recherche d'un signe, d'un indice parmi les graffiti.
A une cinquantaine de mètres de là, Pâques, derrière les vitres embuées du café, ne peut rien
voir.

A cet instant, une voiture de police de Versailles
débouche sur la place principale de Feucherolles.
Hasard malencontreux. Les policiers viennent
enquêter sur une affaire de chèques volés. Dès qu'il
les aperçoit, Khrenov prend peur. Il démarre en
trombe et disparaît. Le contact n'aura pas lieu.

Les inspecteurs en savent suffisamment. La présence d'un officier du K.G.B. dans le même village
au même moment que Pâques n'est pas un hasard.
Lorsque la voiture est passée une première fois, ils
pouvaient encore croire à une banale promenade
de week-end pour trois membres de la délégation
soviétique de l'Unesco. La seconde fois, il devient
clair que l'officier traitant Khrenov est à la recherche de son agent. Son arrêt devant l'abri d'autobus
est une indication supplémentaire. La pluie ayant
cessé, Pâques sort d'ailleurs du café-épicerie, pour
aller, lui aussi, vers la cahute chercher un signe
quelconque parmi les graffiti.

L'arrestation de Georges Pâques est décidée pour
le lundi 12 août, 18 h 30, à la sortie de son travail,
devant l'immeuble de l'O.T.A.N., boulevard Lannes.

Il n'oppose aucune résistance et ne paraît même
pas surpris.

Dans les locaux de la D.S.T., il essaie d'abord de
nier ses contacts avec les Soviétiques, malgré les
preuves.

« Je voulais visiter un monument historique. Il y

a une belle église romane à Feucherolles, prétexte-t-il pour justifier son escapade de samedi.

– Et ça, sur votre agenda, c'est quoi? » demande le commissaire qui l'interroge.

Le 10 août à 13 heures, Georges Pâques a inscrit « M 3 » sur son carnet. La même indication mystérieuse se retrouve plusieurs fois, tout au long de l'année, notamment le 20 août, à 21 heures. Il s'agit sans doute d'un rendez-vous de repêchage comme le prévoient toujours un officier traitant et un agent s'ils se loupent une première fois.

« Nous savons qui se cache derrière ce M 3. Inutile de nier, poursuit le commissaire.

– Eh bien oui, c'est vrai, il m'est arrivé de rencontrer un Soviétique, attaché culturel à l'ambassade. En tout bien, tout honneur.

– Pas uniquement! »

Au bout d'une demi-heure, Pâques finit par raconter sa longue trahison, commencée près de vingt ans auparavant.

A un moment, il s'arrête brusquement.

« Je souhaiterais me confesser et communier, dit-il. Je vis dans le mensonge depuis des années. Je n'étais pas digne de recevoir ces sacrements. »

Bon prince, un inspecteur va chercher un prêtre à l'église de la Madeleine, proche de la rue des Saussaies.

Pâques refuse d'être entendu dans les locaux de la D.S.T., par crainte des micros indiscrets. Il se confesse dans la cour. Puis, on installe un autel de fortune dans une pièce. Un commissaire qui a été enfant de chœur dans sa jeunesse seconde le prêtre. L'espion communie, la conscience soulagée.

Il s'installe ensuite à un bureau et rédige lui-même sa seconde confession, celle-ci pour le contre-espionnage.

Georges Pâques a pris lui-même l'initiative de contacter les Soviétiques. Cela remonte à 1943, à Alger. Son médecin, Imek Bernstein, un ancien des

Brigades internationales, l'a présenté à un conseiller de l'ambassade d'U.R.S.S. à Alger, Alexandre Gouzovski. En pleine guerre contre les nazis, ce type de contact n'a rien de condamnable entre alliés. Les deux hommes se lient d'amitié. Après la Libération, c'est Ivan Avalov qui reprend contact avec Pâques à Paris. De son vrai nom Ivan Agayantz, il sait développer chez son agent l'esprit de collaboration. Remarquable officier du S.R. soviétique, Agayantz qui a été par la suite responsable du Département D à Moscou est à l'origine des plus terribles campagnes de désinformation que le K.G.B. a menées contre l'Occident. Quand Agayantz quitte Paris, à la fin des années 1940, Alexandre Alexeiev lui succède. Puis Serguei Gavritchev, Alexeï Tritchine (qui a également été l'officier traitant de Hambleton lorsqu'il travaillait à l'O.T.A.N.), Nicolas Lyssenko et enfin Vassili Vlassov manipulent à leur tour l'agent Pâques.

Vingt ans, c'est long. Suffisamment pour faire des dégâts considérables. A Alger, Pâques renseigne Gouzovski sur les orientations politiques du comité de la France Libre. A Paris, alors qu'il travaille dans les cabinets ministériels de la IVe République, il livre plus de deux cents biographies de personnalités politiques, de hauts fonctionnaires, de diplomates et de journalistes. Il devient réellement intéressant pour le K.G.B. à partir de 1958, quand il a accès à des secrets militaires, d'abord à l'Etat-Major de la Défense nationale, ensuite à l'Institut des hautes études de la Défense nationale et enfin à l'O.T.A.N.

Pendant les quatre dernières années de sa carrière d'espion, il a donné pêle-mêle : les conceptions et projets de défense des pays occidentaux; les synthèses de l'organisation atlantique sur ses relations avec le bloc soviétique; le système de défense occidentale de Berlin-Ouest; le plan d'implantation des radars américains en Turquie; les bulletins de renseignements de l'O.T.A.N. et ses études sur les pays socialistes, l'Afrique, Cuba; des études économiques; et enfin, le plus grave, le plan de défense de l'O.T.A.N. pour toute l'Europe occidentale.

Tout compte fait, la durée de sa trahison et l'importance des postes qu'il a occupés font de Georges Pâques *le plus important espion soviétique jamais arrêté en France.*

Comme toute chose, Pâques a fait de l'espionnage en dilettante. Le K.G.B. a vite compris qu'il était inutile de vouloir lui inculquer quelques règles élémentaires de sécurité ou de lui faire comprendre les dernières techniques du renseignement. Ses officiers traitants ont essayé en vain de l'initier au carbone blanc, aux micropoints, au Minox miniaturisé, aux « boîtes aux lettres mortes ». Le K.G.B. lui a même fourni un appareil photo spécial, un véritable gadget d'une simplicité enfantine. Grand et épais comme un étui à cigarettes, il suffisait de faire glisser l'appareil, muni de petites roulettes, trois fois de suite sur le document à photographier pour que le cliché se fasse automatiquement. Il a refusé de s'en servir. Il préférait les contacts directs, la remise des documents de la main à la main, malgré les risques encourus.

Les contacts avaient lieu tous les quinze jours environ, soit à 9 heures, soit à 21 heures, dans des stations de métro différentes, fixées à l'avance par l'officier du K.G.B. (Pont-de-Neuilly, Porte de Clichy, Anatole-France...).

Avec Lyssenko et Vlassov, ses deux derniers traitants, les rencontres se sont faites en banlieue, dans la forêt de Meudon, par exemple. En cas d'empêchement, un rendez-vous de repêchage était prévu le 10, le 20 ou le 30 du mois vers 21 heures, sur le trottoir de gauche de la rue du Temple, dans le sens République/Hôtel de Ville. En cas d'urgence, le K.G.B. lui envoyait un pneumatique anodin signé « Gracia », ou téléphonait en son absence à son domicile pour laisser un message de la part de Gracia. Pâques savait qu'il devait être le soir même à 21 heures, rue du Temple, toujours sur le trottoir de gauche. De son côté, en cas de besoin, il pouvait téléphoner à l'ambassade soviétique en utilisant le code suivant :

« Je voudrais parler à M. Vago, de la part de Julien, disait-il.

– C'est une erreur, monsieur, ici c'est l'ambassade soviétique. »

Il raccrochait. La standardiste, au courant, transmettait le message et le soir même il rencontrait son officier traitant rue du Temple.

Le K.G.B. avait même prévu pour lui une procédure d'évacuation en cas d'extrême danger (risque d'arrestation, tension internationale). Dès réception d'une lettre signée « Bambo », il devait immédiatement quitter Paris pour Rome. Le 20 ou le 21 du mois courant, à 9 heures du matin, le journal *l'Aurore* sous le bras, devant l'église Santa Maria Maggiore de la capitale italienne, un officier du S.R. le récupérerait pour lui faire passer clandestinement le rideau de fer.

Une procédure exceptionnelle qui donne la mesure de son importance pour le K.G.B. Seuls les plus grands espions, comme Philby, Burgess ou Mac Lean, ont bénéficié de tels plans de fuite.

Logiquement, eu égard à la gravité des faits, à l'ampleur de sa trahison, Georges Pâques risque la peine de mort devant la Cour de sûreté de l'Etat où il comparaît en juillet 1964. Il est condamné à la détention à perpétuité, peine réduite quelques mois plus tard à vingt ans de prison. En mai 1970, il bénéficie d'une mesure de libération anticipée prise personnellement par le président Pompidou, un ancien normalien, comme lui. Au total, Georges Pâques a fait sept ans de prison.

Comment un homme aussi cultivé, aussi intelligent, s'est-il laissé piéger par le K.G.B.?

La D.S.T. a vu juste. Pâques n'a trahi ni pour de l'argent (il a reçu tout au plus dix mille francs en vingt ans), ni à cause d'un chantage. Il a joué à l'espion pas vraiment par idéologie mais plus probablement par vanité. Ce chrétien, qui n'avait pas la foi marxiste, a cru qu'on pouvait traiter avec l'U.R.S.S. comme avec n'importe quel autre pays, et qu'il était possible d'influer sur les décisions des dirigeants du Kremlin.

C'est là que se trouve la clef qui permet de comprendre la trahison de Georges Pâques. Comme l'a dit son avocat : « Mon client a tenu en permanence une conférence au sommet avec lui-même. »

En d'autres termes, cela s'appelle l'orgueil, l'ambition, la prétention de jouer un rôle historique.

Les Soviétiques ont exploité à fond ces défauts dès Alger, avec Gouzovski. Dans la capitale algérienne, bruissante d'intrigues politiques, Pâques a été séduit par les quelques certitudes que lui a assenées le Soviétique. L'U.R.S.S. est l'alliée d'alors. Il faut songer à sauvegarder la paix après les terribles épreuves de la guerre. Mais doit-on faire confiance aux Américains, si sûrs d'eux, si dominateurs ? Un homme intelligent comme lui peut comprendre ce danger et contribuer à façonner un monde meilleur, sans guerre, sans atrocités. Ce discours flatteur chante aux oreilles de Pâques une musique qu'il aime entendre. Car il veut être quelqu'un. Cette ambition qui le dévore, son entourage, ses supérieurs ne lui permettent pas de la satisfaire. On ne le juge pas à sa juste valeur, estime-t-il. Il choisit donc d'agir pour son propre compte, de jouer pour lui le seul rôle dont il se croit digne, sans vraiment se rendre compte qu'il est un simple instrument aux mains des Soviétiques.

« Je suis un homme pacifique, dit-il à son procès. Je n'aime pas les Soviétiques, mais je suis également convaincu que les Américains, en raison de leurs conceptions très primaires, sont de dangereux fauteurs de guerre. J'ai donc pensé que pour éviter un conflit international, aboutissant fatalement à une catastrophe mondiale, il était indispensable de rétablir les forces en présence. Voilà le mobile qui n'a cessé de m'animer ! »

Lorsqu'on lui demande pourquoi il a livré au K.G.B. le plan de défense de Berlin-Ouest en pleine crise, au moment même où les Soviétiques commencent à construire le « mur », il a cette réponse d'une naïveté déconcertante :

« L'autoroute était bloquée, la navigation aérienne menacée. Khrouchtchev tâtait le dispositif allié. A ce moment-là, j'ai eu une discussion avec le conseiller d'ambassade que je rencontrais périodiquement. Il m'a fait savoir que son gouvernement était décidé à aller jusqu'au bout. Je lui ai rétorqué que du côté allié il existait la même volonté inébranlable. Il m'a demandé si je pouvais lui en apporter une preuve concrète. C'est alors que je lui ai passé les documents. Quinze jours plus tard, il m'a annoncé que si Khrouchtchev avait faibli, c'était à cause des informations que j'avais fournies. J'ai fait cela pour sauver la paix et c'est grâce à moi qu'elle l'a été. »

Vingt ans plus tard, il a révélé : « J'ai même reçu une lettre personnelle de Khrouchtchev. Auparavant, j'en avais déjà reçu une de Staline. »

La flatterie habilement dispensée par le K.G.B. fait l'effet d'un baume sur cet être présomptueux qui a l'habitude de dire : « Dans la vie, celui qui n'est pas le premier et ne fait rien pour le devenir reste généralement second pour finir le dernier. »

Grâce au rôle occulte qu'il croit jouer auprès des Soviétiques, il a l'impression d'être le premier. Peu lui importe qu'en France on ignore ses véritables mérites. Il est persuadé d'être indispensable à l'équilibre du monde. Ça lui suffit.

Et jusqu'au dernier moment, il y croit.

« J'ai pris de gros risques pour le maintien de la paix, dit-il aux juges avant leur délibération. Je n'ai jamais été un agent soviétique. Je ne suis ni de culture russe, ni de culte marxiste. J'ai pensé au sacrifice suprême dans l'intérêt de la France. Si j'ai eu tort à vos yeux, décidez-vous, mais je crois que les efforts pour tenter de sauver les hommes méritent autre chose que d'être envoyé devant un peloton d'exécution. »

Dans son livre, *Comme un voleur*[1], il avance le même argument : « Comme j'appartiens au camp occidental, écrit-il, j'ai tenté de faire connaître à l'autre camp les intentions et les mobiles du premier, afin d'éviter que la guerre ne sorte d'un malentendu. »

Bref, à défaut d'être un espion il s'est pris pour l'un des grands acteurs de l'Histoire...

Mais on ne joue pas impunément avec le K.G.B. Insensiblement mais sûrement, Georges Pâques a fini par croire qu'en œuvrant pour les Soviétiques il faisait le bon choix. Il le reconnaît au détour d'une phrase dans son livre, véritable plaidoyer *pro domo* : « Mon camp ? Celui des pauvres, des vaincus, des opprimés, écrasés par l'argent, torturés par les polices, envoyés au " confine ", massacrés à Guernica, à Lidice, à Oradour. » Evoquant l'offensive soviétique lors de la dernière guerre, il s'écrie : « Enfin, notre camp cessait de reculer. »

Depuis sa libération, en 1970, il s'est rendu plusieurs fois en U.R.S.S. et a été définitivement conquis par ce pays dont il parle la langue. Pour lui, le communisme est pour le moment la réponse la plus juste, la plus humaine aux problèmes économiques et sociaux.

Juste retour des choses. Dès qu'il a cessé d'être utile, la machine soviétique a broyé, avalé et digéré ce mégalomane qui s'est cru investi d'une mission.

1. Julliard, 1971.

Le conseiller occulte est devenu simple propagandiste. Une bien pauvre promotion.

Un dernier détail. L'arrestation de Pâques a été rendue publique fin septembre 1963, soit près d'un mois et demi après. Pourquoi? Rien au niveau de l'enquête ne justifiait ce délai. Il avait tout avoué, il n'avait pas de complice; Vlassov, son dernier officier traitant avait été rappelé par Moscou.

Ce délai illustre en fait les éternels atermoiements du pouvoir face aux affaires d'espionnage. Deux conceptions s'opposèrent alors.

Pour les uns, qui invoquaient la raison d'Etat, reconnaître l'existence d'un espion au sein de l'O.T.A.N. revenait à affaiblir la position de la France. Il est vrai qu'à cette époque, le général de Gaulle caressait l'espoir d'obtenir des Américains une sorte de direction conjointe de l'organisation atlantique. Les révélations de Golitsine sur l'entourage du chef de l'Etat n'incitaient pas Washington à accéder à cette demande. Ce fut d'ailleurs l'une des raisons qui précipita le retrait de la France de l'O.T.A.N. et le transfert de son siège de Paris à Bruxelles.

Pour les autres, plus réalistes, le scandale était de toute façon connu par les milieux intéressés. Il ne servait à rien de vouloir le cacher. N'oublions pas, en effet, que tous les interrogatoires de Golitsine par le contre-espionnage français se faisaient en présence des représentants de la C.I.A. Quand le transfuge parla d'un agent soviétique, au cœur de la défense nationale française, les Américains étaient là pour l'entendre. En ne rendant pas publics les résultats de l'enquête, la méfiance des Etats-Unis à l'encontre du gouvernement gaulliste s'en serait accrue.

La logique l'emporta donc...

Dans l'histoire de l'espionnage soviétique en France, Georges Pâques est un peu notre Philby.

# QUATRIÈME PARTIE

# FAUX
# ET
# USAGE DE FAUX

La désinformation

Quarante milliards de francs c'est le chiffre d'affaires annuel d'une entreprise comme Michelin ou une fois et demie la somme dont dispose chaque année le ministère français des Relations extérieures pour assurer son fonctionnement et promouvoir l'image de la France dans le monde.

Quarante milliards de francs c'est aussi ce que l'U.R.S.S. dépense chaque année pour les « mesures actives » et la « désinformation », fers de lance de la guerre idéologique qu'elle mène contre les pays démocratiques pour les déstabiliser.

Le terme « mesures actives » est apparu dans le vocabulaire soviétique dans le courant des années 1950 pour désigner un certain nombre de moyens officiels et clandestins mis en œuvre pour agir sur le cours des événements, les comportements et les options politiques des pays étrangers. Par ce biais l'U.R.S.S. cherche à faire pression sur les décisions gouvernementales d'autres Etats, à miner la confiance de la population vis-à-vis de leurs dirigeants et des institutions, à susciter des tensions dans les relations internationales, à discréditer ses adversaires ou en tout cas à affaiblir leur position. Les « mesures actives » présentent généralement une vision déformée de la réalité pour tromper la « cible » c'est-à-dire soit un gouvernement étranger, soit les milieux politiques ou l'opinion publique d'un pays.

Il y a deux sortes de « mesures actives ». Ouvertes lorsqu'elles s'appliquent à la propagande officielle et aux relations diplomatiques normales; secrètes quand il s'agit de la propagande clandestine, en désinformation écrite ou orale, de l'activité des agents d'influence et enfin des organisations de masse noyautées par les Soviétiques.

Dans la décennie 80, les « mesures actives » sont devenues une priorité pour la subversion soviétique, au même titre que l'espionnage scientifique et le pillage des technologies occidentales. La lutte contre la « désinformation » est donc aujourd'hui essentielle pour la survie même des démocraties. Mais dans nos sociétés ouvertes et libres il est souvent très difficile de la combattre. La libre circulation de l'information et le droit pour quiconque de penser, de parler et d'écrire ce qu'il veut, sont systématiquement utilisés par l'U.R.S.S. pour subvertir l'opinion publique et les gouvernements occidentaux.

Il est souvent difficile d'établir une différence entre la « désinformation » proprement dite et l'expression des opinions. L'Union soviétique sait admirablement s'abriter derrière cette distinction pour diffuser clandestinement sa propagande ou intoxiquer l'opinion par le biais d'agents d'influence complices (car rémunérés) ou simplement manipulés (ce que Lénine appelait déjà « les idiots utiles »). La France connaît un certain nombre de cas de ce genre dont nous parlerons.

A Moscou, deux mille personnes au minimum se consacrent uniquement aux « mesures actives ». Pour concevoir, planifier, diffuser la « désinformation », l'U.R.S.S. dispose d'une organisation complexe, de tout un réseau dont chaque fil est relié au plus haut niveau, au bureau politique du parti. C'est cette structure pyramidale, aux multiples ramifications, qu'il nous faut d'abord détailler.

Au sommet de la pyramide se trouve :

● *La Section internationale* du Comité central du parti communiste soviétique (S.I.), dirigée par Boris Ponomarev, membre suppléant du Bureau politique. La S.I. a été créée en 1943 après la dissolution du Komintern. Elle a changé plusieurs fois de nom, jusqu'en 1957 où elle s'est définitivement appelée ainsi. Quant à Boris Ponomarev, cadre du Komintern avant guerre, on peut le considérer comme un « idéologue » du P.C. soviétique, au même titre que Mikhail Souslov, mort en 1982. Selon Roy Godson et Richard Shultz, auteurs d'un livre très complet sur les « mesures actives » soviétiques[1], « la S.I. coordonne et évalue les informations intéressant les relations extérieures soviétiques en provenance du ministère des Affaires étrangères, du K.G.B. et des différents groupes de réflexion opérant sous couvert de l'Académie des sciences. Elle place aussi des agents dans les ambassades à l'étranger afin d'appréhender les tendances politiques et d'établir des contacts avec des organisations ou des personnalités progressistes dans les pays où ils opèrent. Dans le domaine de la guerre politique, les missions de la Section internationale sont conduites en liaison avec les sections similaires des pays du bloc de l'Est, les partis communistes d'opposition et divers mouvements révolutionnaires. En effet, non seulement la S.I. patronne certains grands rassemblements internationaux, mais elle place aussi des agents temporaires permanents dans les ambassades soviétiques à l'étranger qui ont pour mission d'inciter ces partis et ces mouvements à déclencher des actions politiques et des campagnes de propa-

1. Editions Anthropos, 1985.

gande officielles ou clandestines en faveur des objectifs poursuivis par l'Union soviétique. »

Ajoutons que c'est sous l'égide de cette section qu'est éditée à Prague la revue mensuelle *Problèmes de la paix et du socialisme* en trente-sept langues, diffusée dans cent quarante-cinq pays... Cette revue se veut le véritable catéchisme officiel de l'idéologie soviétique pour les lecteurs étrangers, et surtout pour les partis et mouvements révolutionnaires « frères ». La S.I. édite encore un *Bulletin d'information* bimensuel, disponible uniquement sur abonnement.

Enfin, la Section internationale administre, coordonne et finance une dizaine d'organisations de masse qui sont chargées de manipuler l'opinion publique mondiale en popularisant les campagnes de propagande élaborées par Moscou pour soutenir ses objectifs politiques :

| | |
|---|---|
| *Conseil mondial de la paix* | Fondé en 1949, siège à Helsinki<br>135 organisations affiliées dans le monde<br>Publications :<br>    *Nouvelles perspectives*<br>    *Courrier de la Paix*<br>Représentations à l'O.N.U. (New York, Genève) et à l'Unesco (Paris) |
| *Fédération syndicale mondiale* | Fondée en `1945, siège à Prague<br>90 organisations affiliées<br>Publications :<br>    *Le mouvement syndical mondial*<br>    *Flashes syndicaux*<br>Ecoles à :<br>Moscou, Sofia, R.D.A., Cuba |

| | |
|---|---|
| *Organisation de solidarité des peuples afro-asiatiques* | Fondée en 1957, siège au Caire<br>91 organisations affiliées<br>Publications : *Solidarité*<br>Centres d'information :<br>Genève, Nicosie, Hanoi, Bagdad |
| *Fédération mondiale de la jeunesse démocratique* | Fondée en 1945, siège à Budapest<br>210 organisations affiliées<br>Publications :<br>    *Jeunesse mondiale*<br>    *Nouvelles de la*<br>    *F.M.J.D.* |
| *Union internationale des étudiants* | Fondée en 1946, siège à Prague<br>118 organisations affiliées<br>Publication : *Nouvelles du monde étudiant* |
| *Organisation internationale des journalistes* | Fondée en 1952, siège à Prague<br>114 organisations affiliées<br>Publication : *Journalistes démocratiques*<br>Bureaux à Paris, Budapest |
| *Conférence chrétienne pour la paix* | Fondée en 1958, siège à Prague<br>86 organisations affiliées<br>Publication : *Conférence chrétienne pour la paix*<br>Bureaux régionaux :<br>Moyen-Orient<br>Afrique<br>Amérique latine |
| *Fédération internationale des femmes démocratiques* | Fondée en 1945, siège à Berlin-Est<br>129 organisations affiliées<br>Publication : *Femmes dans le monde* |

| | 11 centres dans le monde, au Moyen-Orient, en Afrique, en Amérique latine et en Asie |
|---|---|
| *Association internationale des juristes démocrates* | Fondée en 1946, siège à Bruxelles<br>64 organisations affiliées<br>Publication : *Revue de droit contemporain*<br>Représentation à l'O.N.U. (New York) |
| *Fédération mondiale des travailleurs scientifiques* | 33 organisations affiliées<br>Publication :<br>*Le Monde scientifique*<br>Bureaux régionaux : Alger, Berlin-Est, New Delhi |

Pour seconder la Section internationale dans son travail de propagande, les plus hautes instances du Parti ont créé en mars 1978 une nouvelle organisation :

● *La section internationale d'information (S.I.I.),* dirigée par Leonid Zamiatine, membre du Comité central. Cette section, chargée de la diffusion de la propagande, chapeaute le réseau extérieur de radio (deux mille huit cents heures de diffusion hebdomadaire en une quarantaine de langues), les journaux de prestige comme *La Pravda* (organe du parti), et deux agences de presse : Tass, la voix officielle du gouvernement soviétique, qui compte trois cents agences dans quatre-vingt-treize pays, et Novosti (A.P.N.) créée au début des années 1960 pour être le « porte-parole de l'opinion publique soviétique ». Selon une étude du gouvernement américain, « l'Agence de presse Novosti (A.P.N.) échange des informations avec cent une agences internationales et nationales, cent vingt maisons d'édition, plus de cent sociétés de radio et de télévision et plus de sept mille journaux et magazines internationaux figurant parmi les plus importants. Elle entretient des bureaux et des correspondants dans quatre-vingts pays. L'A.P.N. affirme qu'elle transmet, chaque année, soixante mille textes et deux millions de clichés photographiques aux médias de l'étranger. Par suite des différents accords intervenus entre les gouvernements concernés, l'A.P.N. fournit le matériel nécessaire à cinquante-deux magazines, huit journaux et cent dix-neuf bulletins d'information – tous soviétiques mais publiés à l'étranger. L'ensemble de ces articles représente une circulation globale de deux millions sept cent mille exemplaires. »

Plus de cinq cents journalistes soviétiques travaillent actuellement à l'étranger. Bon nombre d'entre eux sont en réalité des officiers de renseignement du K.G.B., dont un service se consacre exclusivement aux « mesures actives » :

● *Le service A de la Première direction principale du K.G.B.* Créé au début des années 1970 par Youri Andropov, ce service qui a reçu des moyens accrus a succédé au service D de la même Direction apparu à la fin des années 1950 pour faire de la « désinformation » contre les Etats-Unis et les pays membres de l'O.T.A.N. Le Service A, qui coordonne et supervise aussi les départements similaires dans les S.R. des pays de l'Est, est aujourd'hui l'une des divisions les plus importantes du K.G.B.

Les membres de ce Service sont choisis parmi les meilleurs officiers du K.G.B. et doivent avoir de bonnes qualités d'analyse et de rédaction. Ils sont chargés d'appliquer les « mesures actives » décidées par le Bureau politique, souvent en coopération avec la Section internationale que dirige Boris Ponomarev. Il n'y a pas d'officier du Service A en poste à l'étranger. L'exécution des « mesures actives », décidée au siège du K.G.B. à Moscou, est laissée à l'initiative des « Résidences », des partis communistes locaux ou des « organisations de masse » dépendantes, comme nous l'avons vu, de la Section internationale. Mais dans chaque « Résidence » importante (ce qui est le cas pour toutes les grandes capitales occidentales), un officier appartenant à la Ligne P.R. (renseignements politiques) reçoit ses instructions du Service A et répartit le travail avec les officiers de renseignement en contact avec des agents. C'est de cette façon que sont manipulés les agents d'influence recrutés de préférence parmi les personnalités politiques, les universitaires, les syndicalistes, les ecclésiastiques ou, mieux encore, les journalistes.

Dans le cas où le recrutement de ces agents se fait en U.R.S.S., le Service A a recours à :

● *La Deuxième direction principale du K.G.B.*, dont plusieurs services surveillent les diplomates et les ressortissants étrangers sur le territoire soviétique dans le double but d'éviter les contacts inopportuns avec la population et de détecter les personnes susceptibles de collaborer avec le S.R., souvent après les avoir piégées comme nous l'avons vu précédemment.

Rappelons pour mémoire que la répartition des tâches de surveillance et de recrutement entre services se fait selon un découpage géographique :

– 1er section : Etats-Unis, Amérique latine
– 2e section : pays du Commonwealth britannique
– 3e section : R.F.A., Autriche, Scandinavie
– 4e section : tous les autres pays d'Europe occidentale, dont la France.
– 5e section : Australie, Japon
– 6e section : pays en voie de développement.

Pour les ressortissants étrangers, autres que les diplomates, la répartition est faite selon la nature des séjours;

– La 7e section prend en charge les touristes

– La 9e section, les étudiants
– La 10e section, les journalistes

Les journalistes étrangers travaillant à Moscou sont la cible favorite du K.G.B. Ils représentent le vecteur idéal pour diffuser la propagande soviétique, officielle ou clandestine. Parqués dans le même groupe d'immeubles, étroitement surveillés, il est facile pour les Soviétiques de faire pression sur eux. Selon leur degré de compréhension – de complaisance plutôt – vis-à-vis du régime, on leur accordera, par exemple, plus ou moins facilement l'autorisation de se déplacer sur le territoire pour faire des reportages.

L'une des spécialités de la Section internationale de Ponomarev ou du K.G.B. est aussi de mettre en contact les journalistes avec des sources « dignes de foi » pour les intoxiquer. Ces informateurs prétendent, par exemple, que le Bureau politique est divisé entre « colombes », partisans de la détente avec l'Occident, et « faucons » intransigeants. Le but de la manipulation est à chaque fois d'influencer, par le biais de la presse, les gouvernements occidentaux pour qu'ils se montrent plus conciliants avec l'U.R.S.S., politiquement et économiquement, afin de conforter la position des « colombes » et de faire barrage aux « faucons », partisans de la guerre froide, quand ce n'est pas la guerre tout court!

La présentation faite par la presse occidentale de Youri Andropov lors de son accession au pouvoir, en 1982, reste dans le genre, l'une des plus belles opérations d'intoxication jamais montées en direction des journalistes occidentaux. La plupart d'entre eux se sont fait manipuler inconsciemment. Réussir à présenter dans le monde entier l'ancien chef du K.G.B., responsable de la « psychiatrisation » des opposants, maître d'œuvre de la liquidation quasi totale de toute forme de dissidence en U.R.S.S., comme un libéral, pétri de culture occidentale, grand amateur de jazz et de whisky, voilà incontestablement l'une des grandes réussites de la « désinformation ».

L'un des plus célèbres agents d'intoxication du K.G.B. s'appelle Vitali Evguennevitch Loui, plus connu sous le nom de Victor Louis. Officiellement journaliste, correspondant pour l'*Evening News* de Londres et d'autres journaux occidentaux, on le retrouve dans nombre de « coups tordus » montés par le S.R. soviétique pour tromper l'opinion publique internationale. C'est à cause de lui, par exemple, que la campagne en faveur de l'académicien Sakharov a été freinée en Occident. A la fin de l'été 1984, alors que le monde s'inquiétait de l'état de santé du prix Nobel de la paix, isolé du reste du monde à Gorki depuis janvier 1980, Victor Louis a vendu à prix d'or, au journal ouest-allemand *Bild*, des photos et même un film (que seul le K.G.B. a pu faire) montrant « la vie quotidienne » d'Andreï Sakharov et de sa femme, Elena Bonner, en exil. La plupart des médias occidentaux ont diffusé ces images où l'on voyait un Sakharov très diminué mais vivant. L'opinion a été rassurée. Du coup, la campagne en faveur de Sakharov a connu un coup d'arrêt. C'était l'objectif du K.G.B.

Victor Louis, né en 1928, a été envoyé au début des années 50 en camp de détention pour marché noir. Plusieurs prisonniers ont témoigné sur son comportement de l'époque. Victor Louis était un mouchard. Il se liait de préférence avec les intellectuels internés, gagnait leur confiance, recueillait leurs confidences et les dénonçait finalement aux autorités du camp. Il sera libéré en 1956. Selon le transfuge Youri Nossenko, commandant du K.G.B. passé à l'Ouest en 1962, Victor Louis travaille pour le S.R. soviétique depuis la fin des années 1950. Il a d'abord été employé par le district local du K.G.B. à Moscou et non par la Deuxième direction principale, chargée comme nous l'avons vu de la surveil-

lance et des opérations contre les étrangers rési-
dant en U.R.S.S. Le responsable de cette direction,
le général Oleg Gribanov – qui a monté le piège
contre l'ambassadeur Dejean – se méfiait de lui. Et
beaucoup d'officiers du K.G.B. le méprisaient à
cause de la réputation de Judas qu'il s'était faite
dans les camps. « En 1960, raconte Nossenko, Victor Louis commença à faire des avances à un
Américain que j'essayais de recruter avec mes
agents. Gribanov ordonna au district de Moscou de
le retirer de l'opération et de le tenir à l'écart. Mais
il faut comprendre que le K.G.B. local n'était mêlé à
l'affaire que de façon marginale. A ses yeux, Louis
était un personnage important. Il se montrait très
efficace dans ses actions contre les étrangers, et le
K.G.B. local espérait, grâce à lui, réussir des opérations d'envergure. On nous répétait sans cesse :
" Ce Louis est un excellent agent, c'est le meilleur
que nous ayons. " On ne cessait de le pousser, de lui
donner de l'avancement. »

Il est finalement arrivé à ses fins. Converti au
« journalisme », Victor Louis mène désormais une
vie que bien des Soviétiques peuvent lui envier, y
compris parmi les membres de la Nomenklatura.
Propriétaire de plusieurs voitures étrangères, d'un
appartement luxueux à Moscou et d'une datcha,
avec piscine, non loin de la capitale, il prétend
devoir cette réussite à son seul esprit d'entreprise.
Le K.G.B. l'a sans aucun doute aidé dans son
ascension sociale pour qu'il puisse attirer les journalistes occidentaux et poursuivre ainsi son œuvre
d'intoxication. Il les reçoit d'ailleurs volontiers chez
lui, où ils retrouvent des intellectuels plus ou moins
officiels. Au menu : whisky, caviar et quelques
confidences sur les arcanes du pouvoir. A l'occasion, le K.G.B. lui refile certains petits secrets qu'il
s'empresse de rapporter à ses confrères étrangers,
ce qui lui donne, à leurs yeux, plus d'importance
et de valeur. Victor Louis a été le premier à annon-

cer la chute de Nikita Khrouchtchev, par exemple.

A l'extérieur des frontières, il a pour tâche de discréditer les ennemis de l'U.R.S.S. et d'étouffer les campagnes en faveur des dissidents. Avant l'expulsion de Soljenitsyne d'U.R.S.S., il a plusieurs fois tenté de discréditer l'écrivain auprès des Russes et des Occidentaux. Au printemps 1968, il a essayé de vendre en Europe une copie du *Pavillon des cancéreux* encore inédit. La manœuvre a été dénoncée à temps par une maison d'éditions d'émigrés russes, Grani. Si Louis avait réussi cette opération, le K.G.B. aurait eu un prétexte pour arrêter Soljenitsyne et faire interdire son livre pour « propagande antisoviétique à l'étranger ». Le 16 mars 1969, Louis a également publié une interview apocryphe de Soljenitsyne, au *Washington Post*, dans laquelle l'écrivain s'apitoyait sur son sort d'un ton pleurnichard (ce qui est totalement contraire à son tempérament). Soljenitsyne s'y félicitait de l'invasion de l'Union soviétique par les nazis, et prétendait que le seul Beria était responsable des camps de concentration, innocentant au passage Staline.

Youri Joukov est un autre grand spécialiste de l'intoxication. Ancien rédacteur en chef de la *Pravda*, il a longtemps été le correspondant en France de l'organe du P.C. soviétique. Il effectue de fréquents séjours à Paris où il a ses grandes et petites entrées dans la plupart des ministères. Il déjeune avec des parlementaires, des hauts fonctionnaires, il glane ici et là des renseignements mais, surtout, diffuse la « bonne parole » soviétique. Membre suppléant du Comité central du parti et président du Mouvement de la paix soviétique, Joukov ne travaille pas pour le K.G.B. mais vraisemblablement pour la Section internationale de Ponomarev ou la Section d'information internationale de Zamiatine. Lors d'un voyage en France, en 1976, Joukov était accompagné de Vadim Zagladine, adjoint de Ponomarev. Il a rencontré à cette occasion plusieurs personnalités, dont Edgar Faure, à l'époque président de l'Assemblée nationale, et Robert Hersant, le patron du *Figaro*. Ce « grand ami de la France », comme il aime le proclamer, ne s'est pas gêné pour faire de la propagande et de la désinformation, en inventant, par exemple, pour qui voulait bien l'écouter, un passé nazi à Soljenitsyne au moment où l'écrivain recevait son prix Nobel de littérature. Peu après l'arrivée de Gorbatchev au pouvoir, Joukov est revenu en France pour vanter les mérites du nouveau maître du Kremlin. Il a rencontré plusieurs directeurs de journaux pour les convaincre de l'ouverture d'esprit de Gorbatchev.

Charmeur, brillant, parlant un français impeccable, Youri Roubinski est aussi un expert en désinformation, Conseiller à l'ambassade soviétique à Paris pendant plusieurs années avant d'être rappelé à Moscou en novembre 1985, il fait partie de ces fonctionnaires du P.C. soviétiques chargés à la fois d'analyser la politique française et d'influer sur elle au gré de ses rencontres. Il a été introduit voici quelques années, par une femme bien connue dans l'édition, dans les milieux français influents (politique, universitaire, journalistique, artistique). Il a fréquenté assidûment les salons parisiens, pour s'informer et rendre compte au Comité central à Moscou. Mais aussi pour y propager la bonne parole soviétique comme Joukov ou Victor Louis.

La gigantesque organisation que nous venons de décrire vise des buts précis qu'il est possible aujourd'hui de cerner grâce au travail des services de renseignement américains. Ils ont pris conscience, bien avant les Français du danger des « mesures actives ».

A travers sa propagande, officielle et clandestine, l'U.R.S.S. veut :

– Agir sur l'opinion publique des Etats-Unis, des

pays d'Europe et du reste du monde pour faire croire que les activités politiques, économiques et militaires des Etats-Unis sont les principales causes de conflit dans le monde.

– Démontrer le caractère agressif, militariste et impérialiste des Etats-Unis.

– Diviser l'Alliance atlantique et dénigrer les pays qui coopèrent avec elle.

– Discréditer l'armée et les services de sécurité américains (principalement la C.I.A.) et des pays membres de l'O.T.A.N.

– Démontrer que les objectifs politiques des Etats-Unis sont incompatibles avec les intérêts des pays en voie de développement.

– Tromper l'opinion sur la vraie nature des ambitions soviétiques dans le monde et créer un climat favorable pour les objectifs de sa politique étrangère.

Pour les « mesures actives » clandestines qui nous intéressent plus particulièrement, les Soviétiques utilisent surtout la « désinformation ». Elle repose à la fois sur la diffusion de fausses nouvelles pour intoxiquer la partie adverse (l'opinion publique ou les dirigeants des pays occidentaux principalement) et sur l'utilisation d'agents d'influence chargés de promouvoir une image positive des pays communistes ou de discréditer les pays capitalistes.

Selon un manuel à l'usage des officiers du K.G.B., cité par le Congrès américain en 1980, « la désinformation est un instrument utile dans l'exécution de missions au service de l'Etat, et a pour but de tromper l'ennemi sur : 1) les options fondamentales de politique nationale; 2) la conjoncture économique et militaire; 3) les réalisations techniques et scientifiques de l'U.R.S.S.; 4) la politique conduite par certains Etats impérialistes dans le cadre de leurs relations mutuelles ou à l'égard d'autres pays; 5) les activités spécifiques de contre-espionnage des organes de sécurité de l'Etat. »

Tous les S.R. des pays communistes sont mobilisés dans le même but comme le précise Ladislav Bittman, ancien directeur adjoint du département de la désinformation du S.R. tchèque (Service 8 du S.T.B.), passé à l'Ouest en 1968 : « Dans un premier temps, nous recevions des directives et la désignation des objectifs par l'intermédiaire des conseillers du K.G.B., présents à tous les échelons de notre commandement. Il nous était généralement demandé d'élaborer des programmes d'action en vue de discréditer les Etats-Unis et les pays de l'Ouest, de semer la discorde parmi les membres de l'O.T.A.N. et de créer des difficultés entre les Américains et les pays en voie de développement. Notre équipe se réunissait et mettait au point un certain nombre de projets opérationnels correspondant aux instructions reçues. Mais avant de les mettre à exécution sur le terrain, nous étions tenus de les soumettre à l'approbation de l'officier du K.G.B. détaché dans notre section. Les rapports que j'entretenais avec lui étaient strictement professionnels. J'étais tenu de lui demander son avis et il était susceptible d'apporter des modifications ou de faire des recommandations. D'autre part, nous savions qu'il pouvait toujours opposer un refus à l'un de nos projets. En règle générale, je devais le rencontrer une fois par jour. »

Ces dernières années les services de renseignement américains ont réussi à identifier un certain nombre de faux diffusés par le K.G.B. en Occident illustrant parfaitement les intentions soviétiques :

– Novembre 1981 : plusieurs journalistes assistant aux travaux de la conférence de Madrid sur l'application des accords d'Helsinki trouvent dans leur courrier la photocopie d'une lettre de Ronald Reagan adressée au roi Juan Carlos, le mettant en garde contre certains membres de son entourage, hostiles à l'entrée de l'Espagne dans l'O.T.A.N. Le président américain conseille au souverain de se débarrasser de ces personnes pour favoriser l'intégration de son pays dans l'organisation atlantique. Moscou cherchait ainsi à refroidir les relations entre les deux pays à une époque où l'opinion publique espagnole était déjà très divisée sur la question de l'O.T.A.N.

– Novembre 1981 : une dizaine de journalistes américains et étrangers, en poste à Washington, reçoivent le même télégramme leur proposant des informations exclusives sur un accord secret entre les Etats-Unis et la Suède prouvant que la marine américaine utilise des bases suédoises pour ses missions de reconnaissance en mer Baltique. Cette fois-ci, il s'agissait à la fois de porter atteinte aux relations entre les deux pays, de mettre en cause la neutralité de la Suède et de détourner l'attention de l'opinion publique à un moment où la marine suédoise avait repéré plusieurs sous-marins « non identifiés » (vraisemblablement soviétiques) près de ses bases navales les plus secrètes.

– Janvier 1982 : deux documents parviennent à différents journaux grecs. Le premier, émanant d'un « institut de recherche » non identifié mais soi-disant lié au département d'Etat américain, analyse la situation intérieure grecque et suggère que Washington favorisera un coup d'Etat militaire si le Premier ministre Papandréou (socialiste), arrivé au pouvoir en septembre 1981, ne renouvelle pas l'accord sur les bases américaines en mer Egée, comme il l'a laissé entendre lors de sa campagne électorale. Le second document reproduit une lettre du sous-secrétaire d'Etat de l'époque, William Clark, à l'ambassadeur des Etats-Unis à Athènes lui recommandant de prendre d'ores et déjà les mesures nécessaires préconisées par cet « institut de recherche ». Les relations américano-grecques étant déjà très tendues depuis 1974 (à cause du soutien implicite apporté par Washington à l'ennemi héréditaire turc dans l'affaire de Chypre), ces faux visaient à braquer davantage le nouveau pouvoir socialiste et l'opinion publique grecque contre les Etats-Unis.

– Avril 1982 : un hebdomadaire belge de gauche, *De Nieuwe*, publie une lettre, datée du 29 juin 1979, adressée au secrétaire général de l'O.T.A.N., Joseph Luns, par le général Haig, à l'époque commandant en chef des forces alliées en Europe. Ecrite sur un ton amical, la missive laisse entendre que les deux hommes ont travaillé de concert pour forcer les pays européens à accepter l'installation des euro-missiles (Pershing 2 et missiles de croisière). Le général Haig précise dans la lettre que les Occiden-taux pourraient être amenés à utiliser les premiers l'arme nucléaire, d'où la nécessité de moderniser le dispositif en place et de renforcer les liens entre Washington et ses alliés. Ce faux document confir-mait les pires craintes des pacifistes, mobilisés dans toute l'Europe contre l'installation des euromissi-les : la mise en place des Pershing 2 répondait aux seuls intérêts américains et entraînait le risque pour l'Europe de devenir le champ clos d'un affron-tement nucléaire entre l'U.R.S.S. et les Etats-Unis.

– Juillet 1983 : l'hebdomadaire italien de gauche, *Pace e guerra*, publie deux messages envoyés à Washington par l'ambassade des Etats-Unis à Rome faisant le bilan de la campagne d'intoxication montée par la C.I.A. sur les responsabilités sovié-tique et bulgare dans la tentative d'assassinat du pape Jean-Paul II. Alors que l'enquête et les aveux du Turc qui tira sur le souverain pontife mettaient formellement en cause la « filière bulgare », ces faux télégrammes cherchaient à dérouter l'opinion publique en lui faisant croire à une vaste manœuvre américaine pour mouiller injustement Sofia et Mos-cou dans cette affaire.

Ces quelques exemples mettent fort bien en évi-dence les buts de la désinformation soviétique : affaiblir les relations des Etats-Unis avec leurs alliés (cas de l'Espagne et de la Grèce), miner l'O.T.A.N.

(cas belge), et tenter de masquer les activités subversives de l'U.R.S.S. (en Suède et en Italie).

Quant à la méthode, elle est *grosso modo* toujours la même. Les services soviétiques multiplient les faux dans l'espoir qu'un organe de presse tombera dans le piège. Peu importe l'audience du journal ou du média qui s'y laisse prendre. Une fois l'information fausse publiée, l'énorme machine de propagande soviétique la reprend à son compte, en accrédite la véracité et poursuit ainsi son œuvre de désinformation.

Dans un livre paru aux Etats-Unis en 1962, *Inside a Soviet Embassy*, Alexandre Kaznacheiev, un ancien fonctionnaire soviétique en Birmanie, explique clairement cette façon de faire : « Le travail était simple. Les articles étaient rédigés au Quartier général du K.G.B. à Moscou. Reçu sous la forme de microfilm, chaque article était reproduit par photocopie à l'ambassade. Mon travail consistait à le traduire en anglais. Un autre membre du groupe, Vozny (premier secrétaire de l'ambassade) trouvait, par l'intermédiaire de nos agents locaux, le moyen de publier l'article dans un journal birman. Ce journal retraduisait l'article en birman en y apportant de légères modifications de style et il le publiait avec, par exemple, la mention *De notre correspondant particulier à Singapour*. Mon travail n'était pas terminé pour autant. Je prenais l'article publié et le comparais avec l'original russe. J'en écrivais ensuite une version définitive et l'expédiais à Moscou. La dernière phase de ce faux grandiose était du ressort du Bureau soviétique d'information, de l'agence Tass, de Radio Moscou et des représentants diplomatiques de l'U.R.S.S. à l'étranger. Leur tâche consistait à distribuer ce matériel dans tous les pays comme s'il s'agissait d'un authentique document publié dans la presse birmane. »

Dans le numéro de mars 1984 de la revue *Est et Ouest*, Branko Lazitch a démontré que le procédé utilisé par Kaznacheiev voici plus de vingt ans est toujours aussi efficace aujourd'hui. « L'un des derniers faux concerne la Grenade, écrit-il, plus spécialement l'assassinat du premier ministre grenadin, Maurice Bishop, par ses camarades du Comité central du parti. Cet assassinat a provoqué un sentiment d'horreur même dans les rangs des communistes d'Amérique centrale. Quoi de plus simple, pour se débarrasser de cete hypothèque, que de la porter au compte de la C.I.A.? Le véhicule choisi fut un hebdomadaire indien, *New Wave*, qui a eu l'impudence de publier cette version soviétique : « On a appris de source digne de foi que Maurice Bishop a été tué par l'agent de la C.I.A., S. Saint-Paul, chef des gardes du corps du Premier ministre... » L'agence de presse soviétique Novosti s'empressa de reprendre et de diffuser cette « révélation » à l'étranger. Ainsi, dans *L'Etincelle*, hebdomadaire du parti communiste guadeloupéen, on pouvait lire le 7 janvier 1984, en gros caractères : « Maurice Bishop a été tué par un agent de la C.I.A. », article qui commençait ainsi : « L'Agence de presse Novosti propose un article qui évoque les circonstances de la mort du Premier ministre grenadin Maurice Bishop, publié par l'hebdomadaire indien *New Wave*. »

Dans ce cas, le faux était grossier. Dans d'autres, les Soviétiques savent parfaitement dissimuler le « montage » pour reprendre le titre d'un roman fameux de Vladimir Volkoff, consacré à la désinformation. Aucun journaliste, aussi sérieux soit-il, n'est à l'abri du piège qu'on lui tend, du faux qu'on lui propose. La célèbre « columnist » américaine, Flora Lewis, en a fait l'expérience, à ses dépens, en se faisant l'écho, dans le *New York Times* du 6 mars 1981, d'une motion rédigée par plusieurs fonctionnaires du département d'Etat condamnant la politique officielle du gouvernement Reagan au Salvador et en Amérique centrale. Selon ces fonctionnaires, les Etats-Unis risquaient d'être entraînés dans un nouveau Vietnam. Trois jours plus tard, Flora Lewis a dû faire amende honorable : les fonctionnaires n'existaient pas, la motion était fausse.

« Les conditions dans lesquelles un organe de presse peut être amené à accepter un document falsifié ou contrefait, à l'admettre comme authentique et à le publier, dépendent essentiellement de la nature de son contenu, de sa présentation matérielle et, d'une manière générale, de l'habileté avec laquelle il a été élaboré », précisent Godson et Shultz, les deux auteurs du livre sur les « mesures actives » soviétiques. En général, le K.G.B. choisit bien le ou les médias susceptibles de publier le faux et sait profiter de la conjoncture politique dans tel ou tel pays pour lancer une opération de désinformation. Pourtant, sur la centaine de faux qu'il élabore chaque année, une dizaine seulement atteignent leur but. Pourquoi? Le Service A chargé de cette tâche n'échappe pas à l'un des maux inhérents au régime soviétique : le travail est mal fait. La plupart des documents falsifiés contiennent trop d'erreurs de syntaxe, d'orthographe, de formulation pour que même des non-spécialistes s'y laissent prendre. Ce que le Service A a souvent mis des mois à échafauder (ne serait-ce que pour se procurer le papier à en-tête ou les tampons nécessaires à la fabrication du faux) pèche la plupart du temps par négligence, à cause de vulgaires erreurs de rédaction. Comme quoi le K.G.B. n'est pas infaillible.

Reste la cupidité des Occidentaux, un facteur sur lequel le S.R. soviétique compte beaucoup. Malgré les grossières erreurs contenues dans certains faux, leur diffusion peut encore avoir des effets spectaculaires longtemps après la fabrication du document. Deux exemples sont à cet égard frappants :

– En 1967 apparaît un recueil de pseudo-documents intitulé *Holocauste pour l'Europe*, dans lequel les Américains proposent d'utiliser l'arme nucléaire sur le territoire même des pays du Pacte atlantique. L'Europe y est ainsi désignée comme la première victime d'une guerre nucléaire, offensive ou défensive. C'est un journal norvégien qui cite le premier ce faux recueil, suivi de plusieurs journaux européens. Pour la seule année 1981 on en parle en Hollande, en Norvège, en Belgique, à Malte, en Grèce, en Grande-Bretagne et en France. En septembre 1982, le plus grand quotidien finlandais publie une lettre signée par trois médecins qui condamnent le danger nucléaire en se fondant entièrement sur ce faux. Au total, le document a déjà servi une vingtaine de fois.

– En 1975, un journal turc reproduit les passages d'un règlement destiné à l'armée de terre des Etats-Unis. Ce manuel est censé contenir des directives à l'intention des services de renseignement militaires qui opèrent dans les pays où des forces américaines sont stationnées. Il s'agit en fait d'un exposé sur les méthodes à employer pour s'immiscer dans les affaires locales, s'attirer la sympathie active des fonctionnaires et des officiers locaux pour manipuler les organisations gauchistes. Objectif supposé : préserver les intérêts américains dans les nations amies où les communistes sont susceptibles d'entrer dans le gouvernement. En 1978, deux publications espagnoles reprennent ce faux. Depuis cette date, il a fait l'objet d'articles de presse dans une bonne vingtaine de pays, y compris aux Etats-Unis.

Si l'on en croit la propagande soviétique, la désinformation est tout à fait étrangère aux méthodes utilisées par l'U.R.S.S. contre les démocraties. Au contraire, c'est une pure invention du capitalisme pour tromper les « masses exploitées » et dénigrer « la patrie du socialisme ». Dès l'après-guerre, le mot désinformation faisait son entrée dans la *Grande Encyclopédie soviétique* pour mettre en garde les peuples contre ce mal pernicieux, en proposant la définition suivante :

« Diffusion (par la presse, la radio, etc.) de renseignements mensongers, dans le but d'égarer l'opinion publique. La presse et la radio capitalistes utilisent largement la désinformation pour tromper les peuples et les accabler de mensonges en présentant la nouvelle guerre préparée par le bloc impérialiste anglo-américain comme une guerre défensive, et en faisant croire que la politique pacifique de l'U.R.S.S., des pays de démocratie populaire et d'autres pays pacifiques, est une politique agressive [1].

Depuis cette époque, des dizaines d'ouvrages ont paru en U.R.S.S. pour dénoncer la désinformation occidentale. Dans son numéro de mars 1984, la revue *Est-Ouest* en faisait la remarque en reproduisant *in extenso* le compte rendu élogieux que publia en décembre 1983 le journal soviétique *Ogoniok* sur le livre d'un certain Mikhail Ozerov, intitulé *Dans le collimateur : les esprits et les âmes*, dénonçant une nouvelle fois ce fléau capitaliste. Il est intéressant de reprendre en partie cet article surtout pour le coup de chapeau donné à un journaliste français, dont les positions anti-américaines sont bien connues :

Le livre de Mikhail Ozerov *Dans le collimateur : les esprits et les âmes* s'achève sur ces mots du célèbre journaliste français Claude Julien, directeur du mensuel *Le Monde diplomatique* : « L'une des plus inquiétantes formes d'atteinte aux libertés publiques est la désinformation de la population. La liberté de propagande s'est transformée en une liberté de déverser sur les gens un flot d'informations constitué de déclarations mensongères, démagogiques et tendancieuses qui a pour seul effet

---

1. *Grande Encyclopédie soviétique*, T. XIII, Moscou, 1952, 2e éd.

d'empêcher les gens de comprendre ce qui se passe autour d'eux. »

Personnellement, je connais bien l'auteur de ces lignes, qui a émis à plusieurs reprises ce genre d'opinion au cours de conversations que nous avons eues ensemble à Paris. Cependant, Julien – hélas! – est une exception dans l'armée de ces étripeurs d'esprits et d'âmes du monde de la presse bourgeoise qu'on appelle les bandits de la plume ou les terroristes idéologiques.

Dans son nouveau livre, Mikhail Ozerov parle précisément d'eux, il en parle d'une manière captivante avec des faits concrets et il cite des preuves irréfutables de l'activité criminelle de la propagande occidentale.

Outre les fausses nouvelles et les informations tronquées, les « mesures actives » clandestines comprennent également l'action des « agents d'influence » : des personnes qui, tirant profit de leur position personnelle, de l'influence ou de l'autorité qu'elles exercent, ou de la confiance qu'elles inspirent, en profitent pour aider, dans des conditions illégales, une puissance étrangère dans la poursuite de ses objectifs.

Particulièrement insidieuses et difficiles à détecter, les opérations d'influence peuvent être le fait d'agents régulièrement recrutés et opérant sur ordre, ou d' « agents de confiance », qui, bien que n'ayant pas fait l'objet d'un recrutement normal, se placent délibérément au service d'un autre pays. On peut enfin manipuler des personnes inconscientes du rôle qu'on leur fait jouer.

Les pays socialistes ne sont pas les seuls à avoir recours à des agents d'influence mais, plus que tout autre, ils recherchent systématiquement à en recruter. En France, nous verrons que les Soviétiques et les Roumains sont très actifs dans ce domaine.

Le journaliste est un agent d'influence (ou de confiance) idéal grâce à ses contacts les plus divers et par l'écho qu'il peut donner, à travers le média où il travaille, aux thèses de ceux qui le manipulent. « Le K.G.B. recherche des chroniqueurs de presse connus pour leur compétence en matière politique, économique ou militaire, explique Stanislas Levtchenko, un ancien officier du K.G.B. chargé des mesures actives au Japon avant de passer à l'Ouest fin 1979. Quatre des agents que j'ai dirigés au Japon étaient des journalistes de renom. Ils entretenaient des relations avec des cadres des partis socialiste et libéral-démocrate, ainsi qu'avec des hauts fonctionnaires et des ministres. Ces journalistes me procuraient aussi des informations et des documents secrets détenus par le gouvernement. Je les ai également chargés de diverses opérations d'influence sur des personnalités des milieux officiels. »

Le journaliste recruté ne doit pas être une simple caisse de résonance des thèses soviétiques, sous peine d'être rapidement démasqué, donc neutralisé. Levtchenko précise dans quelles conditions il a travaillé avec ces agents d'influence pour diffuser habilement la propagande clandestine de l'U.R.S.S. dans les médias japonais : « Je leur indiquais les grandes lignes à suivre, les thèmes à traiter; je leur communiquais des informations. Mais c'était toujours l'agent lui-même qui rédigeait l'article. A mon avis, il aurait été maladroit d'imposer des textes rédigés à l'avance. La raison en était très simple : chaque journaliste a son propre style, sa manière d'exposer les faits. Dans ces conditions, un article que j'aurais écrit moi-même, ou qui l'aurait été à Moscou, n'aurait pas manqué d'attirer l'attention des services de contre-espionnage du pays cible. En général, nous fournissions le plan d'ensemble, le thème, l'objectif à atteindre. Nous pouvions également apporter des suggestions sur la meilleure manière d'atteindre cet objectif. »

Ladislav Bittman, ancien directeur adjoint du département désinformation du S.T.B. tchèque, passé à l'Ouest en août 1968, confirme ces propos. « A ma connaissance, il n'a jamais été transmis d'articles complets à l'un de nos agents, dit-il. Au plan opérationnel, cela aurait été une maladresse susceptible de dévoiler la connivence qui les liait à nous. J'insiste sur ce point, car il est extrêmement difficile d'imiter le style d'une autre personne. En fait, je communiquais un plan d'ensemble que l'agent devait suivre. Il s'agissait, en général, de deux ou trois pages sur lesquelles étaient précisés les objectifs de l'article, ainsi que les différents thèmes qu'il convenait de traiter. Ensuite, ces éléments en main, l'agent n'avait plus qu'à rédiger. Il m'arrivait également de joindre une documentation pour l'aider dans son travail. »

Sur la nature de ce travail, Bittman, qui a manipulé plusieurs journalistes, indique précisément les objectifs poursuivis par le S.T.B. en Europe, suivant les ordres du K.G.B. : « La principale tâche des journalistes consistait à écrire des articles dans lesquels il ne leur était pas tellement demandé de prendre fait et cause pour l'Union soviétique, mais plutôt de vilipender les Etats-Unis et l'O.T.A.N., afin de créer un climat de méfiance entre l'Allemagne de l'Ouest et la France, ou entre les Etats-Unis et leurs alliés. Par exemple, à propos de la République fédérale d'Allemagne, les Etats-Unis étaient accusés non seulement d'avoir délibérément ignoré les aspirations profondes des Allemands pendant toutes les années d'occupation, mais aussi de chercher à leur imposer des institutions politiques et culturelles qui leur étaient étrangères. En revanche, en France et dans les autres pays d'Europe, nous présentions l'Allemagne de l'Ouest comme une nation qui conservait de fortes tendances nazies, avec un gouvernement dans lequel de nombreux criminels de guerre occupaient des postes importants. Un tel état de choses était censé constituer un danger capital pour l'Europe tout entière. » Pour accréditer la thèse du nazisme renaissant, nous verrons que le S.T.B. tchèque n'a pas hésité à perpétrer un attentat meurtrier en France.

L'argent, les convictions, le chantage et surtout la flatterie (donner l'impression à l'agent d'influence qu'il joue un rôle capital pour la sauvegarde de la paix) sont des méthodes couramment utilisées par le S.R. soviétique et les services de l'Est pour obtenir la collaboration, consciente ou inconsciente, de certains journalistes. Le recrutement d'un agent d'influence se fait selon les méthodes que nous avons déjà exposées pour les agents de renseignement. Mais il est autrement plus difficile de faire la preuve de la trahison d'un journaliste, d'un homme politique ou d'un syndicaliste chargés de propager clandestinement les thèses soviétiques que de prouver la traîtrise d'un agent qui livre des documents secrets à l'Est. Mis à part les faux, la désinformation est par nature impalpable : il n'est interdit à personne de proclamer que l'U.R.S.S. est un pays libre et les Etats-Unis une dictature. Certains ne se sont d'ailleurs jamais privés de le faire, sans être pour autant des agents d'influence soviétiques, du moins au sens propre du terme, tel que nous l'avons défini.

La France a été longtemps la cible privilégiée de la désinformation soviétique. Le général Ivan Agayantz, premier chef du Service D de la Première direction principale du K.G.B., créé en 1959 pour lancer de grandes opérations de désinformation contre l'Occident, avait été « Résident » du K.G.B. à Paris, de 1945 à 1949. Durant ces quatre années il avait acquis une connaissance approfondie de notre pays, noué beaucoup de contacts et établi un réseau étoffé d'agents. Il s'en est servi pour la diffusion clandestine de la propagande préparée par ses subordonnés à Moscou.

La France a d'ailleurs été un terrain de choix pour la désinformation avant même que le terme apparaisse dans le vocabulaire soviétique. L'utilisation des « mesures actives » par l'U.R.S.S. est devenue nécessaire dès que l'idéologie marxiste-léniniste a cessé d'exercer son emprise sur la majorité de l'intelligentsia occidentale et quand Moscou a fini d'être une nouvelle Babylone pour la gauche mondiale. L'agent d'influence d'aujourd'hui est en quelque sorte le substitut aux « compagnons de route » d'hier, si utiles à l'U.R.S.S. et au camp socialiste jusqu'au milieu des années 50, jusqu'à la prise de conscience suscitée par la répression sanglante de la révolution hongroise.

Auparavant, la désinformation soviétique n'avait nul besoin d'artifices, pour pénétrer les mass media et, en fin de compte, les esprits. Si l'on admet, comme le dit Annie Kriegel dans sa préface au livre de ·Godson et Shultz, que « la désinformation est une technique qui vise, non pas à remplacer une information vraie par une information fausse, mais à substituer l'idéologie à l'information », alors il est incontestable que l'âge d'or de cette forme de subservion va de 1917 à 1956. Pendant ces quelque quarante ans l'idéologie a non seulement permis de travestir dès l'origine la nature du régime soviétique – comme l'a fort bien montré Christian Jelen dans *L'Aveuglement*[1] – mais elle a aussi servi à dénoncer les ennemis de l'U.R.S.S., à les isoler et à les affaiblir. C'est toujours l'objectif visé par le Kremlin au travers des « mesures actives ».

La fascination de l'intelligentsia française pour l'idéologie communiste se trouve à l'origine de beaucoup d'opérations de désinformation en France. Le P.C.F., les organisations de masse noyautées par les Soviétiques, comme le Conseil mondial de la paix, ont occupé pendant des années le devant de la scène, et permis d'escamoter tout débat sur le danger soviétique et l'avenir des démocraties.

1. Flammarion, 1984.

# L'U.R.S.S. DANS LES TÊTES

Du 24 janvier au 4 avril 1949, Paris est le siège d'un grandiose pèlerinage. On voit la fine fleur de l'intelligentsia progressiste défiler devant le tribunal correctionnel de la Seine pour glorifier l'U.R.S.S. et condamner Victor Kravchenko, quarante-quatre ans, coupable d'avoir commis un best-seller antisoviétique : *J'ai choisi la liberté*.

Dès sa parution, le livre a connu un succès à la fois étonnant et surprenant. Etonnant car ce qu'il décrit en détail, la terreur stalinienne, les camps, les millions de morts de la famine et de la collectivisation forcée, une vingtaine d'ouvrages (disponibles en français) l'avaient déjà raconté depuis les années 1920. Surprenant puisque au moment de sa publication un sondage de l'I.F.O.P. révèle que trente-cinq pour cent des Français pensent que les choses vont bien plus mal en France qu'en U.R.S.S. On peut donc croire au bonheur du citoyen soviétique tout en connaissant l'enfer dans lequel il vit. Belle contradiction.

Ancien membre de la commission d'achat soviétique aux Etats-Unis où il a demandé l'asile politique le 4 avril 1944, Victor Kravchenko a fait, en ce début d'année 1949, le voyage à Paris dans l'espoir d'obtenir justice et de mettre fin aux malveillances, aux calomnies dont l'a abreuvé une certaine presse depuis deux ans.

Ses malheurs ont commencé bien avant la parution de son livre. Tous les grands éditeurs parisiens ont refusé, pour raisons politiques, les six cent trente-huit pages du manuscrit. Aucun d'eux ne voulait prendre le risque de déplaire au P.C.F., alors premier parti de France et membre du gouvernement, ni ternir le mythe de l'U.R.S.S., l'allié d'hier contre le nazisme, le pays aux dix-neuf millions de morts, la patrie des combattants héroïques de Stalingrad.

Une petite maison d'éditions, Self, a finalement accepté de publier l'ouvrage en France. Coups de téléphone nocturnes, menaces avec « promesse formelle d'exécution rapide ou de tortures diverses » assaillent le courageux éditeur, Jean de Kerdeland, comme il l'écrit dans la préface du livre.

L'ouvrage à peine sorti, c'est un tir de barrage. « J'avoue que je n'aime pas la race des apostats et des renégats » dit André Pierre dans *Le Monde* du 25 juillet 1947, en rendant compte du livre. « Si Kravchenko se dresse contre le régime, c'est qu'il est un opposant constitutionnel. Les faits ne viennent ensuite que comme des justifications », estime Pierre Debray dans *Témoignage chrétien* du 5 septembre 1947. « Née dans les abus, sa pensée se jette aux abus et provoque aux abus », proclame Michel Koch dans *L'Age nouveau* du 23 octobre 1947. Cinq jours plus tard, le 28 octobre, douze mille manifestants communistes prennent d'assaut la salle Wagram où se tient un meeting à la mémoire des « peuples opprimés par les soviets ». On relève trois cents blessés.

Chassé du gouvernement le 4 mai 1947, le parti communiste est désormais en pleine stratégie de guerre froide, suivant les directives reçues à la conférence des P.C. de Szklarska-Poreba (Pologne) de septembre 1947 (voir première partie). Inquiets du succès rencontré par *J'ai choisi la liberté* malgré les sévères critiques de la presse, les communistes français vont se lancer de toutes leurs forces – considérables – dans la bataille pour tenter de discréditer Kravchenko, faute de pouvoir réfuter son témoignage.

Le 13 novembre 1947, l'hebdomadaire communiste *Les Lettres françaises*, dirigé par Claude Morgan, titre sur toute sa une : « Comment fut fabriqué Kravchenko ». L'auteur de ces révélations, un certain Sim Thomas, ancien membre des services secrets américains selon le journal, dévoile des aspects sordides de la personnalité de l'ancien fonctionnaire soviétique. Il affirme que son livre est un vulgaire faux, fabriqué de toutes pièces. Pour Sim Thomas, Kravchenko est un alcoolique invétéré, arrivant fréquemment soûl à son bureau, et un joueur bourré de dettes. Peu avant sa défection, il devait être rapatrié à Moscou pour répondre de malversations financières, et même de sabotages, affirme-t-il. Bref, Kravchenko aurait été le « pigeon idéal ». Les services secrets américains se seraient intéressés à lui, en lui proposant d'organiser sa fuite, de payer ses dettes, en échange... d'un livre. Mais l'ancien fonctionnaire s'est révélé piètre écrivain. Au bout de quelques semaines, il a tout juste écrit « une soixantaine de pages à peu près illisibles et pratiquement inutilisables ». On lui demande finalement de signer un manuscrit de mille feuillets, rédigé par des « amis mencheviks ». Ce qui donne *J'ai choisi la liberté*. « Kravchenko ne pouvait se montrer, conclut Thomas, parce qu'il n'était pas l'homme de son bouquin et que les grands imbéciles auraient fini par s'en apercevoir. »

De sa retraite, Kravchenko – qui a pris aux Etats-Unis le faux nom de Peter Martin par peur des représailles du S.R. soviétique – contre-attaque immédiatement. Il assigne *Les Lettres françaises* en diffamation. Quatorze mois après la parution de l'article, c'est ce procès que doit juger le tribunal correctionnel de la Seine à partir du 24 janvier 1949.

Pendant ces quatorze mois, la presse communiste n'a pas lésiné sur les calomnies. Dans une série d'articles parus en novembre 1947 dans *Ce soir*, quotidien du P.C.F. dirigé par Aragon, Georges Soria a décrit les « combattants de la liberté », accueillis aux Etats-Unis, en ces termes : « Ce sont entre autres l'oustachi Matchek qui collabora avec les Allemands et lutta contre Tito, les renégats bulgares qui luttent contre la démocratie populaire de Dimitrov, les transfuges hongrois à la Ferencz Nagy, des traîtres du genre de Kravchenko dont le livre a été écrit par des spécialistes américains du F.B.I. et de l'O.S.S.[1] et diffusé à quatre-vingt mille exemplaires en France dans une édition luxueuse. » Quelques jours avant le procès, *Ce soir* récidive en titrant sur toute sa une : *Un livre signé Kravchenko paru chez Hitler en 1941.* Pour preuve, le journal reproduit la page de garde de l'ouvrage d'un certain R. Krawtschenko, édité à Dresde, sous le titre *J'étais prisonnier de Staline.* Pour le quotidien du P.C. il s'agit bien du même auteur. Dominique Desanti, dans le bi-mensuel communiste *Action* (5-20 janvier 1949), en apporte confirmation en écrivant : « Je me suis renseignée, Kravchenko est un nom à peu près aussi peu courant en U.R.S.S. que Brasillach en France[2]. Les chances d'homonymie sont, selon les spécialistes, d'une sur un million. » Qu'importe si, en 1941, Victor Kravchenko vivait en U.R.S.S.; qu'importe encore si son nom est, en Ukraine, son pays d'origine, aussi commun qu'un Dupont ici : la diffamation ne s'embarrasse pas de tels détails.

Voilà dans quel contexte s'ouvre le procès intenté par Kravchenko aux *Lettres françaises.* Il passionne la presse et l'opinion publique.

Nous n'en rappellerons pas le déroulement, à cause de sa longueur. Le compte rendu *in extenso* du procès, publié en son temps par les Editions Albin Michel, représente 1326 pages. Bien des auteurs ont étudié minutieusement ce grand « happening », notamment Guillaume Malaurie dans son excellent livre, *L'Affaire Kravchenko*[3], paru en 1982.

---

1. L'ancêtre de la C.I.A. (*N.d.A.*).
2. La référence à cet écrivain fusillé à la Libération n'est évidemment pas un hasard. (*N.d.A.*).
3. Robert Laffont.

Ce qui nous intéresse ici, ce sont les mécanismes de la désinformation soviétique. Ce procès permet de les mettre en valeur de façon exemplaire.

Le poids électoral du P.C.F., l'emprise idéologique du communisme sur l'intelligentsia, la fascination pour l'avenir radieux du système soviétique, accentuée par le mythe de Stalingrad, symbole de la victoire sur le nazisme, n'expliquent pas tout. Derrière ce procès, de son origine à son aboutissement, ce sont certaines méthodes de désinformation qu'on peut voir à l'œuvre, et qui trouvent un terrain favorable pour s'exprimer, s'épanouir.

Commençons par le principal témoin, l'accusateur Sim Thomas, le prétendu ancien agent secret américain. Pas une seule fois, au cours des dix semaines du procès, *Les Lettres françaises* n'ont été capables de produire la moindre preuve de son existence. Aucun témoin de la défense – ces innombrables intellectuels qui se sont portés au secours de l'hebdomadaire communiste – ne s'en est étonné. Ils sont tous venus faire le procès du « traître », du « renégat » Kravchenko, pas pour connaître la vérité.

La vérité, c'est que Sim Thomas n'a jamais existé. « C'est le pseudonyme d'un journaliste américain » prétendent les responsables des *Lettres françaises*. Faux. Des années plus tard, Claude Morgan, ancien directeur de l'hebdomadaire communiste, l'a avoué dans son autobiographie[1] : « André Ulmann m'apporta sur le personnage Kravchenko un article que je publiai sans signature (...). Ulmann, sous le nom de Sim Thomas, accusait Kravchenko de mensonge et ajoutait qu'il était ivrogne. » Sim Thomas et André Ulmann sont donc une seule et même personne. Comment a-t-il obtenu ses informations ? « De sources américaines auxquelles Ulmann accordait crédit », répond Pierre Daix, ancien rédacteur

1. *Don Quichotte et les autres*, Ed. Roblot, 1979.

en chef des *Lettres françaises* (à partir de 1948), dans l'avertissement qu'il a écrit pour la réédition de *J'ai choisi la liberté*, en 1980, aux Editions Olivier Orban. « Je tiens à témoigner, ajoute-t-il, qu'il n'y eut aucune affabulation. Simple mise en œuvre journalistique par un professionnel d'éléments sensationnels venant d'une source fiable aux yeux d'Ulmann. »

L'explication est limpide. Mais pourquoi les avocats des *Lettres françaises* ne l'ont-ils pas dit alors? Pourquoi André Ulmann n'est-il pas venu témoigner au procès? Pourquoi son nom n'a-t-il pas été prononcé? Pourquoi le cacher? Ni Claude Morgan, ni Pierre Daix n'apportent de réponse à ces questions.

En réalité, le cas Ulmann-Sim Thomas est plus compliqué qu'ils le prétendent. Il est vraisemblable que *Les Lettres françaises* ont été dans cette affaire le vecteur d'une entreprise de désinformation visant à discréditer Kravchenko. Mais qui tirait les ficelles? Quel rôle exact a joué Ulmann? Ce sont les vraies questions qu'il faut se poser même s'il est difficile d'y répondre avec certitude.

Pierre Daix admet qu'André Ulmann a très bien pu se faire manipuler : son informateur aurait été un agent de Moscou déguisé en Américain. C'est probable mais guère satisfaisant. Dans ce cas, Ulmann aurait joué le rôle d'un « idiot utile », ce qui ne correspond pas du tout à sa vraie personnalité. C'est là que se trouve la clef de cette affaire dont nous ne connaîtrons sans doute jamais toute la vérité.

Qui était André Ulmann? Journaliste et écrivain, mort en 1970, sa biographie officielle est apparemment sans tache. Il a débuté dans les années 1930 comme secrétaire de rédaction à la revue *Esprit* d'Emmanuel Mounier, puis à l'hebdomadaire *Vendredi*, proche du Front populaire. Il a collaboré après à *L'Information sociale*. Prisonnier des Allemands en 1940, il est libéré pour maladie en 1942 et participe au Mouvement national des prisonniers de guerre et déportés. Arrêté par la Gestapo en 1943, sous un faux nom, il est déporté à Mauthausen. A la Libération, il siège à l'Assemblée consultative provisoire et dirige la rédaction du quotidien *Les Étoiles* qui disparaît très rapidement. En 1946, il devient rédacteur en chef de *La Tribune des nations*, un hebdomadaire fondé en 1934, principalement consacré à la politique étrangère. Ulmann a occupé ce poste jusqu'à sa mort. *La Tribune des nations* a cessé de paraître, avant que son fils, Fabrice Ulmann, ne ressorte le titre en mars 1971, jusqu'à sa disparition définitive en 1983. André Ulmann est l'auteur de cinq livres : *La police, quatrième pouvoir* (1935), *La Conjuration des habiles* (1946), *L'Humanisme au XXe siècle* (1948), *Synarchie et Pouvoir* (1968), *Poèmes de camp* (1969).

Se présentant comme un humaniste de gauche, André Ulmann n'a jamais appartenu au parti communiste même s'il en a été très proche, comme beaucoup d'intellectuels d'après guerre. Dans son cas, il est pourtant difficile de parler de simple « compagnonnage de route ». Il semble que son engagement a été au-delà d'une banale fascination pour le P.C.F. « Ces dons, explique Pierre Daix, il entendait les mettre au service de la cause qui justifiait les risques qu'il avait pris durant la Résistance, et se confondait à ses yeux avec un avenir rationnel pour l'humanité : *l'aide à l'Union soviétique*[1].

Plusieurs témoignages concordent sur ce point : la connexion entre Ulmann et Moscou a été directe. L'œil et l'oreille de l'ambassade d'U.R.S.S. à Paris selon certains témoignages, il n'a jamais traité d'affaire avec le P.C.F. puisqu'il était en rapport avec les Soviétiques. Son hebdomadaire, *La Tribune des*

---

1. Souligné par l'auteur.

*nations*, a régulièrement reflété les thèses du Kremlin, au point d'être le journal français (après ceux du P.C.F.) le plus repris et cité par la très officielle *Pravda*.

« Ulmann n'avait pourtant rien d'un stalinien, précise Pierre Daix. Il ne ressemblait même guère à un communiste. C'était un intellectuel progressiste, mais sans aucune des niaiseries utopiques qui s'attachent à cette dénomination. » L'ancien rédacteur en chef des *Lettres françaises* ajoute cette phrase clef qui explique sans doute le mieux la personnalité d'Ulmann, donc son rôle exact : « Peut-être faut-il chercher ses pareils dans les pays anglo-saxons. Il n'aurait sans doute pas été un Philby, un Burgess ou un Alger Hiss, *mais son outillage mental ne devait pas être différent du leur* [1]. »

André Ulmann a-t-il été un « agent d'influence » soviétique? Il est impossible de le prétendre, mais son rôle dans l'affaire Kravchenko reste étrange. Si Ulmann avait été sincère, rien ne l'empêchait de venir témoigner à la barre, en ne révélant pas ses sources, comme tout journaliste en a le droit. Resté volontairement dans l'ombre, son silence accrédite la thèse du faux prémédité, d'une opération de désinformation soviétique montée en toute connaissance de cause.

Tout au long du procès, l'U.R.S.S. a multiplié les manœuvres contre Kravchenko. Avant l'ouverture des débats, l'ambassadeur soviétique à Paris. Alexandre Bogomolov, convoque discrètement Claude Morgan et André Wurmser, critique littéraire aux *Lettres françaises*, pour leur demander d'utiliser toutes les ressources de la procédure judiciaire afin de retarder le procès. Moscou tente ensuite, avec l'aide de *L'Humanité*, de discréditer les témoins cités par l'ancien fonctionnaire. Le 21 février 1949, l'U.R.S.S dépose cette réclamation au

1. Souligné par l'auteur.

Quai d'Orsay : « Conformément aux résolutions de l'O.N.U., le gouvernement de l'U.R.S.S. demande au gouvernement français la livraison immédiate de trois criminels de guerre, témoins de V.A. Kravchenko. » Contrairement à tous les usages diplomatiques, le quotidien communiste publie le jour même cette requête. Paris n'accède pas aux prétentions soviétiques. Les témoins en question ont connu les camps nazis. Après guerre, ils ont préféré rester à l'Ouest au lieu de rejoindre le glacis soviétique. Pour dénoncer ces « traîtres » Moscou a donc une nouvelle fois recours à des faux.

Quant à la contre-attaque des défenseurs des *Lettres françaises* contre Kravchenko elle est révélatrice de l'état d'esprit de l'époque et des méthodes de la propagande soviétique, officielle et clandestine.

Kravchenko est d'abord accusé d'être un vulgaire déserteur. Ayant choisi la liberté en avril 1944, en plein conflit mondial, il a, selon les communistes, abandonné le combat. Pis même, les témoins des *Lettres françaises* considèrent qu'il est quasiment passé à l'ennemi nazi même si les Etats-Unis étaient à l'époque alliés avec l'U.R.S.S.

Il est ensuite présenté comme un fieffé menteur, aveuglé par son anticommunisme. Les millions de morts de faim, les camps, les exterminations : affabulations! Nostalgiques de l'ancien régime, privilégiés dépossédés de leurs biens, lui et ses témoins veulent discréditer la « patrie du socialisme » pour se venger.

Enfin, Kravchenko est un fauteur de guerre car en s'en prenant à l'U.R.S.S., il s'attaque surtout au camp de la paix.

Ce dernier argument laisse poindre les grandes campagnes menées par la propagande soviétique dans les années 1950, avec la mobilisation des pacifistes derrière l'Appel de Stockholm pour dénoncer la bombe atomique et les grandes manifestations contre l' « impérialisme américain » au moment de la guerre de Corée. La plupart des témoins des *Lettres françaises* s'engageront à fond dans ces batailles, soit comme « compagnons de route » du P.C.F., soit comme agents d'influence, consciemment ou inconsciemment manipulés.

Voici les plus représentatifs d'entre eux.

– Le savant Frédéric Joliot-Curie. Ecarté quelques années plus tard du haut-commissariat à l'énergie atomique, il recevra en 1951 le Prix Staline pour la paix. Président de l'association France-U.R.S.S., président du Conseil mondial de la paix (une organisation de masse contrôlée par les Soviétiques comme nous l'avons vu) et de l'Amitié franco-polonaise, Juliot-Curie a été dans les années 1950 un symbole de la collaboration avec l'U.R.S.S.

– Le journaliste Emmanuel d'Astier de La Vigerie, député apparenté communiste. Nous en avons parlé à l'occasion de l'Affaire des fuites (voir première partie). Rappelons que cet ancien ministre de l'Intérieur du gouvernement provisoire de De Gaulle (septembre 1944), a fondé et dirigé le quotidien *Libération*, financé par le P.C.F. jusqu'à sa disparition en 1964. Vice-président du Conseil mondial de la Paix, Prix Lénine « pour la consolidation de la paix » en 1957, d'Astier de La Vigerie est resté, jusqu'à sa mort, très proche de l'U.R.S.S.

– Le politicien Pierre Cot, ancien ministre du Front populaire, député progressiste. Membre de la commission des Affaires étrangères de l'Assemblée consultative d'Alger, il a été envoyé par le général de Gaulle en mission d'information en U.R.S.S. (février/juillet 1944). Le rapport qu'il a établi alors constitue un modèle d'éloges pour la patrie du socialisme : « Dans les discours et les écrits des dirigeants soviétiques, le souci de l'homme se remarque à chaque instant (...) Les actes s'accordent aux déclarations. Sans ce culte renouvelé de l'humanisme, l'Union soviétique n'aurait pu traverser les épreuves qui lui furent imposées (...) Et s'il me fallait un mot pour caractériser cette civilisation, je le ferais par l'humanisme plutôt que par la puissance, car c'est l'humanisme qui est à la base de la puissance soviétique. » Il poursuit en ces termes : « L'Etat soviétique c'est la dictature d'une classe représentant la majorité(...) Depuis son établissement, en 1918, cette dictature n'a cessé de se desserrer et de devenir plus libérale (...) La courbe des libertés – comme celle de l'esprit critique – ne cesse de décroître en régime capitaliste et de croître en régime socialiste. » Ce grand admirateur de l'U.R.S.S. a fondé, en 1951, avec Claude Morgan, le directeur des *Lettres françaises*, la revue Défense de la paix, éditée en treize langues, avec des fonds dont il n'est pas trop difficile de deviner la provenance.

– Le général Petit, ancien chef d'Etat-Major des F.F.L., ancien responsable de la mission militaire française en U.R.S.S. (1941-1944), sénateur progressiste. Directeur de *L'Armée française*, revue contrôlée par le P.C.F., membre de la commission permanente du Mouvement de la Paix (une organisation pacifiste d'obédience communiste), vice-président de France-U.R.S.S., le général Petit a fait partie de ces officiers supérieurs engagés à fond aux côtés des communistes, comme le contre-amiral Moullec ou Malleret-Joinville (nommé général à la Libération pour son rôle dans les F.T.P.)

– Le catholique Pierre Debray, résistant, journaliste à l'hebdomadaire *Témoignage chrétien*. Membre du secrétariat national de l'association France-U.R.S.S. et de la commission permanente du Mouvement de la Paix, auteur d'un ouvrage complaisant sur le régime soviétique, intitulé *Un catholique retour d'U.R.S.S* (1950), Pierre Debray a longtemps été le chef de file des intellectuels catholiques progressistes qu'utilisaient volontiers les communistes pour accroître leur audience et attirer à

338

eux les chrétiens. Quelques années plus tard, il devait rompre avec le P.C.F.

– Yves Farge, journaliste, résistant, ancien commissaire de la République à Lyon où, en septembre 1944, il a établi de faux passeports français pour deux importants agents soviétiques, Lène et Sandor Rado responsables de « l'Orchestre rouge » en Suisse, comme nous l'avons vu (première partie). Obéissant aux directives du P.C.F., Farge a créé en mars 1948 les « Combattants de la liberté », rebaptisés en novembre de la même année « Combattants de la paix et de la liberté » et en janvier 1951, le « Mouvement de la Paix » dont il a pris la direction.

Tous ces « compagnons de route » auront raison contre Kravchenko.

« Je donne un bon show, dit ce dernier. Les directeurs de journaux ont fait, grâce à moi, des tirages records. On m'applaudit poliment, mais c'est tout. Il n'y a aucune campagne contre les tyrans du Kremlin et je suis sûr que le jugement ne dira pas un mot sur l'U.R.S.S. », confie-t-il désabusé à *Ici Paris* le 28 mars 1949, quelques jours avant le verdict.

Le pronostic était bon.

Certes, le jugement rendu par la 17e chambre correctionnelle de Paris le lave de toutes les accusations d'escroquerie, d'ivrognerie, de collaboration avec les services américains, portées par l'invisible Sim Thomas. Diffamé, Kravchenko reçoit cent cinquante mille francs (de l'époque) de dommages et intérêts et *Les Lettres françaises* sont condamnées à lui verser cinq mille francs d'amende (sommes réduites en appel un an plus tard).

Mais sur le fond du problème, sur la nature du régime soviétique, donc sur la véracité de son témoignage, Kravchenko a perdu. Dans un jugement à la Ponce Pilate, le tribunal se contente de rappeler que deux conceptions de l'U.R.S.S. se sont affrontées au procès. La Cour reproche même à l'auteur d'avoir « choisi la liberté » au mauvais moment, en pleine guerre, et d'en avoir profité pour faire des déclarations contre son pays.

Tout compte fait, l'Union soviétique sort grand vainqueur du procès. Son image n'a pas été altérée, bien au contraire. Le « traître » Kravchenko a permis aux communistes de faire « l'union sacrée » autour d'eux, de mobiliser le ban et l'arrière-ban des intellectuels français et d'amener de simples sympathisants à devenir de fervents propagandistes du régime soviétique. Dans le même temps, la publicité faite à ce procès parisien a détourné l'attention de l'opinion publique sur ce qui se passait dans le bloc socialiste, plongé dans de sanglantes purges. Une belle réussite.

Ironie de l'histoire : le verdict est rendu le 4 avril 1949, cinq ans jour pour jour après que Kravchenko a choisi la liberté. Ce 4 avril 1949 correspond aussi à la signature du traité du Pacte atlantique à Washington. Le monde entre vraiment en guerre froide. Chacun va devoir choisir son camp, entre l'impérialisme américain personnification du mal absolu, et le bloc communiste symbole du bien. Cette vision manichéenne servira à escamoter pendant des années toute vérité sur l'U.R.S.S. et offrira à la propagande et à la désinformation soviétique le meilleur terrain possible.

Commentant le verdict qui condamne *Les Lettres françaises* pour diffamation, *L'Humanité* du 7 avril 1949 titre : « Non, messieurs, on ne condamne pas la Paix! »

Le ton est donné.


Curieusement, les « belles âmes » qui ont si promptement stigmatisé le « traître » Kravchenko sont restées silencieuses quand se sont multipliés en France, et dans le monde occidental, des ouvrages apocryphes sur l'U.R.S.S. Ces écrits, qui ont tous présenté une image rassurante de l'Union soviétique et de ses dirigeants, ne dérangeaient pas les thuriféraires du régime communiste. Pourtant, il s'agissait bien d'authentiques entreprises de désinformation destinées à la fois à tromper l'opinion publique et à isoler ceux qui témoignaient sur la terrible réalité soviétique.

De 1947 à 1955, une trentaine d'ouvrages de ce genre ont paru, sans compter les innombrables articles de journaux écrits par leurs auteurs, devenus du jour au lendemain d'éminents « soviétologues ». Boris Souvarine et Branko Lazitch ont été quasiment les seuls en France à dénoncer ces imposteurs dans le *Bulletin d'études et d'informations politiques internationales* (B.E.I.P.I., qui deviendra la revue *Est-Ouest* en 1956). Leur travail est resté longtemps confidentiel, jusqu'à ce que leur obstination ait raison des faussaires. Mais que de ravages n'ont-ils pas commis auparavant. Certains auteurs sont même devenus des conseillers, très écoutés, des autorités politiques de l'époque.

Parmi ces faux notons :

– *J'ai choisi la potence* (Paris 1947, Editions Univers) attribué au général soviétique Vlassov, exécuté en 1946 pour trahison après avoir lutté aux côtés de l'Allemagne nazie contre l'U.R.S.S.

– *Ma carrière à l'Etat-Major soviétique* (Paris 1949), d'Ivan Krylov.

– *Les Maréchaux soviétiques vous parlent* (Paris 1950, Editions Stock) de Cyrille Kalinov.

– *Le Vrai Staline* (Paris 1950, Editions « Je sers ») d'Yves Delbars.

– *Mon oncle Staline* (Paris 1952, Editions Denoël) de Budu Svanidzé, présenté comme le neveu du « petit père des peuples ».

– *En parlant avec Staline* (Paris 1953, Editions Colbert), toujours de Budu Svanidzé.

– *Notes for a Journal* (Londres 1955), attribué à

Maxime Litvinov, ancien commissaire du peuple aux Affaires étrangères à Moscou. Ce faux exemplaire a été préfacé par E.H. Carr, à l'époque grand spécialiste de l'U.R.S.S. en Grande-Bretagne.

L'hebdomadaire *Carrefour*, en juin 1948, a aussi publié une fausse *Correspondance Staline-Tito*, et le quotidien *Combat*, du 11 mai 1953, un prétendu *Testament de Staline* acheté à prix d'or.

« Les faussaires observent une règle invariable : ne jamais attaquer l'Union soviétique et présenter obligatoirement les maîtres du Kremlin sous un jour sympathique et favorable », a analysé Branko Lazitch. Dans *Les Maréchaux soviétiques vous parlent*, par exemple, l'auteur brosse un tableau rassurant de l'Armée Rouge avec un Etat-Major animé de bonnes intentions pacifistes. Les ouvrages du neveu de Staline (qui n'a jamais existé) dépeignent le dictateur comme un brave oncle sentimental, épris de balalaïka et de parties de boules avec Molotov (à l'époque ministre des Affaires étrangères). La *Correspondance Staline-Tito* confirme les sympathies trotskistes du responsable yougoslave, comme le répétait alors la propagande soviétique. Le *Testament de Staline* démontre que la politique de ses successeurs se situe dans la droite ligne de celle pratiquée par le défunt « guide », tant aimé de son peuple.

Sous les pseudonymes de Vlassov, Kalinov, Svanidzé, tous ces ouvrages ont été écrits par le même homme : Grégoire Bessodovski, ancien diplomate soviétique passé à l'Ouest avant guerre. Bessodovski a monté une véritable fabrique de faux à travers une société intitulée « Page internationale », chargée de vendre très cher ces « Mémoires » et autres « révélations » d'intimes du Kremlin. « Page internationale » a aussi fourni aux journaux des analyses « exclusives », favorables à la politique soviétique. *Le Figaro*, *La Tribune de Genève*, *Carrefour* ont figuré parmi ses meilleurs clients.

Auteur du *Vrai Staline*, Yves Delbars, ancien rédacteur du *Matin* (journal collaborationniste pendant la guerre), était un associé de longue date de Bessodovski. Usant de pseudonymes (Nick Dell, Nick Delarny, Jean Perrenis, Nicolas Kossiakov), Delbars a collaboré à plusieurs journaux, dont *France-Soir*, *Paris-Presse*, *Combat* et le *Journal de Genève*. Admirateur de Staline, il a continué après la mort de ce dernier à s'en faire l'ardent défenseur et à promettre au système soviétique un avenir radieux. Sous le titre « *Désarroi des Occidentaux et logique soviétique* », paru dans *Combat* le 29 avril 1953, il a expliqué comment Staline avait tout prévu : « La continuité de l'action diplomatique russe est d'une clarté rare. Seuls les partis pris des observateurs étrangers les empêchent de la voir. Ses gestes actuels ne sont qu'un développement de l'action menée par Staline depuis 1945 (...) l'attitude actuelle du gouvernement de l'U.R.S.S. est une exécution d'un plan d'action prévu par Staline lui-même pour la période suivant sa mort. » Quelque mois plus tard, en septembre 1953, dans un prestigieux mensuel de l'époque, *France-Illustration*, Delbars a affirmé que l'U.R.S.S. allait gagner « la bataille des calories » contre les Etats-Unis grâce aux remarquables performances de son agriculture dont la « progression semble viser à dépasser l'accroissement de la population (...) et les besoins même très largement satisfaits de la population (...) Si rien ne vient entraver la réalisation du plan laissé en héritage par Staline, l'U.R.S.S. disposera de l'arme la plus efficace correspondant aux exigences de la majorité des humains, de ces 59,5 p. 100 de sous-alimentés dont le nombre est appelé à augmenter d'une façon alarmante ».

Depuis cet article prophétique, bien d'autres journalistes occidentaux ont embouché des mêmes trompettes, mais plus par ignorance de la misère soviétique qu'intentionnellement. Les écrits d'Yves

Delbars et de Grégoire Bessodovski se sont toujours voulus de savantes justifications de la politique de l'U.R.S.S. Boris Souvarine n'a pas hésité à les qualifier d'agents prosoviétiques. Comme tant d'autres à la même époque? Sans doute, mais pour eux, la désinformation était un métier, un moyen de vivre, et non un simple aveuglement idéologique. Bessodovski et Delbars ont cessé de nuire avec la « déstalinisation ». Ils n'ont pas pris conscience de leurs erreurs. Ils avaient cessé d'être utiles à l'U.R.S.S.


## GUERRE ET PAIX

La guerre de Corée, qui a commencé le 25 juin 1950 pour s'achever avec l'armistice du 27 juillet 1953, a permis aux Soviétiques de tester l'efficacité de leurs méthodes de désinformation. Deux mensonges ont été conjointement diffusés dans les médias grâce à la propagande des organisations de masse contrôlées par Moscou (le Conseil mondial de la paix, principalement) et par l'intermédiaire d'agents d'influence bien placés.

Le premier mensonge : travestir l'origine du conflit. Tout a commencé par une agression de la Corée du Sud contre le Nord mais la foudroyante riposte des troupes de Pyongyang a heureusement fait échouer ce plan ourdi par Washington. Cette guerre apporte la preuve que le camp socialiste représente la paix face aux Etats-Unis fauteurs de guerre. Les faits ont eu raison de cette contrevérité. Si vraiment le Nord avait été victime d'une agression, sa contre-attaque aurait été, à coup sûr, la plus rapide et la plus réussie de toute l'histoire de la guerre moderne. La percée de l'armée nord-coréenne dans le Sud, dès le 25 juin 1950, a plutôt accrédité la thèse d'une agression de Pyongyang.

Le second mensonge a eu plus de succès. Dès

1951, les Etats-Unis sont accusés d'avoir parachuté sur la Corée du Nord des insectes et des rats porteurs de germes de variole. Le spectre de la « guerre bactériologique » plane sur la communauté internationale. La Croix-Rouge et l'Organisation mondiale de la santé (O.M.S.) se saisissent du dossier et proposent une enquête impartiale. Les Nord-Coréens et leurs alliés chinois s'y opposent immédiatement. Dans le même temps, toutes les organisations de masse contrôlées par Moscou se mobilisent pour dénoncer l'horreur perpétrée par l'impérialisme américain.

L'Association internationale des juristes démocrates (fondée en 1946 par les Soviétiques) s'empresse de confirmer la terrible information et le Conseil mondial de la paix nomme une commission d'enquête internationale pour étudier « objectivement » le problème. Conduite par Joseph Needham, président de l'Association des amitiés anglo-chinoises, une délégation de cinq éminents savants, tous d'obédience communiste (le Français Maltenc, le Suédois Andreen, l'Italien Olivio, le Brésilien Pessoa et le Soviétique Joukov-Verejnikov), se rend en Mandchourie et en Corée du Nord. Cette fois, ni Pékin ni Pyongyang ne se sont opposés à l'enquête. Et en septembre 1952, la commission rend public un rapport de six cents pages. Accablant pour l'U.S. Army. La « guerre bactériologique » ne fait aucun doute, treize témoignages de victimes recueillis en Corée, dix-neuf en Chine, en apportent des preuves irréfutables. Parallèlement, la presse occidentale publie les « aveux » d'aviateurs américains, prisonniers en Corée du Nord, qui reconnaissent avoir participé à des bombardements de ce genre. En outre, plusieurs « dépositions » de soldats sud-coréens (également prisonniers) établissent qu'ils ont été envoyés au Nord pour vérifier l'action des bactéries.

Bien entendu, tout cela est faux : les témoignages

de la commission du Conseil mondial de la paix comme ces « aveux » extorqués sous la torture. Mais lorsque l'ancien commandant en chef des forces des Nations-Unies, combattant aux côtés de la Corée du Sud, est nommé responsable des forces de l'O.T.A.N. et vient à Paris, le 28 mai 1952, il n'en est pas moins accueilli au cri de « Ridgway la peste » par des milliers de manifestants mobilisés par le P.C.F. malgré l'interdiction de la préfecture de police (c'est au cours de cette manifestation que Jacques Duclos fut arrêté avec ses fameux pigeons voyageurs).

A l'origine de cette remarquable campagne de désinformation on trouve un homme qui a sans doute été l'un des plus importants agents d'influence soviétique de cette seconde moitié du XXe : le journaliste Wilfrid Burchett, d'origine australienne. Obéissant aux ordres conjugués de Pyongyang, Pékin et Moscou, c'est lui qui a monté de toutes pièces le mensonge de la « guerre bactériologique » et qui a recueilli les prétendus « aveux » d'aviateurs américains et de soldats sud-coréens.

Agé à l'époque de quarante et un ans, sa couverture de la guerre de Corée a consacré son talent de désinformateur professionnel. Il avait fait ses preuves en Hongrie en 1949 (pour discréditer le cardinal Mindzenty, emprisonné par les autorités communistes) puis à Berlin. Son livre *Guerre froide en Allemagne*, prenait fait et cause pour l'U.R.S.S. dans la crise qui a secoué l'ancienne capitale du Reich en 1948. Il lui a valu le Prix Staline en 1951.

Burchett n'a pas exclusivement travaillé pour la presse communiste. La tâche d'un bon agent d'influence est en effet de diffuser et de défendre les thèses soviétiques auprès d'un large public, de préférence pas convaincu d'avance. Avant de se rendre en Corée, il a couvert la guerre civile chinoise pour le très conservateur *Daily Express* britannique et effectué plusieurs reportages en Europe de

346

l'Est pour le compte du *Times* de Londres. En 1951, il s'est installé en République populaire de Chine avec sa femme, membre du P.C. bulgare.

Pendant la guerre de Corée, Burchett a été le correspondant de plusieurs journaux communistes, dont *L'Humanité* et *Ce soir*, un quotidien créé par le P.C.F. après la guerre. C'est à partir de ce journal qu'il a organisé la campagne de désinformation sur la guerre bactériologique, comme l'a reconnu plus tard Pierre Daix, ancien rédacteur en chef de *Ce soir* : « C'est le moment où va commencer la campagne à propos de la guerre bactériologique en Corée, écrit-il dans son autobiographie[1]. « J'installais en grand les câbles de Burchett. Là, Marcel Prenant ne marquait aucune hésitation[2]. Joliot-Curie nous couvrait de son autorité. Nous avions tous besoin de cet exutoire moral. Et ceux qui ont inventé cette extraordinaire diversion – car tout fut visiblement inventé de A à Z – possédaient du génie politique. Ce bourrage de crâne conférait à la chasse aux sorcières qui faisait rage aux Etats-Unis une dimension infernale. Quelle n'était pas notre supériorité morale sur l'impérialisme américain ! Je considère aujourd'hui que ma participation de directeur d'un journal du soir dans ce mensonge est une faute aussi grave que ma riposte à David Rousset[3]. Fausses nouvelles, excitation à la haine, toute la panoplie du déshonneur pour un journaliste y figure. »

Quand il a été formellement prouvé qu'il n'y a pas eu d'épidémie, lorsque les accusations sur la « guerre bactériologique » sont apparues comme une gigantesque escroquerie, Burchett et cinq

---

1. *J'ai cru au matin*, Laffont, 1976.
2. Professeur à la faculté des Sciences, Prenant avait été auparavant exclu du Comité central du P.C.F. parce qu'il ne croyait pas aux thèses du Soviétique Lyssenko sur la « nouvelle biologie ».
3. A la suite d'un article qu'il publia dans le *Figaro*, Rousset fut diffamé par *Les Lettres françaises*, comme Kravchenko, et attaqua l'hebdomadaire en justice.

autres journalistes communistes ont signé une déclaration commune attestant que ce sont les précautions médicales prises par les services de santé chinois et nord-çoréens qui avaient permis d'enrayer le fléau...

Après la guerre de Corée, on retrouve Wilfrid Burchett à Pékin. Il « conseille » les autorités chinoises sur les demandes de visas déposées par les correspondants étrangers désirant entrer en République populaire. A partir d'octobre 1954, il exerce les mêmes fonctions au Nord-Vietnam d'Hô Chi Minh. Il reçoit par la suite un passeport nord-vietnamien, puis cubain. Il se rend plusieurs fois à Moscou où il travaille, sous pseudonyme, pour le *Daily Express* et le *Financial Times*.

Dans les années 1970, Burchett a souvent écrit pour des journaux français, notamment la revue tiers-mondiste *Afrique-Asie*, *Le Monde diplomatique* et pour l'hebdomadaire du parti socialiste, *L'Unité*, dirigé par Claude Estier. Il a également exercé une grande influence auprès d'Emmanuel d'Astier de La Vigerie à travers ses articles parus dans *L'Evénement*[1].

Comme l'analyse Jean-François Revel dans *La Nouvelle Censure*[2], « la biographie de Wilfrid Burchett donne pleinement l'idée de la mission assignée à cet agent : se trouver obligatoirement dans les pays où le communisme passe à l'offensive, pour fournir aux Occidentaux, sous la signature d'un journaliste australien[3], donc supposé " objectif ", la version communiste des faits. Il a commencé ainsi en Europe de l'Est dès 1947-1948, pour continuer en Chine, en Corée, au Vietnam du Nord, au Vietnam du Sud, au Cambodge, etc.; il a abouti finalement en Angola... et dans *L'Unité*. »

1. Mensuel fondé par d'Astier.
2. Laffont, 1977.
3. Il n'a jamais manqué une occasion de se présenter comme tel. (*N.d.A.*)

La guerre de Corée consacre la division du monde en deux : le camp de la paix (socialiste) contre le camp de la guerre (impérialiste). Dorenavant, il faut choisir. En France, le rapport de forces est particulièrement inégal, compte tenu de la domination qu'exercent les communistes sur la grande majorité de l'intelligentsia. Les voix qui se sont élevées contre la soviétisation de l'Europe de l'Est, qui ont dénoncé les procès de Sofia, Budapest, Prague et Moscou (« les blouses blanches ») sont vite étouffées par les accusations portées contre le « maccarthysme » qui sévit alors aux Etats-Unis.

Dès novembre 1949, à Budapest, tous les partis communistes du monde sont appelés à se mobiliser sur le thème *Défense de la paix et lutte contre les fauteurs de guerre.* C'est le titre d'un rapport présenté dans la capitale hongroise par Mikhail Souslov (qui a longtemps été l'idéologue du P.C. soviétique) à la troisième réunion du Bureau d'information des P.C. (le Kominform, créé en 1947). « Pour la première fois dans l'histoire, dit le rapport, un front pacifiste cohérent s'est dressé dans le but de préserver l'humanité d'une nouvelle guerre mondiale et d'assurer la coopération pacifique des nations ».

Comme par hasard, le lancement de cette grande campagne pacifiste par le Kominform, qui coordonnait à l'époque la propagande des organisations de masse contrôlées par Moscou, coïncide avec l'accesssion de l'U.R.S.S. au rang de puissance atomique après l'explosion de la première bombe A soviétique, le 23 septembre 1949. Tout en constituant son propre arsenal nucléaire, Moscou s'engage à fond dans une campagne de désarmement à l'Ouest. Le Kremlin utilisera les mêmes méthodes à la fin des années 1970 en encourageant les campagnes pacifistes contre les euromissiles tout en multipliant ses S.S. 20 aux frontières de l'Europe.

Pour être efficace, c'est-à-dire pour toucher le plus grand monde possible, le « front pacifiste », que Souslov a appelé de ses vœux, doit éviter d'avoir des liens trop visibles avec l'U.R.S.S. Le Conseil mondial de la paix, dont le siège se trouve à Prague, est très marqué. On voit donc apparaître « spontanément » de nouvelles organisations pacifistes indépendantes. La tactique a déjà été employée par Moscou avant guerre; elle le sera également dans les années 1970 en Europe.

Comme gage de leur indépendance, ces nouvelles organisations doivent être patronnées par de « grandes consciences », qu'on ne peut soupçonner de prosoviétisme. Ces célébrités sont généralement manipulées à leur insu. Il faut chercher dans leur entourage la ou les personnes chargées de tirer les ficelles. Cette mésaventure est arrivée dans les années 1950 à Léon Jouhaux, l'une des figures de proue du syndicalisme français. Une histoire exemplaire qui prouve combien il est difficile de détecter les méthodes d'influence soviétique sans tomber dans le manichéisme.

M. Jouhaux prend la tête d'un mouvement mondial de « Démocratie combattante », annonce en première page *Le Figaro* du 12 juillet 1952. Prix Nobel de la Paix l'année précédente, Léon Jouhaux a quitté la direction de la C.G.T. noyautée par le P.C.F. lors de la scission de 1947, pour fonder C.G.T.-F.O. C'est un anticommuniste convaincu. « Démocratie combattante », en opposition totale avec la politique de l'U.R.S.S. exige de « relever le rideau de fer, de faire circuler librement les idées, les personnes et les marchandises ». Il propose également de « mettre fin à l'hystérie belliciste, et d'assurer sans hypocrisie et sans arrière-pensée la coexistence ».

Autant de nobles objectifs que se sont empressées d'approuver des personnalités aussi éminentes que

Vincent Auriol, René Pleven, Edouard Herriot, Paul Ramadier, Eleanor Roosevelt... Mais en pleine tension internationale, les intentions de la nouvelle organisation paraissent pour certaines ambiguës. Des voix s'élèvent pour condamner ses objectifs. Est-il du pouvoir des démocraties de « relever le rideau de fer » abaissé par Moscou pour consolider son empire est-européen? Les Occidentaux sont-ils responsables de l'« hystérie belliciste » déclenchée par les communistes en pleine guerre de Corée? demandent ses détracteurs.

Ces questions posent un vrai problème : « Démocratie combattante » ne risque-t-elle pas de faire le jeu de l'U.R.S.S.? Dès octobre 1952, la commission exécutive de la C.G.T.-F.O. se désolidarise de son président pour cette entreprise. Léon Jouhaux essaie alors d'avoir l'appui de l'A.F.L., la puissante confédération des syndicats américains, mais on lui reproche de parler de paix en termes vagues.

Ce soutien lui est refusé. Peut-être à cause de ces oppositions, l'idée d'organiser un congrès pour définir les règles de la « Démocratie combattante » et du « Mouvement universel pour la Paix » est abandonnée.

Toutefois, la revue *Démocratie combattante* sort le 1er janvier 1953, avec un comité de rédaction prestigieux qui comprend notamment : Maurice Schumann, Paul Boncour, le secrétaire général de l'O.T.A.N., Paul Henri Spaak, Louis Saint Laurent, Premier ministre du Canada, Paul Ramadier. La lecture des divers numéros parus de cette revue ne permet d'ailleurs de déceler aucun appui aux thèses officielles de l'U.R.S.S.

Néanmoins, une polémique intervient au sujet de Louis Dolivet, rédacteur en chef de *Démocratie combattante*. Qui est Louis Dolivet?

Né en 1908 à Sant, en Transylvanie, à l'époque province de l'Empire austro-hongrois (rattachée en 1919 à la Roumanie), son nom d'origine est Ludwig

Brecher. Il a fait des études supérieures de droit et d'art à l'université roumaine avant de s'inscrire à l'université de Genève, puis de Grenoble, pour y devenir docteur en droit en 1931. Membre, dès cette époque, de l'Institut des hautes études internationales de Genève. Il fréquente plusieurs personnalités occidentales, comme Lord Robert Cecil, qui vont jouer un grand rôle dans sa vie.

En ce début des années 1930, Dolivet milite dans plusieurs organisations dénonçant l'agression japonaise en Mandchourie et l'invasion de l'Ethiopie par l'Italie. Pacifiste convaincu, mais fervent défenseur de la sécurité collective, il est logique que le Britannique Robert Cecil et le Français Pierre Cot songent à lui lorsqu'ils créent, en 1935, le « Rassemblement universel pour la Paix » (R.U.P.) dans l'intention de lutter contre les agressions du nazisme. Dolivet devient secrétaire général du R.U.P., ce qui le rendra dans certains milieux suspect de prosoviétisme dans les années 50.

Derrière le « Rassemblement universel pour la Paix » se profile en effet un personnage déterminant du Komintern, Willy Münzenberg, chargé par Moscou d'organiser une croisade mondiale antifasciste à travers de larges mouvements pacifistes, comme le R.U.P. justement. Installé à Paris depuis le début des années 30, Münzenberg est déjà l'organisateur occulte du Congrès d'« Amsterdam-Pleyel » en 1933. Génie de la propagande, il a favorisé, en coulisse, la création du R.U.P. même si les communistes y sont très minoritaires. En fin de compte l'organisation échappera d'ailleurs au contrôle de Moscou puisqu'elle condamnera le pacte germano-soviétique d'août 1939. Il est vrai que Willy Münzenberg, en disgrâce au Komintern depuis 1938, ne disposait plus alors des moyens nécessaires pour mener sa politique occulte. Arrêté par la police française au lendemain de la déclaration de guerre, Müzenberg connaîtra même une fin tragique : il est retrouvé pendu à la branche d'un arbre sur l'une des routes de l'exode en juin 1940, probablement assassiné par la Guépéou. Adhérent sincère de la charte de la S.D.N., Louis Dolivet ignore sans doute le rôle joué par ce mentor du Komintern dans la création du R.U.P.

Après sa démobilisation, en juillet 1940, il réussit six mois plus tard à rejoindre les Etats-Unis où il dirige deux revues importantes : *Free World* et *United Nations World* qui ont l'appui total de la plupart des dirigeants démocratiques du monde.

A *Free World*, Dolivet travaille en collaboration avec Pierre Cot qu'il a retrouvé outre-Atlantique. Or Cot, ancien ministre de l'Air du Front populaire est un grand admirateur de l'U.R.S.S. (cf. page 337). De là à penser que Dolivet ait pu, à cette époque, partager ses opinions, certains de ses collaborateurs, dans les années 50, franchissent allègrement ce pas. A cela s'ajoute le fait qu'à partir de 1942, son nom est mentionné à côté de Michael Straight dont il épouse la sœur.

Straight est un Américain bien connu pour ses opinions progressistes. En 1947, par exemple, il se dépense sans compter pour soutenir le politicien Henry Wallace, chef de file des « compagnons de route » aux Etats-Unis. Fondateur du parti progressiste noyauté par les communistes, Wallace qui a été vice-président de 1940 à 1944, sous Roosevelt, se présente aux élections présidentielles de 1948. Il n'obtient que 2 p. 100 des voix.

A cette époque, L. Dolivet remplit les conditions pour se faire naturaliser américain. Mais le climat de « chasse aux sorcières » qui règne aux Etats-Unis le rend suspect d'« activité anti-Américaine ».

Il retourne en France et se voit même interdit de séjour outre-Atlantique.

Voilà ce que certains milieux reprochent à L. Dolivet lorsqu'il devient rédacteur en chef de *Démocratie combattante* aux côtés de Léon Jouhaux.

Dolivet a beau protester, prouver par ses écrits et son action son indéfectible attachement à la démocratie, avec notamment l'appui des personnalités aussi éminentes qu'Edouard Herriot ou Gaston Monnerville, ce passé lui colle à la peau.

Les membres éminents du comité exécutif de « Démocratie combattante » font publier en première page du *Figaro*, le jeudi 19 février 1953, un communiqué rappelant les services rendus à la démocratie par Louis Dolivet et lui renouvelant unanimement leur confiance.

Expert auprès du secrétariat général des Nations Unies pour les Droits de l'Homme de 1949 à 1952 (après avoir rempli ces fonctions pour les questions sociales et d'information), Dolivet s'est finalement lancé avec succès dans la production cinématographique.

Il lui faudra cependant attendre 1967 pour être lavé de tout soupçon. Il obtient alors le droit de revenir aux Etats-Unis, non sans avoir reçu des excuses officielles des autorités américaines pour avoir été injustement soupçonné d'être un agent communiste à l'époque du maccarthysme.

Des journaux anglais et de célèbres éditeurs américains et britanniques, parmi les plus importants, ont d'ailleurs par la suite présenté leurs excuses à Louis Dolivet.

Cette histoire montre qu'une personne a donc pu néanmoins être un temps et à tort soupçonnée de prosoviétisme.


Le climat de guerre froide des années 1950 a été exploité par Moscou pour tenter de diviser et d'affaiblir les Occidentaux, selon une méthode qu'on retrouve à chaque période de tension Est-Ouest. Nous avons vu que pour atteindre cet objectif, la désinformation soviétique cherche, entre autres, à faire croire à l'opinion publique mondiale, et principalement européenne, que les Etats-Unis mènent une politique agressive, militariste, impérialiste et qu'ils menacent la paix du monde. Ces dernières années, beaucoup de faux fabriqués par l'U.R.S.S. ont martelé ce refrain. Ce n'est pas nouveau.

En pleine guerre de Corée, l'impressionnant appareil de propagande communiste s'est donc mobilisé pour dénoncer l' « agression américaine » contre un petit pays communiste. Comme la majorité de l'intelligentsia croit aux intentions pacifistes de l'Union soviétique, Moscou dispose d'un terrain favorable pour susciter l'inquiétude des Européens, pour les braquer contre l'Amérique en exploitant leur peur légitime d'une nouvelle guerre alors que les séquelles du second conflit mondial se font encore sentir.

C'est dans ce contexte qu'il faut voir l'affaire du « faux rapport Fechteler » qui a éclaté en France en mai 1952. Si rien n'a jamais prouvé que l'U.R.S.S. y a joué un rôle quelconque, le faux a en tout cas formidablement servi ses intérêts du moment en permettant : a) de dénoncer la politique militariste des Etats-Unis pour mieux faire oublier les responsabilités soviétiques dans la guerre de Corée; b) de favoriser le neutralisme des Européens en leur faisant craindre qu'ils pourraient être les premières victimes d'une prochaine guerre; c) de diviser les Occidentaux en suscitant des conflits d'intérêts entre eux.

L'affaire a éclaté dans *Le Monde* du 10 mai 1952. « La politique américaine en Méditerranée s'inspire-t-elle des plans de l'amiral Fechteler? » s'interroge André Chêneboit dans un article sur trois colonnes, en bas de page. Pour le rédacteur en chef du quotidien la réponse ne fait aucun doute : le rapport que publie son journal en page 3 est authentique et interpelle tous les Européens. Son auteur, chef des opérations navales de la marine américaine, l'aurait remis quelques mois auparavant au Conseil national de sécurité de son pays. Manque de chance, une copie a été interceptée par les services secrets britanniques, et transmise au premier Lord de l'Amirauté anglaise. Cette copie est finalement arrivée au *Monde* qui a longtemps hésité avant de la publier.

La parution du rapport le 10 mai est volontaire. Le même jour, le quotidien annonce, comme toute la presse française, la signature du traité sur l'armée européenne par les chefs d'Etat des six nations concernées. Or ce qu'écrit l'amiral Fechteler n'est pas sans rapport avec cet événement.

Une guerre est inévitable avant 1960, prétend-il. Et en cas de conflit, l'Europe occidentale risque d'être rapidement submergée par les forces soviétiques avec l'aide d'« éléments subversifs locaux ». Les cinquante-deux divisions de l'O.T.A.N. ne pourront guère tenir plus de trois jours. Une action massive de parachutistes soviétiques, accompagnée d'un bombardement atomique, peut couper l'Angleterre de l'Ecosse. Au vu des risques que présentent, dans ces conditions, des opérations combinées en Europe occidentale, l'amiral considère que la Méditerranée est appelée à devenir le principal théâtre des opérations défensives et libératrices. Il préconise donc l'alliance des populations arabes, en particulier en Afrique du Nord et au Proche-Orient, quitte pour les Etats-Unis à intervenir en médiateur entre ces populations et les puissances protectrices : France et Grande-Bretagne.

En clair, le rapport invite Washington à s'intéresser de près aux affaires méditerranéennes même si cela déplaît à Paris et à Londres. Les prétentions américaines sur l'Afrique du Nord et le Proche-Orient, chasse gardée franco-anglaise, sont inadmissibles. Le pessimisme de l'amiral sur les capacités de résistance de l'Europe, sa référence à un conflit nucléaire, risquent, de plus, de terroriser les populations du vieux continent. Pour échapper à ce terrible sort ne vaut-il pas mieux rester neutre et éviter d'être mêlé à un conflit opposant l'U.R.S.S. aux Etats-Unis ?

En suggérant cette solution, le faux rapport Fechteler sert parfaitement les objectifs de Moscou.

*Le Monde* s'en défend, et avec lui toute la presse de gauche prompte à dénoncer les intentions américaines. « L'Europe est sacrifiée par le Pentagone », titre *Libération*, le quotidien de d'Astier de La Vigerie. « Une armée de trois jours! s'indigne le journal. Voilà quelle serait l'utilisation des cinquante-deux divisions de la fameuse " Communauté européenne de défense " (...) Et c'est pour cela que nos gouvernants demandent à la France de se saigner aux quatre veines! »

Pour *Combat*, « ce rapport jette un jour cru sur les véritables conceptions stratégiques du Pentagone, remet à leur vraie place les zélateurs patentés du Pacte atlantique et permet de mieux juger la sorte de sécurité que cette alliance apporte à l'Europe occidentale (...) Somme toute, l'espoir que nous apporte le Pacte atlantique est de recommencer l'expérience que nous avons déjà subie : livrer une première bataille inutile et être libérés, avec ce que cela comporte de destructions et de désastres ».

*L'Humanité* y voit surtout « la révélation d'un véritable plan de guerre contre l'U.R.S.S. à partir des bases méditerranéennes. C'est aussi l'aveu de toute la politique d'intervention américaine dans les affaires intérieures des pays d'Afrique du Nord et du Moyen-Orient ».

La propagande soviétique n'est pas en reste. Le 15 mai, Radio Moscou consacre une émission spéciale au rapport. Citant un article du correspondant parisien de la *Pravda*, la station affirme qu'on ne peut douter de l'exactitude du plan de cet « ogre américain en uniforme d'amiral » qui révèle si bien les intentions des Etats-Unis pour mener, contre l'U.R.S.S. une guerre d'agression.

Le lendemain même de la publication, les autorités américaines, l'amiral Fechteler, et l'amirauté britannique démentent vigoureusement l'existence du rapport. *Le Monde* n'est pas embarrassé pour autant. « Nous nous attendions à ces démentis, prétend le quotidien en première page. Et il est évident que dans un cas de ce genre il ne peut en être autrement. On voudra bien croire que nous nous sommes entourés de sérieuses garanties et que nous n'aurions pas divulgué ce rapport si l'enquête à laquelle nous avons procédé nous avait laissé quelques doutes. »

Des doutes, certains en auront à la rédaction du journal. Notamment Remy Roure, éditorialiste, qui dès le 13 mai, dans une lettre adressée au directeur Hubert Beuve-Méry, annonce sa démission en ces termes : « J'ai cru devoir me séparer de vous. Il me semble que la paix est trop fragile et la solidarité des nations libres trop précieuse pour que devant un document de cette nature, dont l'origine et la caution ne sont, c'est le moins que l'on puisse dire, ni pures ni sûres, l'on ne se sente pas tenu dans un journal comme *Le Monde* à la plus extrême réserve et à une mesure exacte des conséquences d'une telle publication. »

Les faits vont lui donner raison.

Le 14 mai, un journal hollandais, l'*Algemeen Handelsblad* d'Amsterdam, démonte la supercherie en révélant le texte qui a servi au montage du faux rapport : un article publié dix-huit mois auparavant dans une revue spécialisée, *U.S. Naval Institute Proceedings*, sous la plume du commander Anthony Talerico, de la marine américaine. Cette analyse tout à fait personnelle d'un officier de l'U.S. Navy est devenue, par enchantement, la doctrine officielle des Etats-Unis.

*Le Monde*, gêné, essaie de s'en tirer par une

pirouette. Le " document Fechteler " n'était pas inédit, admet André Chêneboit le 16 mai. Nous nous trouvons donc en face d'un texte authentique et public (...) Ces thèses soutenues par un auteur de la qualité du commander Talerico n'en sont pas moins valables en ce qu'elles doivent être considérées, sur le plan particulier de la Méditerranée, comme traduisant généralement la doctrine des marins. »

Bref, le faux est authentique.

Pour *Le Monde*, qui se veut déjà le journal le plus sérieux de France, l'affaire est longtemps restée une tache dans son histoire et la direction n'aura de cesse de prouver qu'il s'est agi d'une malheureuse erreur de parcours. Le quotidien a, il est vrai, opéré avec légèreté. « Les sérieuses garanties » et la fameuse « enquête » avancées par le journal pour contrecarrer les démentis officiels ont été insuffisantes. Dans sa lettre de démission, Remy Roure l'a d'ailleurs laissé entendre en écrivant que la caution et l'origine du rapport lui ont paru « ni pures ni sûres ».

C'est le fond de l'affaire. Il est surtout intéressant de savoir non pas comment *Le Monde* a été berné, mais par qui.

Un homme a joué un rôle décisif et obscur dans toute cette histoire : Jacques Bloch-Morange. Ancien résistant et officier de transmissions pendant la guerre, Bloch-Morange a été à la Libération adjoint au commissaire de la République de Bordeaux (Bourgès-Maunoury) puis attaché au cabinet du ministère du Ravitaillement. Il a quitté la fonction publique en 1947 pour dénoncer les profiteurs du marché noir. Depuis, il a mené une carrière de journaliste et d'écrivain.

Après avoir collaboré à plusieurs quotidiens et périodiques, il fonde à l'automne 1950 son propre hebdomadaire, *Don Quichotte*, qui cesse de paraître après vingt-deux numéros. Résolument hostile au pacte atlantique, son journal se distingue par la publication d'informations à caractère sensationnel.

Le 12 décembre 1950, par exemple, Jacques Bloch-Morange a publié une lettre ouverte à René Pleven, alors président du Conseil. Il y fait allusion à un livre qu'il vient de faire paraître et à des révélations qu'il va faire. Le livre en question, *Les Fabricants de guerre*, raconte l'histoire des espions allemands de 1918 à 1950. Se fondant sur un certain nombre de faux fabriqués en Allemagne, et diffusés par des agences d'information occidentales, l'auteur prétend avoir découvert un réseau d'espions allemands qui cherche à provoquer une nouvelle guerre mondiale. « Les gouvernements sont aujourd'hui dupés par une 6e colonne allemande, écrit-il dans *Don Quichotte*. C'est une poignée d'espions regroupés en une organisation mondiale d'influence allemande qui détient actuellement une part importante du pouvoir, non pas par influence directe sur les gouvernements, mais par les moyens de perturbation internationale qui sont les siens ».

Entretenant le sentiment anti-allemand des Français, Bloch-Morange se veut aussi le héraut d'une troisième voie entre l'Est et l'Ouest, pour faire échec aux visées américaines. « En s'armant suivant les desiderata des Etats-Unis, toute la vie économique et sociale française serait bouleversée », écrit-il en janvier 1951. « Si le gouvernement français proclamait sa neutralité, il donnerait en fait le signe de départ en Europe à la création efficace d'une troisième force diplomatique et militaire », renchérit-il quelques semaines plus tard.

Tous ces rappels ne sont pas inutiles pour comprendre comment on en arrive au faux rapport Fechteler. Après l'échec de *Don Quichotte*, Bloch-Morange se contente d'éditer un bulletin confidentiel, *Informations et Conjoncture*, véhiculant les mêmes idées neutralistes. C'est dans ce bulletin qu'il fait pour la première fois référence au rapport, le 2 février 1952 : « Le chef d'Etat-Major de la marine américaine vient de transmettre pour décision au Conseil national de sécurité un rapport d'une importance capitale quant à l'attitude future de l'Amérique en Méditerranée et quant à la politique que pratiquera Washington vis-à-vis des nations arabes. » Il revient sur l'information le 16 février en citant notamment « la référence exacte du timbre sous lequel ce rapport a été enregistré dans les archives ultra-secrètes du ministère américain de la marine. » Il remet le rapport au *Monde* qui attend le 10 mai pour le publier.

N'ayant pas été démenti par les Américains – mais ont-ils seulement eu connaissance de son bulletin confidentiel? – Bloch-Morange est persuadé de l'authenticité du rapport. Il réussit à convaincre *Le Monde*.

Sur l'origine du rapport Jacques Bloch-Morange a prétendu un an plus tard, dans une brochure consacrée à l'affaire sous le titre *L'Opération Fechteler*, qu'il lui a été remis par un « correspondant » proche de l'ambassade de Grande-Bretagne. Cette précision accrédite la thèse d'une manipulation des services secrets britanniques, inquiets de la politique pro-arabe des Américains en Méditerranée. Mais l'explication est aussi peu satisfaisante que celle fournie par les défenseurs d'André Ulmann quant à son rôle exact dans l'affaire Kravchenko. Dans l'un et l'autre cas – source américaine pour Ulmann, britannique pour Bloch-Morange –, il peut s'agir de « secondes mains », c'est-à-dire d'informateurs eux-mêmes manipulés, consciemment ou inconsciemment, par d'autres.

Quels que soient les commanditaires de cette opération de désinformation, Bloch-Morange a été grugé. Ceux qui lui ont remis le document ont joué sur son anti-américanisme, son neutralisme déclarés.

Après cet impair, Bloch-Morange a poursuivi sa carrière journalistique. En 1956, il souhaitait publier un journal financier. Mis en contact avec

Albert Igoin, l'homme d'affaires dont nous avons longuement parlé (voir première partie), le projet n'a pas abouti. En février 1959, le journaliste se retrouve P.-D.G. d'une société immobilière qui appartient à Igoin. Gaulliste convaincu, il deviendra inconditionnel du Général et de sa politique d'indépendance. Membre du Conseil économique et social, il essaiera, en vain, de se faire élire député dans l'Eure.

Ces dernières années, Jacques Bloch-Morange semble s'être désintéressé de la politique internationale. Fondateur et président de la « Ligue des contribuables » il est parti en croisade contre le fisc et l'omnipotence de l'Etat.


## L'ÉPOUVANTAIL NÉO-NAZI

Oppresseurs français,

Nous avons déjà trop longtemps supporté de vous voir vous pavaner avec arrogance dans Elsass-Lothringen, territoire que vous avez impudemment usurpé. Vos péchés sont si grands que vous n'échapperez pas au juste verdict des Allemands, fiers et indomptés, qui sont décidés à en finir avec vos exactions. Le peuple d'Allemagne ne tolérera plus de vous voir faire litière de nos anciennes traditions et imposer à la population autochtone une culture pourrie et décadente. Non vos chansons triviales, mais bien notre langue et nos chants sonneront sur cette terre. Quels que soient vos efforts et vos artifices, jamais vous ne parviendrez à faire de nos enfants des Français. Nous ne permettrons pas à vos mouchards d'espionner nos gens et de les empêcher de garder le contact avec leur ancienne patrie. Nous abattrons vos sales mains qui étranglent notre peuple et prétendent le mettre à genoux par le chantage et les menaces. Avec netteté et résolution nous vous disons : En voilà assez! Prenez garde!

Vos espions, vos agents, vos enseignants qui, au nom de votre pays dégénéré, s'emploient à humilier et déraciner la fierté de nos concitoyens n'esquiveront pas le châtiment équitable qui les attend.

Nos gens vivent au milieu de vous et sont parfaitement instruits de tous vos crimes.

Vous voilà donc avertis et chacun de vos forfaits sera désormais suivi d'une vengeance impitoyable!

Kampfverband für unabhängiges Deutschland!

Dans les derniers mois de 1956, trois cents personnalités du Bas et Haut-Rhin reçoivent cette lettre anonyme. Ce « Groupe de combat pour une Allemagne indépendante » est totalement inconnu des services de police. Le ton de la missive, avec pour en-tête une croix de fer nazie, ne laisse aucun doute sur l'appartenance idéologique de ses auteurs : des nostalgiques du Grand Reich pour qui l'Alsace-Lorraine reste terre allemande.

A l'époque, aucun des destinataires ne prête attention aux menaces proférées. La police enquête vaguement pour conclure qu'il s'agit apparemment de quelques néo-nazis basés à Hambourg, en Allemagne fédérale. Puis on oublie l'affaire. Jusqu'au jour où le « Kampfverband » va passer à l'action.

Dans la soirée du 14 mai 1957, plusieurs personnalités se pressent à l'hôtel de la préfecture de Strasbourg. Il y a là deux anciens présidents du Conseil, René Mayer et René Pleven, un ancien ministre, le député Pierre-Henri Teitgen, un sénateur, André Boutemy, et une vingtaine de responsables de la Communauté Européenne et du département du Bas-Rhin. Tous sont venus célébrer, à l'invitation du préfet André-Marie Trémeaud, la clôture d'une session de la Communauté européenne du charbon et de l'acier (C.E.C.A.) qui vient de se tenir au Conseil de l'Europe.

Le matin même, Mme Jiordan, secrétaire particulière du préfet, a trouvé dans le courrier un colis soigneusement emballé, adressé personnellement à André-Marie Trémeaud : une boîte de havanes. Avant de jeter l'emballage, elle a soigneusement découpé le nom et l'adresse, tapés à la machine, du généreux expéditeur – Carlos Garcia Soldevillat, représentant général pour l'Europe des cigares Habana – pour lui envoyer une lettre de remerciements comme elle le fait pour chaque cadeau. Elle a ensuite porté la boîte dans le bureau du préfet. André-Marie Trémeaud l'a mise dans l'un de ses tiroirs avec l'intention de l'ouvrir pour ses hôtes, le soir même. Distrait, il l'a oubliée.

Quels rapports y a-t-il entre les cigares et la réception ?

La réponse, sanglante, interviendra trois jours plus tard, le 17 mai à 12 h 50 précisément.

Arrivée à la préfecture vers 12 h 30, après avoir passé la matinée en ville, Henriette Trémeaud passe d'abord dans le bureau de son mari pour régler les derniers détails du déjeuner qui doit réunir des personnalités de la Régie des tabacs venus de Paris pour l'inauguration d'un magasin. Le préfet est en conversation avec Pierre Pflimlin, alors président du conseil général du Bas-Rhin.

« Ah! Henriette, j'allais encore oublier. Prends donc cette boîte de cigares pour nos invités », dit Trémeaud quand elle quitte le bureau pour aller se préparer.

Il ouvre son tiroir et lui tend la boîte.

Henriette Trémeaud monte à l'étage supérieur, entre dans le salon particulier et dépose les havanes sur un petit guéridon. Elle appelle sa femme de chambre.

« Voulez-vous m'apporter un plateau d'argent? J'y mettrai les cigares et les cigarettes pour les invités. Ensuite, vous irez vous donner un coup de peigne, nos hôtes ne vont pas tarder. »

La femme de chambre s'exécute.

Cinq minutes plus tard, une gigantesque explosion, entendue dans tout Strasbourg, ébranle la préfecture.

Dans le salon, le spectacle est horrible : éventrée, le bras gauche arraché, Henriette Trémeaud a été tuée sur le coup.

La femme du préfet a déclenché le mécanisme infernal en ouvrant la boîte à l'aide d'une paire de ciseaux.

L'enquête est menée tambour battant. Dès le 20 mai elle se dirige vers les milieux néo-nazis en Allemagne fédérale. M. Soldevillat, représentant pour l'Europe des cigares Habana, n'existe pas. La machine à écrire qui a servi à taper l'adresse et le nom de ce mystérieux expéditeur est exactement la même que celle utilisée par le non moins mystérieux « Groupe de combat pour une Allemagne indépendante » pour ses lettres de menace.

La D.S.T., saisie de l'affaire, envoie immédiatement deux inspecteurs à Hambourg pour enquêter sur cette organisation. Dans le même temps la presse française dénonce la « résurgence du nazisme » outre-Rhin et Radio Moscou s'empresse d'affirmer que les Allemands de l'Ouest restent au fond d'eux-mêmes d'incurables nazis. Très embarrassé, le gouvernement de Bonn fait de son mieux pour aider les policiers français. Les partisans du « Kampfverband » restent introuvables.

Après quelques mois, l'enquête s'achève sur un non-lieu.

Il faudra attendre plus de dix ans pour que la vérité soit connue.

C'est Ladislav Bittman, ancien directeur adjoint du département de désinformation du S.T.B. tchèque, passé à l'Ouest en 1968, qui a permis de résoudre l'énigme. Sans lui, on n'aurait sans doute jamais su pourquoi Henriette Trémeaud avait été assassinée et comment elle a été la victime innocente d'un plan diabolique élaboré par le K.G.B. à

Moscou et exécuté par les services secrets de Prague.

Après avoir préparé le terrain avec l'envoi des lettres anonymes attribuées au mystérieux « Kampfverband », le S.T.B. décida au printemps 1957 d'envoyer quatre officiers à Paris pour préparer l'attentat : Miloslav Kouba, Robert Ther, Milan Kopecky et Stanislas Tomes. Expert en explosifs, Kouba a mis au point la machine infernale, dissimulée dans la boîte de cigares. L'adresse de l'expéditeur a été volontairement tapée sur la même machine à écrire que les lettres pour permettre aux policiers de faire rapidement le rapprochement entre l'attentat et le « Groupe de combat » néonazi.

Le 13 mai en fin d'après-midi, un membre du groupe a porté le colis piégé au bureau de poste du 25 boulevard Diderot, dans le XIIe arrondissement. Tout a été calculé pour qu'il arrive le lendemain à Strasbourg, avant la réception donnée par le préfet en présence d'anciens ministres et de parlementaires. Le S.T.B. espérait que Trémeaud offrirait les cigares à ses hôtes. Le « facteur humain », en l'occurrence l'oubli du préfet, a déjoué ce plan.

Dans cette affaire, le S.T.B. a joué un rôle d'exécutant. Ladislav Bittman affirme que l'opération a été montée par le K.G.B. Dans quel but?

Le moment choisi pour l'attentat, comme le lieu, ont été soigneusement prévus. Lorsque les premières lettres anonymes sont apparues, en octobre 1956 dans l'Est de la France, un débat commençait à la Chambre des députés sur les relations franco-allemandes et l'Euratom. Partisans et adversaires de l'intégration de la République fédérale d'Allemagne au projet de coopération européenne pour l'énergie atomique s'affrontaient. En voulant faire croire à une résurgence du nazisme outre-Rhin, le K.G.B. souhaitait faire capoter ce projet, et par là même le traité de Rome, qui sera finalement

366

signé le 25 mars 1957, donnant naissance au Marché commun.

Après cet échec, le service soviétique a organisé l'attentat pour déstabiliser les relations au sein de la toute nouvelle Communauté économique européenne, en discréditant l'Allemagne fédérale. D'où le choix de Strasbourg, siège de la Communauté européenne du charbon et de l'acier, l'organisation qui a été à l'origine de la C.E.E.

Moscou ne s'est pas arrêté en si bon chemin. L'épouvantail néo-nazi a longtemps servi au K.G.B., et plus particulièrement au service D, chargé de la désinformation (rebaptisé service A au début des années 1970), pour tenter de diviser l'Europe en isolant l'Allemagne.

Le général Ivan Agayantz a été l'initiateur de cette vaste campagne qui a atteint son point culminant au début des années 60. Les réactions anti-allemandes à l'attentat de Strasbourg, et l'indignation de la presse occidentale après quelques actes pro-nazis, spontanés et isolés, dont la République fédérale a été le théâtre en 1958, lui a donné l'idée d'élaborer un véritable plan de déstabilisation de l'Europe, et même du monde, en agitant la peur d'un renouveau nazi.

Des transfuges du K.G.B. ont raconté comment Agayantz a testé son plan avant de le mettre à exécution. Une nuit, dans un petit village à une soixantaine de kilomètres de Moscou, un commando trace des croix gammées, des slogans antisémites, et renverse quelques pierres tombales. Le lendemain, des agents du K.G.B. sont chargés d'observer la réaction des villageois. La plupart d'entre eux sont troublés et inquiets. Certains, cependant, manifestent spontanément des sentiments antisémites. Le général en conclut qu'en perpétrant astucieusement quelques actes du même genre en Occident il réveillera de vieux démons.

Dans la nuit de Noël 1959, un jeune Allemand de

vingt-cinq ans, aidé d'un complice, trace sur la synagogue de Cologne ce slogan : « L'Allemagne réclame l'expulsion des juifs! », accompagné de croix gammées. Le même soir, toujours à Cologne, un monument israélite est profané. Les nuits suivantes, des magasins, des cimetières juifs, des synagogues d'une vingtaine de villes en R.F.A. connaissent le même sort.

Dans la nuit du 31 décembre, des actes de profanation sont signalés à Anvers, Copenhague, Glasgow, Londres, Milan, New York, Oslo, Paris, Parme, Stockholm et Vienne. Le 3 janvier, c'est au tour de Manchester, Athènes, Melbourne et Perth (en Australie). Le 6 janvier Bogota et Buenos Aires sont atteints par l' « opération croix gammées », comme l'a appelée le général Agayantz.

Le responsable du service D du K.G.B. a bien manœuvré. Comme il l'escomptait, l'indignation est générale et l'Allemagne se retrouve immédiatement au banc des accusés. Un poète américain réclame la peine de mort pour toute personne surprise en train de tracer une croix gammée. Un lord britannique décide de se rendre en République fédérale pour enquêter sur cette vague néo-nazie. Partout dans le monde, les diplomates de R.F.A. sont regardés avec suspicion quand on ne leur jette pas l'opprobre. Certains commerçants britanniques retirent les produits allemands de leurs rayons, des entreprises européennes rompent leurs contrats avec des firmes de R.F.A.

Plusieurs grands journaux occidentaux se demandent alors si on peut considérer l'Allemagne de l'Ouest comme un partenaire digne de confiance pour l'O.T.A.N. « Bonn impuissante à éliminer le poison nazi », titre à la mi-janvier le *Herald Tribune*. « Ces provocations nazies scandaleuses et ces apparitions de croix gammées sont destinées à encourager la guerre froide et à dresser les peuples les uns contre les autres », renchérit *La Pravda*.

De Noël 1959 à la mi-février 1960, la police ouest-allemande enregistre 833 manifestations d'anti-sémitisme. Parmi les 234 personnes arrêtées, 24 p. 100 ont agi avec des « sentiments nazis subconscients », 8 p. 100 appartiennent à l'extrême gauche, 48 p. 100 sont des ivrognes ou des truands, 15 p. 100 des enfants et 5 p. 100 des instables mentaux. Agayantz a vu juste : la provocation a réveillé de vieux démons.

Les deux jeunes qui ont commencé la campagne à Cologne, dans la nuit de Noël 1959, appartenaient bien à un petit groupe d'extrême droite mais la police a pu établir qu'ils s'étaient rendus plusieurs fois en Allemagne de l'Est. L'un d'eux portait même un insigne du parti communiste caché au revers de son manteau. Le trésorier d'une organisation néo-nazie a de son côté reconnu qu'il avait reçu l'ordre de R.D.A. de noyauter les milieux d'extrême droite pour y propager des sentiments antisémites.

Les profanations et les manifestations pro-nazies cesseront du jour au lendemain. Moscou a atteint son objectif. Peu de pays se sont élevés contre la campagne anti-allemande qui s'est emparée des médias occidentaux. « La jeune génération alle-mande n'est pas hitlérienne, au contraire » a pro-clamé le premier ministre israélien Ben Gourion. Il a été quasiment seul à le dire.

Depuis cette époque, Moscou ressort de temps en temps l'épouvantail néo-nazi. Le 15 janvier 1975, par exemple, « Radio liberté et progrès » émettant d'Allemagne de l'Est, s'indigne de la création, le jour même en R.F.A., d'un parti « anticommuniste et nazi » appelé « Groupe de combat national-socia-liste démocratique » (K.D.N.S.). Manque de chance, dans sa précipitation, la radio a devancé l'événe-ment. La constitution de ce nouveau groupuscule d'extrême droite n'est officiellement annoncée en R.F.A. que le lendemain... Quant à son initiateur, un certain Herbert Bormann, il est détenteur en R.D.A.

d'une carte officielle de « victime du fascisme » pour avoir été persécuté par les nazis comme communiste. En 1978, la photo d'un militant néonazi, saluant le bras tendu la tombe du général S.S. Kapler, fait le tour du monde pour illustrer une fois encore le danger nazi en Allemagne. Renseignement pris, le militant venait d'être expulsé de R.D.A. comme « criminel ». Enfin, pour le groupe néo-nazi Hoffman, auteur de l'attentat sanglant du 26 septembre 1980 à la Fête de la bière de Munich (treize morts, deux cent onze blessés), l'enquête de police a prouvé que la plupart de ses membres avaient fait de fréquents voyages de l'autre côté du rideau de fer. L'un d'entre eux, Udo Albrecht, soupçonné d'avoir fourni armes et munitions, s'est d'ailleurs réfugié en R.D.A. Il n'en a jamais été expulsé.

L'épouvantail peut aussi devenir paravent, si nécessaire. Ces dernières années, les actions meurtrières dont sont régulièrement victimes, en Europe, les juifs, ont été spontanément attribuées à l'extrême droite quand il s'agissait de groupuscules palestiniens proches de Damas et Moscou. C'est le cas pour l'attentat de la rue Copernic, le 3 octobre 1980, et pour le carnage de la rue des Rosiers du 9 août 1982. « Crimes fascistes », ont titré les journaux tandis que des milliers de personnes manifestaient dans Paris pour exprimer leur réprobation. On sait maintenant que le commando de la rue des Rosiers venait du Proche-Orient. On a reconstitué ses accointances avec la Syrie et la Bulgarie, on connaît son rôle dans les attentats de Vienne, en août 1981, et de Rome en octobre 1982, contre des synagogues. L'indignation passée, qui se soucie aujourd'hui d'admettre cette vérité? Il est souvent plus facile de continuer à voir dans ces crimes antisémites la main de quelques nostalgiques du passé que celle des alliés de Moscou.

# UN AGENT D'INFLUENCE EXEMPLAIRE

Quand a paru en 1959 *Essai sur le phénomène soviétique*, personne ou presque n'y a prêté attention. Prosoviétique, ce livre n'a rien de réellement choquant dans le contexte de l'époque. L'U.R.S.S., engagée dans l'ère khrouchtchevienne, a remis en cause les « erreurs » de Staline au XX<sup>e</sup> Congrès en 1956, et beaucoup d'Occidentaux sont prêts à croire à un renouveau, voire à une démocratisation de l'empire. L'auteur de cet essai en est convaincu : « Les cruautés staliniennes n'étaient que les douleurs de l'enfantement, écrit-il. La victoire de la Russie soviétique est celle d'une juste vision de la marche de l'Histoire. L'U.R.S.S., ce laboratoire d'idées neuves pour expériences sociales les plus avancées, dépassera le gigantisme américain. »

Malgré ces louanges d'un autre âge – l'ouvrage rappelle les nombreux écrits glorifiant l'Union soviétique entre les deux guerres – il ne serait venu à l'idée de personne de soupçonner l'auteur d'être à la solde de Moscou, d'avoir été payé pour encenser les réalisations du communisme. A juste titre. A cette époque Pierre-Charles Pathé, qui n'a jamais été membre du P.C.F., a écrit son livre avec conviction et sincérité.

En revanche, c'est à la suite de cet essai qu'il tombera entre les mains du K.G.B. et deviendra un agent d'influence efficace.

Rien *a priori* ne prédisposait Pathé, fils du célèbre industriel du cinéma, à devenir un partisan du communisme. Son père, qui a fait fortune en commercialisant le phonographe d'Edison et le cinématographe des frères Lumière, admirait plutôt les Américains pour leur libéralisme et leur gigantisme. Il donna à Pierre-Charles une éducation bourgeoise mais non conformiste, en lui faisant étudier le droit, les mathématiques, les sciences politiques et diverses langues. Pour l'aider à se forger sa propre opinion du monde, il lui a permis de voyager en Amérique, en Orient et en Europe centrale.

Une fois diplômé, Pierre-Charles prend la direction financière d'une petite entreprise de matériel électrique, montée avec l'héritage paternel, sans vraiment avoir de dispositions pour les affaires. Il renonce à préparer l'inspection des Finances pour se consacrer à la vulgarisation de l'économie politique comparée. Les plans quinquennaux soviétiques l'intéressent particulièrement. Il se met à apprendre le russe. Processus classique : de russophile il finira prosoviétique.

En fait, Pathé a toujours caressé l'ambition de devenir un journaliste politique, économique et même scientifique, reconnu. Il finit par choisir cette carrière dans les années 50 mais sans obtenir le succès espéré. Très intelligent, il est rapidement déçu de ne pas être apprécié à sa juste valeur. Sa carrière journalistique prend d'ailleurs de l'ampleur après ses contacts avec les Soviétiques. Le fait d'être estimé par eux semble lui donner confiance en ses capacités. « Ce qui les intéressait, c'était ma tournure d'esprit, ma façon d'expliquer leurs problèmes. Ils étaient fascinés par ce que je disais », dira-t-il naïvement vingt ans plus tard.

Pierre-Charles est flatté de recevoir une invitation de l'ambassade d'U.R.S.S. peu après la publication de son essai élogieux. Son premier contact s'appelle Victor Mikheev, membre de la délégation soviétique à l'Unesco. Sa tâche consiste, dans un premier temps, à obtenir la confiance et l'amitié du Français sans rien lui demander en contrepartie. Il y parvient fort bien. Les deux hommes se rencontrent fréquemment, déjeunent ensemble, s'invitent l'un chez l'autre, se font des amis communs. Cela dure près de deux ans jusqu'au jour où Pathé confie au Soviétique son désir de créer un bulletin où il pourrait enfin publier les grands commentaires politiques dont il rêve. Mikheev l'encourage vivement. En 1961, Pierre-Charles sort une lettre confidentielle hebdomadaire intitulée « Centre d'informations scientifiques, économiques et politiques ». Peu après, le Soviétique le met en contact avec un collègue, « passionné par ton bulletin », a-t-il dit à Pathé : Edouard Iakovlev, membre lui aussi de la délégation soviétique à l'Unesco.

Avec Iakovlev, les rapports changent de nature. Officier du K.G.B., spécialiste de la désinformation, il a déjà maintes fois essayé de soudoyer des journalistes français avant de devenir le premier de la longue série d'officiers traitants qui ont manipulé Pathé pendant près de vingt ans. Pierre-Charles n'a jamais été dupe du véritable rôle de ces « diplomates » soviétiques, si aimables avec lui. A tel point qu'à ses premiers soucis financiers il se confie spontanément à Iakolev qui s'empresse de l'aider. A partir de ce moment, Pathé devient un véritable agent d'influence.

Pour les Soviétiques, un bon agent d'influence ne se distingue pas tant par l'importance de son audience que par la qualité des personnes qu'il arrive à toucher. En jouant sur les deux tableaux, le Français remplira parfaitement son rôle. Côté grand public, Pathé va signer de plus en plus d'articles, sous le pseudonyme de Charles Morand, dans *France Observateur*, *Libération* et *L'Evénement* de d'Astier de La Vigerie, puis dans *Réalités*, *Options* (la revue des cadres cégétistes) et *La Vie ouvrière*, l'organe de la C.G.T.

Affichant de l'indépendance d'esprit, cultivant le paradoxe, il devient aussi très apprécié par certains dirigeants et personnalités de premier plan. Emmanuel d'Astier de La Vigerie, et un journaliste connu du *Monde* sur lequel il a exercé une influence réelle, estiment son esprit de synthèse, sa rigueur, sa clarté et son écriture. C'est surtout auprès des hommes politiques que Pathé cherche à se faire des amis, notamment parmi les gaullistes de gauche et les socialistes.

Au milieu des années 1960, il commence à fréquenter le « Nouveau Cercle du boulevard Saint-Germain » en regroupant des personnalités gaullistes connues pour leur anti-américanisme. En 1969, ce « Nouveau Cercle » donne naissance au Mouvement pour l'indépendance de l'Europe (M.I.E.), à l'initiative d'Alain Ravennes. Membre du bureau exécutif du M.I.E., Pathé y côtoie Georges Gorse, Olivier Guichard, René Capitant, Alexandre Sanguinetti, Pierre Messmer, André Fanton, Lucien Neuwirth, Pierre Mazeaud, André Bettencourt, Aymar Achille-Fould qui sont favorables à un rapprochement avec l'Est, commencé par de Gaulle, pour contrebalancer l'influence américaine sur l'Europe. Développant habilement des thèses plus anti-américaines que prosoviétiques, Pierre-Charles est très apprécié de ces personnalités. Il trouve encore des oreilles complaisantes au parti socialiste, notamment auprès de Gilles Martinet.

Outre l'influence qu'il peut exercer sur ces milieux, Pathé se sert de ce réseau de relations pour fournir au K.G.B. des synthèses et des analyses politiques. Grâce à lui, par exemple, Moscou sait tout sur les rivalités au sein du parti socialiste et sur l'avenir des relations franco-soviétiques en cas de victoire de la gauche, ou encore sur la politique de vente d'armes françaises à la Chine. Ces renseignements n'ont rien de confidentiel mais ils permettent aux dirigeants soviétiques de mieux comprendre les arcanes de la politique française et d'agir en conséquence.

En 1967, le nouvel officier traitant de Pathé s'appelle Youri Borissov, stagiaire à l'ambassade d'U.R.S.S., puis conseiller culturel à partir de 1971. Spécialisé dans la surveillance de l'émigration russe à Paris et dans la lutte contre les dissidents, Borissov emploie des méthodes plus directes que son prédécesseur. Il fournit carrément à Pathé des brouillons d'articles que le K.G.B. souhaite voir publier dans son bulletin hebdomadaire ou dans la grande presse, sous la signature de Charles Morand. Pierre-Charles prétendra plus tard que Borissov a été le seul de ses officiers traitants à avoir essayé de lui soutirer des renseignements précis. « J'ai alors cessé de le voir », affirmera-t-il.

Les ponts ne sont pas coupés pour autant. Gremiakine, Tiourenkov et enfin Igor Kouznetsov continueront tour à tour à le manipuler.

C'est à l'occasion d'un voyage touristique à Moscou, en 1975, que le K.G.B. lui a présenté Kouznetsov, son dernier officier traitant. Affecté à la délégation de l'U.R.S.S. auprès de l'Unesco, le Soviétique a été sans doute le plus efficace des officiers du K.G.B. qu'a connus Pathé. Mais aussi le plus imprudent.

Avec lui, Pierre-Charles va enfin réaliser son rêve : créer une lettre confidentielle destinée à l'élite politique. Grâce aux trente mille francs que lui alloue Kouznetsov, *Synthesis* voit le jour en 1976. Par la suite, les Soviétiques ont versé vingt-six mille francs (en 1977) et dix-neuf mille francs (en 1979) pour soutenir l'entreprise. De l'argent bien placé. Tiré à cinq cents exemplaires, *Synthesis*, bulletin bi-mensuel vendu uniquement par abonnement (350 F par an), fait une percée remarquable dans la classe dirigeante : 299 députés, 139 sénateurs, 41 journaux, 14 ambassades et (seulement) 7 simples citoyens le reçoivent régulièrement. Grâce à cette clientèle, Pathé, qui écrit entièrement seul *Synthesis*, est devenu un agent d'influence de première importance pour les Soviétiques.

Cette belle carrière s'interrompt brutalement le 5 juillet 1979 avec son arrestation, place Gambetta dans le 20e arrondissement, en compagnie d'Igor Kouznetsov.

Pour plaire à ses supérieurs, le Soviétique multipliait les contacts avec les journalistes et les hommes politiques dans l'espoir d'en recruter certains. Un jour d'août 1978, un jeune député de droite est venu trouver le contre-espionnage pour raconter la tentative d'approche dont il venait d'être l'objet. La D.S.T. décide de surveiller Kouznetsov pour découvrir ses agents. En septembre 1978, en dépit d'un parcours de sécurité compliqué, le Soviétique ne réussit pas à semer les policiers et les conduit à Pathé. Le rendez-vous a lieu place Herold, à Courbevoie. Les deux hommes s'installent dans un café et discutent ensemble trois quarts d'heure. Puis chacun repart de son côté. Les policiers filent le Français jusqu'à son domicile pour connaître son identité.

La D.S.T. a attendu près d'un an pour l'arrêter. Pourquoi? Rien n'interdit au journaliste Pierre-Charles Pathé d'avoir des contacts avec un diplomate soviétique, même fiché comme agent du K.G.B. Pour le confondre, il faut un flagrant délit, surprendre les deux hommes en train d'échanger un document afin d'avoir une preuve concrète de leur connivence.

Toute la difficulté de la lutte contre les agents d'influence et la désinformation se trouve là. A défaut de cette preuve il aurait été facile d'accuser le contre-espionnage de vouloir faire un procès d'intention à Pathé. Il est heureusement impossible de condamner un journaliste uniquement sur ses écrits ou parce qu'il affiche des opinions anti-américaines et prosoviétiques (ou vice versa)

Ce 5 juillet 1979, les policiers attendent donc que Pathé remette une enveloppe à Kouznetsov pour intervenir. Après son arrestation, la D.S.T. découvre que l'enveloppe contient des projets d'articles, quelques analyses sur la situation politique, le dernier numéro de *Synthesis*, plus les noms, adresses et professions des nouveaux abonnés. C'est suffisant pour expulser le « diplomate » soviétique et pour accuser le journaliste « d'intelligences avec une puissance étrangère ».

Placé en garde à vue, Pathé avoue rapidement son rôle d'agent d'influence. Au procès, dix mois plus tard, il essaiera tout de même de se disculper, soutenu par les personnalités politiques et les journalistes qu'il a assidûment fréquentés et séduits. « J'ai été choqué, sidéré par mon arrestation. Il n'y a pas un gramme de vérité dans tout ce qu'on me reproche », prétend-il devant la Cour de sûreté de l'Etat. Les sommes reçues en vingt ans de collaboration (cent mille francs, ce qui démontre une fois de plus le manque de générosité des Soviétiques), les rendez-vous avec ses officiers traitants marqués d'une simple croix sur son agenda, et surtout le témoignage du commissaire Raymond Nart de la D.S.T. qui explique comment pendant deux décennies ce « pigiste du K.G.B. », comme il l'appelle, a travaillé, emportent la conviction des juges.

Le 23 mai 1980, Pierre-Charles Pathé est condamné à cinq ans de réclusion criminelle. La sentence paraît sévère pour cet homme âgé de soixante-dix ans. Le lendemain l'Union nationale des syndicats de journalistes (U.N.S.J.) s'indigne contre ce verdict et proteste contre un arrêt qui permet à une juridiction d'exception de décider « dans l'arbitraire le plus total ce qu'est ou n'est pas l'information et d'emprisonner un homme, au nom de la raison d'Etat, pour la seule nature de ses convictions. »

« Quel journaliste, quel écrivain, lorsqu'il livre au public ses analyses ou ses réflexions n'est pas, volontairement ou à son insu, un agent d'influence ? » s'interrogent un an plus tard soixante-neuf personnalités et journalistes dans une pétition réclamant la libération anticipée de leur confrère en raison de son grand âge.

Le cas Pathé est unique. C'est le seul journaliste occidental à avoir été pris en flagrant délit de collaboration avec un agent notoire du K.G.B. Son histoire est citée par tous les services de contre-espionnage comme l'exemple type de l'agent d'influence. Obéissant aux ordres d'officiers de renseignement soviétiques, payé par eux – même chichement – pour les appliquer, Pathé ne peut en aucun cas être comparé à un journaliste ou un écrivain qui userait de son talent pour faire partager à ses lecteurs ses convictions. Ou alors, à la différence d'autres professions, il faut reconnaître aux gens de plume le droit d'être corrompus, d'écrire sur commande, et admettre que la *propagande clandestine* fait partie de la liberté de l'information. Quand un rédacteur de *L'Humanité* ou de *Minute* donne son interprétation des faits, sa conception des événements, il exerce non seulement son droit imprescriptible à la liberté d'expression mais en plus il s'adresse généralement à des lecteurs qui savent à quoi s'en tenir. En revanche, si un journaliste profite de la confiance, de l'autorité, du prestige dont il jouit pour aider, *dans des conditions illégales*, une puissance étrangère à poursuivre ses objectifs, c'est un agent d'influence. Pierre-Charles Pathé a bien appartenu à cette catégorie.

L'analyse du contenu des quelque soixante-dix numéros de *Synthesis* ne laisse à cet égard aucun doute. Elle prouve comment en trois ans, de juillet 1976 à juillet 1979, ce bulletin bimensuel a systématiquement diffusé les thèmes de la désinformation soviétique en s'attaquant notamment aux choix politiques des pays occidentaux et en défendant les intérêts du camp socialiste.

En voici quelques exemples.

● *Pour affaiblir les pays occidentaux*, Pathé a insisté sur leur désunion, il a critiqué leur politique de défense et exacerbé les sentiments anti-américains.

L'Allemagne ou « les héritiers de Hitler sommeillent » (numéro du 20 avril 1977) a été l'une des cibles privilégiées de *Synthésis*. La vague terroriste auquel dut faire face le gouvernement de Bonn à cette époque a été décrite comme le symptôme d'une profonde crise sociale et la preuve du caractère excessif des Allemands. A l'inverse, la R.D.A. est décrite comme un modèle d'ordre et de stabilité (20 février 1978).

Dans un article paru en mai 1977, la France est présentée comme la cible principale de la guerre économique conduite en sous-main par les Etats-Unis, alors que la R.F.A. est devenue une « vache à lait de la suzeraineté américaine ».

Pour Pathé, l'O.T.A.N. est inutile et même nuisible. Selon lui, beaucoup d'hommes politiques français estiment que l'organisation atlantique ne correspond plus à aucun objectif réel. Mieux vaut la dissoudre (5 janvier 1978). D'ailleurs, ajoute-t-il, les Etats-Unis n'ont nullement l'intention de défendre l'Europe à cause des risques d'attaque nucléaire encourus pour leur propre territoire en représailles (20 janvier 1979).

*Synthesis* a activement participé à la campagne contre la bombe à neutrons en la décrivant comme une arme inhumaine et inutile qui n'ajoute rien d'essentiel à l'arsenal dont dispose déjà l'O.T.A.N. (20 avril 1977 et 20 avril 1978). Même position pour les euromissiles : ils ne modifient en rien les conditions d'un conflit nucléaire et ne contribuent pas au renforcement du potentiel de défense des pays déjà détenteurs de l'arme nucléaire (5 mars 1978). Bien entendu le bulletin n'a jamais fait allusion au déploiement des missiles soviétiques aux frontières de l'Europe.

Farouche partisan de l'indépendance de la France, Pathé n'a pas manqué une occasion de critiquer les rapports entre Paris et Washington. Dès les premiers numéros de son bulletin, il fait paraître des articles reprochant au gouvernement français de s'être laissé vassaliser par les Etats-Unis. Il a accusé Valéry Giscard d'Estaing d'avoir un comportement atlantiste (5 décembre 1976). Selon lui, les interventions françaises au Tchad et au Zaïre n'ont pas servi la cause de la France mais celle d'autres pays occidentaux, notamment les Etats-Unis, qui s'intéressent aux richesses de l'Afrique. En revanche, aucun différend profond n'oppose la France à l'U.R.S.S.

« Depuis trente ans, l'empire américain se construit par la force et la corruption », a écrit Pathé (5 avril 1977) qui voit dans le régime américain « une démocratie policière » où le pouvoir suprême est détenu par le patron du F.B.I., complice entre autres méfaits de l'assassinat de Kennedy (5 juin 1977). Quant à la C.I.A, elle est partout. Si les Etats-Unis cherchent à rééquilibrer leur balance commerciale c'est pour couvrir les frais de ses opérations d'espionnage à l'étranger (20 mars 1979).

Dans un article paru en avril 1977, Pathé insinue que Washington met tout en œuvre pour neutraliser le Marché commun. L'Europe n'a aucune raison naturelle d'entretenir des relations commerciales avec les Etats-Unis, écrit-il en substance, alors que les intérêts économiques européens et soviétiques sont plus complémentaires que concurrents.

● *Pour défendre les intérêts du camp socialiste, Synthesis* a pris fait et cause pour les grands choix politiques du Kremlin.

Dans un article de juin 1978 consacré à la politique étrangère soviétique, le bulletin a minimisé le potentiel nucléaire de l'U.R.S.S. et affirmé que Moscou n'utiliserait jamais ce type d'armement, sauf pour défendre son territoire. Il précise que l'Union soviétique n'intervient que dans les régions du monde déjà déstabilisées par d'autres (par exemple en Angola contre l'intervention de la C.I.A). D'après lui, ce ne sont pas les Soviétiques mais les Occidentaux qui s'intéressent à l'Afrique pour s'approprier ses matières premières.

Pathé s'est fait l'avocat de Moscou dans plusieurs cas où les intérêts de l'U.R.S.S. et des pays occidentaux divergeaient. L'U.R.S.S. n'a jamais eu l'intention de consacrer un budget particulier à l'espace. Seuls les Américains sont responsables de sa militarisation (20 février 1978). De même, il a affirmé que les rumeurs sur l'entourage de de Gaulle infiltré par des agents soviétiques (voir troisième partie) étaient une invention des Américains (20 mai 1977).

Les alliés de l'U.R.S.S. ne sont pas oubliés. Les « boat people » vietnamiens appartiennent tous aux classes moyennes et les problèmes que connaît cette région du monde sont uniquement dus aux désordres provoqués naguère par les Américains. Sur le Cambodge, Pathé a fidèlement épousé les thèses de Moscou. En septembre 1977, un article conteste le nombre des victimes des Khmers rouges et présente les mesures prises par Pol Pot comme inévitables. L'exode des populations urbaines a été nécessaire. Le pays ne pouvait nourrir tous les citadins. En janvier 1979, changement de ton. Le régime de Pol Pot est devenu inhumain, et le transfert forcé des populations est présenté comme une entreprise absurde.

Quant à la R.D.A., modèle de stabilité, elle a fait construire le mur de Berlin pour se défendre contre l'infiltration des « impérialistes ». A Cuba, Castro a été obligé de prendre des mesures répressives pour faire face aux menées subversives des services secrets américains (20 février 1978).

La Chine a toujours figuré parmi les ennemis de l'U.R.S.S. dénoncés régulièrement par *Synthesis*, surtout après l'intervention chinoise contre le Vietnam. En mars 1979, un article s'en prend violemment à Pékin, accusé d'avoir reçu l'accord tacite des Etats-

Unis pour s'attaquer aux Vietnamiens. Le bulletin dresse un bilan catastrophique de la situation économique et démographique de la Chine qui, depuis vingt ans, « vivait dans l'absurdité, tant au plan des discours que des actions ».

Enfin, Pathé s'en est pris aux médias occidentaux pour leur façon de présenter l'Union soviétique et de mettre en avant les dissidents (5 novembre 1977). Les informations sur l'U.R.S.S. parues dans la presse tenaient pour lui de la désinformation (5 novembre 1978). Il a décrit les émigrés d'U.R.S.S. comme des « poissons hors de l'eau » et des « officiers sans troupes » (20 mai 1978), dont la plupart se sont laissé séduire par les flatteries que leur prodiguait le monde occidental pour finir comme de « véritables épaves » (5 novembre 1977). Il a consacré plusieurs articles aux « nouveaux philosophes » et à « leur manière risible de revenir sans cesse à la question du Goulag » (20 mai 1978). Pathé les a accusés de faire preuve d'une « ignorance insondable » des vrais problèmes. Comment peuvent-ils discourir sur des systèmes d'oppression pratiqués dans des sociétés si éloignées d'eux, se demande-t-il. L'article ajoute qu'en U.R.S.S. les membres de cette école de pensée sont tournés en dérision (5 juin 1978).

S'il n'avait pas été pris en flagrant délit avec Igor Kouznetsov, il est probable que Pierre-Charles Pathé n'aurait jamais pu être condamné pour ses seuls écrits. *Synthesis* a développé des idées fort répandues dans certains milieux. D'autres journalistes les ont propagées sans être pour autant à la solde de l'U.R.S.S.

Parmi tous les moyens mis en œuvre par Moscou pour appuyer clandestinement ses objectifs de politique étrangère, l'action des agents d'influence est bien la plus complexe et la plus difficile à détecter. Les spécialistes du contre-espionnage éprouvent toujours de grandes difficultés à démêler les fils des opérations orchestrées par l'intermédiaire de ces agents. Pourtant, il est certain que Pierre-Charles Pathé n'est pas le seul agent d'influence que la presse française ait connu. Les services compétents de la D.S.T. regorgent de dossiers du même genre. Ils n'ont jamais abouti faute de preuves valables au regard de la loi.

Prenons deux exemples significatifs.

Il y a d'abord le cas d'une journaliste, spécialiste de politique étrangère. Entrée dans la carrière dans les années 1920, elle s'est illustrée pendant la guerre, aux Etats-Unis, en publiant une revue hostile à de Gaulle. Après la Libération, elle a collaboré successivement à plusieurs journaux non communistes. Vers la fin de sa carrière, elle tenait une chronique de politique étrangère à la radio. La D.S.T. a eu la preuve qu'elle entretenait des liens suivis et étroits avec les services soviétiques dès les années 1950. Son téléphone mis sur écoute l'a confirmé. Elle n'a pourtant jamais été inquiétée : pour la justice une bande magnétique (qui peut être trafiquée) n'est pas suffisante pour un dossier d'accusation. Animée à la fois de sentiments anti-allemands et anti-américains, elle a été une proie facile pour la désinformation soviétique. Il est probable qu'elle a été manipulée inconsciemment, même si elle a souvent servi de porte-parole aux thèses de Moscou. Dans un article de la revue *Est et Ouest* consacré à la désinformation (mars 1984), Branko Lazitch rappelle dans quelle condition cette journaliste a servi au moins une fois les objectifs soviétiques lors d'un épisode clef de la guerre d'Algérie. « Première étape, écrit-il, le 23 avril 1961, le quotidien pro-communiste italien *Il Paese* "révèle" que le général Franco, Salazar et Allen Dulles, chef de la C.I.A., sont les éminences grises du putsch d'Alger dirigé par le général Challe. Deuxième étape : la presse soviétique, *Pravda* en tête, reproduit l'article que l'agence Tass câble simultanément en anglais à destination de l'étranger. Troisième étape : le 27 avril, dans un quotidien parisien non communiste, notre journaliste publie sur le putsch un article intitulé : " Stratégie d'Allen Dulles ". Le même jour, l'article est repris par Tass. Inutile de rappeler que le Département d'Etat, la C.I.A. n'étaient pour rien dans le putsch des généraux d'Alger... » Au lendemain de son décès, récent, *La Pravda* a rendu un vibrant hommage à cette journaliste. L'organe du P.C. soviétique a rappelé qu'elle avait effectué de nombreux voyages en U.R.S.S., que ses articles ont été fréquemment traduits en russe et qu'elle avait reçu l'ordre de « l'Amitié des peuples » pour le rôle qu'elle a joué dans le rapprochement franco-soviétique...

Le second cas est tout aussi probant bien que, là aussi, la justice n'ait pas été saisie. Il s'agit d'un journaliste d'origine soviétique, passé à l'Ouest à la fin des années 1970. Après s'être fait une petite notoriété pour avoir publié un livre racontant ses expériences journalistiques en U.R.S.S., il a essayé d'entrer au service russe de Radio France internationale mais la D.S.T. est discrètement intervenue pour contrecarrer ses ambitions. Après avoir étudié en détail sa biographie et analysé ses motifs d'émigrer, le contre-espionnage est convaincu qu'il est passé à l'Ouest sur commande, pour devenir ici un agent d'influence. Aujourd'hui, il travaille épisodiquement pour un quotidien et pour un hebdomadaire.

## VIVE CEAUSESCU!

Pour avoir clairement démontré dans *La Tentation totalitaire*[1] que socialisme et totalitarisme sont intimement liés, Jean-François Revel s'est attiré les

1. Laffont, 1976.

foudres de la gauche française. L'auteur a commis une faute impardonnable : il a tué l'espérance.

Un rapide survol de l'attitude des Occidentaux face au socialisme réel depuis l'après-guerre prouve en effet qu'il existe dans les pays démocratiques un incurable désir de sauvegarder le mythe d'une « voie originale vers le socialisme » qui n'aboutirait pas fatalement aux mêmes résultats catastrophiques. Après 1956, une fois la révolution hongroise écrasée dans le sang, les espoirs se sont reportés sur le « printemps polonais » : Gomulka avait dénationalisé les terres et permis une certaine libéralisation culturelle. Quatre ans plus tard, la Pologne étant revenue aux bonnes vieilles méthodes autoritaires, les yeux s'en détournent pour se porter vers Cuba. Les « barbudos » castristes personnifieront l'espoir pendant près d'une décennie pour être finalement supplantés par le « printemps de Prague », incarnation d'un « socialisme à visage humain ». L'intervention soviétique d'août 1968 prouvera une fois de plus que Moscou ne permettra jamais de déviation du dogme. Heureusement, la Révolution culturelle chinoise bat déjà son plein. On la présente comme un grand happening de la jeunesse et une gigantesque autocritique du pouvoir sur ses erreurs passées. Cette révolution, décidée d'en haut, apportait la preuve que le communisme était capable de s'autoréformer. Mais la « fête » coûtera des dizaines de millions de morts et Mao sera l'objet d'un culte de la personnalité à faire pâlir d'envie le défunt Staline.

Echaudés par leurs aveuglements successifs, les Occidentaux deviendront plus circonspects. Ils y regardent désormais à deux fois avant de s'enthousiasmer pour telle ou telle cause. Il n'empêche. L'espoir d'une possible réforme du système socialiste demeure. Du côté de la Hongrie par exemple : les mesures économiques prises par les autorités de Budapest en faveur de l'agriculture privée et de l'autonomie (très relative) des entreprises témoigneraient d'une « voie hongroise » originale, nouvel avatar d'un « socialisme à visage humain ».

La Roumanie, en revanche, occupe une place à part au hit-parade des sympathies occidentales. Depuis une vingtaine d'années, ce pays symbolise l'Indépendance. Pour preuve : les autorités de Bucarest ont refusé de se joindre au pacte de Varsovie lors de l'invasion de la Tchécoslovaquie en 1968; elles entretiennent d'excellentes relations avec Israël et la Chine. En récompense, la Roumanie bénéficie de la « clause de la nation la plus favorisée » qui lui permet d'obtenir des crédits avantageux et le meilleur de la technologie occidentale.

Du même coup, les Occidentaux ne sont pas trop regardants sur la réalité roumaine. En démissionnant de son poste à la mi-mai 1985, l'ambassadeur des Etats-Unis à Bucarest a clairement dénoncé cette attitude. Pour lui, la Roumanie reste un pays totalement communiste. Elle profite de ses bonnes relations avec les pays capitalistes pour se procurer des machines perfectionnées utiles à Moscou (quitte à les revendre au « grand frère »). Dans sa lettre de démission il a rappelé combien l'U.R.S.S. exerce un contrôle étroit sur Bucarest. Le nombre des conseillers soviétiques n'a pas cessé de croître ces dernières années.

Se prenant pour David face à Goliath (l'U.R.S.S.), Nicolae Ceausescu, président à vie de la Roumanie, mégalomane et despote, est passé maître dans l'art de tromper son monde. Soutenu par un réseau de flagorneurs, il réussit depuis près de vingt ans à faire croire que son pays est sorti de l'orbite soviétique. Il tient à cette image de marque à la fois pour satisfaire son orgueil démesuré – il est persuadé de jouer un rôle capital dans l'histoire universelle – et pour continuer à bénéficier des bonnes grâces de l'Occident pour le compte du bloc socialiste.

Dans les années 1970, les services de désinformation de la Securitate ont essayé activement de promouvoir en Occident cette image d'une Roumanie indépendante en essayant de trouver des journalistes suffisamment vénaux pour devenir des agents de propagande de Bucarest.

C'est ainsi que j'ai été approché en juin 1977. J'étais alors jeune journaliste à *Libération*, chargé plus spécialement des pays socialistes. Les mouvements de dissidence réclamant l'application des accords d'Helsinki sur la libre circulation des hommes et des idées étaient à cette époque très actifs à l'Est. Le journal se faisait un devoir de leur donner la parole. A cause de ce choix, mes rapports avec les autorités officielles, donc les ambassades des pays socialistes, étaient totalement inexistants.

Début juin, je reçois un coup de téléphone d'un secrétaire de l'ambassade roumaine, chargé des relations avec la presse. Il souhaite m'inviter à déjeuner. Je décline l'invitation et lui fixe rendez-vous dans un café proche du journal. L'homme, très affable, vante devant moi les mérites de *Libération*, journal indépendant, courageux..., j'en passe. Nous nous quittons au bout d'une demi-heure sans que je sache vraiment où il voulait en venir. Une dizaine de jours plus tard, il me rappelle pour une nouvelle invitation à déjeuner. Je refuse à nouveau mais accepte un autre rendez-vous dans le même café. Cette fois, un collègue l'accompagne. Après les flatteries d'usage, voici en substance ce qu'ils me proposent :

« En octobre prochain va s'ouvrir la conférence de Belgrade[1], et comme vous le savez, notre pays qui mène une politique indépendante – comme votre journal – a une position tout à fait originale sur cette rencontre internationale. Nous avons donc pensé qu'il serait intéressant pour vous de publier

---

1. Qui devait faire un premier bilan des accords d'Helsinki. (*N.d.A.*)

avant cette conférence le point de vue roumain. Par exemple, sous forme d'une interview exclusive, ou mieux d'un article, de notre président Nicolae Ceausescu, analysant l'importance de Belgrade. »

Ce à quoi je réplique :

« Il n'est pas dans l'habitude de notre journal de donner la parole aux gouvernements des pays socialistes car nous pensons qu'ils ont bien des occasions de s'exprimer. Nous voulons bien donner le point de vue des autorités roumaines sur la conférence de Belgrade mais certainement pas unilatéralement. Vous m'accordez un visa pour Bucarest, je rencontre les autorités, y compris le président Ceausescu si possible, mais aussi tous ceux qui se battent pour les droits de l'homme, notamment Paul Goma que votre police maintient en isolement total. Bref, vous me garantissez une entière liberté de mouvement et je fais un reportage sur votre pays où tous les points de vue s'exprimeront.

– Excellente idée, répliquent mes interlocuteurs. Nous allons immédiatement en référer à Bucarest mais nous sommes sûrs qu'il n'y aura pas de problème. On vous rappelle demain pour vous donner la réponse. »

Je n'ai jamais plus eu de nouvelles de l'ambassade de Roumanie...

Ce que *Libération* a refusé, d'autres journaux (et journalistes) français l'ont-ils accepté? Oui, apparemment si l'on se rapporte au témoignage de Paul Goma sur cette époque précise, alors qu'il était, comme nous l'avons dit, isolé du reste du monde par la police roumaine. Dans son livre *Chassé croisé*[1], l'écrivain raconte ainsi l'une de ses entrevues avec ses persécuteurs :

Début mai 1977, le fameux Grenade, commandant de la Securitate, me fait l'insigne faveur de me montrer mon

1. Hachette, 1983.

dossier d'accusation. Dans l'un des sept volumes, je tombe, parmi d'autres pièces à conviction, sur des coupures d'un journal français, accompagnées chacune de la traduction roumaine de certains passages. Je lis les originaux, je les relis, je jette un regard sur les passages traduits... J'ai du mal à en croire mes yeux : la presse française a pu écrire des choses pareilles? Et surtout... Si c'était *L'Humanité*, d'accord puisque nous savons, nous autres, Roumains, que *L'Humanité* est écrite à Moscou et traduite à Paris. Mais *Le Figaro*? Ces salauds de sécuristes ont dû fabriquer ces « articles » eux-mêmes, ici, dans leurs ateliers, ne sachant que trop que moi, l'inculpé, je ne pourrais pas vérifier si *Le Figaro* a effectivement publié cela à Paris. Je demande au colonel Vasile Gheorghe, dit Grenade :

« Et qu'est-ce que ça devrait prouver, tout ça?

— Si tu les as lus, tu dois le savoir, répond-il en ricanant.

— Vous prétendez que ce sont des coupures du *Figaro*. Admettons, pour pouvoir continuer la discussion, mais il y a une chose que je ne comprends pas : comment se fait-il que la Sécuritate, la police d'un pays communiste, essaie de confondre un non-communiste avec des " preuves " extraites d'un journal anticommuniste?

— Ben, c'est justement la preuve, Paulo! s'esclaffe Grenade en se frottant les mains. Ben, si un journal de droite, réactionnaire, anticommuniste, comme tu dis – moi je m'abstiens –, il écrit noir sur blanc que tout va bien en Roumanie, que les libertés, elles sont respectées, que la légalité aussi, que le bien-être du peuple... est-ce que toi, tu passes pas pour un con et pour un menteur quand tu prétends le contraire?

— Ces " preuves " ne prouvent rien. Vous avez fabriqué les articles ici, d'autant plus que l'auteur est l'hagiographe de Ceau...

— On dit biographe, l'intello!

— On dit hagiographe quand on écrit la vie des saints.

— Quoi! Qu'est-ce que tu veux dire, bandit? Alors là, écoute-moi bien : essaie pas d'insulter notre camarade français! D'abord et pour commencer, il est l'invité d'honneur de notre pays; ensuite, il a plus de poids que leur ambassadeur; et par-dessus le marché, il a été reçu personnellement par... tu vois de qui je parle. C'est que son livre sur la vie et la pensée de... tu vois de qui je parle, il a été traduit dans des centaines et des centaines de langues, pas en deux ou trois langues comme tes bouquins, et au jour d'aujourd'hui il y a toute la terre qui est au courant de la conception et de la philosophie et de la pensée, et surtout de l'indépendance... Ben quoi, tu l'as pas lu dans *Scînteia*[1]?

– Je ne lis pas *Scînteia*.

– Bien sûr, il ne lit que *Le Figaro*, monsieur le bandit! C'est bien pourquoi on te le sert sur un plateau, ton canard préféré. Comme ça, tu peux voir ce qu'il écrit : chez nous, tout marche bien et de mieux en mieux, et les libertés, y a qu'à se pencher pour en ramasser dans toutes les rues. Hi, hi, hi! Ha, ha, ha! Tu nous as calomniés et t'as dit que non c'est pas vrai. Eh ben, t'as qu'à lire ce qu'il écrit, un journal réactionnaire comme toi! Alors, qu'est-ce que tu vas encore dire après ça?

– Je vais dire que ces articles sont fabriqués dans les ateliers de la Securitate. Que ce sont des faux!

– T'as beau te prétendre écrivain et intellectuel et tout le toutim, t'es vraiment rien qu'un con! Cette fois-ci, si tu veux le savoir, on n'a même pas falsifié une virgule. Ha, ha! Ho, ho!

Incroyable mais vrai : cette fois-ci la Securitate n'avait même pas falsifié une virgule. Mais je ne devais m'en convaincre qu'une fois exilé[2].

Ce témoignage du plus célèbre des dissidents roumains nécessite quelques commentaires. Il est vrai que, contrairement au reste de la presse française, *Le Figaro* a publié de nombreux articles vantant la

1. Organe du P.C. roumain. (*N.d.A.*)
2. Paul Goma fut libéré et expulsé de Roumanie le 20 novembre 1977 après une campagne internationale en sa faveur, notamment dans la presse française. (*N.d.A.*)

liberté, le bien-être dont bénéficieraient les Roumains, et pour faire l'éloge de la « politique d'indépendance » de Nicolae Ceausescu. Ses articles ont toujours été écrits par le même journaliste qui est bien introduit à Bucarest : Michel P. Hamelet.

Auteur d'ouvrages fort complaisants sur ce pays, dont *La vraie Roumanie de Ceausescu*[1] – gracieusement distribué par l'ambassade roumaine de Paris à ses visiteurs de marque – Michel P. Hamelet séjourne très fréquemment à Bucarest comme le signale à chaque fois *Scînteia*. Le 15 mars 1983, l'organe du P.C. roumain rapportait, par exemple, l'une de ses visites en ces termes, dignes de la meilleure langue de bois :

« Le président de la République socialiste de Roumanie, le camarade Nicolae Ceausescu, a reçu, lundi après-midi, le publiciste français Michel Hamelet, en visite dans notre pays (...). L'hôte a adressé ses vifs remerciements pour la manière dont il a été reçu et a transmis au camarade Nicolae Ceausescu ses vœux les plus chaleureux pour l'anniversaire de cinquante ans d'activité révolutionnaire au service des intérêts du peuple roumain, de ses aspirations au progrès et au bien-être, à la paix, à l'amitié et à la collaboration avec tous les peuples. A cette occasion, le camarade Nicolae Ceausescu a accordé une interview au publiciste français qui servira de préface à un nouveau volume qui doit paraître en France, volume consacré à notre pays, à sa politique intérieure et extérieure, à l'infatigable activité du chef de l'Etat roumain pour la construction de la nouvelle société de Roumanie, ainsi qu'à sa riche activité internationale dans l'intérêt de la paix, de la détente, de la bonne entente dans le monde, de l'accomplissement des idéaux de progrès et de prospérité de tous les peuples. »

Grâce à Michel P. Hamelet, le quotidien de

1. Nagel, 1983, préface d'Alain Poher.

Robert Hersant a pu obtenir une interview « exclusive » de Ceausescu pour le quarantième anniversaire de la libération de la Roumanie (*Le Figaro* du 19 août 1984). L'interview a été précédée d'un article tout à fait flatteur sur les « réussites du socialisme roumain », signé Jean Miot, ordinairement directeur délégué du journal. Pour la circonstance, M. Miot s'est mué en journaliste.

Michel P. Hamelet a parfaitement le droit d'être un admirateur inconditionnel du président roumain. Mais pourquoi ne décrit-il pas l'autre réalité de ce pays qui connaît une terreur comparable aux heures noires du stalinisme? Pourquoi ne parle-t-il pas des terribles conditions de vie faites à ce peuple, le plus pauvre d'Europe après les Albanais?

Comment un journaliste peut-il devenir le simple hagiographe d'un despote? Il est impossible de répondre clairement à ces questions. Notons simplement que l'engagement de Michel P. Hamelet pour la cause roumaine s'ajoute à un passé pour le moins original.

Agé aujourd'hui de soixante-dix-sept ans, Hamelet a mené une carrière journalistique peu banale. Sous le pseudonyme de Pierre Forest, il a été avant guerre collaborateur du *Petit Journal* appartenant au colonel de La Rocque, ancien président des Croix-de-Feu et fondateur du parti social français (P.S.F.) qui rallia Pétain en 1940. Pendant la guerre, il a dirigé à Vichy Radio-Travail et créa l'Association de la presse sociale, groupant des journalistes qui s'intéressaient aux questions corporatives. Après guerre, il a milité au parti socialiste.

Cette carrière déjà sinueuse se complique encore si l'on en croit André Marty dans le livre qu'il a consacré à son exclusion du parti communiste français[1]. Selon l'ancien « mutin de la mer Noire », comme Marty aimait se faire appeler, Hamelet a

---

1. *L'Affaire Marty*, éditions des Deux-Rives, 1955.

joué un rôle de provocateur, au service du P.C.F., pour faciliter son renvoi. Sans entrer dans les détails de cette ténébreuse affaire voici comment Marty parle de lui :

« Qui est ce journaliste Hamelet? Un rédacteur du *Figaro*, mais adhérent au parti communiste français en 1937, section de Levallois (Seine); il s'appelle Daniel Marius, né à La Ciotat (Bouches-du-Rhône), il s'appelait aussi parfois Pierre Forest avant et pendant la guerre. A la veille de la guerre, il était un ami intime d'Henri Raynaud, membre du Comité central du P.C., et dirigeant de la C.G.T. Dès la Libération, il affichait son amitié avec Henri Raynaud, se présentant comme un " syndicaliste "; comme tel, il participait à des réunions des communistes membres du cabinet du ministre communiste du Travail[1]; pendant trois ans, il prenait ses repas au ministère avec les membres du Cabinet; il couchait même au ministère. »

Plus loin, Marty ajoute : « Naturellement, le secrétariat à l'organisation (Auguste Lecœur) et sa section des cadres (Marcel Servin) cachèrent (...) l'adhésion au parti d'Hamelet-Daniel et sa collaboration avec les communistes du ministère du Travail au lendemain de la Libération. »


Il est certain que les services roumains de désinformation ont toujours préféré agir par journaux de droite, voire d'extrême droite, interposés. Les agents de Bucarest se sentent parfaitement à l'aise dans ces milieux. Ce n'est guère étonnant. Seuls les naïfs peuvent encore croire que communisme, racisme et même fascisme sont antinomiques. Nous avons déjà vu comment le K.G.B. manipulait la plupart des groupes néo-nazis européens. A une moindre échelle, la Securitate a réussi à infiltrer

1. Ambroise Croisat. (*N.d.A.*)

des organisations et des revues d'extrême droite occidentales, souvent à leur insu.

Pour comprendre comment cela a été possible, il faut analyser la situation intérieure roumaine.

La faillite économique y est totale : l'agriculture et l'industrie sont en ruine, la population est constamment au bord de la disette. Plus personne ne croit en l'« avenir radieux » et aux « lendemains qui chantent », comme dans tous les pays de l'Est mais là, peut-être encore davantage. L'idéologie communiste, discréditée, n'est plus capable de mobiliser la population. Ceausescu et sa famille, qui règnent en maîtres absolus sur les vingt-deux millions de Roumains, l'ont compris en jouant à fond la carte nationaliste, jusqu'à la xénophobie, dans l'espoir de détourner l'attention de leurs sujets. D'où la propagande sur la prétendue indépendance de la Roumanie ou encore les campagnes incessantes pour « sauvegarder » la Transylvanie des visées « impérialistes » hongroises.

Région située aux frontières de la Roumanie et de la Hongrie, la Transylvanie a été au cours des siècles convoitée par les deux pays. En 1947, la Transylvanie a définitivement été attribuée à la Roumanie au Traité de Paris et, en 1952, les autorités communistes de Bucarest ont accordé un statut d'autonomie à la forte minorité hongroise qui y habite. Mais ces droits ont finalement été supprimés et les Hongrois (deux millions de personnes) ont commencé à être persécutés, « roumanisés », c'est-à-dire à perdre leur identité culturelle. Budapest a fini par s'en inquiéter. Ceausescu qui avait lancé auparavant de véritables campagnes racistes contre les Hongrois en a profité pour dénoncer les prétentions de la Hongrie sur la Transylvanie.

Tout cela a parfaitement servi les desseins du despote roumain. Au nom de la défense de l'intégrité du territoire, il a réussi à provoquer, un certain temps, un réflexe nationaliste non seulement à l'intérieur du pays mais aussi au sein de la très importante émigration roumaine dans le monde. La Transylvanie est devenue le cheval de bataille de toute une frange d'exilés qui ont fui le communisme en 1945, parmi lesquels d'anciens membres de la Garde de fer, un mouvement fasciste et antisémite partisan de la collaboration avec les nazis durant la Seconde Guerre. Ces anciens de la Garde de fer ont toujours entretenu d'excellentes relations avec l'extrême droite européenne. Par leur entremise la Securitate a pu pénétrer ces milieux, la plupart du temps pour les manipuler inconsciemment.

Outre la défense de la Transylvanie, cette manipulation vise aussi à neutraliser les vrais opposants à la folle politique menée par Ceausescu. Il est capital pour le despote roumain de faire taire ceux qui dénoncent à la fois la nature totalitaire de son régime et la pseudo-indépendance de sa politique pour éviter que les pays occidentaux, pris d'une soudaine mauvaise conscience, cessent de le soutenir économiquement. Les autorités roumaines ont déjà supprimé toute opposition intérieure en chassant ses principaux leaders, comme Paul Goma, ou en les réduisant au silence. Depuis, la Securitate cherche à la bâillonner à l'extérieur, dans les pays démocratiques. Et là, tous les moyens sont bons.

Il y a d'abord les tentatives d'élimination physique. Le 18 novembre 1977, Monica Lovinescu, journaliste à la section roumaine de Radio Free Europe (station émettant d'Allemagne occidentale vers les pays de l'Est, financée par le Congrès américain), ne doit la vie sauve qu'à un passant. Deux individus, d'origine arabe, l'ont violemment tabassée devant son domicile parisien. On a appris depuis, grâce aux révélations de Ion Pacepa, le numéro deux du contre-espionnage roumain passé à l'Ouest en 1978, que ses agresseurs palestiniens ont agi pour le compte de la Securitate. « Des ordres furent donnés, précise Pacepa, pour que les rédacteurs de Radio Free Europe soient battus jusqu'au sang, qu'ils aient les mâchoires, les dents, les bras broyés et qu'ils soient transformés en marionnettes vivantes, incapables d'écrire, de parler ou de porter à jamais des critiques. » En Allemagne, un autre collaborateur de Radio Free Europe, Emil Georgescu, a été grièvement blessé par des « voyous » également téléguidés par la Securitate, comme l'enquête l'a établi.

Les 3 et 4 février 1981, Paul Goma et deux autres émigrés ont reçu chez eux des colis piégés, expédiés de Madrid où ils étaient allés témoigner sur la situation dans leur pays devant la Conférence sur la sécurité et la coopération en Europe, (C.S.C.E., pour l'application des accords d'Helsinki).

Le 13 janvier 1982, Matei Pavel Haiducu, membre du S.R. roumain sous le nom de code « Visan », installé en France depuis juillet 1975 pour se livrer à l'espionnage scientifique et technologique, reçoit l'ordre de tuer Paul Goma et Virgil Tanase, un écrivain émigré qui vient de publier un pamphlet contre « Sa Majesté Ceausescu » dans le mensuel *Actuel*. Comme nous l'avons vu (voir deuxième partie) Haiducu a préféré avertir la D.S.T. qui a organisé la disparition de Tanase pour le mettre à l'abri.

Le 10 février 1983, deux inspecteurs de la D.S.T. rendent visite à Virgil Ierunca, un critique littéraire réfugié en France depuis 1947, collaborateur de Radio Free Europe, pour lui recommander d'être très prudent dans ses déplacements. Un autre agent du S.R. roumain, connu sous le nom de Bistran, réfugié en R.F.A., vient d'avouer qu'il a reçu pour mission de l'assassiner.

Il y a ensuite les tentatives de discrédit.

Ce travail se fait en premier lieu au sein de l'émigration roumaine par l'intermédiaire de revues financées par Bucarest. C'est le cas de *Vestitorul* en

France, de *Dreptatea* aux Etats-Unis et de *Stindardul* en Allemagne de l'Ouest. La Securitate cherche surtout à désigner les opposants roumains dans les pays occidentaux qui les ont accueillis. C'est à ce niveau qu'intervient la manipulation de certains milieux d'extrême droite. Le but de la manœuvre est simple : laisser entendre que ces opposants sont en réalité au service de Bucarest, ou pis, du K.G.B. La ficelle est un peu grosse mais elle permet de semer le doute et la suspicion, paralysant l'émigration en d'interminables querelles intestines.

La cible principale reste les collaborateurs de Radio Free Europe (R.F.E.), très populaires en Roumanie (Bucarest ne brouille pas les émissions pour ne pas déplaire au Congrès américain et risquer de perdre la « clause de la nation la plus favorisée »). Parmi les accusés figurent Vlad Georgescu, responsable de la section roumaine de R.F.E. au siège de la station en Allemagne, Monica Lovinescu, qui a failli payer de sa vie sa collaboration à la radio comme nous l'avons vu, et Virgile Ierunca que Bistran était chargé d'assassiner sur ordre de la Securitate. Tous les trois sont accusés d'avoir appartenu au P.C. roumain et d'être partis de leurs pays avec la bénédiction des autorités, sous-entendu pour continuer à travailler pour Bucarest.

A vrai dire, ces ragots auraient très peu d'intérêt pour nous si l'on n'y trouvait pas à la tête de cette douteuse entreprise le quotidien d'extrême droite *Présent*, proche du Front national de Jean-Marie Le Pen. Sous le titre « Radio Free Europe est-elle pénétrée par des services secrets de l'Est ? » l'un des collaborateurs du journal, Yves Daoudal, n'a pas hésité à reproduire ces insinuations (26 septembre 1984) ainsi que dans la revue *Itinéraires* proche également du Front national. Un an et demi auparavant, le 25 janvier 1983, *Présent* s'était déjà illustré en laissant paraître un article contre Paul Goma, l'accusant pêle-mêle d'être un membre actif du P.C.

roumain, de n'avoir pas été le véritable initiateur du mouvement des droits de l'homme en Roumanie, et d'avoir fait campagne avec les trotskistes français pour François Mitterrand!

Un homme semble jouer un certain rôle dans toutes ces affaires : Constantin Dragan. Se présentant lui-même comme économiste et businessman, ce Roumain d'origine a fait fortune dans l'import-export, plus particulièrement dans le commerce avec l'Est. Ancien membre de la Garde de fer, il entretient d'excellentes relations avec les autorités communistes de Bucarest, où il se rend fréquemment, et avec Ceausescu en personne. Il est professeur associé à l'Académie des études économiques de Bucarest et auprès de l'université de Timisoara. Installé en Italie, il dispose pour ses affaires de nombreuses succursales en Europe, notamment à Madrid, Paris et Athènes.

Propriétaire d'une maison d'éditions (Nagard), éditeur d'un *Bulletin européen*, Constantin Dragan se veut un fervent militant de l'unité européenne par-delà le rideau de fer. Il a créé en 1967 la Fondation européenne Dragan, dont le siège est à Milan, dans le but de promouvoir « un Traité pour la constitution d'une Communauté culturelle européenne » qui a reçu le soutien de plusieurs personnalités, parmi lesquelles Edmond Giscard d'Estaing, père de l'ancien président de la République. Dans le conseil d'honneur de cette Fondation, qui lui sert de caution morale, et qui regroupe des hommes politiques, des ambassadeurs, des universitaires de nombreux pays (dont la Roumanie, seul Etat socialiste représenté), Olivier Giscard d'Estaing, frère de l'ex-président, figurait en 1981 comme le représentant de la France.

Très riche, il est probable que Constantin Dragan n'a pas besoin des subsides de Bucarest pour financer directement ses entreprises qui profitent de toute façon des bénéfices tirés du commerce Est-

Ouest. Il est certain que les autorités roumaines voient d'un très bon œil ses initiatives culturelles. Parmi les ouvrages qu'il a déjà publiés, la plupart flattent le sentiment nationaliste roumain, notamment sur une « menace hongroise » en Transylvanie, comme le souhaite Ceausescu.

Pour mieux promouvoir ses idées, Dragan a caressé l'ambition de devenir parlementaire européen, sur une liste italienne, lors des élections de juin 1984. Il a échoué.

En France, Gustav Pordea a eu davantage de chance en se faisant élire à Strasbourg sur la liste de Jean-Marie le Pen. Son cas est à la fois simple et plus compliqué que celui de Dragan avec qui il est en relation. Plus simple, car à la différence de son compatriote (Pordea est aussi un exilé roumain qui a été naturalisé français en 1983), le député européen du Front national n'entretient pas de liens officiels avec Bucarest. Au contraire, ancien diplomate roumain, il a quitté la carrière en 1947, après l'exil du roi Michel, pour ne pas servir le régime communiste. Réfugié en France depuis cette époque, Pordea se présente comme un opposant à Ceausescu, ce qui a séduit Jean-Marie Le Pen, désireux de faire figurer sur sa liste européenne un émigré de l'Est anti-communiste. Pourtant, à y regarder de près, les choses paraissent plus compliquées.

Avant d'être élu, Gustav Pordea n'a jamais affiché son opposition à Ceausescu. Son nom ne figure dans aucun des journaux, manifestes ou pétitions qui condamnent depuis des années les folies du président roumain ou qui protestent contre les multiples violations des droits de l'homme en Roumanie. A l'inverse, les articles qu'il a signés ces dernières années figuraient dans des journaux et revues financés par Bucarest. Il y a soutenu des positions nationalistes tout à fait en accord avec la propagande roumaine. On sait également qu'il s'est rendu à dîner au moins une fois à l'ambassade roumaine à Paris.

Depuis son élection, le député du Front national a été très actif à Strasbourg en déposant des motions sur... la Transylvanie.

# CINQUIÈME PARTIE

# LE DOSSIER « FAREWELL »

L'espionnage scientifique et technologique

*Acte I : Ottawa, juillet 1981.*

François Mitterrand assiste dans la capitale canadienne à son premier sommet des sept pays les plus industrialisés du monde occidental. Président socialiste fraîchement élu, il est regardé par ses homologues avec curiosité, mêlée pour certains de méfiance. C'est le cas de Ronald Reagan. Le président américain n'a pas apprécié, un mois auparavant, l'entrée de quatre ministres communistes dans le gouvernement français. « Le ton et le contenu de nos rapports en tant qu'alliés seront affectés par l'arrivée de communistes dans ce gouvernement, comme dans tous les gouvernements d'un de nos alliés ouest-européens », avait précisé au lendemain de ces nominations un communiqué du Département d'Etat américain. Reçu le même jour à l'Elysée, le vice-président George Bush avait exprimé en termes diplomatiques la désapprobation des Etats-Unis. A ce sommet d'Ottawa, le président français fait donc figure de mauvais élève, voire de brebis galeuse.

Quarante-huit heures plus tard, la suspicion a fait place à de la reconnaissance. Ronald Reagan est contraint de réviser entièrement son jugement sur François Mitterrand. Par quel miracle ? Le président américain a-t-il été soudain ébloui par la justesse des choix politiques français ? Avocat de formation, le président français a-t-il plaidé la cause de la France socialiste avec un tel brio qu'il a réussi à séduire son plus résolu contempteur? Rien de tout cela. Les deux chefs d'Etat campent fermement sur leurs positions.

En fait, un événement déterminant est intervenu durant ces deux jours. Un événement qui a bouleversé les idées que pouvait se faire Reagan de Mitterrand et de la France. Un événement d'une telle ampleur que le ton de Washington change sur-le-champ, que les inquiétudes américaines disparaissent d'un coup et que les rapports franco-américains connaissent une amélioration spectaculaire, malgré des divergences politiques persistantes.

Que s'est-il passé à Ottawa?

Rien de spectaculaire : un banal tête-à-tête Reagan-Mitterrand. C'est pourtant là que tout bascule. Cette rencontre, François Mitterrand l'a voulue dans un but précis. Non pas pour se justifier. Mais pour apporter au président américain un cadeau inestimable : « Farewell », nom de code d'un dossier ultra-secret dont seuls cinq personnes en France connaissent à l'époque l'existence et le contenu.

Reagan tombe de haut. Il comprend immédiatement le formidable enjeu des révélations qui lui sont faites. Il remercie chaleureusement le chef de l'Etat français. De là naîtront des relations cordiales entre les deux hommes. « Farewell » impose l'autorité de François Mitterrand face à l'allié américain.

Quelques semaines plus tard, un émissaire personnel du président français – Marcel Chalet, directeur de la D.S.T. – se rend secrètement aux Etats-Unis. Il rencontre le vice-président Bush pour examiner avec lui tous les éléments significatifs du dossier « Farewell ». Ancien directeur de la C.I.A., George Bush comprend encore mieux que Ronald

Reagan l'importance considérable des documents que lui présente Marcel Chalet.

*Acte II : Paris, avril 1983.*

Coup de balai sans précédent : quarante-sept « diplomates » soviétiques sont expulsés en quelques heures. Cette mesure unique dans l'histoire des relations entre la France et l'U.R.S.S. a été prise au plus haut niveau, par le président de la République lui-même.

Lorsque François Mitterrand a signé l'ordre d'expulsion, quelques jours auparavant, il avait sur son bureau deux dossiers distincts, mais parfaitement complémentaires, révélant comment le K.G.B. et le G.R.U. s'attaquent systématiquement aux intérêts les plus vitaux de la France.

Le premier dossier a été remis à l'Elysée par le Quai d'Orsay à la mi-janvier 1983. J'en ai divulgué le contenu dans un article du *Point* en date du 8 avril 1985. En voici l'essentiel.

Dans la nuit du 11 janvier 1983, un télex en provenance de l'ambassade de France à Moscou arrive au ministère des Relations extérieures. Seuls le directeur de cabinet du ministre, et le ministre lui-même, à l'époque Claude Cheysson, en prennent connaissance avant de le remettre au président. Ce télex avertit Paris de l'incroyable découverte faite le jour même à l'ambassade de France par le responsable du chiffre (codage). Signé de Jean-Pierre Masset, premier conseiller à l'ambassade, le texte indique : « Aux cours de travaux de remise en état d'un télé-imprimeur[1], il est apparu que le corps du condensateur contenait un appareillage électronique complexe, vraisemblablement destiné à transmettre en clair sur le secteur électrique extérieur les informations télégraphiques. » La suite du message précise que le même appareillage électronique

1. Telex. (*N.d.A.*)

a été trouvé sur la totalité des télex que l'ambassade utilise pour ses communications avec Paris.

La nouvelle paraît incroyable : depuis l'installation du premier télé-imprimeur, en octobre 1976, jusqu'à ce 11 janvier 1983, le K.G.B. a donc pu connaître le contenu de tous les messages diplomatiques reçus et envoyés de Moscou par l'ambassade de France, y compris les plus secrets.

Les deux fils supplémentaires découverts dans les condensateurs étaient en effet directement reliés au secteur électrique. Le fil d'alimentation des télex servait alors de « courant porteur » vers l'extérieur, pour transmettre les textes au siège du K.G.B. à Moscou. Le système fonctionnait exactement comme une « bretelle » pour les écoutes téléphoniques. Le branchement effectué à partir du condensateur a permis de capter les télex avant le chiffrement (codage), en principe inviolable. Le S.R. soviétique a ainsi pu recevoir les textes en clair.

Le K.G.B. doit cette prouesse technique moins à ses capacités qu'aux négligences des services de sécurité du ministère des Relations extérieures.

Première négligence : les six appareils ont été expédiés de Paris entre octobre 1976 et février 1977 par chemin de fer, dans ce qu'on appelle des « wagons valises », utilisés par les ambassades pour le transit de l'équipement lourd et volumineux. Ces télex, qui n'étaient accompagnés d'aucun personnel français, ont transité quarante-huit heures sur le territoire soviétique sans protection. Le K.G.B. en a profité pour ouvrir discrètement les caisses (scellées), démonter les condensateurs d'origine afin de les remplacer par d'autres munis d'un discret appareillage électronique.

Deuxième négligence : ni au moment de l'installation, ni au cours de leur exploitation, les services compétents de l'ambassade à Moscou n'ont eu la curiosité de soulever le capot qui protège le corps des appareils pour regarder de plus près leur mécanisme. Il a fallu attendre que l'un des télex tombe en panne pour que soit effectuée cette simple manipulation, et qu'on découvre enfin le piège.

Ayant pris connaissance de ce dossier du Quai d'Orsay, François Mitterrand décide de sanctionner l'U.R.S.S. pour ce viol inadmissible de la correspondance diplomatique. Il dispose d'une arme redoutable : le dossier « Farewell ». La D.S.T. est chargée de lui en préparer une synthèse et de proposer une liste d'officiers du K.G.B. et du G.R.U. particulièrement actifs sur le territoire français. A la mi-mars 1983, le nouveau directeur du contre-espionnage, Yves Bonnet, apporte le dossier au président. Mitterrand choisit lui même les quarante-sept « diplomates » à expulser dans la centaine de noms qui lui sont soumis. Parmi eux figurent le « Résident » (Nicolaï Tchetverikov), son adjoint (G. Korepanov), les responsables de la « ligne N », chargée des « illégaux » (Youri Bykov); de la « ligne X », espionnage scientifique et technologique (Youri Zevakine); et de la « ligne P.R. », espionnage politique (Vitati Ioudenko).

Au total, quinze « diplomates » expulsés appartiennent à la « ligne P.R. », douze à la « ligne X » et cinq au G.R.U. Le Quai d'Orsay avertit l'ambassade d'U.R.S.S. Dans les bureaux du ministère des Relations extérieures le représentant de l'ambassade soviétique veut protester, dénoncer ce « coup bas à l'amitié traditionnelle » entre Moscou et Paris. On lui met sous les yeux un document, un seul, provenant du dossier « Farewell ». Le Soviétique blêmit. Il repart penaud.

Le Kremlin, à l'époque dirigé par Youri Andropov, ancien chef du K.G.B., a parfaitement compris le message. D'ailleurs, aucun Français n'a été expulsé de Moscou en représailles. « Je ne voudrais pas que la faute, pour cette provocation grossière contre les Soviétiques, soit imputée aux socialistes français, et, à plus forte raison, aux communistes[1] », répond quelques jours plus tard le numéro un soviétique à l'hebdomadaire allemand *Der Spiegel* qui s'étonnait de cette absence de réaction. En fait, Andropov sait très bien que Paris détient, avec le dossier « Farewell », de quoi porter des coups décisifs au K.G.B. et au G.R.U.

En cette année 1983, cent quarante-huit « diplomates » soviétiques sont expulsés dans le monde entier, dont quatre-vingt-huit en Europe et aux Etats-Unis (y compris les quarante-sept de France). Comparé au total des expulsions dans le monde en 1982 (trente-quatre), il s'agit d'une véritable « année noire » pour l'espionnage soviétique. Cette soudaine fermeté des pays occidentaux a une seule et même origine : le dossier « Farewell ».

*Acte III : Paris, décembre 1983.*

Accusé d'avoir « entretenu avec des agents d'une puissance étrangère des intelligences de nature à nuire à la situation militaire ou diplomatique de la France ou à ses intérêts économiques essentiels », Pierre Bourdiol, cinquante-six ans, est écroué à la prison de Fresnes le 1er décembre. Arrêté une semaine auparavant par la D.S.T., cet ingénieur de chez Thompson-C.S.F, prêté à la S.N.I.A.S. à partir de 1974, aurait reconnu avoir fréquenté les soviétiques depuis 1970. Il aurait eu ces contacts par conviction politique. Dans les locaux de la S.N.I.A.S., aux Mureaux, il travaillait sur différents programmes spatiaux de pointe, en particulier la fusée européenne Ariane.

Le contre-espionnage a été mis sur sa piste par le dossier « Farewell ». C'est un cas parmi d'autres. La D.S.T. a décidé de le régler sans attendre, pour des raisons d'opportunité.

1. Alors au gouvernement (*N.d.A.*)

*Acte IV : Bonn, octobre 1984.*

Manfred Rotsch, soixante ans, ingénieur en chef au département prévision de Messerschmitt-Böl-kow-Blohm, le plus important fabricant d'armes de R.F.A., est arrêté par le contre-espionnage ouest-allemand. Au service du K.G.B. depuis dix-sept ans, Rotsch photographiait à l'aide d'une caméra minia-ture les documents secrets et les plans de son entreprise. Il a notamment livré à la Direction T de la Première direction principale du S.R. soviétique (chargée de l'espionnage scientifique et technique) les caractéristiques du supersonique Tornado, construit conjointement par les Britanniques, les Italiens et les Allemands; les plans du missile anti-char Hot utilisé par les armées de l'O.T.A.N.; et tous les détails sur le missile sol-air Komoran.

L'importance de ses fonctions et la durée de sa trahison font de Manfred Rotsch le plus important espion découvert en R.F.A. depuis l'arrestation de Günter Guillaume, conseiller du chancelier Brandt, en avril 1974. La D.S.T. a averti Bonn de l'existence d'une « taupe » de très haut niveau chez Messer-schmitt au printemps 1983. Après dix-huit mois d'enquête l'ingénieur en chef était neutralisé. Les policiers français ont rendu un service inestimable à leurs collègues allemands grâce, une fois de plus, au dossier « Farewell ».

*Acte V : Washington, septembre 1985.*

« Plus de cinq mille projets militaires bénéficient chaque année, de façon significative, de technologie acquise à l'Ouest » affirme le secrétaire d'Etat amé-ricain à la Défense, Caspar Weinberger, le jour de la publication d'un rapport du Pentagone sur l'acqui-sition par l'U.R.S.S. de technologies occidentales à des fins militaires. Le rapport précise que l'U.R.S.S. a économisé des milliards de dollars et des années de recherche en acquérant la technologie occidentale utilisée pour la mise au point de missiles de croisière, de chasseurs sophistiqués, de radars tactiques, de la navette spatiale ou de systèmes de navigation pour satellites. « Les pays occidentaux subventionnent le renforcement de la puissance militaire soviétique », insiste Caspar Weinberger qui réclame une limitation du nombre des « diplomates » soviétiques aux Etats-Unis (neuf cent quatre-vingts contre deux cent soixante Américains en U.R.S.S.) « Je crois, ajoute-t-il, que nous devons garder à l'esprit que les Soviétiques n'envoient pas des gens dans des pays comme les Etat-Unis sans qu'ils soient entièrement équipés, parfaitement entraînés et membres du K.G.B. ou l'équivalent. »

Le danger n'est pas nouveau mais, comme le reconnaît le secrétaire d'Etat, « nous n'avons mesuré que récemment l'ampleur de la collecte illégale de technologie par l'U.R.S.S. » Pour les très rares initiés, cette phrase est un coup de chapeau donné au dossier « Farewell ».

On l'aura compris, depuis maintenant presque cinq ans, les rapports Est-Ouest, plus précisément les relations entre les pays occidentaux et l'Union soviétique, ont été bouleversés par les révélations du dossier « Farewell ».

Pour la première fois, les nations démocratiques ont pu mesurer l'importance réelle des besoins, des possibilités, et des plans d'action des services de renseignement (au sens large du terme) de l'U.R.S.S.

« *Farewell* » *représente donc une avancée décisive dans la connaissance des visées soviétiques en Occident et une victoire spectaculaire du monde occidental contre le gigantesque pillage scientifique et technologique auquel s'adonne l'U.R.S.S. depuis toujours.*

Il n'est pas exagéré de dire que dans l'histoire de la lutte contre l'espionnage soviétique, il y a désormais un avant et un après « Farewell ».

C'est tout à l'honneur de la D.S.T. d'avoir été, dès

1981, le maître d'œuvre de ce dossier resté jusqu'à présent secret. On se souvient, pourtant, des attaques dont ce service était à ce moment précis la cible. C'est la même D.S.T., dénoncée après mai 1981 comme une institution dangereuse – et dont certains souhaitaient la suppression – qui, en fait, a apporté aux nouveaux dirigeants un remarquable instrument de prestige vis-à-vis du reste du camp occidental. Grâce à la D.S.T., le pouvoir socialiste a en effet eu immédiatement à sa disposition des atouts décisifs pour renforcer ses positions face à Washington, voire pour établir une collaboration privilégiée avec les Etats-Unis au sein de l'Alliance atlantique.

A l'origine, le nom même de « Farewell » devait être ignoré du public. Seule une poignée d'hommes en France, et les principaux dirigeants des pays occidentaux, connaissaient ce code, et surtout ce qu'il recouvrait. Puis, courant 1985, quelques bribes du dossier ont été sciemment diffusées dans la presse française (*Le Monde* du 30 mars et *Le Point* du 8 avril), sans en dévoiler l'essentiel, c'est-à-dire l'ampleur des révélations apportées par « Farewell » à l'Occident. Ces fuites ont été orchestrées en haut lieu, sans doute pour mieux masquer une nouvelle affaire importante qui pourrait, cette fois, trouver sa source au cœur des sphères dirigeantes du P.C. soviétique. Mais ceci est une autre histoire, dont il n'est pas encore temps de parler.

Le dossier « Farewell » a été ouvert par la D.S.T. un jour de printemps 1981, par le plus grand des hasards. Ce jour-là, un homme de nationalité française dépose deux lettres au 11 de la rue des Saussaies, à l'époque siège du contre-espionnage. Dans la première lettre, le Français explique qu'un ami soviétique lui a remis à Moscou, il y a deux mois, une missive pour la D.S.T. Il ignore ce qu'elle contient mais s'excuse d'avoir longtemps hésité à la faire sortir d'U.R.S.S. de crainte d'être pris, et de risquer la prison ou le camp. Sans connaître le travail exact de son ami il précise toutefois qu'il appartient à la haute hiérarchie de l'appareil d'État soviétique.

La seconde lettre est également écrite en français. Son auteur n'indique pas ses fonctions exactes. Il prétend avoir été en poste à l'ambassade d'U.R.S.S. à Paris dans les années 1960. Il se dit prêt à rendre service à la France. Le ton est neutre. Le Soviétique ne fournit aucune explication pour justifier son geste qui, au regard de la loi de son pays, peut lui valoir le peloton d'exécution. La lettre est signée de son nom, patronyme compris (aujourd'hui encore, il est préférable de ne pas divulguer sa véritable identité).

Un provocateur? Un illuminé? Une rapide recherche dans les archives du service corrobore ses déclarations. Il a bien occupé un poste diplomatique à Paris dans les années 1960. Sur sa fiche un commentaire de l'époque indique qu'il a été approché et qu'il a manifesté des sentiments francophiles. Son rappel à Moscou s'est fait avant que sa manipulation ne commence.

Près de quinze ans plus tard, le voilà qui se rappelle au bon souvenir du contre-espionnage français. De sa propre initiative. C'est à la fois trop beau pour être vrai et un coup de chance incroyable. S'il s'agit d'une provocation, la D.S.T. risque d'être entraînée sur la pente fatale de l'intoxication. Une méthode qu'affectionnent particulièrement les Soviétiques pour paralyser les services occidentaux. En même temps, ne pas répondre à ce premier contact, ne pas mordre à l'hameçon, constituerait une grave faute. Une occasion pareille ne se présente pas tous les jours.

L'affaire semble en fin de compte suffisamment sérieuse pour qu'elle soit prise en main par deux membres de la direction de la D.S.T. avec des procédures de sécurité exceptionnelles. Ils donnent à l'opération le nom de code « Farewell » sans savoir, à l'origine, qu'ils amorçent la plus importante entreprise de pénétration jamais effectuée au cœur du S.R. soviétique.

Comme pour une partie de poker, le contre-espionnage français demande tout d'abord à voir. Le Français qui a transmis la lettre de Moscou est contacté. On lui demande de servir d'intermédiaire. Il accepte malgré les très graves risques encourus (en récompense de ses services, il recevra la Légion d'honneur). Quelques semaines plus tard, il revient d'Union soviétique avec un premier lot de documents.

A ce moment-là, et seulement à ce moment-là, la direction de la D.S.T. prend vraiment conscience de l'importance de « Farewell ». Il n'est plus question de confier à un amateur le rôle de courrier. L'affaire est prise en main à Moscou par un professionnel de haut niveau.

Sur la manipulation de « Farewell », on ne peut révéler que très peu d'informations : inutile de fournir des détails utiles au S.R. soviétique qui enquête aujourd'hui encore sur cette affaire.

Pour en comprendre l'enjeu, il nous faut d'abord situer le niveau auquel opérait « Farewell ». Officier supérieur de la Direction T de la Première direction principale du K.G.B, il travaillait au « Centre », au quartier général du S.R. à Moscou, la Loubianka. « Farewell » avait accès à *tous les dossiers* de l'espionnage scientifique et technologique dont s'occupe la Direction T. Il en connaissait non seulement le fonctionnement complet mais aussi tous les officiers qui y travaillent (à Moscou et dans les « Résidences » du monde entier), et, plus important encore, l'identité des « sources », en d'autres termes le nom des agents occidentaux travaillant pour les Soviétiques.

A un tel niveau de connaissances ultra-secrètes, il est strictement interdit à un officier de sortir d'U.R.S.S. Le K.G.B. y veille pour empêcher des fuites (ou des défections) qui pourraient lui être fatales. Ce détail a son importance. Si « Farewell » ne pouvait quitter le territoire soviétique il fallait donc aller à lui, à Moscou. Les risques d'une telle manipulation sont évidemment énormes. Ils ont été pris.

Du printemps 1981 à l'automne 1982, soit pendant dix-huit mois, « Farewell » a livré environ quatre mille documents très secrets à la D.S.T. En fait, les plus secrets jamais parvenus à l'Ouest. La qualité des informations qu'il a fournies en font, jusqu'à ce jour, la plus importante « taupe » recrutée par un service occidental au sein de l'appareil d'espionnage soviétique. Son cas ne peut même pas être comparé à celui du colonel Oleg Penkovsky qui, appartenant au G.R.U., ne pouvait pas avoir accès à un éventail d'informations aussi large que lui.

Pourquoi cet officier supérieur du K.G.B., membre de la Nomenklatura, a-t-il agi ainsi et pris de tels risques?

« Farewell » n'a jamais rien demandé à la D.S.T. en échange de ses informations. Il a simplement souhaité que la France lui assure de quoi vivre décemment s'il parvenait un jour à sortir d'U.R.S.S. Quant à ses motivations, il ne s'en est pas vraiment ouvert lors des rares rencontres clandestines qui ont été organisées avec lui. La nostalgie de la France? Après son séjour à Paris, il a postulé pour différents postes à l'étranger, sans les obtenir. Puis, dès qu'il a appartenu à la très haute hiérarchie du K.G.B., tout espoir de quitter l'U.R.S.S. s'est évanoui. En même temps, il a commencé à apprécier l'ampleur du travail de sape entrepris par le S.R. en Occident, y compris en France, à laquelle il demeurait très attaché. Le doute s'est incrusté en lui : sur le bien-fondé de son travail, les options politiques de son pays, en un mot sur le communisme.

Pour lui, le choix devient déchirant : doit-il continuer à œuvrer pour une cause qu'il exècre de plus en plus ou faut-il basculer dans l'autre camp? Il choisit la seconde alternative. La plus difficile.

« Farewell » a dû faire preuve d'une grande force de caractère. Tous les professionnels du renseignement le disent : il est psychologiquement éprouvant d'être une « taupe ». Le double jeu requiert des nerfs d'acier pour ne pas éveiller les soupçons de son service. Or « Farewell » était seul, désespérément seul. « Il faisait la guerre en solitaire », explique un spécialiste du contre-espionnage français.

A la différence d'Oleg Penkovsky, arrêté en octobre 1962 à Moscou et exécuté en mai 1963, « Farewell » n'a jamais été découvert, de son vivant, par le K.G.B. Il a brusquement cessé de donner de ses nouvelles au lendemain de la mort de Leonid Brejnev et de l'accession au pouvoir de Youri Andropov, en novembre 1982. La D.S.T. ne s'en est pas inquiétée tout de suite. Pour des raisons de sécurité, l'initiative des contacts avait été laissée à sa discrétion. Début 1983, le contre-espionnage français a acquis la conviction que « Farewell » ne donnera plus jamais signe de vie.

Que s'est-il passé?

La fin de « Farewell » n'a rien à voir avec sa manipulation. La D.S.T. n'a commis aucune erreur, le K.G.B. n'a jamais eu vent de sa « trahison ». « Farewell » a pourtant disparu, pour une raison stupide selon toute vraisemblance.

Dans les derniers mois de 1982, la rumeur moscovite s'est faite l'écho d'un bien curieux fait divers : un officier supérieur du K.G.B. aurait été condamné pour meurtre. Selon certaines sources, cet officier aurait été compromis dans une histoire de mœurs lors d'une enquête de la milice. Quelques jours plus tard, il aurait assassiné l'un des policiers qui voulait faire un rapport sur ce « scandale ». Dénoncé, son cas aurait été tranché au plus haut niveau du K.G.B. et du parti. Il aurait subi un châtiment exemplaire.

Aucun nom n'a jamais été prononcé dans cette affaire. Pour le contre-espionnage français, cet officier supérieur est « Farewell », comme le laisse penser la concordance entre sa disparition et ce « scandale ».

Quel que soit le sort qu'il a connu, ce que la France et tous les pays occidentaux lui doivent est inestimable. « Farewell » mérite, sans aucun doute, de figurer parmi les grands noms de l'histoire secrète de ce siècle, au même titre qu'un Richard Sorge, par exemple, que l'U.R.S.S. a d'ailleurs récemment honoré en lui édifiant une statue.

Pour résumer ce qu'il a livré à l'Ouest, les spécialistes parlent volontiers de « l'ordre de bataille soviétique sur le front scientifique et technologique ». Cette phraséologie militaire correspond parfaitement à la réalité. L'U.R.S.S. mène une véritable guerre contre l'Occident pour se procurer tout ce que son économie est incapable de produire, dans le but de pallier, par l'espionnage et le pillage, la faillite du système communiste.

Cet « ordre de bataille » comprend :

– La liste complète, détaillée de toutes les organisations engagées sur ce front, et les relations entre elles. Aucun service occidental n'avait réussi auparavant à établir avec une telle précision la complexité et l'ampleur de ce dispositif.

– Les plans, leurs réalisations et les économies effectuées, chaque année, dans toutes les branches de l'industrie militaire, grâce à l'acquisition illégale des techniques étrangères. Ces stupéfiants bilans, écrits dans le plus pur style bureaucratique, ont permis pour la première fois de mesurer la variété des méthodes employées et l'étendue du pillage soviétique.

– La liste de tous les officiers du K.G.B. dans le monde, membres de la « ligne X », chargée pour le compte de la Direction T de l'espionnage scientifique et technologique.

– L'identité des principaux agents recrutés par les officiers de la « ligne X » dans une dizaine de pays occidentaux, dont les Etats-Unis, la R.F.A. et la France.

« Farewell » puisait ses renseignements aux meilleures sources. Les documents qu'il a fait parvenir étaient tous frappés du sceau « Soverchenno Sekretno » – l'équivalent de « Top secret » en U.R.S.S. – dont chaque copie est numérotée. Celles fournies par « Farewell » portaient le N° 1. Elles venaient donc du bureau du responsable de la Direction T. Plusieurs dossiers étaient également annotés et signés personnellement par Youri Andropov, à l'époque chef du K.G.B. Un document portait des indications manuscrites de Leonid Brejnev, secrétaire général du parti et chef de l'Etat.

« Farewell » apportait ainsi la preuve – irréfutable – que le renseignement, le vol, sont en U.R.S.S. des méthodes de gouvernement ordonnées et cautionnées par les plus hautes instances du régime.

Entrons maintenant dans les détails de ce dossier.

1. *Le dispositif (Voir l'organigramme p. 418).*
Dans cet organigramme, reconstitué pour la première fois avec précision grâce à « Farewell », le rôle central revient à la Commission pour l'industrie militaire, la V.P.K. Présidée depuis novembre 1985 par Youri Maslioukov (qui a remplacé Leonid Smirnov à ce poste depuis 1963), la V.P.K. est chargée à la fois : a) de rassembler les demandes des différents ministères liés à l'industrie de guerre; b) d'établir à la suite de ces demandes un plan de renseignement annuel; c) de diffuser ce plan aux différents organes de recherche (K.G.B., G.R.U., S.R. de l'Est, etc); d) de collecter ce qui a été

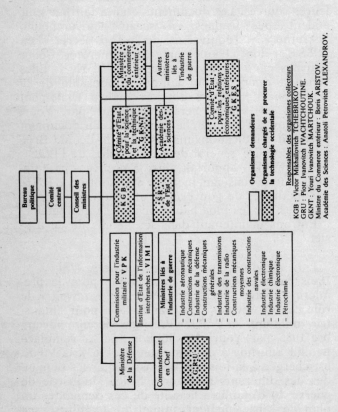

Organismes demandeurs

Organismes chargés de se procurer
la technologie occidentale

Responsables des organismes collecteurs

KGB : Victor Mikhaïlovitch TCHEBRIKOV.
GRU : Piotr Ivanovitch IVACHTCHOUTINE.
GKNT : Youri Ivanovitch MARTCHOUK.
Ministre du Commerce extérieur : Boris ARISTOV.
Académie des Sciences : Anatoli Petrovitch ALEXANDROV.

obtenu par le vol et l'espionnage dans l'année par ces services; e) de faire un bilan chiffré des économies ainsi réalisées dans la recherche et la production.

Officiellement, la V.P.K. ne se réunit qu'une fois par an pour recenser les besoins de l'industrie militaire et établir le plan de renseignement. En réalité, elle suit toute l'année la réalisation de ce plan, secondée par l'Institut d'Etat de l'information interbranches, la V.I.M.I., sorte de courroie de transmission entre les industries et les organes de recherche.

Ce système, en apparence très bureaucratique, fonctionne avec une redoutable efficacité. L'information circule fort bien de haut en bas de la hiérarchie, et vice versa, sous l'autorité suprême du bureau politique et du comité central du parti. Le plan de renseignement annuel, par exemple, est supervisé par le secrétaire général du parti avant d'être réparti dans les différents organes de recherche.

Pour le K.G.B., c'est la Direction T de la Première direction principale qui a pour mission de se procurer les « fournitures d'information spéciale » (selon le jargon soviétique) recensées par le plan. Cette Direction s'occupe notamment de la recherche nucléaire, des missiles, de la recherche spatiale, de la cybernétique et de la technologie industrielle en général. Elle travaille en étroite collaboration avec les S.R. de l'Est par l'intermédiaire de la Section D qui centralise toutes les « fournitures d'information spéciale » en provenance des « pays frères ». Ces S.R. sont souvent plus efficaces que le K.G.B. et le G.R.U. réunis. Leurs officiers de renseignement paraissent, à tort, moins dangereux que les Soviétiques : ils ne sont pas surveillés avec la même attention par les services de contre-espionnage; ils bénéficient dans les pays occidentaux d'une plus grande liberté de mouvement que les « diplomates » soviétiques astreints à des limites territoriales (comme le sont tous les étrangers en U.R.S.S.); et ils profitent des bons rapports commerciaux et culturels entre l'Europe occidentale et orientale pour espionner.

La Direction T du K.G.B. envoie dans chaque « Résidence » le plan de renseignement. Sur place, les officiers de la « ligne X » sont chargés d'en remplir les objectifs. Ce plan est soigneusement protégé à l'intérieur de chaque ambassade. Il ressemble à un gros livre, en papier spécial épais. Les feuilles sont cousues pour empêcher qu'elles puissent être détachées. Une double numérotation des pages apporte une protection supplémentaire. Pour le consulter tout officier (y compris le « Résident ») doit signer des bordereaux spéciaux qui justifient sa démarche.

De son côté, le G.R.U. dispose de « sections opérationnelles », notamment une « section du renseignement scientifique et technique » chargée d'obtenir des informations scientifiques à application militaire. A l'étranger, les officiers du G.R.U. sont sous les ordres de leur propre « Résident ». Moins nombreux que les officiers du K.G.B., ils opèrent comme eux sous couverture diplomatique. Ils usent aussi volontiers de la mission commerciale.

Les autres départements acquéreurs agissent le plus souvent par la voie officielle :

● Le Comité d'Etat pour la science et la technique (G.K.N.T.) entretient des relations scientifiques avec les pays étrangers dans le cadre de programmes de coopération signés entre instituts de recherches occidentaux et soviétiques, ou entre gouvernements. Le « département des relations avec l'étranger » du G.K.N.T. est d'ailleurs composé d'un grand nombre d'officiers du K.G.B. et du G.R.U.

● L'Académie des sciences, chargée de la recherche fondamentalc (mathématiques, physique, biologie, etc.) et de la recherche scientifique, dispose elle aussi de « canaux spéciaux » pour piller les connaissances occidentales dans ces domaines.

● Le ministère du Commerce extérieur doit obtenir certaines technologies en passant des accords commerciaux officiels à travers deux sections : a) « les relations commerciales avec les pays occidentaux »; b) « l'importation de machines et matériels en provenance des pays capitalistes ». Le ministère a mis en place un réseau de représentations commerciales, de sociétés mixtes et de centrales d'achat pour acquérir la technologie occidentale nécessaire à l'économie soviétique.

● Enfin, le Comité d'Etat pour les relations économiques extérieures (G.K.E.S.), qui dépend du ministère du Commerce extérieur, cherche à obtenir du matériel par la « voie officielle » en utilisant des centrales d'achat directement placées sous sa tutelle.

Le bilan annuel du plan de renseignement édité par la V.P.K. pour le Bureau politique et le Comité central du parti fait apparaître qu'en 1980 le K.G.B. a rempli 42 p. 100 des demandes; le G.R.U., 30 p. 100 (mais 45 p. 100 pour la documentation et le matériel proprement militaires); le ministère du Commerce extérieur, 5 p. 100; le G.K.N.T., le G.K.E.S. et l'Académie des sciences, 3 p. 100.

Chaque année, la V.P.K. dispose d'un « fonds spécial » d'environ douze milliards de francs pour financer des opérations ponctuelles de renseignement sur des techniques occidentales qui intéressent directement l'industrie militaire. Ces fonds sont bien sûr alloués au détriment d'autres branches de la production.

Le dossier « Farewell » a donc permis de mieux comprendre la nature même du système soviétique : la suprématie absolue du secteur militaire dans tous les domaines.

On le constate dans la structure économique du pays où industries civile et militaire sont parfaitement imbriquées. Chaque institut, chaque laboratoire, chaque usine dispose d'un département (appelé « 1re section ») qui écrème le meilleur de la recherche et de la production nationales pour le compte de l'armée.

C'est vrai aussi pour le commerce extérieur. La moindre technologie occidentale acquise est systématiquement transformée à des fins militaires. Ainsi tout échange commercial avec l'U.R.S.S. profite en premier lieu à son potentiel de guerre.

On s'en aperçoit enfin dans le domaine spécifique de l'espionnage. La place et le rôle de la V.P.K., dans le dispositif que nous venons de voir, démontrent que les militaires soviétiques ont un droit de préemption total sur l'ensemble du renseignement scientifique, technique et technologique.

2. *La méthode.*

Rien n'est fait au hasard. Le plan de renseignement annuel de la V.P.K. est établi avec une rigoureuse précision comme l'ont montré les documents livrés par « Farewell ». Chaque demande est accompagnée des caractéristiques techniques, du numéro de série, du nom de la firme et des endroits où l'on peut se procurer le matériel commandé par tel ou tel ministère. Ces détails ont été recueillis grâce, en amont, à une collecte systématique, à grande échelle, des renseignements nécessaires.

Cette phase d' « accumulation des connaissances », pour paraphraser un célèbre aphorisme de Marx, repose essentiellement sur la documentation ouverte (prospectus, échantillons, etc.) que le K.G.B., le G.R.U., les scientifiques, les représentations commerciales soviétiques peuvent se procurer, la plupart du temps, légalement. Dans ces bilans, la V.P.K. précise que 90 p. 100 des cent mille documents qu'acquièrent tous les ans ces organismes collecteurs ne sont pas secrets.

Chaque année, par exemple, le Comité d'Etat pour la science et la technique, le G.K.N.T., se procure un million et demi de revues scientifiques occidentales. Elles sont toutes épluchées avec soin. Parmi elles, l'hebdomadaire américain *Aviation week and space technology* semble être très prisé par les scientifiques soviétiques. Des dizaines d'exemplaires partent chaque semaine des Etats-Unis par les avions de l'Aeroflot. La revue est traduite en cours de vol!

La V.P.K. recense aussi les foires et expositions où il sera possible d'obtenir de la documentation technique, dans tous les domaines. Près de trois mille cinq cents Soviétiques sont envoyés chaque année à l'étranger (deux mille aux Etats-Unis), officiellement pour favoriser les échanges scientifiques, officieusement pour faire du renseignement. Membres, pour la plupart d'entre eux, de l'Académie des sciences ou du G.K.N.T., ils effectuent des stages dans les meilleures universités occidentales (en 1980, trois cent soixante-quatorze Soviétiques ont fréquenté le fameux *Massachusetts Institute of technology*, M.I.T.) ou assistent à des congrès et conférences internationales.

L'un des documents du dossier « Farewell », provenant de la V.P.K., établit qu'entre 1979 et 1981, les Soviétiques ont participé à trente-cinq rencontres scientifiques internationales dans le seul but d'y glaner des renseignements utiles à leur industrie d'armement (sur l'espace, les radars, la micro-informatique, l'énergie solaire, etc.) Plusieurs participants étaient des officiers du K.G.B. et du G.R.U. Dans son bilan, la V.P.K. estime que les informations qu'ils ont recueillies ont permis d'économiser des millions de roubles de recherches, ou l'équivalent du travail qu'aurait dû fournir une équipe de cent scientifiques pendant trois ans.

La V.P.K. dénombre et classifie les entreprises occidentales qui peuvent approvisionner l'industrie militaire soviétique en documents et matériels. Ce classement n'a évidemment rien à voir avec celui de « Fortune ». Son critère : l'intérêt qu'offre la production de tel ou tel établissement pour l'Armée rouge. Aux Etats-Unis, le K.G.B., le G.R.U., et tous les organismes collecteurs, doivent concentrer leurs efforts sur : 1) General Electric; 2) Boeing; 3) Lockheed; 4) Rockwell International; 5) Mc Donnell Douglas; 6) Westinghouse Electric; ainsi de suite jusqu'à la trente-deuxième société, Pan American. En France, toutes les entreprises travaillant pour la Défense nationale sont visées : l'Aérospatiale, Dassault, la Snecma, Matra, Thomson, Panhard, etc.

Il est quasiment impossible aux gouvernements occidentaux d'empêcher la fuite des documents ouverts vers l'Est sans compromettre gravement la libre circulation de l'information, propre aux démocraties, et sans risquer d'entraver la concurrence entre firmes, nécessaire à l'expansion économique. Dans un régime de libre entreprise, chaque nouveau produit doit faire l'objet d'une promotion – publicitaire ou autre – pour le distinguer de ses rivaux et attirer les acheteurs potentiels. La compétition est encore plus âpre dans l'industrie d'armement où le moindre contrat se chiffre tout de suite en millions de francs. Un exemple : il suffit de se procurer le catalogue de Satory, où se déroule périodiquement une grande vente d'armes en France, pour connaître les caractéristiques essentielles de l'armement français. Ce genre d'information est très utile à la V.P.K. pour mettre au point son plan de renseignement.

Aux Etats-Unis, onze mille entreprises travaillent, de près ou de loin, pour la défense. Elles emploient plus de quatre millions de personnes. Impossible de toutes les surveiller. Idem pour les neuf cent mille Américains qui ont accès à des millions de documents confidentiels (19,6 millions pour la seule année 1984). Les fuites sont incontrôlables.

3. *Les moyens.*

Environ 15 p. 100 des objectifs du plan de recherche annuel de la V.P.K. sont remplis par les échanges commerciaux officiels, d'Etat à Etat, ou de centrales d'achat soviétiques à firmes occidentales.

Avant 1980, par exemple, les Soviétiques ont acheté légalement, aux Etats-Unis, en Allemagne de l'Ouest et au Japon, des centaines de tonnes de minerai de silicone, nécessaire à la fabrication des circuits intégrés pour les ordinateurs de la troisième génération. Depuis, un embargo a été instauré. N'empêche. L'U.R.S.S. continue à se procurer ce minerai stratégique sur le marché mondial à travers un réseau complexe de sociétés.

Plus de trois cents entreprises, installées dans une trentaine de pays, se chargent de détourner la technologie occidentale au profit de l'Union soviétique. Certaines sociétés, fictives, ont été montées par le K.G.B., le G.R.U. ou d'autres organismes collecteurs soviétiques. La plupart sont toutefois la propriété d'Occidentaux attirés par l'appât du gain, comme nous le verrons. Moscou n'hésite pas à leur payer 50 p. 100 plus cher un ordinateur perfectionné.

Pour le renseignement scientifique et technique, le K.G.B. et le G.R.U. ont recours, le plus souvent, à des agents. Serge Fabiew ou Waldimar Zolotarenko, pour ne prendre qu'eux, ont été en France des pions dans l'immense réseau planétaire mis en place par le S.R. soviétique dans le seul but de remplir les objectifs du plan de renseignement de la V.P.K.

Ce n'est pas le moindre des mérites de « Farewell » d'avoir permis aux services de contre-espionnage occidentaux d'identifier certains de ces agents, en livrant une liste de noms pour une dizaine de pays. Pierre Bourdiol en France, et Manfred Rotsch en Allemagne de l'Ouest, ont été arrêtés sur ses indications, comme nous l'avons vu. Grâce à lui, le F.B.I. a été mis sur la piste de deux Américains, William Bell et James Harper, manipulés par le S.R. polonais, agissant pour le compte des Soviétiques. Bell travaillait chez Hughes Aircraft Company. Il avait accès aux recherches les plus avancées en matière de système radar, de missiles air-air et sol-air. De 1978 à 1981, date de son arrestation, il a fait économiser à l'U.R.S.S. des dizaines de millions de roubles et lui a donné les moyens de gagner cinq ans de recherches dans ces domaines. James Harper a fait des dégâts encore plus considérables. Ingénieur électronicien, il a livré, de 1971 à 1981, des dizaines de documents ultra-secrets sur les recherches en matière de missiles balistiques intercontinentaux (I.C.B.M.).

Officier supérieur de la marine sud-africaine Dieter Gerhardt a renseigné le G.R.U., de 1964 à 1983, principalement sur les missiles anti-aériens occidentaux. Il a été également neutralisé grâce à « Farewell ».

Beaucoup d'enquêtes sont aujourd'hui toujours en cours. Bien mieux qu'un transfuge, comme Golitsine notamment, « Farewell » avait accès à la véritable identité des Occidentaux qui trahissent. Chaque personne dénoncée a été – est – l'objet d'une étroite surveillance des services de contre-espionnage occidentaux afin de prouver, sans risque d'erreur, sa trahison. Ce type d'enquête demande d'autant plus de temps que le K.G.B. et le G.R.U. ont mis en sommeil nombre de réseaux quand la « taupe » a disparu, fin 1982. Il faudra peut-être attendre cinq, voire dix ans, avant d'en finir avec ces investigations et clore ce chapitre-là du dossier « Farewell ».

Révélons tout de même que parmi les noms livrés figurent trois membres du Congrès américain, et un parlementaire ouest-allemand.

4. *Les résultats.*

« Les Soviétiques ont su, par un ratissage systématique des secteurs occidentaux à haut contenu technologique, s'approprier un certain nombre d'éléments critiques ou potentiellement critiques pour la défense du Monde Libre, ce qui constitue une érosion significative de la supériorité de l'Ouest sur l'Est et affecte de manière très défavorable notre propre sécurité », estime Henri Regnard, dans la revue *Défense nationale* (décembre 1983), en conclusion d'un article sur le renseignement scientifique soviétique.

L'auteur sait de quoi il parle. Derrière ce pseudonyme se cache l'un des deux hauts responsables du contre-espionnage français qui a traité, de bout en bout, le dossier, « Farewell ».

Henri Regnard exprime, en termes modérés, la terrible inquiétude qui s'est emparée de tous les dirigeants occidentaux quand la France les a informés.

Depuis la fin des années 1970, l'Union soviétique s'est procuré à l'Ouest trente mille appareils perfectionnés et quatre cent mille documents. Les bilans de la V.P.K., fournis par « Farewell », montrent qu'entre 1979 et 1981, cinq mille armes soviétiques ont bénéficié chaque année de la technologie occidentale. Pendant le 10e plan quinquennal (1976-1980), trois mille cinq cents demandes de « fournitures d'information spéciale » ont été satisfaites, ce qui représente 70 p. 100 des objectifs fixés. Rien que pour deux ministères, sur les douze liés directement à l'industrie de guerre (voir l'organigramme p. 418) ceux de l'industrie de la défense et l'industrie aéronautique, l'acquisition de technologie occidentale a permis à Moscou d'économiser 6,5 milliards de francs entre 1976 et 1980, ou encore l'équivalent du travail qu'auraient dû fournir cent mille chercheurs par an. A l'occasion du 11e plan (1981-1985), on sait que les demandes formulées par la V.P.K. ont augmenté de 15 p. 100.

En ce qui concerne la fabrication d'armes proprement dite, le pillage est systématique comme le prouvent quelques cas significatifs :

– Les Awacs de l'armée de l'air soviétique (avion-radar) ont été copiés sur les Awacs américains.

– Le bombardier soviétique Blackjack est la réplique du B1-B de l'U.S. Air Force.

– L'avion de transport Antonov 72, à décollage et atterrissage court, ressemble comme un frère au Boeing Y.C. 14.

– Plus de la moitié de la technologie des missiles S.S. 20, qui menacent l'Europe, a été obtenue à l'Ouest. Notamment leur système de guidage très précis.

– Le bouclier protecteur des têtes nucléaires des missiles intercontinentaux soviétiques a été mis au point à partir des recherches américaines sur la protection des vaisseaux spatiaux (bouclier thermique) pour leur entrée dans l'atmosphère.

– Toutes les expériences entreprises par l'U.R.S.S. sur les satellites tueurs et les armes à laser s'inspirent directement de la documentation et des recherches occidentales.

– Les copies du missile air-air Sidewinder et du missile anti-aérien Redeye, à guidage infra-rouge, de fabrication américaine, équipent l'Armée Rouge.

– Le dernier modèle soviétique de torpille sous-marine a été mis au point à partir de la torpille M.K. 48 de l'U.S. Navy.

Arrêtons là l'énumération.

En fait, toutes les armes soviétiques ont été construites – à des degrés divers – avec de la technologie « importée ». Ce n'est pas nouveau.

Les dirigeants occidentaux le pressentaient de longue date. En apportant des exemples concrets, « Farewell » les a néanmoins obligés à prendre conscience du danger que représente ce pillage systématique. Car, si l'U.R.S.S. s'est inspirée de telle ou telle technique pour renforcer son potentiel militaire, cela signifie aussi que son Etat-Major connaît aujourd'hui les forces et faiblesses de la plupart des armes occidentales. Du même coup, l'Armée Rouge dispose d'un avantage stratégique considérable.

On peut révéler que le dossier « Farewell » a notamment contraint les dirigeants américains à changer les codes de guidage de leurs missiles de croisière. Les Soviétiques les avaient percés à jour depuis plusieurs années. De même, on sait que les chasseurs américains F 18, équipés d'un radar de contrôle de tir perfectionné, sont aujourd'hui vulnérables. A partir des renseignements obtenus par le K.G.B. et le G.R.U. sur ce système, l'armée de l'air soviétique a mis au point des contre-mesures pour détourner les tirs. Idem pour les missiles antichars T.O.W. utilisés par l'armée américaine et l'O.T.A.N. L'Armée Rouge en connaît tous les détails. Elle peut brouiller leur système de guidage.

Informés par le dossier « Farewell », les Etats-Unis ont chiffré l'ampleur des dégâts faits par l'espionnage soviétique à leur armée : vingt milliards de dollars. C'est la somme que Washington doit aujourd'hui investir pour compenser les progrès de l'industrie de guerre soviétique dus au seul transfert de technologie occidentale. Vingt milliards de dollars : c'est l'équivalent du budget militaire de la France, cinquième puissance du monde.

« Les estimations précédentes du niveau scientifique, technique et technologique atteint par l'U.R.S.S., à la fois dans le domaine militaire et dans le secteur civil, doivent être revues en hausse, de manière sensible, à la fois quantitativement et qualitativement », précise Henri Regnard dans son article.

Prenons l'informatique, qui s'applique aussi bien au secteur civil qu'au militaire. Les bilans de la V.P.K. pour le début des années 1980 font apparaître que 42 p. 100 de la production électronique ont bénéficié de la technologie occidentale. Dans les années 1970, on estimait que l'U.R.S.S. avait de dix à quinze ans de retard sur l'Occident dans ce domaine. Actuellement, l'écart n'est plus que de trois ans. Cette progression spectaculaire ne doit rien au génie de ses informaticiens. Ils se contentent de copier méthodiquement la production occidentale. Ainsi, les puissants ordinateurs Ryad sont les répliques exactes des I.B.M. 360 et 370. Même chose pour les microprocesseurs. Le plus perfectionné, le KR580IK80A, est directement copié du 8080A fabriqué par Intel Corporation, utilisé par l'U.S. Army. Dans ce cas précis, l'U.R.S.S. a même été jusqu'à reprendre la dénomination du matériel américain : le 8080A est devenue le (KR5)80(IK)80A.

« L'évaluation des résultats obtenus par les Soviétiques en matière de recueil de renseignements scientifique, technique et technologique ne peut être faite de manière directe et précise, conclut Henri Regnard. Il est certain cependant qu'en plus des économies réalisées au niveau de la recherche scientifique, de la mise au point et des applications technologiques touchant à la Défense, les renseignements recueillis en Occident par les Soviétiques ont contribué à donner à leurs dirigeants *une estimation globale de l'état et du niveau technique des armements et des équipements militaires occidentaux.* Les Soviétiques ont également obtenu des indications précieuses sur les orientations dans le développement futur des systèmes d'armes avancés, *des possibilités et des capacités de mobilisation de l'Occident*[1]. »

---

1. Souligné par l'auteur.

Ce qui précède constitue l'essentiel du dossier « Farewell », tel que la France l'a communiqué à ses principaux alliés occidentaux. Quand ils en ont pris connaissance, certains dirigeants, comme Ronald Reagan, ont eu des sueurs froides. Ils détenaient soudain la preuve, irréfutable, que sans la technologie occidentale la puissance militaire de l'U.R.S.S. serait celle d'un pays de second ordre. Le dossier démontrait aussi l'extrême vulnérabilité des démocraties face à la pénétration soviétique, y compris pour les secrets les mieux gardés.

A la lumière de ces révélations, on comprend mieux la détérioration des rapports Est-Ouest au début de la décennie 1980. L'explication va au-delà de la guerre en Afghanistan, de la situation en Pologne, ou de la bataille pour l'installation des euromissiles (Pershing 2 et missiles de croisière, contre S.S. 20). La fermeté des pays occidentaux vis-à-vis de Moscou trouve aussi sa raison d'être dans le dossier « Farewell ». Les démocraties ont dû brusquement résoudre une question vitale pour leur survie : quelle confiance peut-on accorder à une nation qui pille, vole, espionne tout ce que son économie est incapable de produire ?

Aujourd'hui, l'interrogation demeure malgré les tentatives faites par Mikhail Gorbatchev pour charmer les Occidentaux. Les dirigeants occidentaux peuvent difficilement concevoir leurs relations avec l'U.R.S.S. de la même façon qu'hier. Il faudra sans doute du temps pour que les mirages de la « détente » opèrent à nouveau, comme le Kremlin le souhaite si ardemment.


Si Youri Andropov n'a pas officiellement riposté à l'expulsion des quarante-sept « diplomates » soviétiques – grâce au dossier « Farewell », comme nous l'avons vu – il a souhaité, en sous-main, faire payer à la France ce coup de maître. La « guerre de l'ombre » a repris de plus belle dès la disparition de la « taupe ». Le K.G.B. a été mobilisé.

Coïncidence? Dans le même temps commençait à Paris une magnifique « opération d'intoxication » qui a bien failli paralyser le contre-espionnage et, surtout, introduire le mortel poison de la suspicion dans les plus hautes sphères de l'Etat français. Aucun lien n'a pu être clairement établi entre la fin de « Farewell » et cette manœuvre diabolique. Mais la concordance est pour le moins troublante. L'opération a été à deux doigts de réussir. Son succès aurait eu des conséquences incalculables pour le gouvernement. La voici pour la première fois révélée.

Tout a commencé comme un banal fait divers, une dizaine de jours après que « Farewell » eut cessé les contacts. A l'époque, la D.S.T. ignorait encore qu'il ne donnerait plus jamais signe de vie.

Un matin de novembre 1982, donc, un homme d'une quarantaine d'années se présente dans un magasin de fourrures de la rue Saint-Honoré, à Paris. Son anglais approximatif laisse trahir un fort accent russe. L'homme, que nous appellerons Vladimir Rostov, achète deux manteaux pour quarante mille francs. Au moment de payer, il sort une carte de crédit de son portefeuille. Il semble embarrassé : il vient de s'apercevoir qu'il n'a pas d'argent sur lui. Comble d'infortune, il n'aura pas le temps de passer à la banque dans la journée, dit-il. Si on pouvait lui facturer ses achats pour quarante-cinq mille francs et verser la différence en liquide, cela le dépannerait. La gérante n'a pas les cinq mille francs nécessaires en caisse. Elle lui conseille de revenir en fin d'après-midi. Il s'en va, non sans avoir laissé le numéro de sa carte de crédit. Première erreur.

Vladimir Rostov en commet une seconde en repassant le soir, dans l'espoir d'obtenir les cinq mille francs. Entre-temps, le magasin s'est renseigné sur son cas. La carte de crédit, émise par une maison d'éditions aux Etats-Unis, n'est plus honorée depuis quarante-huit heures. Ce que, probablement, Rostov ignorait. Aurait-il, sinon, commis l'imprudence de revenir? A moins qu'il n'ait tout calculé pour la suite de l'opération. C'est peu vraisemblable.

La gérante a prévenu la police. Rostov est arrêté pour escroquerie et transféré, le jour suivant, à la prison de Fresnes.

C'est là que tout va se nouer.

Il se présente : émigré soviétique, réfugié aux Etats-Unis. Il est venu en France pour fonder une revue internationale de droit comparé avec des fonds américains. Soit. Les policiers dressent l'oreille lorsqu'il prétend être en mesure de faire des révélations très importantes sur l'espionnage soviétique. Ils l'écoutent, d'abord sceptiques. Rostov insiste. On lui demande des preuves, des faits. Il n'en parlera qu'à des spécialistes. La D.S.T. est prévenue. A partir de cet instant, l'affaire va prendre une tout autre ampleur, et une bien mauvaise tournure.

Du fond de sa cellule, Rostov passe aux aveux, devant des policiers du contre-espionnage qui notent scrupuleusement sa confession. Il s'est enfui d'Union soviétique au printemps 1981, clandestinement, par la Turquie. Rien de plus facile : il a été pendant des années lieutenant du K.G.B., à la Direction principale des gardes-frontières. Il a travaillé à Vladivostok, puis le long de la frontière avec la Turquie, précisément. Il connaît l'endroit comme sa poche, les heures de patrouille, les passages, etc. Rostov est convaincant. Il a d'ailleurs raconté la même histoire aux Américains qui l'ont récupéré après sa fuite. « Débriefé » au siège de la C.I.A., à Langley, près de Washington, il a prétendu avoir quitté le K.G.B. quelques années auparavant. Il aurait ensuite fait des études de droit pour devenir avocat. Ses ennuis avec le régime auraient commencé le jour où il a voulu défendre un dissident.

Un lieutenant du K.G.B. transformé en défenseur des opprimés? La ficelle a paru un peu grosse aux Américains. Après l'avoir gardé quelques semaines, la C.I.A. s'en est débarrassée. Elle n'en a pas gardé une très bonne opinion. C'est ce qu'apprend la D.S.T. lorsqu'elle se renseigne à Washington.

Malgré ce passé douteux, le contre-espionnage français va s'accrocher au cas Rostov. Pourquoi? Nul ne le sait très bien. Certes, l'homme est attachant. Il est à la fois beau parleur, sûr de lui et sympathique. En un mot, il plaît.

La suite de son histoire est plus limpide. Après son passage à la C.I.A., il a réussi à se faire introduire dans une maison d'éditions. Il lui propose de monter une revue internationale de droit à Paris. La maison d'édition accepte, preuve qu'il a du bagout. Il débarque en France avec les fonds nécessaires. Mais au lieu de s'occuper de la revue, il se lance dans différents petits trafics, dont celui de la fourrure. Quelques mois passent. La maison d'éditions s'aperçoit de l'escroquerie. Elle lui coupe les vivres. Il se retrouve à Fresnes.

Et ces révélations sur l'espionnage soviétique? demandent les policiers. Rostov est catégorique : il connaît des officiers du K.G.B., à Moscou, qui travaillent à la 5e section de la Première direction principale, celle qui supervise les activités du S.R. en France, en Italie, en Espagne, aux Pays-Bas, en Belgique, au Luxembourg et en Irlande. Selon lui, ils sont prêts à communiquer des renseignements au contre-espionnage français. Si on lui en laisse les moyens, il s'en charge.

Recruter de nouvelles « taupes » au cœur du K.G.B., alors que « Farewell » a cessé les contacts, paraît inespéré. La D.S.T. marche dans la combine, pour voir. Rostov devient « courrier » tout en restant enfermé dans sa cellule de Fresnes! Par des canaux compliqués (inutile d'entrer dans les détails), il arrive à contacter ces fameux officiers, à

Moscou. Du moins, c'est ce qu'il prétend. Vrai ou faux? En tout cas, le contre-espionnage ne tarde pas à hériter, par retour du « courrier », d'un sacré cadeau : un microfilm caché dans la pièce évidée d'un jeu d'échecs expédié d'U.R.S.S. Rocambolesque, en apparence. La D.S.T. ne s'arrête pas à ce détail. Ce que le microfilm divulgue est bien trop stupéfiant. Apparaît en clair le nom d'un haut fonctionnaire français, identifié par les contacts de Rostov, comme agent du K.G.B. Le microfilm fournit en plus quelques indications sur sa manipulation.

On ne peut donner le nom de ce haut fonctionnaire. Disons simplement qu'au moment des faits il occupait un très haut poste au sein du gouvernement socialiste. Si l'enquête confirmait son rôle d'agent du K.G.B., alors l'ensemble du dispositif militaire français n'avait plus de secrets pour Moscou.

A la D.S.T., l'inquiétude règne. Une « cellule de crise » est immédiatement constituée. Une équipe restreinte de trois ou quatre policiers prend en charge l'affaire; des procédures de sécurité exceptionnelles sont mises en place (interdiction formelle à l'équipe de communiquer avec leurs collègues); tous les noms de l'affaire sont remplacés par des codes pour éviter les fuites.

Les premiers résultats de l'enquête sont accablants pour le haut fonctionnaire. Sa biographie fait apparaître d'étranges trous; ses origines familiales indiquent un net penchant prosoviétique; ses fréquentations sont pour le moins douteuses (proches de l'ambassade de l'U.R.S.S. à Paris); ses déclarations publiques ont toujours été ambiguës. Les soupçons se confirment chaque jour davantage. Rien ne prouve, encore, qu'il soit un espion. Pourtant, avec un tel profil, il est stupéfiant qu'il ait pu accéder au poste qu'il occupe alors. La moindre enquête de sécurité l'en aurait empêché. Seulement, et c'est là le problème, l'homme est très lié à d'importants dirigeants socialistes. C'est dans leur sillage, après le 10 mai 1981, qu'il est arrivé au gouvernement.

Au contre-espionnage, le désarroi succède à l'inquiétude. Que faire? Les preuves de sa trahison manquent. En même temps trop de doutes pèsent sur lui pour le laisser en poste. Comment prévenir le pouvoir du danger qu'il représente sans risquer de s'aliéner ses amis politiques, puissants, très puissants?

Pendant que la D.S.T. s'interroge sur la meilleure façon de neutraliser le « suspect », la filière Rostov continue d'abreuver le service. Et pas avec n'importe quoi. D'autres microfilms arrivent, par le même canal, pour dénoncer de nouveaux hauts fonctionnaires. Au total quatre autres noms d'agents sont livrés par Moscou. Parmi eux, un proche conseiller du président.

Tout cela rappelle fâcheusement l'époque Golitsine. L'Etat socialiste commence à ressembler à l'Etat gaulliste : une vraie taupinière. Devant la gravité de la situation, le contre-espionnage se doit d'avertir les plus hautes instances, François Mitterrand en personne. Le président prend connaissance de l'affaire avec circonspection malgré sa confiance en la D.S.T. qui, ne l'oublions pas, lui a apporté le dossier « Farewell » sur un plateau. Un dossier qui l'a fort bien servi pour asseoir son autorité auprès des alliés de la France.

Aucune décision n'est prise. Par chance, toutefois, le principal « suspect » doit mettre fin à ses fonctions au gouvernement, pour des raisons professionnelles. Il est muté à un autre poste, moins sensible. Quant aux autres, les recherches n'ont pas permis d'étayer aussi nettement que pour lui les renseignements venus de Moscou. Tous ont néanmoins un petit quelque chose de douteux, soit dans leur biographie, soit dans leurs fréquentations, soit encore dans leur itinéraire politique. Un petit quelque chose amplement suffisant pour entretenir la suspicion. C'est pour cette raison, essentielle, que la D.S.T. a pris l'affaire au sérieux en dépit de son origine scabreuse, via l'étrange Vladimir Rostov.

Ouvert en novembre 1982, le dossier des « taupes » au sein du gouvernement socialiste a été refermé à la fin du printemps 1985. Pendant plus de deux ans, donc, le contre-espionnage a été quasiment paralysé par cette affaire. L'Etat lui-même en a ressenti les effets. Rien de tel qu'un climat de méfiance pour empoisonner l'atmosphère politique. Par ses « révélations », Rostov y est parfaitement arrivé.

A-t-il agi seul? Difficile à imaginer. Comme nous l'avons dit, les hauts fonctionnaires dénoncés par sa filière moscovite paraissaient tous, à des degrés divers, peu sûrs. Cela ne s'invente pas. Pour semer le doute, il a donc bénéficié de complices, bien informés. D'hommes, ou d'une organisation, qui savaient d'avance que les enquêtes déboucheraient sur des indices troublants.

Avec du recul, l'affaire ressemble fort à une opération d'intoxication du K.G.B. Qu'elle coïncide, en plus, avec la disparition de « Farewell » paraît difficilement fortuit. On ne saura sans doute jamais le fin mot de l'histoire. Il semble pourtant évident que le S.R. soviétique a dû chercher (il cherche encore) par tous les moyens à faire payer son audace à la D.S.T. Dans ce cas, Rostov n'a peut-être été qu'une première riposte.

Le dossier s'est dégonflé aussi vite qu'il a pris corps. A cause d'une erreur de calcul de Rostov ou de ses commanditaires. Devant la gravité de la situation, la D.S.T. n'a pas hésité à demander conseil aux experts britanniques du M.I. 5 (contre-espionnage). Nul au monde ne connaît mieux qu'eux l'art du « débriefing ». Une équipe du M.I. 5 est donc venue à Paris entendre les confessions du Soviétique. De recoupements en recoupements, des failles sont apparues dans son histoire. Soudain, tout est devenu clair. On s'est aperçu que les « documents » venus de Moscou, dénonçant les « agents » du K.G.B., avaient été tapés sur le même type de machine à écrire que celle utilisée par Rostov pour communiquer avec ses amis officiers. Or ces machines n'existent pas en U.R.S.S. En revanche, à l'ambassade soviétique à Paris... Ainsi, les documents ne venaient pas de derrière le rideau de fer mais plus vraisemblablement du XVIᵉ arrondissement, boulevard Lannes, là où s'élève l'imposant bâtiment de la représentation diplomatique d'U.R.S.S.

Rostov n'a jamais avoué la supercherie. Il a purgé huit mois de prison pour escroquerie, à cause de sa carte de crédit sans provision. Il est ensuite retourné dans l'anonymat.


## DE SI HONNÊTES HOMMES D'AFFAIRES

Avec à ses trousses Interpol, les services de contre-espionnage américain, suédois, ouest-allemand, suisse et français, Richard Müller est aujourd'hui l'un des hommes les plus recherchés du monde depuis sa mystérieuse disparition, un jour d'octobre 1983, en Afrique du Sud. Agé de quarante-quatre ans, cet homme d'affaires allemand a été le cerveau du plus gigantesque réseau de pillage technologique jamais monté au profit de l'U.R.S.S. A son actif : au moins cent millions de dollars d'ordinateurs ultra-perfectionnés passés clandestinement à l'Est. Aujourd'hui encore, les enquêteurs en sont à débrouiller l'écheveau de ses multiples sociétés dans le monde – une soixantaine – qui lui ont permis pendant des années de se livrer à un impressionnant trafic.

Côté américain, le dossier Müller a été ouvert en 1975, lorsqu'il a précipitamment quitté les Etats-Unis avant d'être inculpé de vente illicite d'ordinateurs Honeywell à l'Union soviétique. Il réapparaît quatre ans plus tard en Allemagne de l'Ouest. Les services de douanes américains envoient à leurs homologues allemands un avis de recherche à son nom, pour « exportations illégales ». Mais sur le territoire de la République fédérale, Bonn n'a rien à reprocher à ce citoyen modèle.

A l'époque Richard Müller mène une vie tranquille. En apparence. Installé dans un modeste logement de Jesteberg, près de Hambourg, il fait quelques affaires, dans l'électronique. Un an plus tard, en 1980, le voici installé à Bendestorf, la banlieue pour millionnaires de Hambourg. Il a acheté une ferme qu'il restaure à grands frais dans le style manoir anglais du XIXᵉ siècle. Sa soudaine réussite intrigue la police ouest-allemande. Une discrète enquête ne décèle rien de suspect. A la tête d'une dizaine de petites sociétés d'électronique, basées surtout en Suisse et au Liechtenstein, il reste un honnête businessman, peut-être plus chanceux que les autres. En 1981, Müller paie ses quarante-cinq millions de francs d'impôts rubis sur l'ongle. Propriétaire de trois voitures – une Bentley, une Ferrari, une Porsche – et d'un yacht qui a appartenu au prince Rainier de Monaco, son train de vie est fastueux. Reconnu et puissant, Müller ne cache plus ses liens avec les pays socialistes. Lors des nombreuses réceptions qu'il donne dans son manoir, Soviétiques, Tchèques, Hongrois, Allemands de l'Est côtoient la *jet society* allemande.

Il faudra attendre la fin 1982 pour que les autorités fédérales découvrent le pot aux roses. Quelques mois auparavant, Müller a racheté, à travers son holding suisse Dan Control, une fabrique d'appareils musicaux au bord de la faillite. Les locaux de la société Gerland offrent l'avantage d'être installés près, tout près de la frontière est-allemande. A partir de là, il compte envoyer à l'Est les ordinateurs achetés, le plus légalement du monde, à travers ses différentes sociétés. Tout va pour le mieux jusqu'au jour où certains employés de Gerland commencent à se poser quelques questions. Trop de camions, hongrois ou tchèques, arrivent et repartent la nuit de l'entreprise sans qu'on sache ce qu'ils contiennent. Müller flaire le danger. En moins d'une semaine il liquide Gerland et disparaît, échappant une nouvelle fois à la police.

Il refait surface en Afrique du Sud où dès 1980 il a créé une société d'électronique, près du Cap, la Micro Electronic Research Institude (M.R.I.). Même scénario qu'en R.F.A. Homme d'affaires à la conduite irréprochable, les autorités sud-africaines n'ont aucun grief à lui faire. Elles ne donnent pas suite aux demandes de poursuites judiciaires formulées par les Allemands de l'Ouest et les Américains.

On sait maintenant qu'à travers la M.R.I., Müller a exporté illégalement pour au moins 7,5 millions de dollars d'ordinateurs dont des Vax 11/782 de Digital, utilisés par l'armée américaine.

C'est un incident fortuit qui va cette fois provoquer sa fuite. A la mi-octobre 1983, le contre-espionnage sud-africain arrête deux agents travaillant pour le K.G.B. : Dieter Gerhardt, commandant en second de la base navale de Simonstown, et sa femme Ruth. Ils ont été dénoncés par « Farewell », comme nous l'avons vu. Il est peu vraisemblable que Müller ait connu Gerhardt. Pourtant, son arrestation correspond à la disparition de l'homme d'affaires. Une coïncidence qui oblige les enquêteurs à regarder son cas sous un autre jour. Non content d'être le plus important trafiquant de haute technologie jamais détecté, Müller n'est-il pas en même temps un espion au service des Soviétiques?

Depuis sa mystérieuse disparition, un fait nouveau est venu renforcer cette hypothèse. Sur des ordinateurs envoyés clandestinement d'Afrique du Sud par la M.R.I. et saisis par la police suédoise juste avant d'être embarqués par bateau pour l'U.R.S.S., on a découvert des programmes de données sur l'avion de combat européen Tornado. Les services de contre-espionnage américains, ouest-allemands, suédois et français (il aurait eu des complices à Paris) se sont immédiatement emparés de l'enquête. Ils cherchent à savoir si, durant son séjour en R.F.A., Richard Müller n'a pas eu des contacts avec Manfred Rotsch, la « taupe » du K.G.B. qui travaillait chez Messerschmitt (l'une des entreprises européennes où se construit le Tornado) jusqu'à son arrestation en octobre 1984.

Müller reste aujourd'hui introuvable. Il s'est, semble-t-il, réfugié de l'autre côté du rideau de fer, dans l'appartement qu'il a acheté en Hongrie, à Budapest. A moins qu'il ne se soit refait un visage, comme le prétendent certaines sources, et qu'il poursuive ses fructueuses affaires, toujours au profit de l'U.R.S.S., sous une autre identité.

A voir ses prouesses, tous les autres Occidentaux recrutés par les Soviétiques pour se procurer clandestinement de la haute technologie (les « techno-bandits » selon le terme américain) font figures d'aimables amateurs comme en témoignent quelques affaires récentes :

● Le 18 mai 1981, le F.B.I. arrête à l'aéroport John F. Kennedy de New York, un homme d'affaires belge de trente-deux ans, Marc-André De Geyter, au moment où il remet un chèque de cinq mille dollars en échange d'un programme d'ordinateur ultra-sophistiqué mis au point par la société Software AG, en Virginie. De Geyter était entré en contact avec un informaticien de cette société en mai 1979 pour acheter illégalement le programme Adabas, une banque de données très performante (deux cent mille instructions). L'informaticien en a rendu compte à sa direction, la direction au F.B.I. Se faisant passer pour un cadre de la Software AG, un agent du contre-espionnage américain a poursuivi les négociations avec le Belge, le temps de découvrir ses liens avec les Soviétiques. Au lendemain de son arrestation, le F.B.I. s'aperçoit que le chèque destiné à acheter le programme n'était pas approvisionné. Il n'y avait que huit cents dollars sur le compte en banque de De Geyter...

● La nouvelle a été rendue publique le 9 mai 1985, par l'agence de presse Reuter : Werner J. Bruchhausen venait d'être arrêté par la police britannique au moment d'entrer en Grande-Bretagne avec un faux passeport. Dans les milieux qui suivent de près les détournements de technologie au profit de l'U.R.S.S., l'information a fait l'effet d'une bombe. Recherché depuis cinq ans, ce citoyen ouest-allemand de trente-sept ans a permis aux Soviétiques de se procurer une usine complète pour fabriquer des circuits intégrés. Le coût total est estimé à dix millions de dollars. Bruchhausen a mis en place, de 1977 à 1980, une quinzaine de sociétés aux Etats-Unis et en Europe pour fournir à Moscou les appareillages nécessaires à l'installation de l'usine. Pour obtenir ce matériel, le K.G.B. lui a fourni des fonds illimités. Secondé par Anatoli Maluta, un Russe naturalisé américain, responsable de la California Technology Corporation (C.T.C.), Bruchhausen a effectué plus de trois cents envois de matériels interdits à l'exportation, au nez et à la barbe des douanes américaines.

● Sans les scrupules de la Perkin-Elmer, une société d'informatique du Connecticut (Etats-Unis), la filière montée par le Suisse Pierre-André Randin et le Français Joseph Lousky, au profit de la Tchécoslovaquie, n'aurait peut-être jamais été découverte. L'affaire commence dans le courant de l'été 1982. La Favag S.A., une entreprise suisse de Neuchâtel, filiale du holding Hasler de Berne, commande deux micro-aligneurs à la Perkin-Elmer. Les autorités américaines accordent sans problème le visa d'exportation. En août, les deux machines (huit millions de francs pièce) prennent l'avion pour Zurich où elles n'arrivent jamais. La société américaine s'inquiète. Une enquête est ouverte. Elle va permettre de démanteler un an plus tard un réseau de sociétés en Suisse, au Liechtenstein et en France, spécialisées dans l'exportation illégale vers l'Est. La Favag S.A. dégage rapidement sa responsabilité : « Nous avons revendu les micro-aligneurs à la compagnie Eler de Genève, déclare l'un de ses directeurs. C'est régulier, il s'agit d'une transaction commerciale normale. » Les enquêteurs s'aperçoivent que la Eler Engeneering S.A. de Genève a été créée le 29 juillet 1981 par un ancien cadre de la Favag S.A., Pierre-André Randin, et par un informaticien français bien introduit sur le marché informatique, Joseph Lousky. Un fait troublant : Randin est lié à une jeune femme tchèque, Irena Benesova, dont la mère travaille à la centrale d'achats Kovo de Prague. Il faudra plusieurs mois de recherches pour y voir clair dans cet imbroglio, volontairement compliqué afin de mieux brouiller les pistes. De juillet 1981 à février 1983, date de la découverte de l'affaire, Randin et Lousky ont réussi à exporter vers la Tchécoslovaquie trois ordinateurs Digital P.D.P.11/70, un ordinateur Fairchild S/81 et un Vax 11/780, soit plus de trente-cinq millions de francs de matériels perfectionnés. Dans ce trafic, la Favag S.A. a servi, à son insu, de société écran.

C'est elle qui a commandé les ordinateurs pour les revendre ensuite à la Eler Engeneering de Randin et Lousky. De là, le matériel était expédié soit au Liechtenstein, à une troisième société (Hedera Establishment, dirigé par le Français Félix Popovitch) soit à une société française, la Cotricom, dont la majorité des parts appartient à Robert Almori, un agent commercial spécialisé dans l'import/export de matériel médical. Après ce détour, les ordinateurs étaient récupérés par la centrale d'achats tchèque Kovo. Exemple : dès que Randin et Lousky ont réussi à se procurer le Vax 11/780, des ingénieurs tchèques sont venus spécialement de Prague pour examiner l'ordinateur dans un hangar loué par les deux hommes. L'appareil a été ensuite démonté, placé dans quatre-vingt-sept caisses, et envoyé par avion à Orly. De là, Jean Didat, affréteur et employé de la Cotricom, s'est chargé de la réexpédition vers Prague. A l'exception de Pierre-André Randin, condamné à une amende pour violation de la loi suisse sur l'exportation, aucun autre protagoniste de cette affaire n'a été inquiété.

Avec la Suisse et le Liechtenstein, l'Autriche, l'Allemagne fédérale, le Luxembourg, la Suède sont les pays de prédilection des Soviétiques pour le passage illégal de technologie à l'Est. Les autorités locales sont souvent peu regardantes sur ces trafics, au grand dam des Américains, premières victimes de ces fuites. Selon les statistiques soviétiques de la V.P.K., fournies par « Farewell », 61,5 p. 100 des technologies acquises par des « canaux spéciaux » (espionnage, vols, détournements) proviennent des Etats-Unis, 10,5 p. 100 de R.F.A., 8 p. 100 de France, 7,5 p. 100 de Grande-Bretagne, 3 p. 100 du Japon.

Pour tenter de stopper cette hémorragie, Washington a lancé en 1981 l'opération Exodus mobilisant neuf cents inspecteurs des douanes dans tout le territoire des Etats-Unis. Quatre ans après, elle a permis d'empêcher quatre mille exportations illégales.

Au-delà de ce succès, la fuite des technologies pose un problème de fond. Chaque pays développé a besoin d'exporter le meilleur de sa technique, pour des raisons financières (équilibre de sa balance commerciale), et pour conquérir des marchés vis-à-vis de la concurrence. Rien qu'en 1984, par exemple, les Etats-Unis ont vendu pour soixante milliards de dollars d'équipements technologiques dans le monde. Comme il est impossible de contrôler le flux des marchandises dans tous les pays, l'U.R.S.S. en détourne une partie à son profit. On sait, notamment, que Moscou utilise volontiers certaines nations du tiers monde, bien considérées par les Occidentaux, pour servir de relais dans l'acquisition de matériel sensible.

Récemment encore, Moscou n'avait pas besoin de ces voies illégales pour se procurer le meilleur de la technique occidentale. Les Soviétiques s'en procuraient le plus officiellement du monde, par le commerce Est-Ouest, d'Etat à Etat. Et ce, depuis les premiers jours du bolchevisme. En 1929, l'Allemagne, l'Italie, les Etats-Unis, la Grande-Bretagne et la France assuraient 80,2 p. 100 des importations soviétiques de machines et de biens d'équipement. En 1944, le diplomate Averell Harriman écrivait dans un rapport au département d'Etat américain : « Staline reconnaît qu'environ les deux tiers des plus grandes entreprises soviétiques ont été construites avec l'aide des Etats-Unis ou grâce à leur assistance technique. » Dans les années 70, les exportations des pays de l'O.C.D.E. vers l'ensemble du bloc socialiste ont augmenté de 700 p. 100. Durant cette période, dite de « détente », la coopération industrielle Est-Ouest a particulièrement progressé sous forme de livraisons d'usines clefs en main, d'équipements, de cessions de licences, d'opérations en association ou d'accords de sous-traitance. Les contrats ont surtout été signés avec l'U.R.S.S. (41,1 p. 100), la Hongrie (24,2 p. 100), la Pologne (17,2 p. 100) et la Roumanie (8,9 p. 100). Cette coopération s'est concentrée dans des branches où le progrès technique est primordial, comme les industries chimiques (26,1 p. 100), mécaniques (18,2 p. 100), électriques et électroniques (17,5 p. 100). Autant de secteurs qui travaillent en premier lieu pour le renforcement du potentiel militaire soviétique, comme nous l'avons vu.

Une récente étude américaine affirme que les importations occidentales représentent 20 p. 100 du revenu national soviétique. Certaines branches sont totalement dépendantes de la technologie occidentale, comme l'industrie chimique, dont 25 p. 100 des équipements viennent de l'Ouest, ou les véhicules particuliers, dont 57 p. 100 sont fabriqués grâce au savoir-faire occidental (82 p. 100 en Pologne, près de 100 p. 100 en Roumanie). En général, tout ce qui concerne l'énergie (forage, transport des matières premières, contrôle des productions) est également produit par de la technologie occidentale importée.

L'espionnage n'est jamais absent de ces échanges économiques comme le confirme Ion Pacepa, l'ancien numéro 2 des services secrets roumains passé à l'Ouest en 1978 : « On a utilisé peu à peu chaque contrat de coopération avec une firme d'un pays capitaliste pour infiltrer officiers de renseignement, agents et photographes. Ainsi, dans le cadre de la coopération franco-roumaine, pour produire une petite voiture Renault, la Dacia, plus d'une centaine de techniciens français se sont retrouvés en Roumanie. Ils avaient apporté avec eux une abondante documentation qui fournissait des renseignements excédant les équipements que nous avions légalement achetés. Tous ont été photographiés clandestinement. Par la suite, ils nous ont permis d'apporter d'innombrables améliorations à la Dacia sans débourser un sou. Vers la fin des années 1970, une nouvelle affaire de participation a été mise sur pied avec Citroën. Plus de cent cinquante ingénieurs et techniciens roumains sont allés en France pour y étudier une nouvelle voiture compacte. Plusieurs d'entre eux, officiers ou agents de renseignement, étaient munis de minuscules appareils photo dernier modèle et de pellicules ultrasensibles. Après leur retour en Roumanie, le développement des films nous a permis de prendre connaissance des secrets de fabrication que Citroën n'avait pas voulu inclure dans le contrat. Lorsque le ministère des Industries chimiques a échoué en dessinant les plans d'une grande installation industrielle de polystyrène, il a envoyé une lettre bidon aux sociétés de produits chimiques les plus importantes en R.F.A., en Grande-Bretagne, en France et en Italie, soi-disant pour acquérir une licence dans le but d'installer une usine de polystyrène. Six compagnies occidentales sont venues à Bucarest proposer leurs services. Pour prouver sa supériorité, une firme française a dépêché une mission avec un projet détaillé pour une installation ultra-moderne. Très conscients de l'importance de ce dossier et prudents, à juste titre, les Français ont exigé que leurs documents soient enfermés chaque nuit dans le coffre de l'hôtel. Ces précieux documents se sont révélés plus que suffisants pour trouver une " solution roumaine " au problème : on a entrepris rapidement la construction d'une immense usine de polystyrène dans le complexe pétrochimique de Borzesti.

Au début de cette décennie, les pays qui ont fourni de la technologie de pointe à l'U.R.S.S. dans le cadre d'accords bilatéraux ont été par ordre d'importance :

Allemagne de l'Ouest 31,6 p. 100
Japon 17,2 p. 100
France 14,8 p 100
Italie 9,6 p. 100
Suisse 5,9 p. 100
Grande-Bretagne 5,5 p. 100
Finlande 3,7 p. 100
Etats-Unis 3,6 p. 100

L'invasion de l'Afghanistan, en décembre 1979, les événements de Pologne en décembre 1981, et surtout les révélations du dossier « Farewell » ont amené les Occidentaux à réviser leurs relations commerciales avec l'U.R.S.S. Le Cocom, l'organisme de l'Alliance atlantique (avec en plus le Japon et moins l'Islande) chargé de contrôler les échanges Est-Ouest, a été réactivé. Une nouvelle liste de matériels interdits à l'exportation a été établie afin d'empêcher l'Union soviétique de profiter de la technique occidentale pour son armement.

Quelles que soient les mesures prises pour limiter la fuite des technologies, Moscou trouvera sans doute encore des hommes d'affaires prêts à leur vendre du matériel sophistiqué dans le seul but d'améliorer leur bilan de fin d'année. Pourquoi les blâmer? Les Etats occidentaux sont les premiers à courir après des contrats à l'Est, surtout en période de crise économique.

Les pays socialistes ne sont d'ailleurs pas aussi mauvais payeurs qu'on pourrait le croire. Un ordinateur, un programme particulièrement performant n'ont à leurs yeux pas de prix. Richard Müller est devenu millionnaire grâce à eux. Randin et Lousky ont vendu les Digital P.D.P. 11/70 à la centrale tchèque Kovo pour onze millions de francs, soit trois millions de plus que leur prix d'achat normal. Tous trois ont mis leur savoir-faire commercial au service des plus offrants (bien que Müller ait peut-être agi avec des convictions idéologiques). L'U.R.S.S. et ses satellites pourront toujours compter sur ce genre d'hommes d'affaires.

Ils s'intéressent également de près aux entreprises en difficulté, moins regardantes sur la destination finale des produits si on leur fait miroiter un contrat pour renflouer leur caisse. Léonard Tavera, un Français de soixante-quatre ans, est tombé dans le piège. Condamné en mars 1985 à cinq ans de prison par la cour d'assises de Paris, il médite aujourd'hui sur sa mésaventure.

Mécanicien dans l'aéronautique, il crée en 1975 une petite société d'import-export en machines-outils, la Codim, à Casablanca où il a passé quasiment toute sa vie. Trois ans plus tard il enregistre son premier exercice déficitaire. Il vend sa résidence secondaire de Marrakech. L'entreprise continue de péricliter. C'est alors qu'entre en scène Vladimir Sapozhnikov, membre de la représentation commerciale de l'U.R.S.S. au Maroc (et officier du G.R.U.). Jovial et sympathique, le Soviétique n'ignore rien des difficultés financières de Tavera. L'homme d'affaires saute sur l'occasion lorsqu'il lui propose de devenir représentant pour l'U.R.S.S. de machines-outils. Simple prétexte pour l'approcher. Tavera apprend qu'il existe déjà un représentant commercial qui truste ce genre d'échanges sur place. Il revoit pourtant maintes fois Sapozhnikov qui, en bon officier traitant, lui demande de menus services : achats de livres techniques, dépliants commerciaux, etc. Tavera se met à fréquenter les salons aéronautiques européens, ramenant avec lui toutes sortes de prospectus publicitaires qui n'ont rien de secret. Mais pour le G.R.U., cette bonne volonté témoigne des dispositions du Français.

En octobre 1978, l'homme d'affaires devient « acheteur » pour le compte des Soviétiques. La Codim passe commande, soi-disant pour le Maroc, de plusieurs appareils américains, interdits à l'exportation vers l'U.R.S.S. La société paie à partir d'un compte numéroté en Suisse. Elle achète successivement un analyseur de soufre pour dix-huit mille neuf-cent-vingt dollars (revendu vingt-trois mille dollars au G.R.U.), un contrôleur de pression hydraulique, des contrôleurs de circuits intégrés électroniques qui transitent par Zurich avant d'être pris en charge par des sociétés de transport soviétiques.

Sapozhnikov devient de plus en plus gourmand. Il veut un gyroscope à laser, des roues de Boeing avec leur système de freinage, des caractéristiques techniques sur les missiles Exocet, Milan, Roland et Hot, des renseignements sur le Mirage 2000 et le Fouga

90. Les sociétés contactées commencent à s'interroger. La D.S.T. est avertie. Tavera, lui, ne se doute de rien. Pour le prix de sa coopération il reçoit des enveloppes, de trois mille et neuf mille dollars, insérées dans un magazine que lui remet un membre de l'équipage de l'Aeroflot assurant le vol Rabat-Luxembourg.

Le contre-espionnage attend que l'homme d'affaires pénètre sur le territoire français pour l'interpeller le 30 avril 1980. « Au début, M. Vladimir (Sapozhnikov) m'a parlé de matériel sportif, explique-t-il aux juges cinq ans plus tard. La commission qu'il me proposait m'intéressait car je devais renflouer ma société en difficulté. Puis j'ai remarqué qu'il manifestait beaucoup de sympathie pour l'Occident, beaucoup de curiosité pour le matériel aéronautique qui m'intéresse moi-même. Je n'ai commencé à avoir des soupçons qu'en octobre 1979. Je l'avais surpris en train de fouiller mes tiroirs. Mais je n'ai jamais cru avoir affaire à un espion. Même aujourd'hui je ne le crois pas. Pour moi, c'était un délégué commercial intéressé par les commissions. »

Un compte bancaire, une boîte postale en Suisse ont convaincu la Cour du caractère clandestin de ses relations d'affaires. Tavera n'a, semble-t-il, pas été aussi naïf qu'il a bien voulu le faire croire.


## L'EPERVIER

Salle des échanges, gare ferroviaire de Friedrichstrasse, Berlin-Est : la consigne automatique est installée juste avant le passage des guichets délimitant les deux parties de l'ancienne capitale allemande. Marcel Aubel connaît bien l'endroit. Avant de passer dans le secteur Est de la ville, il a déposé huit fois de suite une valise remplie de documents dans l'un des casiers de cette consigne. De l'autre côté, un certain Fritz l'attend. Le Français lui remet la clef du casier. En échange, son visa de séjour en R.D.A. est prolongé.

Ce manège a duré plus de deux ans. De 1972 à 1974, Aubel a ainsi livré au ministère est-allemand de la Sécurité (M.F.S.) quantité de documents sur la politique pétrolière de la France : importations, stocks, dépôts (en surface et souterrains), projets et budgets de l'Institut français du pétrole (I.F.P.) où il travaillait comme chimiste. Accessoirement, sa valise contenait parfois des fiches biographiques sur les principaux membres du Mouvement des radicaux de gauche dont il assurait le secrétariat du comité directeur.

Rien de bien confidentiel, en fait. Pourtant, le M.F.S. s'en est satisfait. « Victor », nom de code d'Aubel, recevait de cinq cents à sept cents marks par livraison.

Son cas démontre qu'il n'y a pas de grands et de petits secrets pour les services de renseignement de l'Est. Ils sont à l'affût de la moindre information. Aubel s'est d'ailleurs fait piéger bêtement pour cette raison. Sur sa première demande de visa pour se rendre en R.D.A., en février 1972, il avait inscrit, en toute bonne foi, sa véritable profession : chimiste à l'I.F.P. C'est ce qui a attiré l'attention du M.F.S. L'Institut français du pétrole fait partie des sociétés qui intéressent particulièrement les S.R. de l'Est : l'Union soviétique, premier producteur d'or noir du monde, connaît depuis toujours des problèmes d'exploitation de ses richesses, à cause d'une mauvaise maîtrise technique. Dans ce secteur aussi, les « emprunts » étrangers permettent de pallier les carences du système.

En cette année 1972, Aubel se rend en Allemagne de l'Est pour retrouver Marianne Arndt, une jeune femme qu'il a connue, six ans auparavant, lors d'un festival de la Baltique, organisé à Rostock. Leur idylle n'avait pas eu de suite. Entre-temps, Aubel s'était marié avec une Française. Il était devenu père de famille. Fin 1971, sa femme le quitte. Déprimé, il se souvient de Marianne et part la retrouver à Berlin-Est. C'est de nouveau le coup de foudre. Ils songent à se marier. Au second voyage, quelques semaines plus tard, les difficultés commencent. Les autorités est-allemandes ne veulent pas lâcher la jeune femme. A ce moment-là interviennent, opportunément, deux « syndicalistes », Fritz et Berndt. Le cœur sur la main, ils se disent prêts à aider le couple, « par amour pour la France ».

« En échange de quoi? demande Aubel, méfiant.

– De rien », assurent les deux hommes.

Au troisième voyage du Français, Fritz et Berndt changent de ton. Ils laissent clairement entendre que le sort de Marianne dépend de sa bonne volonté. On lui met le marché entre les mains : le mariage et la permission de quitter la R.D.A. pour sa future femme contre des informations sur l'I.F.P.

Aubel devient agent du M.F.S. En 1974, le couple obtient l'autorisation de se marier. Un an après, Marianne reçoit un visa de sortie. Le chimiste ne cesse pas pour autant de renseigner le S.R. est-allemand. Les contacts ont lieu maintenant à Paris.

Ses fréquents voyages en R.D.A., au début des années 70, avaient attiré l'attention du contre-espionnage français. La facilité avec laquelle ses beaux-parents obtiennent la permission de se rendre en France, début 1980, intrigue encore davantage la D.S.T. Marcel Aubel est convoqué pour un interrogatoire de routine. Il craque.

Le 23 février 1982, la cour d'assises de Paris le condamne à cinq ans de prison, dont dix-huit mois avec sursis. Depuis la suppression de la Cour de sûreté de l'Etat (le 4 août 1981), c'est la première fois qu'un jury populaire se prononce sur une affaire d'espionnage.

Le changement de juridiction intervenu avec l'arrivée des socialistes au pouvoir a d'ailleurs compliqué la tâche du contre-espionnage. Après la dissolution de la Cour de sûreté, il a été envisagé de faire juger les affaires délicates – relevant du secret défense – par les tribunaux permanents des forces armées (T.P.F.A.). Ils ont été à leur tour dissous. En définitive, les cours d'assises en ont hérité, statuant la plupart du temps sans jury. Ces hésitations du pouvoir politique ont eu pour conséquence de faire traîner l'instruction de certaines affaires, au point qu'elles ne seront peut-être jamais jugées.

C'est le cas notamment pour Rolf Dobbertin, inculpé depuis le 21 janvier 1979 d'intelligences avec les agents d'une puissance étrangère. Originaire de R.D.A., chercheur au Centre national de la recherche scientifique (C.N.R.S.), il devait être jugé par la Cour de sûreté, puis par les T.P.F.A. Une série de péripéties judiciaires a finalement conduit son dossier à deux reprises devant la chambre d'accusation de Paris, et par deux fois aussi, devant la Cour de cassation. Aujourd'hui, la lenteur de la procédure risque de repousser son procès sine die Auquel cas, nous ne connaîtrons jamais la vérité sur cette affaire exemplaire où s'affrontent deux thèses, radicalement différentes.

Pour l'accusation, Rolf Dobbertin est un agent du S.R. est-allemand (le M.F.S.), entré au C.N.R.S. dans le seul but de piller la recherche scientifique française. Ses avocats ne nient pas qu'il a communiqué des informations à la R.D.A., mais ils en récusent le caractère confidentiel. Quant à l'accusé, il affirme avoir agi dans le cadre normal des échanges entre deux pays signataires des accords d'Helsinki. Accords qui doivent, notamment, favoriser la coopération scientifique entre l'Est et l'Ouest.

Aux faits donc, s'oppose l'interprétation qu'on peut en faire. Voyons d'abord les faits.

Rolf Dobbertin, quarante-cinq ans, est arrêté par la D.S.T le 19 janvier 1979, au matin, à son domicile. Quarante-huit heures plus tard, il est inculpé. Le 25 janvier, après six jours de garde à vue, il est écroué. Devant la précision des accusations portées par les policiers, il a avoué. Il n'avait guère le choix. A charge, contre lui, le contre-espionnage dispose des archives du ministère de la Sécurité d'Etat de R.D.A., dont l'évaluation des documents qu'il a transmis à Berlin-Est. C'est un « cadeau » de Werner Stiller, lieutenant à la section scientifique du M.F.S., qui a trouvé asile en Allemagne de l'Ouest le 18 janvier. Stiller a apporté avec lui une dizaine de dossiers d'agents infiltrés à l'Ouest par sa centrale. Parmi eux, celui de Rolf Dobbertin. Le contre-espionnage ouest-allemand l'a communiqué à Paris. Dès sa réception, la D.S.T. a procédé à son arrestation, persuadée de pouvoir confondre l'espion rapidement. Les renseignements livrés par Stiller sont, il est vrai, accablants.

Originaire de Rostock, en R.D.A., Dobbertin a été contacté pour la première fois par le M.F.S., en 1954, à l'âge de vingt ans, pour surveiller les Occidentaux venus participer à un congrès de la jeunesse. Un an plus tard, il entre à l'université Humboldt, pour se spécialiser en mathématiques et physique. Il adhère en même temps au parti communiste est-allemand (S.E.D.). C'est à cette époque que le M.F.S. le recrute définitivement. Dès 1956, il suit des stages de formation : technique du rendez-vous clandestin, déchiffrage de messages radio codés, utilisation de carbone blanc... En 1959, il est parfaitement au point. Devenu spécialiste en physique des plasmas, il a pour mission de pénétrer les milieux scientifiques français. « Sperber » (épervier en allemand) devient son nom de code.

Il quitte la R.D.A. pour la R.F.A., avec la bénédiction de sa centrale. Le mur de Berlin n'étant pas encore édifié, les échanges entre les deux Allemagnes sont relativement faciles à cette époque. Il reçoit immédiatement la citoyenneté ouest-allemande, comme tout ressortissant de R.D.A. qui passe à l'Ouest. C'est la première étape du plan élaboré par le M.F.S. Muni de ses nouveaux papiers, il peut venir en France. Il se rend à Paris, avec dans sa poche une lettre de recommandation de l'université Humboldt pour l'institut Henri-Poincaré. Il est admis en stage au laboratoire de physique de Louis de Broglie. Il va y rester trois ans. En 1963, il est coopté au C.N.R.S. par une commission de vingt membres qui renouvelleront chaque année son contrat. Il a atteint l'objectif fixé par sa centrale. Il passe une thèse et obtient un poste plus stable de chargé de recherches, toujours au C.N.R.S. Entretemps, il s'est marié avec une Allemande qu'il a connue en suivant les cours de l'Alliance française. Ils auront un fils en 1968.

Dans le cadre de ses activités scientifiques, il entre en rapport avec un groupe de recherches sur la fusion thermonucléaire par laser, qu'animent différents laboratoires de physique théorique et expérimentale de l'école polytechnique, travaillant pour l'armée. Il n'a pas accès à des documents classifiés mais il fait parvenir au M.F.S. tous les renseignements qui lui tombent sous la main. Sa centrale lui a envoyé un appareil photo Minox, dissimulé dans une pendulette, et une caméra Pentaka qu'il a reçue dans un ours en peluche. Les ordres de Berlin-Est sont transmis par messages codés en ondes courtes, comme le font généralement les S.R. pour leurs « illégaux ».

Pendant vingt ans, de 1959 à 1979, Dobbertin a reçu environ cinq cent mille francs de sa centrale. Il a aussi effectué plusieurs voyages clandestins en R.D.A., *via* l'Allemagne de l'Ouest, l'Autriche, la Suisse ou la Yougoslavie. Le M.F.S. a même préparé à son intention un plan de fuite en cas de danger. Deux timbres-poste collés sur la boîte aux lettres, en bas de chez lui, devaient donner l'alerte. Il lui fallait alors se rendre au plus vite à Rotterdam, en Hollande, pour embarquer sur un bateau est-allemand. En l'arrêtant le lendemain de la défection de Stiller, la D.S.T. n'a pas laissé le temps au M.F.S. de le prévenir.

Rolf Dobbertin ne conteste pas vraiment ces faits. Il en donne simplement une tout autre version. D'abord, sur la nature des renseignements communiqués à sa centrale : des thèses, des articles théoriques qui allaient être publiés dans des revues spécialisées. « Il s'agissait de papiers que mes collègues est-allemands auraient pu se procurer normalement eux-mêmes, s'ils avaient pu voyager librement et établir les contacts habituels, dit-il. J'ai cessé cette manifestation de solidarité, dès 1976, sur la demande des autorités de R.D.A. qui ne voulaient pas courir le risque que mon activité soit exploitée éventuellement contre leur politique de rapprochement avec la France. » Selon Stiller, les renseignements livrés par « Sperber » avaient au contraire beaucoup d'intérêt. Ils concernaient aussi bien le secteur civil que le secteur militaire.

Pour justifier ses méthodes de communication avec la R.D.A. (carbone blanc, messages radio codés), Dobbertin invoque ensuite des raisons de sécurité : « J'ai accepté ces moyens de protection passive (...) pour prévenir une éventuelle violation du secret postal. Ces moyens sont légaux, ajoute-t-il, aucune loi ne prescrit le type d'écriture utilisée dans une lettre expédiée par la poste; aucune loi ne limite l'écoute de la radio. »

Mais c'est surtout sur le fond de l'affaire – sa philosophie devrait-on dire – qu'il se défend, non sans succès. Il a d'emblée refusé toute idée d'échange avec des agents occidentaux qui seraient détenus en R.D.A. Sa patrie c'est l'Allemagne, toutes parties confondues. « Pour un Allemand, l'Etat n'est pas synonyme de nation, a-t-il écrit au ministère public dans une lettre datée de décembre 1981. Il ne vous appartient pas de vouloir faire de moi un patriote est ou ouest, nord ou sud-allemand. C'est sans espoir. » Enfin, suprême ligne de défense : le droit pour les scientifiques de communiquer avec leurs collègues du monde entier puisque la science est par essence supranationale. « La recherche scientifique ne peut être à la fois internationale et soumise au critère d'une justice nationale, précise-t-il dans une mise au point rendue publique par ses avocats en décembre 1979. Le caractère international de la recherche n'est pas une tolérance, une générosité accordée par les nations, mais le mode de fonctionnement de la science (...) Tout Etat civilisé a le devoir de contribuer au développement de la science. C'est son intérêt (...) L'intérêt de la France et sa volonté (dans ce domaine) ont été clairement exprimés lors de la signature de l'acte final de la conférence d'Helsinki. Celui-ci stipule que la coopération scientifique et technique " peut être élaborée et mise en œuvre au niveau gouvernemental (...) en utilisant également diverses formes de contacts, y compris les contacts directs et individuels. " C'est ce que j'ai fait. »

L'argument a trouvé un écho certain parmi ses pairs du C.N.R.S. Pour eux, Rolf Dobbertin est victime d'une conception archaïque des échanges scientifiques en cette fin de xxᵉ siècle. Dans un mémoire, adressé en novembre 1981 au président de la République et au garde des Sceaux, plusieurs chercheurs craignent, en plus, que le cas Dobbertin ne sonne le glas de leur propre liberté. Ses auteurs rappellent « les habitudes de recherche ouverte et d'échanges libres des laboratoires universitaires à travers le monde » et estiment que les accusations portées contre leur collègue « sont rédigées de telle façon qu'ils nous définissent tous comme des espions. » D'où le risque, selon eux, de voir se renforcer « des contrôles de plus en plus tatillons, restreignant progressivement nos libertés. » Dans le même temps, cinq cents chercheurs font circuler une pétition pour demander la libération de Dobbertin, une « refonte complète de la partie du Code pénal relative à la sûreté de l'Etat » et la reconnaissance « dans les statuts des organisations de recherche de la liberté de mouvement, de contacts, d'échanges des idées et des publications. »

Après plus de quatre ans de détention provisoire, Dobbertin a finalement été remis en liberté provisoire, en mai 1983. Ses amis chercheurs se sont cotisés pour payer la caution de cent cinquante mille francs exigée par la chambre d'accusation de Paris pour sa libération. Placé sous contrôle judiciaire, il doit se présenter deux fois par mois au commissariat le plus proche de son domicile. Cette mesure a été, depuis, abandonnée et la caution restituée.

Aujourd'hui, Rolf Dobbertin a repris ses activités scientifiques. Il veut faire oublier « l'épervier ». Il attend que justice soit rendue. Si jamais son procès a lieu un jour.


Pour les S.R. de l'Est, la France occupe une place à part dans le monde occidental. La recherche scientifique française, avec ses applications civiles et militaires, son industrie d'armement, les intéressent tout particulièrement. Logique : depuis de Gaulle, la France cherche dans ces secteurs à développer sa propre production pour mieux affirmer sa politique d'indépendance. L'activité foisonnante du K.G.B., du G.R.U., des services « frères » sur le territoire français est une preuve, *a contrario*, des succès obtenus dans ces domaines. Il est certain, notamment, que si l'industrie aéronautique française n'était pas aussi performante, elle n'intéresserait pas les Soviétiques. Or, Dassault ou la S.N.I.A.S., entre autres, figurent parmi les cibles prioritaires des S.R. de l'Est dans le monde.

Il est impossible de rappeler ici toutes les affaires d'espionnage scientifique et technologique dont la France a été la victime depuis une vingtaine d'années. Tout le monde sait, par exemple, que si le Concorde et le Tupolev 144 se ressemblent comme deux gouttes d'eau, le hasard n'y est pour rien. On se souvient également de cet attaché militaire soviétique, Evgueni Mironkine, pris en flagrant délit de vol, en 1973, lors du salon aéronautique du Bourget. Ou encore de ces deux membres du consulat soviétique à Marseille, Guennadi Travkov et Viatcheslav Frolov, expulsés en 1980 pour s'être intéressés de trop près au Mirage 2000. D'autres affaires, tout aussi significatives, n'ont pas fait la une des journaux. Pourtant, elles montrent bien la ténacité, l'ingéniosité, l'« éclectisme » des S.R. de l'Est. En voici des exemples.

● Jusqu'en 1975, Sergueï Agafonov, vingt-huit ans, était considéré par la D.S.T. comme un simple fonctionnaire de la mission commerciale soviétique à Paris. Il entretenait d'excellentes relations avec une vingtaine de firmes connues, comme Colgate et Palmolive qui commercent avec l'U.R.S.S. L'une d'elles avait même mis à sa disposition une voiture de fonction. Parlant couramment le français, il se prétendait ingénieur chimiste. Il possédait, il est vrai, de bonnes connaissances en la matière.

Durant son séjour en France, Agafonov n'a jamais manqué une seule exposition, une seule manifestation professionnelle, dans les secteurs les plus variés. On a appris, rétrospectivement, qu'il y ramassait toute la documentation disponible pour son véritable employeur : le G.R.U.

En 1975, au salon du Bourget, le Soviétique s'intéresse cette fois à une entreprise française spécialisée dans la fabrication des fusées. Sur le stand d'exposition, il rencontre un jeune ingénieur commercial peu méfiant. Agafonov, qui prétend s'appeler Sergy, le questionne, notamment sur les alliages spéciaux utilisés dans l'aviation. Le Français lui répond aimablement. Avant de le quitter, l'officier du G.R.U. lui remet une bouteille de vodka et note le nom et le numéro de téléphone (professionnel) de l'ingénieur.

Il reprend contact deux mois plus tard, pour déjeuner. Le rendez-vous a lieu devant le guichet de la station de métro Pont-de-Neuilly. Le Français s'en étonne. Il prévient, à tout hasard, l'agent de sécurité de sa société. C'est le bon réflexe. Dès lors, l'ingénieur va se prêter au jeu du Soviétique, pour voir où il veut en venir. Les deux hommes vont se rencontrer plusieurs fois en six mois. Insensiblement, Agafonov multiplie les mesures de sécurité. Il ne téléphone plus à la société mais fixe d'avance la date et le lieu de la prochaine rencontre à l'issue de chaque entretien. Ils se retrouvent toujours dans une station de métro. Ils vont déjeuner dans des restaurants différents.

L'officier du G.R.U. s'informe d'abord sur l'origine, la famille, les études, les goûts, les opinions politiques de l'ingénieur. Il apprend, par exemple, qu'il aime l'art abstrait et lui offre un luxueux ouvrage sur ce thème. Dès la deuxième rencontre, il demande diverses publications sur les carburants pour fusées (les propergols) et sur le type de réservoirs utilisés par les engins spatiaux. Il s'agit de documentation « ouverte ». L'ingénieur s'exécute.

Les choses sérieuses commencent vraiment après la sixième rencontre. Agafonov pose des questions de plus en plus précises. Il souhaite aussi que le Français rédige une note de synthèse sur Vizir et Velimat, deux systèmes de transmissions d'images à partir d'un satellite. Il veut enfin une étude faite par l'Ecole nationale supérieure des techniques avancées concernant la combustion des propergols solides composites (carburants pour fusées). Pour l'ingénieur, il devient clair que le Soviétique veut connaître, peu à peu, les caractéristiques des missiles stratégiques français, principalement le Pluton. La D.S.T., avertie dès le début, décide d'arrêter là les contacts.

Le 13 avril 1976, Sergueï Agafonov est arrêté au moment où le Français lui remet un document classé « diffusion restreinte » sur les butargols (carburants pour fusées).

L'affaire n'a pas été ébruitée. L'ingénieur a été félicité pour sa coopération. Agafonov, protégé par l'immunité diplomatique, a été discrètement rappelé en U.R.S.S.

● La cour d'assises de Paris a siégé sans jurés, en janvier 1983, pour condamner à deux ans de détention Traïan Muntean, un ressortissant roumain de trente-trois ans. Un verdict relativement clément pour une affaire à la fois banale et compliquée.

Banale puisque l'accusé, chercheur en informatique à Grenoble, s'était rendu coupable d' « intelligences avec des agents d'une puissance étrangère » (la Roumanie) pour avoir communiqué une vingtaine de documents à des officiers de la Securitate lors de rendez-vous clandestins dans plusieurs villes d'Europe.

Compliquée dès l'instant où Traïan Muntean est revenu sur ses aveux. « J'ai signé des procès-verbaux incohérents car on m'a frappé, a-t-il prétendu. On m'a empêché de dormir pendant mes premiers interrogatoires. »

Son arrestation a eu lieu le 17 juillet 1979, au retour d'un stage d'étude qu'il venait d'effectuer en Grande-Bretagne. La D.S.T. avait été renseignée sur son cas par Ion Pacepa, directeur adjoint du contre-espionnage roumain, passé à l'Ouest en 1978.

Le premier interrogatoire ne donne aucun résultat. En revanche, une perquisition permet de découvrir deux papiers remplis de chiffres et de lettres : un code de chiffrement extrêmement complexe. Muntean, plus coopératif, en donne lui-même la clef. A partir de là, les policiers vont pouvoir décrypter une douzaine de lettres trouvées à son domicile. D'apparence anodine, elles ont toutes été expédiées de Roumanie. Il y est question de rendez-vous clandestins, avec des officiers roumains, à Genève, Vienne, Luxembourg, Copenhague... avec les lieux précis et les signes de reconnaissance. Elles sont signées par Triaïan Pop, un nom fictif qui cache une « boîte aux lettres » en Roumanie. Muntean refuse d'en dire plus, tout comme il taira la nature des documents qu'il a remis lors de ces rendez-vous clandestins.

Placé en détention provisoire jusqu'en juin 1981, il échafaude, durant la période d'instruction, un système de défense parfaitement cohérent. Arrivé en France en 1969, comme boursier de l'Etat roumain, il était, selon lui, obligé d'avoir des contacts avec des représentants officiels de son pays pour faire prolonger son visa de séjour. Une fois entré à l'Institut de mathématiques appliquées de Grenoble (I.M.A.G.), sa correspondance couvrait de simples échanges avec des scientifiques restés au pays. « Le code ne servait qu'à communiquer avec des universitaires roumains, inquiets de la censure », dit-il au juge d'instruction.

Comme lors de l'affaire Dobbertin, ses collègues de Grenoble se mobilisent pour prendre sa défense. Les documents qu'il a pu transmettre ? « Des thèses, des publications, des rapports qui n'ont aucun caractère confidentiel », affirme-t-on à l'I.M.A.G. Un chercheur précise : « La libre circulation des idées et des connaissances est un des aspects fondamentaux du fonctionnement de la recherche et de la réputation d'un laboratoire. » Un comité de soutien exige sa mise en liberté provisoire. Son cas reçoit le soutien de la Ligue des droits de l'homme et d'Amnesty international.

Pour la D.S.T., Traïan Muntean est bien un agent de la Securitate roumaine. Sa mission : pénétrer la recherche informatique en France. En 1976, sur les conseils de l'ambassade roumaine, il avait déposé une demande de naturalisation, pour mieux atteindre son objectif, estime le contre-espionnage. Brillant et estimé, Muntean avait en effet une belle carrière devant lui. Il aurait fait une « taupe » de choix, si telles avaient été les intentions de la Securitate.

Entre l'innocence et la culpabilité, la cour d'assises de Paris n'a pas vraiment tranché. En le condamnant à deux ans de prison, les juges ont simplement couvert sa période de détention préventive. Une fois libre, Muntean devait être extradé vers la Roumanie. Il s'y est farouchement opposé afin de mieux prouver, une dernière fois, quel mauvais procès on lui avait fait.

• **Alexandre Zaïtsev** est l'un des quarante-sept « diplomates » soviétiques expulsés de France le 5 avril 1983. Officiellement, il occupait le poste d'attaché commercial à l'ambassade d'U.R.S.S. Derrière cette couverture, il travaillait pour la « ligne X » chargée par la Direction T de l'espionnage scientifique et technologique sur le terrain. De Zaïtsev, il a beaucoup été question les 14 et 15 novembre 1984, devant la cour d'assises de Paris qui jugeait Patrick Guerrier, un jeune archiviste du Centre d'études et de recherches de Charbonnages de France, le C.E.R.C.H.A.R.

Zaïtsev s'intéressait depuis longtemps à ce Centre d'études. Fin 1981 il avait contacté officiellement le chef du service de documentation pour obtenir des informations sur la gazéification et la liquéfaction souterraines du charbon. Le chef de service aurait accepté de lui transmettre des renseignements – ouverts – si, en échange, le Soviétique avait consenti à lui communiquer quelques informations. Zaïtsev n'a pas donné suite. Il s'est alors tourné vers Patrick Guerrier qui venait d'entrer au service documentation après avoir voyagé dans le monde (Liban, Roumanie, Tchécoslovaquie, etc.). Entre les deux hommes, le courant passe. Charmeur et beau parleur, le Soviétique séduit le Français au fur et à mesure de leurs nombreuses rencontres. Naïf, le jeune archiviste invite même Zaïtsev chez lui, en famille. Et lorsqu'il lui remettra les premiers documents ce sera ni pour de l'argent, ni par conviction mais pour être agréable à cet ami, si sympathique. Qu'a-t-il donné? A priori, trois fois rien : quelques documents du C.N.R.S. avec qui le Centre d'études est en relation, et le rapport d'activité du C.E.R.C.H.A.R. pour l'exercice 1980-1981.

Le commissaire Nart, de la D.S.T., viendra préciser devant le tribunal que ce rapport d'activité a sans doute permis aux Soviétiques d'éviter certains investissements dans la recherche sur la gazéification souterraine du charbon. Exactement le genre de renseignements que le plan de renseignement annuel de la V.P.K. charge le K.G.B. de se procurer.

Arrêté le 30 mars 1983 – six jours avant l'expulsion de son officier traitant – Patrick Guerrier a été condamné à cinq ans de réclusion criminelle.


## OBJECTIF FRANCE

Oleg Gordievsky est le premier « Résident » du K.G.B. à passer à l'Ouest. Sa défection, début septembre 1985, à Londres, a permis au gouvernement britannique d'expulser trente et un Soviétiques, membres du S.R. Moscou a immédiatement répliqué en renvoyant le même nombre de diplomates et de journalistes anglais. Margaret Thatcher et Mikhail Gorbatchev se sont ensuite livrés à une « petite guerre » des expulsions qui s'est rapidement achevée sur un même score : trente-six rapatriements forcés de part et d'autre.

Recruté par les Britanniques au milieu des années 1970, alors qu'il était en poste au Danemark, Gordievsky a livré bien des secrets sur le K.G.B. en dix ans. Pour sa sécurité, il est évident, toutefois, qu'il n'a pas révélé tout ce qu'il savait lorsqu'il était encore en fonction. De même que les services anglais se sont gardés d'exploiter l'ensemble de ces renseignements, jusqu'à ce qu'il soit à l'abri. Une fois le « Résident » passé à l'Ouest, le M.I. 5 britannique (contre-espionnage) a pu enfin reconnaître en détail les activités du S.R. soviétique en Grande-Bretagne et en Europe du Nord. Après son séjour au Danemark, au début des années 1980, Gordievsky s'était en effet occupé, au siège du K.G.B. à Moscou, de tout ce secteur géographique. Depuis sa défection, il a remis le nom d'une dizaine d'Occidentaux travaillant pour les Soviétiques. Parmi eux, deux Français. Les enquêtes sont en cours.

Lors de son « debriefing », Gordievsky a confirmé que les principaux objectifs du K.G.B. sont toujours la désinformation et l'espionnage scientifique et technologique. Il a aussi apporté une précision intéressante : les officiers du S.R. soviétique, dont il a supervisé le travail en Grande-Bretagne, font de nombreux relevés cartographiques du territoire britannique. Dans quel but ?

A l'époque des satellites d'observation, capables de photographier le plus petit détail, on peut penser que toutes les caractéristiques d'un pays sont désormais connues. En fait, rien ne remplace vraiment l'observation humaine pour connaître avec précision la topographie d'un territoire. Le K.G.B., et plus encore le G.R.U., s'y emploient activement dans toutes les régions du monde.

Il s'agit là d'un aspect trop méconnu de la subversion soviétique. Ces relevés cartographiques répondent à un objectif déterminé : reconnaître le terrain pour faciliter une éventuelle invasion des pays occidentaux. Pourquoi s'en étonner? l'U.R.S.S. se considère depuis toujours en guerre contre le reste du monde non communiste. Selon ses dirigeants, il n'y aura de paix possible qu'une fois le socialisme victorieux.

Dans cette perspective, les Soviétiques ont mis au point une machine de guerre qui n'a pas d'équivalent en Occident : les forces « Spetsnaz » (abréviation de Spetsialnogo Naznatchenia : forces de missions spéciales). Leurs missions : reconnaissance en profondeur, espionnage, sabotage, assassinats, guérilla urbaine ou rurale, destruction des lignes de communication de l'adversaire et, en général, toutes opérations destinées à affaiblir les capacités de réaction politico-militaire du pays-cible et à soutenir l'armée d'invasion.

Moscou a déjà utilisé les forces « Spetsnaz » avec succès en Hongrie en 1956, en Tchécoslovaquie en 1968 et en Afghanistan en 1979.

Il est difficile d'évaluer exactement le nombre d'hommes qui leur sont affectés (sans doute plus de cent mille), tant le dispositif est complexe. Tous les organes soviétiques qui contrôlent des unités militaires participent à ces forces spéciales :

– La Direction principale des gardes-frontières du K.G.B. (trois cent mille hommes) dont certaines unités d'élite peuvent être versées aux forces « Spetsnaz ».

– Le ministère de l'Intérieur (M.V.D.) qui dispose de ses propres troupes de sécurité interne (deux cent cinquante mille hommes), véritable garde prétorienne du parti.

– L'Armée Rouge qui compte huit divisions de parachutistes aptes à mener des opérations spéciales.

466

– Les forces armées alliées, signataires du pacte de Varsovie, dont environ vingt mille hommes sont affectés à des unités de type « Spetsnaz ».

– Le G.R.U., où se trouve concentré l'essentiel des forces « Spetsnaz ». A l'heure actuelle, le commandement du G.R.U. dispose de vingt-quatre brigades « Spetsnaz », soit plus de vingt-cinq mille hommes. Chacune de ces brigades a une affectation géographique et reçoit, en plus de son entraînement militaire, une spécialisation culturelle (langue, mœurs, coutume du pays cible). Au sein de chaque brigade, une unité est spécialement chargée de la « neutralisation » des hommes politiques et des responsables militaires du pays cible.

La coordination entre toutes ces forces se fait par l'intermédiaire de la Troisième direction du K.G.B., théoriquement responsable du contre-espionnage au sein des forces armées. En réalité, les compétences de cette direction sont beaucoup plus étendues avec la présence, dans chaque unité, d'un « département spécial », appelé O.O. (Osobyi Otdiel).

Jan Sejna, ancien général de l'armée tchèque, passé à l'Ouest en 1968, confirme l'existence de ce dispositif complexe. Ancien premier secrétaire du comité du parti au ministère de la Défense tchécoslovaque, il a participé à l'élaboration des plans d'invasion de l'Europe avec les plus hauts responsables de l'Armée Rouge. Son témoignage est capital même s'il date maintenant d'une vingtaine d'années. Ce qu'il a connu n'a sans doute guère changé. Au pire, les moyens se sont accrus.

« La 29e division de parachutistes soviétiques, basée à Naumberg (R.D.A.), et la 39e, basée à Ordruf, ont pour mission de sauter en France, précise-t-il. Les commissaires politiques et la plupart des officiers du contre-espionnage de ces divisions parlent français. On leur apprend les lois, les coutumes, les habitudes françaises. Leur rôle : détruire, dès le premier jour de la guerre, dans certains cas avant, tous les moyens de communication (téléphone, radio, chemins de fer, ponts, grands axes); aider les agents déjà en place à saboter les usines, les centrales électriques, certaines installations militaires; paralyser le gouvernement; empêcher la mobilisation. »

Les services de renseignement jouent un rôle déterminant dans ces plans offensifs : « L'U.R.S.S., un peu comme Hitler autrefois, espère que la France lui ouvrira son territoire et qu'elle ne combattra pas, ajoute Sejna. Elle mène, pour précipiter cette décomposition, une campagne absolument diabolique d'intoxication, d'espionnage et de sabotage militaire, industriel et politique. C'est le travail des services spéciaux. Le rôle de ces agents est simple : réunir, sur chaque secteur de l'industrie française, le maximum d'informations, de plans et de cartes permettant de choisir le moment voulu, l'endroit exact où les équipes de sabotage devront frapper. »

« Ces agents-là ne sont pas les plus dangereux, estime pourtant le général Sejna. Les trois quarts du temps, ils font un travail mécanique et précis, sans savoir, à aucun moment, la façon dont il sera exploité. Les plus dangereux sont les agents actifs et dormants qu'on envoie s'installer dans un pays, ils s'y intègrent et font surface quand on a besoin d'eux. Il y a en général 60 p. 100 d'actifs et 40 p. 100 de dormants. »

Pierre Cardot ou les époux Bammler et Kranick arrêtés en France (voir deuxième partie) appartenaient à la catégorie des agents actifs. Ils avaient été introduits illégalement, sous une fausse identité, pour une mission de renseignement, (le S.D.E.C.E. pour Cardot, l'O.T.A.N. pour Bammler et Kranick). A l'inverse, les agents « dormants » sont infiltrés dans le seul but de se fondre dans la population et d'attendre qu'on les mobilise pour une tâche précise, parfois des dizaines d'années après leur implantation. Ils peuvent, par exemple, être utilisés pour des sabotages, en cas de conflit, derrière le front. C'est ce qu'on pourrait appeler la « cinquième colonne ».

Les « illégaux », actifs ou dormants, dépendent de la Direction S de la Première direction principale du K.G.B. Sur le terrain, dans chaque « Résidence », c'est la « ligne N » qui supervise leur activité. Le responsable de cette « ligne N » reçoit ses ordres directement de la Direction S, à Moscou, et n'a pas de comptes à rendre au « Résident ». C'est donc une branche du S.R. soviétique particulièrement fermée et secrète.

Ces dernières années, le contre-espionnage français a eu l'occasion d'entrevoir l'activité de la « ligne N » en arrêtant trois permanents du P.C.F. en relation avec Youri Bykov, responsable des « illégaux » à l'ambassade d'U.R.S.S. (voir première partie). Les communistes français devaient lui procurer des « biographies » de personnes disparues, et sans famille, pour permettre au K.G.B. d'introduire sur le territoire des agents sous fausse identité.

La défection d'Oleg Lialine, à Londres, en septembre 1971 a également permis de percer quelques secrets de la Direction S. « Cet officier du K.G.B. nous a fourni des renseignements et des documents, parmi lesquels des plans d'infiltration d'agents en vue de sabotages », a précisé le Foreign Office peu après son passage à l'Ouest. Plusieurs citoyens anglais ont été arrêtés à la suite de sa défection et cent cinq « diplomates » soviétiques ont été expulsés de Grande-Bretagne. Sur la base de ses indications, de nombreuses recherches d'« illégaux » ont été entreprises en Europe, en Amérique et en Asie. La D.S.T. a pu mettre la main sur deux caches d'armes clandestines, en Bretagne, grâce aux renseignements fournis par Lialine. Ces armes devaient servir à des agents « dormants » en cas de situation insurrectionnelle ou de conflit armé.

Combien y a-t-il « d'illégaux » en France? Impossible à dire avec exactitude. Mais on peut s'en faire une idée par le nombre de messages radio codés que ces agents, actifs ou « dormants », échangent régulièrement avec leur centrale (le K.G.B., le G.R.U. ou les S.R. de l'Est), comme nous l'avons vu dans l'affaire Bammler-Kranick. Ces messages, reçus ou envoyés de France, sont scrupuleusement captés (et conservés) par les services d'écoute de la D.S.T. Pour la seule année 1984, ces services en ont enregistré 119 824. Ce qui permet de penser qu'il y a une bonne centaine d'illégaux implantés sur le territoire français.

« Nous avons eu la preuve que le K.G.B. s'intéresse de près aux objectifs stratégiques français, raconte un ancien responsable de la D.S.T. Un jour de printemps 1974, le " Résident " avait demandé l'autorisation au ministère des Affaires étrangères de se rendre du côté des châteaux de la Loire pour faire du tourisme[1]. L'autorisation lui est accordée. Il dépose, comme c'est la règle, un plan de son itinéraire. On décide de le suivre, discrètement. Toute la matinée, il respecte le trajet prévu mais il s'arrête fréquemment dans des endroits fort peu touristiques. A l'heure du déjeuner, il laisse malencontreusement sa carte routière dans la voiture. On la dérobe. Il y avait inscrit une vingtaine de points, en rouge, ne correspondant, à première vue, à rien de précis. Ces repères étaient en fait situés à une vingtaine de kilomètres d'objectifs stratégiques : aérodromes, gares de triage, pylônes, etc. Nous n'avons jamais su ce que cela signifiait exactement. Mais il est certain que cette petite virée du " Résident " avait pour but de repérer les lieux. »

Pour compléter ces missions de reconnaissance, les Soviétiques disposent d'autres moyens qui leur permettent d'accéder aux régions interdites aux

1. Les Soviétiques sont astreints à des limitations de déplacement sur le territoire français, comme le sont les étrangers en U.R.S.S. (*N.d.A.*)

« diplomates ». Au printemps 1982, le général suisse Herbert Wanner lançait à ce sujet un véritable cri d'alarme. Il s'inquiétait de la quantité croissante des poids lourds venus des pays socialistes pour sillonner l'Europe. Souvent conduits par des officiers en civil (des conducteurs de char, par exemple, qui se familiarisent ainsi avec les itinéraires...), ces camions sont équipés d'appareils sophistiqués capables de mesurer la largeur des routes, de sonder la profondeur des canaux et des rivières, de calculer la résistance des ponts, d'observer les possibilités de gué pour le passage des chars.

Le nombre de ces camions – principalement bulgares – sur les routes de France inquiète depuis longtemps le contre-espionnage. En novembre 1983, *Le Point* révélait qu'une « opération coup de poing » devait vérifier l'équipement de ces poids lourds. Elle a été décommandée au dernier moment, sur ordre du gouvernement.

Ces transporteurs routiers, d'un genre spécial, ne se contentent pas de faire des relevés de terrain. Ils se livrent également à de véritables missions d'espionnage électronique. Peu avant « l'opération coup de poing » de 1983, la D.G.S.E. (services de renseignement) s'était inquiétée de la présence de trois camions bulgares à proximité de ses locaux, boulevard Mortier. D'autres poids lourds immatriculés B.G. (Bulgarie) avaient été repérés près de l'Etat-Major de l'armée de l'air, à Paris. Les douanes avaient encore signalé la présence de ces étranges véhicules du côté de l'arsenal de Toulon, du plateau d'Albion (où sont installés les missiles français), et près de la base navale de Brest qui abrite les sous-marins nucléaires.

Munis d'un équipement adéquat, ces camions peuvent capter les communications ou, mieux encore, s'introduire à distance dans des mémoires d'ordinateurs mal protégées. Science-fiction ? Dans certaines entreprises, la D.S.T. a déjà constaté que des ordinateurs « travaillent » seuls, la nuit ou pendant le week-end. Pour les Soviétiques, à la recherche de la moindre information scientifique et technique, ce pillage électronique, qui réclame du matériel sophistiqué et coûteux, doit sans doute être rentable.

Toutes ces ingérences cadrent mal avec les intentions pacifiques proclamées par l'U.R.S.S. Les missions de reconnaissance de ses officiers de renseignement, l'implantation d'« illégaux », tout comme les forces « Spetsnaz », prouvent que les dirigeants soviétiques se préparent, avec constance et assiduité, à un éventuel conflit. Et certainement pas dans une perspective purement défensive.

« Un jour, à Prague, se souvient Jan Sejna, le maréchal Gretchko[1] nous a raconté cette histoire : " On pose la question suivante à Radio Erevan : Y aura-t-il la guerre ou la paix ? La radio répond : la paix, camarades, forcément. Mais nous nous battrons si fort pour elle qu'il ne restera plus une seule pierre debout. " Pour Gretchko, c'était le sommet de l'humour.

1. Ministre de la Défense d'U.R.S.S. de 1967 à 1976. (N.d.A.)

L'U.R.S.S. est à la croisée des chemins. Toute son économie est fondée sur le développement des biens de production, notamment l'industrie lourde, alors qu'en cette fin de XXe siècle, la puissance d'un pays ne se mesure plus en nombre de combinats géants, ou de tonnes d'acier produites. La troisième révolution industrielle que nous sommes en train de vivre repose essentiellement sur l'essor de l'informatique. Un tournant que l'Union soviétique est en train de rater. Une véritable révolution informatique nécessite, en effet, de la souplesse dans les rouages économiques, une bonne dose d'initiatives individuelles et la libre circulation de l'information. Autant de facteurs antinomiques avec la centralisation de l'économie, le bureaucratisme et le contrôle total qu'exerce le régime sur la population.

Les dirigeants soviétiques n'ont donc pas le choix. Faute de pouvoir entreprendre les réformes nécessaires, ils doivent néanmoins tenter de réduire l'écart technologique qui se creuse chaque jour davantage entre l'U.R.S.S. et les pays capitalistes. Pour y parvenir, il leur faut soit freiner le progrès technique dans les pays capitalistes, soit faire bénéficier l'économie soviétique de tous les acquis technologiques de l'Occident. Depuis quelques années, Moscou joue sur ces deux tableaux.

La campagne soviétique contre l'initiative de

défense stratégique américaine (I.D.S., ce qu'on appelle communément la « guerre des étoiles ») est une parfaite illustration de la première méthode. Le Kremlin veut certes éviter qu'avec l'I.D.S. les Etats-Unis ne détiennent un bouclier stratégique capable de détruire ses missiles intercontinentaux. Mais les dirigeants soviétiques sont tout aussi inquiets des retombées technologiques – civiles et militaires – que ce programme aura sur les secteurs de pointe de l'économie américaine (microprocesseur, laser, etc.) Si l'I.D.S. est menée à bien, les Etats-Unis prendront plusieurs longueurs d'avance dans des branches industrielles d'avenir, y compris sur les Européens en dépit du projet Eurêka.

L'U.R.S.S. n'a pas du tout les capacités, économiques et techniques, de suivre ce programme. A travers une campagne de désinformation qui présente l'I.D.S. comme une entreprise militaire agressive (elle est en réalité strictement défensive), Moscou veut mobiliser l'opinion publique mondiale pour faire pression sur le gouvernement américain et l'obliger à réduire ses ambitions. Le temps, sans doute, que l'U.R.S.S. soit capable de rattraper son retard.

Il y a un précédent fameux, les accords S.A.L.T. 1 signés par Richard Nixon et Leonid Brejnev en 1972. Moscou souhaitait ardemment que ce traité fût signé. Pour cause : S.A.L.T. 1 accordait moins de missiles intercontinentaux aux Etats-Unis qu'à l'U.R.S.S. Ce déséquilibre était compensé par le nombre des têtes nucléaires que chaque fusée américaine était capable d'emporter. A l'époque, les Etats-Unis maîtrisaient déjà la technique des M.I.R.V. (têtes multiples) que l'U.R.S.S. ignorait encore. Avec S.A.L.T. 1, Brejnev est arrivé à ses fins. Le nombre des missiles américains a été strictement limité pendant plusieurs années. Le temps pour les Soviétiques d'acquérir la technique des M.I.R.V. (par l'espionnage et le pillage) et d'équiper leurs fusées, plus nombreuses, de têtes nucléaires multiples. Résultat : l'U.R.S.S. s'est retrouvée en position de force lorsque les deux pays ont entamé de nouvelles négociations stratégiques (S.A.L.T. 2).

Pour la seconde méthode, celle qui consiste à faire bénéficier l'économie soviétique du progrès technique occidental, Moscou dispose d'organes de recherches (K.G.B., G.R.U., S.R. de l'Est, etc.) dont on a pu mesurer l'efficacité dans ce livre. Ces organes vont être mis de plus en plus à contribution. Dans la « valse » des cadres qu'a entreprise Mikhail Gorbatchev depuis son accession au pouvoir, pour essayer de rendre le système soviétique plus efficient, le K.G.B. n'a d'ailleurs pas été épargné. De nouveaux hommes sont apparus, de nouvelles structures ont été mises en place. Ces réformes sont restées secrètes. On ignore leur portée réelle mais elles rendront, sans doute, le K.G.B. plus redoutable encore.

Aux pays occidentaux de se tenir sur leurs gardes. Ces dernières années, certains d'entre eux ont, il est vrai, commencé à réagir fermement contre les ravages provoqués par l'espionnage soviétique. C'est le cas, notamment, des Etats-Unis où l'opération « Exodus », commencée en 1981, tente d'enrayer la fuite des technologies vers l'Est. Plus récemment, en octobre 1985, les quinze pays membres du Cocom (l'organisme de l'Alliance atlantique qui contrôle les ventes de matériel au bloc socialiste) se sont mis d'accord pour créer une commission d'experts en matière de technologie et de sécurité (Stem). Composée de militaires, cette commission va désormais conseiller les diplomates du Cocom qui établissent chaque année la liste des produits interdits à l'exportation. Stem sera chargée de définir quel type de matériel peut avoir des applications militaires.

Les Américains souhaitaient la création d'une telle commission depuis trois ans. La plupart des pays d'Europe (et le Japon, membre du Cocom) s'y opposaient. Pour eux, Stem risquait d'être une entrave supplémentaire au développement du commerce Est-Ouest, si nécessaire à l'équilibre de leur balance *commerciale. La France, pour sa part, était favorable à ce projet, en dépit de son important déficit avec l'U.R.S.S. Cette convergence d'intérêts entre Washington et Paris fait sans doute suite au dossier « Farewell ».*

*Les révélations de « Farewell » ont également obligé le gouvernement français à revoir le Code pénal, peu adapté aux nouvelles formes de la guerre secrète soviétique. Jusqu'à présent, sur la trentaine d'articles se rapportant à la sûreté de l'Etat, un seul sanctionnait les atteintes aux « intérêts économiques essentiels » de la France. Le reste concernait la sauvegarde de la « défense nationale » du pays. A une époque où l'espionnage est plus technologique que militaire, il fallait se donner les moyens de lutter contre ce type de subversion. Une nouvelle définition des atteintes à la sûreté de l'Etat a été étudiée. Elle doit sanctionner tous ceux qui s'en prennent aux « intérêts esentiels de la Nation qui sont sa survie, sa sécurité, l'intégrité de son territoire, son indépendance, sa forme républicaine, son régime constitutionnel, son potentiel économique et sa position financière[1] ».*

*Dans le même temps, le contre-espionnage aurait voulu qu'on se préoccupe d'un autre aspect, particulièrement insidieux, de l'espionnage soviétique : la désinformation. Pour la D.S.T., il faudrait pouvoir condamner « tout Français agissant à l'instigation d'une puissance ou d'une entreprise étrangère pour induire en erreur l'opinion publique par la fourniture d'information fausses ou altérées. » La commission chargée de réviser le Code pénal n'a pas souhaité aller aussi loin. Selon ses membres, il est trop hasardeux de définir la désinformation comme une manipulation de l'opinion publique, sans porter atteinte à la liberté d'opinion, l'un des fondements de la démocratie. En fin de compte, le nouveau code pénal doit sanctionner les personnes qui induiront en erreur non pas l'opi-*

---

1. Souligné par l'auteur.

nion publique mais les « organes dirigeants de la France ».

Cette distinction subtile montre bien les difficultés auxquelles se heurtent les pays démocratiques lorsqu'il leur faut prendre des mesures efficaces pour lutter contre l'espionnage soviétique. Comment se défendre de ces ingérences sans remettre en cause des libertés fondamentales? L'équation n'est pas facile à résoudre : plus une société est libre et ouverte, plus le S.R. soviétique s'y meut sans problème, plus il en sape les bases. La libre concurrence et les lois du marché facilitent le pillage technologique, tout comme la liberté d'opinion et de presse offrent un terrain de choix à la désinformation soviétique. Pourtant, quel que soit le danger qui menace les démocraties, rien ne permet de justifier qu'on y restreigne les libertés. Alors, que faire?

Sans aller chercher un nouvel arsenal répressif, il existe quelques mesures de bon sens auxquelles tout le monde pense.

Tout d'abord, commencer par appliquer avec davantage de rigueur les lois actuelles sur la sécurité de l'Etat. Nous avons pu constater, tout au long de ce livre, combien il en coûte de trahir la France : de cinq à huit ans de détention, en moyenne (et encore, quand il y a jugement). Il est donc moins risqué de livrer à l'U.R.S.S., ou à ses alliés, des renseignements susceptibles de nuire aux intérêts vitaux du pays que de s'attaquer à une banque.

Les gouvernements occidentaux pourraient encore s'en prendre à l'une des causes du mal : le nombre pléthorique de « diplomates » soviétiques en poste. Il y a sept cent quatre-vingts représentants de l'Union soviétique en France contre environ soixante-dix diplomates français en U.R.S.S. Le déséquilibre est général : deux cent soixante Américains à Moscou contre neuf cent quatre-vingts Soviétiques à Washington, par exemple. Pourquoi ne pas ramener les effectifs à une stricte équivalence? Cette mesure offrirait un *double avantage : moins de Soviétiques égale moins d'espions à surveiller, et ceux qui resteront devront s'occuper davantage de diplomatie que de renseignement. Une question mérite d'être posée : les relations avec l'U.R.S.S. impliquent-elles obligatoirement que les démocraties permettent à des officiers de renseignement d'abuser du statut diplomatique pour se livrer à des activités d'espionnage? Nous avons déjà eu l'occasion de dire que les dirigeants soviétiques ne respectent que les rapports de forces, comme eux-mêmes les pratiquent à l'échelle mondiale. Pour l'U.R.S.S., le laxisme des Occidentaux vis-à-vis de ce problème n'est pas interprété comme un geste de bonne volonté mais comme une manifestation de faiblesse qu'il convient d'exploiter. Et elle ne s'en prive pas.*

*Pour lutter contre l'espionnage soviétique, les pays démocratiques disposent en fait d'une arme autrement plus efficace que toutes ces mesures coercitives : l'information. C'est sur ce terrain qu'ils devraient en premier lieu se défendre au lieu de garder le silence, ou pis encore, d'imposer le secret dans le seul but de ménager leurs relations avec Moscou.*

*On trouvera, en annexe de ce livre, les noms d'environ quatre-vingts officiers du K.G.B. et du G.R.U. expulsés de France depuis 1960. La liste est forcément incomplète. Pour l'essentiel, elle a été établie à partir des informations parues dans les journaux, c'est-à-dire quelques lignes perdues en dernière page. Ni les raisons de ces expulsions, ni les dégâts commis par ces espions n'ont été rendus publics, privant ainsi les Français du simple droit de savoir.*

*Le ton de la presse dans la plupart des affaires d'espionnage de ces vingt dernières années démontre aussi à quel point le silence peut être nuisible. D'une façon générale, les responsabilités d'un agent, convaincu d'avoir livré des renseignements à l'U.R.S.S., ne sont pas clairement établies. On lui trouve toujours une kyrielle de circonstances atté-*

nuantes. Dans les comptes rendus de procès, les arguments de l'accusation sont minimisés et les atteintes à la sécurité de l'Etat ne sont pas réellement prises au sérieux. Les journalistes sont-ils responsables de cet état de fait ? Non. Ils rapportent ce qu'on leur dit. Or tous savent qu'il est quasiment impossible, avant le procès, de connaître le point de vue de la partie civile, l'accusation. Le secret de l'instruction l'interdit. Il leur reste à entendre la version de la défense, ou celle des proches de l'agent (famille, amis, collègues). Une version, forcément favorable, qu'on retrouve ensuite dans les journaux. A elle seule, elle ne permet pas au public de juger vraiment de la gravité d'une affaire.

Comme toute société fermée, l'Union soviétique déteste les vérités publiques. Elle se satisfait fort bien du silence qui accompagne généralement l'expulsion de ses « diplomates ». Elle se complaît dans le secret, où les semi-vérités, qui entourent la plupart des grandes affaires d'espionnage. Ses officiers de renseignement peuvent ainsi continuer en toute quiétude à utiliser les mêmes méthodes d'approche, à jouer des mêmes moyens de pression pour recruter de nouveaux agents.

Il est de bon ton de féliciter la presse lorsqu'elle fait correctement son travail d'information. On vante même son pouvoir lorsqu'elle est capable de faire tomber un président des Etats-Unis (avec le Watergate) ou quand elle oblige un ministre de la Défense français à démissionner (affaire Greenpeace). Alors, pourquoi la tenir à l'écart dès lors qu'il s'agit d'affaires où l'existence même du pays est en jeu ? Pourquoi ne pas utiliser cette puissance de l'information pour dénoncer les activités subversives de l'U.R.S.S. ? Si chaque expulsion était publiquement motivée, si chaque affaire était utilisée pour démontrer quelles sont les méthodes du S.R. soviétique, il est certain que moins de Français seraient prêts à trahir.

Un vrai travail de sensibilisation – d'instruction

*civique, puisque c'est la mode – serait sans doute l'une
des meilleures garanties de sauvegarde des démocraties contre l'espionnage soviétique. En levant un coin
du voile, c'est ce que ce livre a, un peu, essayé de
faire.*

# ANNEXES

## La « Résidence » du K.G.B. à Paris

La « Résidence » occupe les trois étages supérieurs de l'ambassade d'U.R.S.S., 40, boulevard Lannes, dans le XVI<sup>e</sup> arrondissement. Elle forme un véritable « bunker » à part. On y entre par un sas spécial, où chaque officier du K.G.B. doit décliner son identité. Les murs, le plancher et le plafond sont équipés de doubles parois, avec isolation phonique externe pour prévenir toute écoute. Ce système est complété par l'émission permanente de sonorités multifréquences entre les parois. La « Résidence » ressemble donc à une gigantesque bulle de sécurité, impossible à « sonoriser ». On y trouve :

• Les bureaux de la Première direction principale. Avant d'y pénétrer, il faut laisser au vestiaire serviette et sac pour éviter la sortie illégale de documents. Dans la salle, vaste, les tables de travail sont espacées et séparées par des cloisons transparentes, afin de surveiller tous les officiers présents. Seuls les membres de la « ligne P.R. » (renseignement politique et désinformation) et de la « ligne X » (espionnage scientifique et technologique) ont accès à ces bureaux. Le secrétariat permanent est assuré par les femmes des plus hauts responsables du K.G.B. Elles sont chargées de pointer les horaires des officiers et de surveiller leurs allées et venues. Une fois dans la salle, il est interdit de fumer, de se déplacer, et de parler à quiconque.

Aux murs sont épinglées les photos des policiers de la D.S.T. et des officiers de la C.I.A. à Paris, ainsi que les numéros d'immatriculation des véhicules de surveillance du contre-espionnage français.

Tous les officiers écrivent à la main car l'usage des machines à écrire est prohibé. Malgré la parfaite isolation des lieux, le K.G.B. craint en effet les systèmes d'écoute modernes qui permettent de capter les bruits des machines à écrire et de recomposer les textes tapés. Pour photocopier, il faut une autorisation spéciale. La photocopieuse est enfermée dans un local adjacent. La clef est au secrétariat.

Quant au dossier (sur un agent, une personne ou une société « cible »), il faut, avant toute consultation, remplir un registre où sont notés le nom du demandeur, la date et l'heure exacte du retrait. C'est la « Referentura » qui garde ces dossiers.

● La « Referentura », sorte de vaste coffre-fort, conserve également le plan de renseignement de la V.P.K. (voir cinquième partie), que chaque officier de la « ligne X » doit consulter; et le texte des dépêches secrètes envoyées et reçues de Moscou. Cette salle est totalement close. Le nombre des personnes qui y ont accès est strictement limité. Leur nom doit être obligatoirement inscrit sur un registre. On y pénètre par une porte blindée, gardée jour et nuit par un militaire armé.

La « Referentura » abrite aussi tous les moyens de communication avec Moscou, avec les appareils de codage et de décodage des messages.

● La salle Zénith, réservée aux officiers de la « ligne K.R. », chargés du contre-espionnage. C'est de là que le K.G.B. assure la protection de ses officiers en mission à l'extérieur (rendez-vous clandestins avec un agent, par exemple). La salle est bourrée d'équipements électroniques (scanners, balayeurs de fréquence) à l'écoute de toutes les communications radio de la police française. A la moindre anomalie, l'officier peut être immédiatement rappelé grâce à un bip sonore qu'il porte en permanence sur lui. Si la mission ne peut pas être annulée, plusieurs officiers de la « ligne K.R. » sortent en même temps de l'ambassade pour saturer le système de surveillance de la D.S.T.

● La salle Elint (abréviation de Electronic interception). Elle dépend de la Huitième direction du K.G.B.,
responsable de l'interception des communications. Cette
salle est reliée aux antennes paraboliques dissimulées sur
le toit de l'ambassade. Ces antennes captent toutes les
communications téléphoniques transmises par satellites.
D'autres capteurs pour les hautes fréquences et surtout
pour les micro-ondes (système U.H.F. des relais hertziens)
interceptent les communications longue distance. Bien
entendu, tout n'est pas systématiquement enregistré. Ces
antennes sont connectées avec des ordinateurs program-
més pour réagir à certains mots clefs. Si ces mots sont
prononcés, les enregistrements se mettent alors automatiquement en marche. Par cette méthode, le K.G.B. peut
avoir connaissance des conversations téléphoniques qui
l'intéressent. Ces capteurs sont surtout orientés vers des
bâtiments officiels (Elysée, Matignon, Quai d'Orsay,
ministère de la Défense, etc.) et des grandes sociétés.
Avec le même système, la salle Elint intercepte aussi une
multitude de « bits » informatiques que s'échangent par
voie troposphérique différents ordinateurs branchés en
réseaux. Par ce biais, le K.G.B. peut piller certaines
mémoires d'ordinateurs mal protégées.

*Annexe 2*

## Les Soviétiques en France

*Représentations diplomatiques :*
Ambassade de l'U.R.S.S.
40, boulevard Lannes, Paris XVIe
Téléphone : 45 04 84 00/ 45 04 82 80/ 45 04 05 50.

Consulat Général de l'U.R.S.S.
8, rue de Prony, Paris XVIIe
Téléphone : 47 63 45 47.

Consulat Général de l'U.R.S.S.
3, avenue Ambroise Paré, Marseille (13)
Téléphone : 77 15 25.

Mission Militaire de l'U.R.S.S.
131, rue de Longchamp, Paris XVIe
Téléphone : 47 27 42 31/ 47 27 72 24.

Représentation commerciale de l'U.R.S.S.
– 49, rue de la Faisanderie, Paris XVIe
Téléphone : 45 53 33 50/ 47 27 41 39.
– 50, rue du Ranelagh, Paris XVIe
Téléphone 42 88 02 92.
– 52, rue du Ranelagh, Paris XVIe
Téléphone : 45 25 38 89.

Délégation soviétique auprès de l'Unesco.
1, rue Miollis, Paris XVe
Téléphone : 45 68 26 82.

*Lieux de résidence :*

Résidence de l'ambassadeur
79, rue de Grenelle, Paris VIIe
Téléphone : 45 48 95 41/ 45 48 95 44.

14, rue Decamps, Paris XVIe
Téléphone : 45 53 92 29.

4, rue du Général Appert, Paris XVIe
Téléphone : 45 53 08 54.
16/18, boulevard Suchet, Paris XVIe

Villa « Albatros », Deauville, Calvados
Château des « Mousettes », Limay, Yvelines
Un château à Montsoult, Val-d'Oise.


*Représentations commerciales et
touristiques :*

Chambre de commerce franco-soviétique
22, avenue Franklin D. Roosevelt, Paris VIIIe
Téléphone : 42 25 97 10/ 43 59 74 73.

Intourist (Office national du tourisme de l'U.R.S.S.)
7, boulevard des Capucines, Paris IIe
Téléphone : 47 42 47 40.

Aéroflot
– 33, avenue des Champs-Elysées, Paris VIIIe
Téléphone : 42 56 35 69/ 42 25 43 81.
– 13, avenue de la Cannebière, Marseille (13)
Téléphone : 90 61 72.

Compagnie aérienne Aéroflot
– 38, avenue de l'Opéra, Paris IIe
Téléphone : 47 42 93 59.
– Aéroport Charles de Gaulle
Téléphone : 38 64 22 09/ 38 62 13 09
– Aéroport Marignane (Marseille)
Téléphone : 89 90 10.

*Agences de presse :*

Agence Tass
27, avenue Bosquet, Paris VII<sup>e</sup>
Téléphone : 47 05 20 96
Télex : 201 807.

Bureau soviétique d'information
14, place du Général Catroux, Paris XVII<sup>e</sup>
Téléphone : 42 27 98 18/ 42 27 98 79/ 46 22 79 16.

*Banque et sociétés d'économie mixte :*

Banque commerciale pour l'Europe du Nord (Euro-bank)
79/81, boulevard Haussman, Paris VIII<sup>e</sup>
Téléphone : 42 66 92 80.

Actif Avto (importateur exclusif de tracteurs et machines agricoles soviétiques)
Avenue Salvador Allende PB 5
77190 Dammarie Les Lys
Téléphone : 64 37 91 26.

Actif Avto société
181, avenue Victor Hugo, Paris XVI<sup>e</sup>
Téléphone : 47 04 25 50.

Black Sea and Baltic General Insurance
– 4, rue d'Argenson, Paris VIII<sup>e</sup>
Téléphone : 42 65 21 50
– 2, rue Civry, Paris XVI<sup>e</sup>
Téléphone : 46 51 43 09.

Rusbois (S.A.)
33, rue de Naples, Paris VIII<sup>e</sup>
Téléphone : 42 93 09 21.

S.A.G.M.A.R. Société Agences Maritimes
– 36, rue Brunel, Paris XVII<sup>e</sup>
Téléphone : 45 74 96 24
– 32, rue Pierre Brossolette, Le Havre (76)
Téléphone de voiture, 91 45 56

S.L.A.V.A. (société anonyme)
7, rue Auguste Jouchoux, Besançon (25)
Téléphone : 88 22 34/ 53 63 50.

S.L.A.V.A. Société
– 465, rue Fourny, Buc (78)
Téléphone : 39 56 17 11/ 39 56 06 55.
– 127, rue de la Pompe, Paris XVIᵉ
Téléphone : 47 27 44 74.

S.T.I.M. France (machines outils, outillages, métrologie,
matériels textiles)
18, rue Philippe Lalouette, Drancy (93)
Téléphone : 48 30 11 30.

S.O.G.O. et Cie (produits chimiques et pharmaceutiques,
huiles essentielles)
58, avenue du Général de Gaulle, Neuilly (92)
Téléphone : 47 47 11 60.

Sovchart Société
99, rue de la Faisanderie, Paris XVIᵉ
Téléphone : 45 04 11 35.

Sovexportfilm
21, rue Berlioz, Paris XVIᵉ
Téléphone : 45 00 14 74/ 45 00 44 81.


*Association :*

Association France-U.R.S.S.
Comité national
61, rue Boissière, Paris XVIᵉ
Téléphone : 45 01 59 00.

Officiers du K.G.B. et du G.R.U. expulsés
de France depuis 1960

AGAFONOV Serguï
(1976)
ANDROSSOV Andreï
(1983)
ARKHIPOV Vladimir
(1969)

BEKHTINE Nicolas (1982)
BELIATSEV Anatoli
(1979)
BELIK Guennodi (1983)
BLUDOV Mikhaïl (1984)
BOTCHKOV Viktor (1983)
BOVINE Oleg (1983)
BYKOV Youri (1983)

CHESTOPOLOV Lev
(1963)
CHICHKOV Viktor (1983)
CHIPILOV Viktor (1983)
CHIROKOV Oleg (1983)
CHOULIKOV L. (1983)

DENISENKO Anatoli
(1966)

FILIPPOV Boris (1978)
FROLOV Viatcheslav
(1980)

GOLYTZINE Vassili (1984)
GORIATCHEV Youri
(1983)
GOUBKINE Alexeï (1972)

GOVOROUKHINE Valeri
(1983)
GRENKOV Vladimir
(1983)
GUERASSIMOV Guennadi
(1983)

IAKOUBENKO Youri
(1983)
IOUDENKO Vitali (1983)
IVANOV Ievgueni (1976)

JADINE Boris (1983)

KAMENSKI Alexandre
(1983)
KARIOUKHINE Alexandre
(1971)
KARTAVTSEV V. (1983)
KHRENOV Vladimir
(1963)
KOREPANOV G. (1983)
KOROLEV Yuvenali
(1965)
KOTOV Youri (1983)
KOULEMEKOV Vladimir
(1981)
KOULIKOVSKIKH Vladi-
mir (1983)
KOUZNETSOV Igor (1979)
KOZYREV Vitali (1983)
KREPKOGORSKI Valeri
(1983)
KRIOUTCHKOV S. (1983)

KRIVTSOV Youri (1983)
KROKHINE Alexeï (1971)

LOGINOV Igor (1965)

MAIOROV Vladimir (1983)
MANOUKIAN A. (1983)
MATVEEV Youri (1983)
MIAKOUCHKO Vassili (1960)
MIRONKINE Evgueni (1973)
MOUKHINE Evgueni (1983)
MOURAVIEV Alexeï (1983)

NAGORNI Evgueni (1983)
NESTEROV Alexandre (1983)
NESTEROV Vladimir (1972)
NOUROUTDINOV Bakhtior (1983)

OGOURTSOV A. (1983)

PAPPE Andreï (1983)
PAVLOV Serguei (1965)
PENKOV Viktor (1978)
POGONETS Anatoli (1983)
POUGUINE Serguei (1983)

ROSTOVSKI Grigori (1976)
RYBATCHENKO Vladimir (1977)
RYLEV Youri (1971)

SAZANOV Boris (1971)
SIDAK Valentin (1983)
SLIOUCHENKO Gueorgui (1972)

SOKOLOV Edouard (1983)
SOKOLOV Viktor (1972)
SOLOMONOV Youri (1982)
SOLOVIEV Mikhail (1976)
STRIGANOV Alexeï (1960)

TCHEKMASSOV Valeri (1983)
TCHERNOV Youri (1983)
TCHETVERIKOV Nicolaï (1983)
TCHOURIANOV Youri (1983)
TRAVKOV Guennadi (1980)

VANAGEL Viktor (1971)
VLASOV Vassili (1963)
VITEBSKI V. (1983)
VORONTSOV Oleg (1983)

ZAITSEV Alexandre (1983)
ZEVAKINE Youri (1983)

## Remerciements

Ce livre doit beaucoup à tous les experts du contre-espionnage qui ont accepté de répondre à mes questions, souvent indiscrètes. L'accord passé avec eux voulait que je ne les cite pas. Je l'ai respecté mais qu'ils sachent ici combien je leur suis redevable.

C'est Nicolas Miletitch qui m'a donné envie de faire ce livre. Nous avons passé ensemble des soirées mémorables, à partager notre passion commune pour ces affaires d'espionnage. Aujourd'hui encore, j'en garde une certaine nostalgie.

Mon ami Christian Jelen a été de bout en bout mon complice. Il a su tempérer mes enthousiasmes mais aussi m'encourager dans la phase, difficile, de l'écriture. Premier de mes lecteurs, ses conseils ont toujours été judicieux.

Les connaissances et l'expérience de Branko Lazitch m'ont été d'un grand secours. A cette occasion, je suis heureux d'avoir appris à mieux l'apprécier. Si cet ouvrage contient encore des erreurs, de faits ou de jugement, j'en suis le seul responsable.

Sans mes trois fidèles, et assidus, lecteurs qu'ont été Vincent Laloy, Jean Lesieur et Michel Richard, ce livre aurait été dans sa forme, quelque peu indigeste. Qu'ils soient ici particulièrement remerciés pour le temps et la patience qu'ils ont bien voulu m'accorder.

Je remercie aussi Alain Pairault et Gilda Spizzichino, documentalistes au Point, dont les recherches m'ont aidé à mener à bien cette histoire de l'espionnage soviétique en France.

Enfin, sans l'infinie patience de Natacha, il est évident que ce long travail de près de trois ans n'aurait jamais pu être mené à bien. Sa tendresse m'a toujours été d'un grand soutien, notamment dans les moments les plus difficiles.

# SOURCES ET RÉFÉRENCES

*Première partie. La sainte famille*

L'arrestation et le procès de Georges Beaufils ont été relatés par la presse de l'époque, notamment *Le Point* n° 267 du 31 octobre 1977; *Le Matin*, des 10 et 11 juillet 1978; *France-Soir, L'Aurore, Le Figaro* du 11 juillet 1978; *France-Soir, L'Humanité, Le Monde* du 12 juillet 1978; *Le Figaro, Le Monde, L'Aurore, France-Soir* du 13 juillet 1978; *Le Monde, France-Soir* du 14 juillet 1978. Pour cette affaire, l'auteur s'est également inspiré de *Service B* de Roger Faligot et Remi Kauffer (Fayard, 1985) qui constitue le seul récit sur les services de renseignement des F.T.P. (et du P.C.F.) durant la guerre. Dans *Le P.C.F. et l'Armée* d'Yves Roucaute (P.U.F., 1983) on trouve des indications précieuses sur le réseau Beaufils à l'intérieur de l'armée. Enfin, sur toute cette affaire, sources privées de l'auteur.

L'organisation des S.R. soviétiques avant guerre, l'affaire Tommasi, les réseaux Crémet, le « général » Muraille et l'histoire des rabcors figurent dans l'excellent livre de David J. Dallin, *Soviet Espionnage* (Yale University Press, New Haven, 1955) qui n'a pas été traduit en français.

La « prise d'assaut » du camp de Beauregard figure dans les Mémoires de Roger Wybot, écrits par Philippe Bernert, *La Bataille pour la D.S.T.* (Presses de la Cité, 1975). Pour les détails voir également *Le Monde* des 16, 17, 19, 27, 29 novembre 1947; et des 10, 12, 13, 14, 15, 16 décembre 1947.

Pour la tactique du P.C.F. à la Libération vis-à-vis de

l'armée, voir *Le P.C.F. et l'Armée*, op. cité. En ce qui concerne la campagne communiste contre le S.D.E.C.E., *La Piscine* de Roger Faligot et Pascal Krop (Le Seuil, 1985) en retrace les grandes lignes. Pour tout ce qui se rapporte à l'infiltration et au noyautage du P.C.F. dans la police et l'administration, sources privées de l'auteur.

L'histoire de Jean Jérôme (le parallèle avec Leopold Trepper et ses rapports avec Joanovici) et le curieux passé d'Albert Igoin ont été en grande partie reconstitués grâce aux sources privées de l'auteur. Le témoignage de l'ancien agent du S.D.E.C.E. à la S.E.P.I.C. est extrait de *La Piscine*, op. cité. Les rapports entre Albert Igoin et Robert Hersant sont précisés dans *Dossier H comme Hersant* (Alain Moreau, 1977) de Dominique Pons. Pour Jean Jérôme voir également le tome IV de l'*Histoire intérieure du P.C.F.* de Philippe Robrieux (Fayard, 1984). Idem pour Jean-Baptiste Doumeng. L'auteur a d'autre part écrit plusieurs articles sur le « milliardaire rouge », notamment dans *Le Point* n° 516 et 639.

Les perquisitions à *France d'abord* et à *Regards* ont été relatées par la presse de l'époque, dont *Le Monde* des 26 février 1949, 1er et 2 mars 1949. Pour l'affaire Teulery, voir *L'Espionnage soviétique en France, 1945-1955,* brochure éditée par le Bulletin de l'Association d'études et d'informations politiques internationales (B.E.I.P.I., 1956) et *Service B*, op. cité. Egalement sources privées de l'auteur.

L'affaire de l'arsenal de Toulon figure dans la presse de l'époque, entre autres *Le Monde* des 8, 10, 11, 12, 15 et 16 juin 1952. Pour l'importance des rabcors voir le B.E.I.P.I. du 16/31 décembre 1951 et du 16/31 juillet 1952.

La conférence de Szklarska-Porezba a été relatée dans le tome III de l'*Histoire intérieure du P.C.F.*, op. cité. Pour son impact sur la politique du P.C.F. vis-à-vis de la guerre d'Indochine, voir *Le P.C.F. et l'Armée* op. cité. Idem pour l'histoire des déserteurs passés au Vietminh. Voir également *Histoire secrète du Parti communiste* de Roland Gaucher (Albin Michel, 1974).

L'affaire des généraux et l'affaire des fuites ont été longuement commentées par Roger Wybot dans ses Mémoires, op. cité. Pour les dessous de ces affaires, sources privées de l'auteur.

Pour « Samo » et les autres affaires étouffées ces dernières années, sources privées de l'auteur.

*Deuxième partie. Les petits frères*

L'histoire de Jean-Marie a été racontée en détail dans *Histoire de l'espionnage 1945-1971,* numéro hors série de la revue *Historia,* 1971. John Barron dans son *K.G.B.,* Editions Elsevier, 1975, y fait également référence en précisant qu'il s'agit d'une histoire exemplaire pour démontrer la collusion des S.R. de l'Est avec le K.G.B.

Le témoignage de Ion Pacepa a été recueilli par Michael Ledeen, professeur au Centre d'études de stratégie internationale à l'université de Georgetown (U.S.A.), publié par *L'Express* du 25 juin 1984.

L'arrestation et l'expulsion de Stanislaw Janczak ont été publiées dans la presse de l'époque, notamment dans *Le Monde* et *Libération* du 24 janvier 1985.

Tous les détails sur la « division socialiste » du travail entre S.R. de l'Est et le K.G.B. : sources privées de l'auteur.

L'affaire Zorn a été publiée par la presse de l'époque, notamment : *Le Figaro, Le Quotidien de Paris, Le Matin* du 8 septembre 1980; *France-Soir* et *Le Monde* du 9 septembre 1980; *France-Soir* du 11 septembre 1980; *Le Point* du 6 octobre 1980; *France-Soir* du 14 août 1981; *Le Monde* du 24 juin 1982. Egalement sources privées de l'auteur.

Le témoignage de Ion Pacepa sur l'importance de l'espionnage roumain en France a été recueilli par Agathe Logeart, *Le Matin* du 1er février 1985.

Pour le nombre des affaires d'espionnage impliquant les S.R. de l'Est depuis 1945, sources privées de l'auteur.

Les détails sur l'assassinat de Wladislaw Mroz ont été publiés par la presse de l'époque, notamment : *Paris-Jour* du 29 octobre 1960, *Le Journal du Dimanche* du 30 octobre 1960, *L'Aurore* du 1er novembre 1960; *France-Soir* du 5 novembre 1960. Les arrestations qui ont suivi l'assassinat figurent également dans la presse : *Le Parisien, Paris-Presse* du 8 novembre 1960, *Le Figaro* du 10 novembre 1960, *Le Monde* du 25 novembre 1960,

*Paris-Presse* du 26 novembre 1960, *Libération* du 14 décembre 1960, *L'Humanité* du 18 janvier 1961.

Tous les détails sur le rôle et les révélations de Mroz : sources privées de l'auteur.

L'affaire de « M. Armand » est racontée en détail par Pierre Levergeois dans son livre *J'ai choisi la D.S.T.*, Editions Flammarion, 1978. Egalement sources privées de l'auteur.

L'arrestation, l'inculpation et le procès de Georges de Kobor figurent dans la presse de l'époque, notamment : *Le Figaro* du 21 décembre 1961, *Paris-Presse* et *Le Monde* du 16 janvier 1962, *Paris-Presse* du 9 octobre 1963, *Le Monde* du 10 octobre 1963, *Le Quotidien de Paris* du 4 mars 1981.

Les circonstances de l'arrestation de Joseph Bitonski et de sa femme, et leur retour en Pologne après leur libération, figurent dans *J'ai choisi la D.S.T.*, op. cité. Egalement dans la presse de l'époque, notamment : *Le Monde* et *L'Aurore* du 8 février 1963, *France-Soir* du 9 février 1963, *France-Soir* du 11 février 1963, *Le Figaro* et *Le Monde* du 14 janvier 1964, *Le Monde* du 15 janvier 1964.

Les méthodes utilisées par le S.R. tchèque pour l'entrée illégale de Pierre Cardot en France, son installation à Paris, son recrutement par le S.D.E.C.E., les éléments qui ont permis de le confondre (y compris le communiqué de la police suisse publié par *La Gazette de Lausanne* du 2 mai 1962) ont été racontés par Jean-Paul Mauriat, ancien commissaire de la D.S.T., dans « Un espion si sympathique », *Historia* n° 247, juin 1967.

Sur la nature de l'échange dont a bénéficié Pierre Cardot, sources privées de l'auteur.

Le compte rendu du procès Kranick/Bammler a paru dans la presse de l'époque, notamment : *Le Figaro* du 27 et 28 avril 1967, *Le Monde* du 29 avril 1967.

Le recrutement des couples Kranick et Bammler par le M.F.S, leur entrée illégale en France, les renseignements qu'ils ont livrés, leur arrestation, ont été racontés par Pierre Vendome dans *Les Espions*, numéro hors série de la revue *Historia* sur l'histoire de l'espionnage de 1945 à 1971, op. cité.

Pour les techniques de communication utilisées par les deux couples, sources privées de l'auteur.

L'arrestation et le procès de Hans Voelkner ont paru dans la presse de l'époque, notamment : *L'Aurore* du 29 mai 1969; *Le Monde* et *France-Soir* du 30 mai 1969; *Paris-Jour* du 12 février 1970; *L'Aurore* du 12 et 13 février 1970. Egalement sources privées de l'auteur.

Beaucoup de détails sur le « réseau Caraman » et l'arrestation de ses membres ont été publiés par la presse de l'époque, notamment : *Minute* du 23 octobre 1969; *L'Aurore*, *Le Figaro* et *Paris-Jour* du 31 octobre 1969; *Le Monde* et *L'Aurore* du 1er novembre 1969; *Le Figaro* du 2 novembre 1969; *L'Express* du 3 novembre 1969; *Carrefour* du 5 novembre 1969; *Minute* du 6 novembre 1969; *Le Figaro* du 20 novembre 1969; *Le Monde* du 21 novembre 1969.

Pierre Accoce et Jean-Daniel Pouget ont consacré un livre très bien informé sur *Le Réseau Caraman*, Editions Fayard, 1972. L'auteur s'en est inspiré pour certains détails.

Toutes les citations de Jean-Paul Mauriat, ancien commissaire de la D.S.T., sont extraites de l'article qu'il a consacré au réseau Caraman dans le numéro hors série de la revue *Historia* sur l'histoire de l'espionnage de 1945 à 1971, op. cité, sous le titre : *L'Affaire roumaine*.

« Camarade Espion » a été diffusé par Antenne 2 le 22 novembre 1984 à 21 h 30. Les citations de Matei Pavel Haiducu, extraites de cette émission, ont été reproduites par la presse, notamment *Le Nouvel Observateur* du 16 novembre 1984.

Le départ de Dimitru Aninoiu de France et la réaction du Quai d'Orsay ont été annoncés par la presse de l'époque, notamment *Le Monde* du 2 décembre 1984. Sur les rapports entre l'ambassadeur et le réseau Caraman, sources privées de l'auteur.


*Troisième partie. L'effet « M.I.C.E. »*

Les Mémoires d'Oleg Penkovsky ont été publiés sous le titre : *Carnets d'un agent secret*, Editions Taillandier, 1966.

L'affaire « Fédora » a été relatée par l'auteur dans *Le Point* n° 524 du 4 octobre 1982.

Sur les opérations de manipulation des S.R. occidentaux, sources privées de l'auteur.

Pour les différents transfuges, l'auteur s'est référé à plusieurs livres et revues, notamment : *le K.G.B.* de John Barron, op. cité, 1975, *K.G.B. contre C.I.A.* de David C. Martin (Editions Presses de la Renaissance, 1981), *Enquête sur le K.G.B.* de John Barron (Editions Fayard, 1984), *Histoire de l'espionnage : 1945-1971*, numéro 23, hors série, de la revue *Historia*.

Les citations des officiers de la C.I.A. sont extraites de *K.G.B. contre C.I.A.* op. cité.

Pour l'histoire d'Anatoli Golitsine et sur ses révélations, l'auteur s'est inspiré de *K.G.B. contre C.I.A.*, op. cité; *Lamia* de Thyraud de Vosjoli (Editions de l'Homme, 1972). Ce passage repose également beaucoup sur les sources privées de l'auteur.

Le cas Hambleton a longuement été décrit par John Barron dans *Enquête sur le K.G.B.*, op. cité.

L'échec de l'opération « Minos » a été raconté par Philippe Bernert dans *S.D.E.C.E., service 7* (Editions Presses de la Cité, 1980) qui retrace l'histoire de Leroy-Finville.

L'affaire Volokitine a été relatée par Thyraud de Vosjoli dans *Lamia*, op. cité; et par Pierre Levergeois dans *J'ai choisi la D.S.T.* (Editions Flammarion, 1978).

Sur le réseau « Saphir », sources privées de l'auteur.

La citation du général Alexandre Orlov est extraite de *Le K.G.B.* de John Barron, op. cité.

La description de la Première direction principale du K.G.B. a été faite par John Barron dans *Enquête sur le K.G.B.*, op. cité.

C'est l'ancien commissaire de la D.S.T. Jean-Paul Mauriat qui a décrit l'« art du recruteur » dans « Réalités de l'espionnage », *Revue de Défense nationale*, janvier 1968.

Le témoignage de Stanislav Levtchenko a été recueilli par John Barron dans *Enquête sur le K.G.B.*, op. cité.

L'histoire de Dimitri Volokhoff a été racontée en détail par Pierre Levergeois dans *J'ai choisi la D.S.T.*, op. cité. L'auteur s'en est largement inspiré. La citation sur les « boîtes aux lettres mortes » est extraite de ce livre. La presse de l'époque a également parlé de cette affaire, notamment : *Le Parisien libéré, France-Soir* et *L'Aurore* du 15 septembre 1971; *L'Aurore* du 28 septembre 1971; *Le Figaro* du 7 mai 1973.

Vincent Grégoire n'ayant jamais été poursuivi par la justice, l'auteur a été obligé d'utiliser un pseudonyme. Pierre Levergeois dans *J'ai choisi la D.S.T.*, op. cité, fait allusion à cette histoire sous le nom de Victor Gronier. Jean Rochet, dans ses Mémoires, *Cinq ans à la tête de la D.S.T.* (Editions Plon, 1985) en parle également.

L'affaire Waldimar Zolotarenko a été relatée par la presse de l'époque, notamment : *Le Monde* du 11 novembre 1981; *Le Matin* et *Le Quotidien de Paris* du 7 février 1984; *Le Figaro* du 8 février 1984. Egalement sources privées de l'auteur.

L'arrestation du réseau Fabiew a fait l'objet de nombreux articles de presse, notamment dans : *l'Aurore* et *Le Figaro* du 22 mars 1977; *L'Aurore, Le Figaro, Le Matin, Le Monde* du 23 mars 1977; *L'Aurore, France-Soir, Le Quotidien de Paris* du 24 mars 1977; *L'Aurore* du 25 mars 1977. Le procès a été relaté par : *Le Figaro, Le Matin, L'Aurore* du 31 janvier 1978; *Le Matin, Le Monde, L'Aurore* du 1er février 1978; le *Herald Tribune, Le Figaro* du 2 février 1978. *Le Figaro* du 27 février 1979 a publié un article sur le procès en appel de Giovanni Ferrero.

Le témoignage de Raymond X qui servit de « boîte aux lettres vivante » pour le réseau Fabiew a été recueilli par de nombreux journaux de l'époque, notamment : *Le Figaro* du 24 mars 1977 et *Le Journal du Dimanche* du 27 mars 1977.

Sur toute l'affaire Fabiew, également sources privées de l'auteur.

Le récit de la tentative de chantage sur un universitaire français à Leningrad provient des sources privées de l'auteur.

La description et les buts de la Deuxième direction principale du K.G.B. ont été décrits par John Barron dans *Enquête sur le K.G.B.*, op. cité.

Les mésaventures de Maurice Dejean, ambassadeur de France à Moscou, ont été relatées, à partir du récit établi par John Barron, par *V.S.D.* du 4 novembre 1982. La notice nécrologique de Dejean a été publiée dans

*Le Monde* du 16 janvier 1982, l'hommage d'Hervé Alphand dans *Le Monde* du 20 janvier 1982.

Jean Rochet dans son livre *Cinq ans à la tête de la D.S.T.*, op. cité, fait un long développement sur l'affaire de M. Z (qu'il appelle X.). L'auteur s'en est largement inspiré. Egalement, sources privées de l'auteur.

Pierre Levergeois dans *J'ai choisi la D.S.T.*, op. cité, donne des précisions utiles sur l'arrestation de Georges Pâques. L'auteur s'en est inspiré.

L'affaire Pâques a fait l'objet de très nombreux articles de presse, notamment dans : *L'Aurore* du 24 septembre 1963; *Le Monde, Carrefour* du 25 septembre 1963; *Carrefour* du 2 octobre 1963; *La Tribune de Genève* du 25 octobre 1963; *Candide* du 1er juillet 1964; *L'Aurore* du 4 juillet 1964; *La Tribune de Genève* et *L'Aurore* du 7 juillet 1964; *Paris-Presse* et *L'Aurore* du 8 juillet 1964.

Le livre de Georges Pâques *Comme un voleur*, paru en 1971 (Editions Julliard), a fait l'objet de comptes rendus dans *Le Monde* du 12 février 1971 et dans *Le Nouvel Observateur* du 15 mars 1971.

Dans *Le Point* no 407, du 7 juillet 1980, Jean-Marie Pontaut a consacré un long document à l'affaire Pâques. C'est là que l'ancien espion dit son admiration pour l'U.R.S.S.

Enfin, sur cette affaire également, sources privées de l'auteur.


*Quatrième partie. Faux et usage de faux*

Les sommes dépensées par l'U.R.S.S. pour les « mesures actives » et la description de l'appareil de désinformation sont extraites de *Soviet active measures,* Hearings before the Permanent select Committee on Intelligence, House of Representatives, 97e Congrès, seconde session, juillet 1982; et du livre de Richard H. Shultz et Roy Godson, *Dezinformatsia,* Editions Anthropos, 1985.

Pour la description des organisations de masse contrôlées par les Soviétiques, sources privées de l'auteur.

La biographie et le rôle de Victor Louis ont été décrits par John Barron dans son ouvrage sur *Le K.G.B.*, Editions Elsevier, Bruxelles, 1975, op. cité.

Pour les rôles de Youri Joukov et Youri Roubinski : sources privées de l'auteur.

Les objectifs des « mesures actives » soviétiques ont été décrits dans *Soviet active measures* et dans *Dezinformatsia,* op. cités.

Le manuel du K.G.B. sur la désinformation est cité dans *Dezinformatsia,* op. cité.

Les précisions apportées par Ladislav Bittman et Stanislav Levtchenko sur leur travail d'officier de désinformation figurent en annexe du livre de Shultz et Godson, op. cité.

Les exemples de faux repris par certains journaux occidentaux proviennent de *Soviet active measures,* op. cité et d'un article de l'auteur publié dans *Le Point* nº 598 du 5 mars 1984.

Le témoignage d'Alexandre Kaznacheiev a été publié dans la revue *Est et Ouest* de mars 1984.

Les difficultés rencontrées par Kravchenko pour faire publier son livre en France, l'accueil de la presse, l'environnement politique du procès, les moments du procès ont été analysés par Guillaume Malaurie dans *L'Affaire Kravchenko,* Editions Robert Laffont, 1982.

Sur Sim Thomas-André Ulmann, voir le témoignage de Claude Morgan (*Don Quichotte et les autres,* Editions Roblot, 1979) et la préface de Pierre Daix à la réédition de *J'ai choisi la liberté,* Editions Orban, 1980. Sur la personnalité d'Ulmann également sources privées de l'auteur.

Les biographies des principaux « compagnons de route » qui ont témoigné contre Kravchenko sont extraites des numéros 79, 84, et 126 du *Bulletin de l'Association d'études et d'informations politiques internationales* (*B.E.I.P.I.*).

Les différents ouvrages apocryphes sur l'U.R.S.S. parus dans les années 1947-1956 et le rôle de Bessodovski et Delbars ont été dénoncés par Boris Souvarine et Branko Lazitch dans les numéros 46, 57, 59, 88, 96, 121, 128, 133, 139, 144, 151, 196, 207, 251 du *B.E.I.P.I.*

Le rôle des organisations de masse contrôlées par les Soviétiques dans la guerre de Corée figure dans le témoignage de Pierre Daix, *J'ai cru au matin* (Editions Robert Laffont, 1976), dans *L'Affaire Kravchenko,* op. cité, dans le tome II de *Histoire intérieure du P.C.F.* de Philippe Robrieux, op. cité.

La biographie de Wilfrid Burchett et son rôle d'agent de désinformation sont extraits de la revue *Est-Ouest*, n° 436, 1er au 15 décembre 1969.

L'affaire Dolivet et « Démocratie combattante » ont été largement traitées par le *B.E.I.P.I.*, notamment dans les numéros datés 16-30 juin 1950, 16-31 juillet 1952, 16-30 septembre 1952, 1er-15 octobre 1952, 16-30 novembre 1952.

Le cas du faux rapport Fechteler a été traité par la presse de l'époque, notamment : *Le Monde* du 10, 11, 13, 14 et 16 mai 1952; *B.E.I.P.I.* des 16-31 mai 1952, 1er-15 juin 1952, 1er-15 juillet 1952; *Samedi Soir* du 17 mai 1952. Pour la biographie et la personnalité de Jacques Bloch-Morange, ainsi que le rôle qu'il joua dans cette affaire, sources privées de l'auteur.

L'attentat contre le préfet Trémeaud et les résultats de l'enquête ont paru dans la presse de l'époque, notamment : *L'Aurore* du 18 mai 1957; *Paris-Presse L'Intransigeant, France-Soir, L'Humanité-Dimanche, Le Journal du Dimanche* du 19 mai 1957; *L'Aurore, le Parisien libéré* du 20 mai 1957; *Le Figaro, L'Aurore, France-Soir, Paris-Presse L'Intransigeant* du 21 mai 1957; *L'Aurore, France-Soir, Libération, Paris-Presse L'Intransigeant* du 22 mai 1957; *France-Dimanche* des 23-29 mai 1957; *Ici-Paris* des 23-29 mai 1957; *France-Soir, L'Aurore* du 24 mai 1957.

Tous les détails sur le rôle du S.T.B. tchèque dans cet attentat ont été donnés par Ladislav Bittman dans son livre *The deception game* (Syracuse, New York, 1972).

La manipulation des néo-nazis par les S.R. de l'Est a été décrite par John Barron dans son livre sur *Le K.G.B.*, op. cité, et par Xavier Raufer dans *Terrorisme et Violence* (Editions Carrère, 1984).

Le rôle d'agent d'influence de Pierre-Charles Pathé a été mis en évidence à son procès, dans la presse de l'époque, notamment : *L'Express* du 5 janvier 1980; *Le Monde, Libération* du 23 mai 1980; *Le Matin* du 24 mai 1980; *Le Monde* du 30 mai 1980. *Paris-Match* du 11 juillet 1980 a également consacré un long article très détaillé sur Pathé. La protestation de l'U.N.S.J. contre sa condamnation et la pétition en faveur de sa libération ont paru dans *Le Monde* du 30 mai 1980 et du 27 mars 1981.

Shultz et Godson dans leur livre *Dezinformatsia*, op. cité, ont consacré plusieurs pages à l'affaire Pathé. L'auteur s'en est inspiré, notamment pour l'analyse de contenu de *Synthesis*.

Pour les deux journalistes soupçonnés d'être des agents d'influence, sources privées de l'auteur.

Pour le travail de la Securitate au sein de l'émigration roumaine et les liaisons avec l'extrême droite européenne, sources privées de l'auteur.

Sur Constantin Dragon et Gustav Pordea, sources privées de l'auteur.


*Cinquième partie. Le dossier « Farewell »*

Pour l'ensemble du dossier « Farewell » : sources privées de l'auteur.

Certaines informations proviennent toutefois de : a) « L'U.R.S.S. et le renseignement scientifique, technique et technologique », paru dans la *Revue de Défense nationale* (décembre 1983), sous la signature de Henri Regnard; b) *Soviet acquisition of militarily significant western technology*, livre blanc du ministère de la Défense américain, septembre 1985. Enfin, quelques détails sont extraits d'articles parus dans *Science et vie micro* (janvier 1985), *Time* (17 juin 1985) et *U.S. news and world report* (12 août 1985).

Pour l'affaire Rostov : sources privées de l'auteur.

L'histoire de Richard Müller a été longuement décrite dans le livre *Techno-bandits*, de Linda Melvern, David Hebditch et Nick Anning (Houghton Mifflin company, Boston, 1984). L'*International Herald Tribune* lui a également consacré plusieurs articles, notamment le 5 février 1985.

Les cas de Marc-André De Geyter et de Werner J. Bruchhausen ont été rapportés dans « Transfer of United states High technology to the Soviet union and soviet bloc nations », hearings du Sénat américain, seconde session du 97e Congrès, en date du 4, 5, 6 11 et 12 mai 1982.

Toute l'affaire Randin/Lousky a donné lieu à de nombreux articles dans la presse helvétique, notamment dans *24 heures* du 7, 8, 9 février 1983; des 25, 28, 31 mars 1983; des 8, 19, 22 et 25 avril 1983. John Vinocur, dans *Le New York Times* du 25 juillet 1983, y a également consacré une longue enquête.

L'auteur a écrit plusieurs articles sur l'impact du commerce Est-Ouest dans les économies socialistes, notamment *Le Point* n° 515, du 2 août 1982.

La citation de Ion Pacepa est extraite de l'article paru dans *L'Express* du 29 juin 1984 sous le titre « La grande fauche ».

Le procès de Léonard Tavera a notamment été relaté par *Le Figaro*, *le Quotidien de Paris*, *France-Soir*, *Le Matin* du 14 mars 1985; *Le Figaro* et *Le Monde* du 15 mars 1985.

Plusieurs journaux ont parlé de l'affaire Aubel. Entre autres : *Le Figaro* du 31 mai 1980; *Le Monde* du 1er juin 1980; *Le Journal du Dimanche* du 21 février 1982; *Le Figaro*, *France-Soir* du 22 février 1982; *Le Figaro*, *Le Matin* des 23 et 24 février 1982; *Le Monde* du 25 février 1982.

Le cas de Rolf Dobbertin a donné lieu à de très nombreux articles. Notamment : *Le Matin*, *Le Figaro* du 29 janvier 1979; *Le Monde*, *Le Figaro*, *Le Matin*, *l'Aurore* du 30 janvier 1979; *France-Soir* du 31 janvier 1979; *Le Monde* du 6 février 1979; *L'Express* du 31 mars 1979; *Le Monde* du 13 décembre 1979; *Libération* du 22 décembre 1981; *Le Matin* du 4 janvier 1982; *Le Monde* du 23 janvier 1982; *Libération* du 25 janvier 1982; *Le Matin* du 14 mai 1982; *Le Monde* du 15 mai 1982; *Le Matin* du 22 février 1983; *Le Monde* du 3 mars 1983; *Libération* du 25 mars 1983; *Le Monde* des 12 et 13 mai 1983; *Le Monde* du 21 octobre 1984; *Libération* du 22 octobre 1984. Enfin, sur toute cette affaire : sources privées de l'auteur.

Pour le cas Agafonov : sources privées de l'auteur.

L'arrestation et le procès de Traïan Muntean ont été relatés par la presse, notamment dans *Le Monde* du 1er avril 1981; *Libération* du 4 novembre 1981; *Le Figaro*, *Le Matin* des 10 et 11 janvier 1983; *Le Monde*, *Le Figaro* du 12 janvier 1983; *Le Monde* du 13 janvier 1983; *Libération*, *Le Monde* du 11 février 1983; *Le Matin*, *Libération* du 12 février 1983.

La presse a parlé du cas de Patrick Guerrier, notamment *Le Monde* du 3 avril 1983; *Libération* du 6 avril 1983; *Le Matin, le Quotidien de Paris* du 6 mai 1983; *Le Monde* du 16 et 17 novembre 1984.

Sur les agents occidentaux dénoncés par Oleg Gordievsky : sources privées de l'auteur.

Pour les forces « Spetsnaz » l'auteur s'est inspiré du livre de Victor Souvarov, *Soviet Military Intelligence* (Hamish Hamilton, Londres, 1984) et de l'article de Xavier Raufer paru dans la revue *Est-Ouest* de mars 1985.

Les citations de Jan Sejna sont extraites de l'interview qu'il a accordée à *Paris-Match*, le 14 août 1971.

Sur l'organisation des « illégaux » au K.G.B., l'affaire Bykov, les caches d'armes en Bretagne, le nombre d' « illégaux » en France : sources privées de l'auteur. C'est Jean Rochet, dans son livre *Cinq ans à la tête de la D.S.T.* (Plon, 1985), qui donne le nombre de messages clandestins enregistrés en 1984 par le contre-espionnage français.

Sur les camions des pays socialistes (dont les poids lourds bulgares) qui sillonnent l'Europe et la France, voir *L'Express* du 29 octobre 1982 et *Le Point* du 21 novembre 1983 (article de Jean-Marie Pontaut).

# INDEX

504

507

509

ROUGEMONT (général DE) : 198, 199.
ROURE Remy : 358, 359.
ROUSSET David : 347.
RYLEV Youri : 223, 226, 228, 229.

SAFONOV Vladimir : 16, 17, 25.
SAFRONOV Viatcheslav : 241.
SAINT LAURENT Louis : 351.
SAINT-PAUL S. : 319.
SAKHAROV Andreï : 310.
SALAZAR Antonio de Oliveira : 383.
SANGUINETTI Alexandre : 374.
SAPOZHNIKOV Vladimir : 449, 450.
SCHNEIDEWIND Marianne (voir MULHE).
SCHWEITZER : 49.
SEJNA (général) : 467, 468, 472.
SEROV Ivan Alexandrovitch : 261, 266.
SERVIN Michel : 393.
SHULTZ Richard : 303, 320, 327.
SCHUMANN Maurice : 351.
SIMONE André (voir KATZ O.).
SIMULA Mihaï : 174, 176.
SLANSKY Rudolph : 74.
SLIOUTCHENKO Gueorgui : 233.
SMIRNOV Leonid : 417.
SOBBOUTINE Sophie : 38.
SOKOLOV Victor : 231-233, 235.
SOLJENITSYNE Alexandre : 235, 312.
SOULEZ-LARIVIÈRE Daniel : 156.
SORGE Richard : 416.
SORIA Georges : 330.
SOUSLOV Mikhail : 303, 349, 350.
SOUSTELLE Jacques : 44.
SOUVARINE Boris : 341, 343.
SPAAK Henri : 351.
SPETCHINSKI Dimitri : 38.
STALINE Joseph : 28, 30, 36, 39, 40, 56, 80, 81, 257, 295, 312, 342, 343.

STEFANESCU : 116.
STEPANOV (voir LEBÉDEV).
STILLER Werner : 454, 456.
STRAIGHT Michael : 353.
STRIGANOV Alexei : 224, 225.
STUBBE : 49.
SUNTSOV Alexeï : 224, 225, 268.
SVANIDZE Budu : 341, 342.

TALERICO Anthony : 359.
TANASE Virgil : 181, 396.
TAVERA Léonard : 448, 449, 450.
TCHEBRIKOV Victor M. : 418.
TCHETVERIKOV Nicolaï : 407.
TCHOUNOVSKI : 63.
TEITGEN Pierre-Henri : 37, 363.
TEULERY André : 71, 72, 73, 74, 75, 76.
THATCHER Margaret : 465.
THER Robert : 366.
THOMAS Sim (voir ULMANN).
THOREZ Maurice : 36, 43, 58, 70, 71, 76, 81.
TILLON Charles : 45, 47, 48, 62, 72, 73, 214.
TIOURENKOV : 375.
TITO Broz Josip : 75, 80, 331.
TOLLET André : 93.
TOMES Stanislas : 366.
TOMESCU Ion : 169, 172, 176, 177, 179.
TOMMASI : 29, 30, 32, 36.
TRANG NGOC DAN : 88, 89.
TRAVKOV Guennadi : 459.
TRÉMEAUD (André-Marie et Henriette) : 363-366.
TREPPER Léopold : 45, 52, 53, 56, 156,157.
TRITCHINE Alexeï : 205, 291.
TROTSKI Léon : 28, 30, 36, 37.
TROUCHINE Ivan : 226.
TUBERT (général) : 43.
TURPIN René : 92-94, 96, 98.
TYC Antonin : 100.

ULMANN André : 330, 332, 333, 334, 335, 339, 361.

# Table

Walker Library
St Paul's School

IMPRIMÉ EN FRANCE PAR BRODARD ET TAUPIN
Usine de La Flèche (Sarthe).
LIBRAIRIE GÉNÉRALE FRANÇAISE - 6, rue Pierre-Sarrazin - 75006 Paris.

ISBN : 2 - 253 - 04106 - 8 ✦ 30/6308/8